Hermann Scherer
Der Weg zum Topspeaker

HERMANN SCHERER

Der Weg zum Topspeaker

Wie Trainer sich wandeln, um als Redner zu begeistern

Bibliografische Information der Deutschen Nationalbibliothek

Die Deutsche Nationalbibliothek verzeichnet diese Publikation in
der Deutschen Nationalbibliografie; detaillierte bibliografische Daten
sind im Internet über http://dnb.d-nb.de abrufbar.

ISBN 978-3-86936-336-3
3. Auflage 2014

Lektorat: Dr. Michael Madel, Ruppichteroth
Umschlaggestaltung: Martin Zech Design, Bremen | www.martinzech.de
Satz und Layout: Das Herstellungsbüro, Hamburg | www.buch-herstellungsbuero.de
Druck und Bindung: Salzland Druck, Staßfurt

© 2012 GABAL Verlag GmbH, Offenbach
Alle Rechte vorbehalten. Vervielfältigung, auch auszugsweise,
nur mit schriftlicher Genehmigung des Verlages.

www.gabal-verlag.de
www.facebook.com/Gabalbuecher
www.twitter.com/gabalbuecher

Inhaltsverzeichnis

Vorwort: Warum Trainer auf der Bühne scheitern **7**

Teil 1: Umdenken: Welche Einstellung Sie zum Topspeaker macht 9

Kapitel 1: Impulse geben statt Menschen dressieren **11**

Kapitel 2: Kundenorientierung heißt Veranstalter-orientierung **26**

Kapitel 3: Topredner verlangen Spitzenhonorarsätze **43**

Kapitel 4: Die Treppe von oben kehren statt sich hocharbeiten **60**

Teil 2: Umkrempeln: Was Sie als Topspeaker anders machen als bisher 75

Kapitel 5: Positionierung: Die klare Ansage, wofür Sie stehen **77**

Kapitel 6: Website: Das Tor zu Ihrem neuen Universum **95**

Kapitel 7: Bücher: Die Flaggschiffe Ihrer Vermarktungs-flotte **112**

Kapitel 8: CD, DVD, Podcast, Video, App: Die Mega-Tools für Redner **132**

Kapitel 9: Rednermappe: Das Überzeugungspaket für Ihre Kunden **148**

Kapitel 10: Dramaturgie: Der Fahrplan für Ihren perfekten Auftritt **165**

Kapitel 11: PowerPoint: Die Entertainment-Zentrale für Ihr Publikum **180**

Kapitel 12: Give-aways, Gimmicks und Gadgets: Das gewisse Etwas bei Ihrem Vortrag **195**

Kapitel 13: Interviews und Medienpräsenz: Der Beweis, dass Ihre Meinung zählt **208**

Kapitel 14: Networking & Social Media: Das passende Umfeld für Topexperten **227**

Kapitel 15: Agenturen und Dienstleister: Die Profis, die Sie für Ihren Erfolg brauchen **245**

Teil 3: Umschalten: Wie Sie als Topspeaker täglich agieren und verhandeln 261

Kapitel 16: Der perfekte Umgang mit Ihren Kunden **263**

Kapitel 17: Sich durchsetzen und verdienen, was Sie erwarten **275**

Kapitel 18: Kunden akquirieren und zeitgemäß für sich werben **289**

Kapitel 19: Cross-Selling, Merchandising und Zusatzgeschäfte **308**

Lernen von den Superstars der Speakerszene **319**

Nachwort in eigener Sache **321**

Anhang 323

Der Autor **333**

Stichwort- und Personenverzeichnis **335**

VORWORT

Warum Trainer auf der Bühne scheitern

Es war in Düsseldorf und es war mein erster Vortrag. Ich gehörte zu den erfolgreichsten Trainern einer internationalen Trainerorganisation. Entsprechend war es um mein Selbstbewusstsein bestellt. Ich kam auf die Bühne mit dem festen Vorsatz, als »Speaker«, wie Redner fürs Business jetzt auch bei uns genannt wurden, Furore zu machen und viel Geld zu verdienen. Als ich die Bühne betrat und das Publikum begrüßte, hatte ich 700 gespannte Zuhörer vor mir. Am Ende meines Vortrags eine knappe Stunde später befanden sich noch 300 Personen im Raum. Mein erster Vortrag war ein Desaster.

Heute fallen die Reaktionen auf meine Vorträge anders aus. Das wissen alle unter Ihnen, liebe Leserinnen und Leser, die mich kennen. Doch keine Sorge: In diesem Buch geht es nicht um meine eigene Erfolgsgeschichte als Redner. Mit der Anekdote von meinem ersten Vortrag möchte ich es mit dem Biografischen bewenden belassen. Auf den folgenden Seiten lesen Sie zahlreiche Beispiele erfolgreicher »Kollegen«, an denen Sie erkennen können, worauf es ankommt.

Trainer scheitern auf der Bühne, wenn sie in der Rolle des Redners nicht vollkommen anders auftreten, als sie es bisher gewohnt waren. Viele erfolgreiche Redner sind ehemalige Trainer, Berater oder Coachs. Sie haben sich und ihr Geschäftsmodell radikal erneuert, um als Speaker Erfolg zu haben. Seit jenem verhängnisvollen Tag in Düsseldorf weiß ich, wie wenig einem der Erfolg als Trainer im Speakerbusiness nützt. Und weil ich das nie vergessen habe, gebe ich heute regelmäßig mein gesamtes Wissen an Trainer weiter, die sich zu Experten und Rednern entwickeln möchten.

Im Jahr 2010 hatte ich die Idee, daraus ein Buch zu machen. Das Ergebnis monatelanger Arbeit gemeinsam mit meinem Team (tatkräftig unterstützt durch den Publikationsexperten Jörg Achim Zoll) ist der umfassendste Ratgeber für angehende Topspeaker, den es in deutscher Sprache jemals gegeben hat. Auf den nächsten rund 300 Seiten erwartet Sie geballtes Know-how zu allen Erfolgsfaktoren des Speakerbusiness. Sie erfahren Hintergründe und erhalten Tipps und Tricks, die Ihnen wohl die wenigsten Redner verraten würden. Schon gar nicht öffentlich.

In einer motivierenden Beispielgeschichte begleiten Sie die sympathische Trainerin Sabine Renner »auf dem Weg zum Topspeaker«. Von der Positionierung über Website und Buch, Vortragsdramaturgie und PowerPoint-Einsatz bis hin zu Akquise, Verhandlungstaktik und lukrativen Nebengeschäften wird alles behandelt, was Sie für Ihren Erfolg als gefragter Experte brauchen. Das Einzige, was Sie selbst beitragen müssen, ist die Bereitschaft, sich zu verändern und diesen Weg konsequent zu gehen.

Bevor es losgeht, noch ein Hinweis speziell für Sie, liebe Leserinnen. Wegen der leichteren Lesbarkeit verwenden wir in diesem Ratgeber durchgängig die grammatikalisch männliche Form. Damit sind nicht ausschließlich Männer gemeint, sondern es handelt sich um einen Oberbegriff. Mit »Trainer« ist beispielsweise immer auch die »Trainerin« gemeint. Bitte, verehrte Leserinnen, fühlen Sie sich überall eingeschlossen und mit angesprochen.

Eine gewinnbringende Lektüre und viel Erfolg auf Ihrem Weg zum Topspeaker wünscht Ihnen

Ihr
Hermann Scherer

TEIL 1:

Umdenken:

Welche Einstellung Sie zum Topspeaker macht

KAPITEL 1

Impulse geben statt Menschen dressieren

Sabine Renner ist frustriert. Die 42-jährige Norddeutsche ist seit zehn Jahren Trainerin und Coach. In der letzten Zeit macht es ihr immer weniger Spaß. Sie bekommt großartige Feedbacks von ihren Seminarteilnehmern. Sabines Auftraggeber versuchen trotzdem, die Preise zu drücken. Wenn dafür wenigstens die Veranstaltungsorte attraktiv wären. Doch Sabines Trainings finden häufig in Vertreterherbergen an der Autobahnauffahrt statt.

Die gut aussehende Trainerin fühlt sich ausgelaugt. Anders als früher bekommt sie auch immer weniger mit, wie ihre Seminarteilnehmer den Stoff umsetzen. Eine Zeit lang glaubte Sabine, sie sollte mehr Coaching anbieten. Doch da kamen einfach nicht genügend Kunden.

Hoffentlich merkt Peter Reichelt ihr nichts an, denkt Sabine. Zusammen mit dem ehemaligen Vertriebsleiter aus München hat sie vor zehn Jahren die Trainerausbildung gemacht. Jetzt sind die beiden auf einen Kaffee in einem Hamburger Luxushotel verabredet. Da sieht Sabine durch die Glasfront, wie Peter mit seinem Porsche vorfährt und dem Concierge den Schlüssel überlässt. Der Mann hat es wirklich drauf! Wie macht er das bloß?

So wie Sabine Renner in diesem fiktiven Beispiel geht es unzähligen Trainern, Beratern und Coachs im deutschsprachigen Raum. Sie sind schon seit Längerem im Geschäft und beherrschen ihren Job. Sie bilden sich ständig weiter. Der Umgang mit Menschen macht ihnen immer noch Spaß. Aber der Konkurrenzdruck wird größer und größer. Die Unternehmen müssen anscheinend immer härter verhandeln. Einzelkunden zu finden, die für offene Seminare oder Coachings in das eigene Portemonnaie greifen, ist auch nicht einfacher.

Tatsächlich hat der Markt sich verändert. Allein in Deutschland wird es bald 100.000 Trainer, Berater und Coachs geben. Sie alle bieten Unternehmen und zahlungskräftigen Einzelpersonen ihre Dienste an. Sowohl die Ausbildungen und Zertifikate als auch die Angebote ähneln sich dabei oft. Die Antwort des Marktes ist eindeutig: Immer, wenn etwas austauschbar oder gar massenhaft verfügbar wird, sinkt sein Wert. Das ist bei den Angeboten von Trainern nicht anders als bei Computern oder Mobiltelefonen.

In ihrem Weltbestseller »Der blaue Ozean als Strategie« haben die Autoren W. Chan Kim und Renée Mauborgne zwei Arten von Märkten unterschieden: In einem »roten Ozean« liefern sich unzählige Anbieter ähnlicher Produkte einen gnadenlosen Verdrängungswettbewerb. Das Meerwasser hat sich rot gefärbt, weil hier ständig Blut fließt. Jeder versucht, sich gegen die Konkurrenz durchzusetzen. Doch auch die Überlebenden müssen sich mit sinkenden Preisen abfinden. In einem »blauen Ozean« dagegen ist noch so viel Platz für alle Anbieter, dass keiner es nötig hat, auf den anderen loszugehen. Da die Angebote selten und die Nachfrage gleichzeitig hoch ist, gibt es hier ein stabiles Preisniveau. Die Preise sind viel höher als im »roten Ozean«, weil die Leistungen hier mit einem relativ hohen Aufwand erbracht werden.

Die Strategie besteht nun darin, den »roten Ozean« zu verlassen, sobald es ungemütlich wird. Und sich einen »blauen Ozean« zu suchen, in dem das Geldverdienen wieder einfacher ist. Ein bekanntes Beispiel für eine »Blauer-Ozean-Strategie« ist Kieser Training. Die Schweizer Kette hat in dem gesättigten Markt der Fitnessstudios, als die Preise fielen und Billiganbieter wie McFit das Land überzogen, eine völlig neue Zielgruppe erschlossen. Nämlich ältere Menschen mit Rückenschmerzen, die Gerätetraining nicht fürs gute Aussehen, sondern als Therapie betreiben sollen. Diese Zielgruppe hätte herkömmliche Fitnessstudios niemals betreten. Insofern war das von Werner Kieser erfundene »gesundheitsorientierte Krafttraining« ein blauer Ozean.

Die Konkurrenz unter Trainern ist zwar noch nicht ganz so groß wie unter Fitnessstudios oder Fluggesellschaften. Trotzdem verwandelt sich der Trainermarkt nach und nach in einen »roten Ozean«. Immer mehr ehemalige Angestellte machen sich als Trainer, Berater oder Coach selbstständig. Diese können weniger denn je mit ihren spezifischen Ausbildungen punkten. Machen Sie bloß einmal einen Spaziergang durch Hamburg oder Berlin, und achten Sie darauf, auf wie vielen Türschildern Sie »Systemisches Coaching« lesen. Oder geben Sie einmal das Suchwort »Persönlichkeitsentwicklung« bei Google ein. Sie erhalten auf der ersten Trefferseite mehr Anzeigen von Trainern, die Angebote zur Persönlichkeitsentwicklung machen, als reguläre Suchtreffer. Da die Kunden die Fülle der Angebote nicht mehr durchschauen, müssen Trainer einen immer größeren Aufwand betreiben, um auf sich aufmerksam zu machen.

Der Ausweg: Vom Trainer zum Speaker

Als Trainer müssen Sie sich nicht im Verdrängungswettbewerb zerfleischen lassen. Wie überall gibt es auch hier »blaue Ozeane«, in die Sie sich begeben können. Einer der attraktivsten dieser noch unterentwickelten Märkte mit wenig Konkurrenz und hohem Preisniveau ist der Redner-Markt. Nach wie vor gibt es im deutschsprachigen Raum sehr wenige absolut professionelle Keynote-Speaker. Hier bewegen sich zurzeit schätzungsweise lediglich um die 300 Personen. Und davon wiederum sind lediglich etwa 50 von ihrer Haltung und ihrem Auftritt her echte Topspeaker. Gleichzeitig gibt es Jahr für Jahr allein in Deutschland annähernd 100.000 Veranstaltungen, die Unternehmen, Verbände und andere wirtschaftsnahe Organisationen durchführen. Deren Organisatoren suchen händeringend gute Redner. Das ist ein echter »blauer Ozean«. Und deshalb sind »Stundensätze« von über 4.000 Euro (mehr als 5.000 Schweizer Franken) in diesem Bereich auch keine Seltenheit. Wobei die gefragtesten Redner 15.000, 20.000 oder sogar 25.000 Euro für einen einzigen Vortrag erzielen können.

In Kapitel 3 erfahren Sie Einzelheiten darüber, was Trainer und Coachs im Durchschnitt verdienen und wie viel mehr es bei Rednern ist. Hier geht es jetzt darum, was Sie als Erstes tun müssen, um den Rednermarkt für sich zu erschließen. Und da gibt es gleich eine gute Nachricht: Als erfahrener Trainer, Berater oder Coach bringen Sie in der Regel beste Voraussetzungen mit, um sich zum Topspeaker weiterzuentwickeln.

IMPULSE GEBEN STATT MENSCHEN DRESSIEREN **13**

Wenn Sie beispielsweise regelmäßig Seminare geben, sind Sie es gewohnt, vor einer Gruppe zu sprechen. Ihnen fehlt möglicherweise nur die Erfahrung mit richtig großen Gruppen von mehreren Tausend Personen. Bestimmt haben Sie aber Ihre Stimme und Ihre Rhetorik schon einmal schulen lassen. Als freier Trainer wissen Sie auch, dass Sie Ihre eigene »Firma« sind und sich selbst vermarkten müssen. Bei Rednern ist es nicht anders. Um ein letztes Beispiel zu nennen: Die meisten Trainer wissen auch, dass es nicht schaden kann, die Inhalte unterhaltsam zu präsentieren und das Seminar hin und wieder etwas aufzulockern. Sonst werden die Teilnehmer müde, konzentrieren sich nicht mehr und geben am Schluss schlechte Bewertungsbögen ab. Für Redner ist es noch viel wichtiger, unterhaltsam zu sein.

Trotz der sehr guten Voraussetzungen ist ein guter Trainer noch lange kein guter Redner. Bevor Sie jetzt das nächste Rhetorikseminar oder Stimmtraining buchen, lesen Sie aber bitte erst weiter. Es ist nämlich nicht das Redenkönnen als solches, das den großen Unterschied macht. Sondern es ist die innere Einstellung.

Beobachten wir doch einmal, wie die Begegnung zwischen der Trainerin Sabine Renner und ihrem Kollegen, dem Topspeaker Peter Reichelt, verläuft.

»Was ist los mit dir, Sabine?«, fragt Peter Reichelt nach dem ersten Schluck Kaffee. Also doch! Er hat es sofort gemerkt. Sabine Renner zögert nicht lange und erzählt ihrem Kollegen, wie unzufrieden sie ist. »Ich verstehe eines nicht«, fragt sie schließlich, »warum hast du als Trainer diesen Riesenerfolg?«

»Ganz einfach«, entgegnet Peter Reichelt, »ich bin schon lange kein Trainer mehr. Trainer versuchen in mühsamer Kleinarbeit, Menschen zu verändern. Das ist okay. Aber nichts mehr für mich. Ich gebe lieber den Impuls dafür, dass Menschen überhaupt zu Veränderungen bereit sind. Sei es in ihrem Unternehmen, sei es bei sich persönlich. Dazu habe ich bei einem Auftritt wie heute eine Stunde Zeit. In diesen 60 Minuten muss es krachen. Das ist Adrenalin pur.«

Peter Reichelt lehnt sich zurück und sieht Sabine Renner an. »Das ist alles gar nicht so schwierig«, fügt er hinzu. »Du kannst das auch. Du musst es nur wollen. Wenn du möchtest, helfe ich dir.«

Viele Trainer kommen zu ihrem Beruf, weil sie sehr idealistisch sind. Sie wollen mit Menschen arbeiten und diese positiv beeinflussen. Sie möchten andere qualifizieren und Veränderungsprozesse begleiten. Häufig müssen sie irgendwann einsehen, dass Menschen sich nicht so einfach dressieren lassen. Veränderungen finden statt und lassen sich auch beeinflussen, keine Frage. Aber jeder Einzelne entscheidet selbst, ob er sich überhaupt verändern will – und wenn ja, in welche Richtung und wie schnell. Trainer brauchen viel Geduld. Dem einen liegt das, dem anderen nicht. Dynamische, energiegeladene und extravertierte Menschen empfinden den Trainerberuf oft ab einem bestimmten Punkt als frustrierend.

Viele Trainer unterschätzen, wie sehr es auf den ersten Anstoß zur Veränderung ankommt. Und wie wichtig es ist, von Anfang an ein positives Ziel vor Augen zu haben. Wenn sie ein Unternehmen oder ein Seminarhotel betreten, steht die Zielsetzung häufig schon fest. Es wird vorausgesetzt, dass die Seminarteilnehmer sich verändern wollen und genügend Motivation und innere Power haben, um den Veränderungsprozess auch durchzuhalten. Doch genau deshalb scheitern viele Trainings und auch Coachings. Der erste Anstoß war einfach nicht stark genug. Oder es hat gar keinen gegeben. Jedenfalls war das Ziel unklar, es gab keine kraftvolle Vision – und dementsprechend auch keine Begeisterung, mit der man sich auf den Veränderungsweg machen könnte.

Genau hier kommt der Speaker ins Spiel. Weil der Zündfunke entscheidend ist, holen Unternehmen Redner für Impulsvorträge ins Haus und zahlen ihnen hohe Honorare. Das beste Motoröl nützt ja nichts, wenn die Zündung nicht funktioniert und der Motor überhaupt nicht anspringt. Es ist die Aufgabe des Keynote-Speakers, eine Initialzündung auszulösen. Dafür braucht er maximale Power in sehr kurzer Zeit. Dinge am Laufen zu halten, die danach in Gang kommen, überlässt er dann wieder den Trainern und Coachs. Sie machen einen wichtigen Job. Aber eben einen anderen. Trainer zeigen den Leuten ganz genau und konkret, wie man etwas umsetzt. Speaker dagegen sagen den Leuten maximal, was zu tun ist. Mehr auf keinen Fall.

AUF DEN PUNKT

Ein Trainer zeigt, wie etwas geht. Ein Speaker sagt, was zu tun ist.

Wenn Sie als Trainer für die Umsetzung zuständig sind, als Speaker jedoch für den Impuls, dann verkaufen Sie als Trainer und als Speaker auch unterschiedliche Dinge. Als Trainer versprechen Sie ein bestimmtes Ergebnis. Sie werden daran gemessen, wie gut Ihre Teilnehmer fest vorgegebene Inhalte umsetzen. Wenn Sie schlechte Bewertungsbögen bekommen oder der für die Weiterbildungsmaßnahme zuständige Manager nach einem halben Jahr meint, es hätte sich nichts geändert, haben Sie ein Problem. Ihr Produkt ist das Training. Wenn es nicht wirkt, ist das Produkt schlecht. Wie ein Medikament, das nicht wirkt. Das braucht kein Mensch.

Als Speaker verkaufen Sie eine Redeleistung. Sie werden an Ihrer Performance gemessen – und an sonst nichts. Was die Zuhörer mit Ihrem Impuls machen, fällt nicht in Ihren Zuständigkeitsbereich. Für die konkrete Umsetzung und für nachhaltige Veränderungen sind andere da. Ihre Performance muss dafür jedes Mal top sein. Durchhänger können Sie sich nicht leisten. Sie sind dazu da, Menschen zu begeistern und maximale Energie für Veränderungen freizusetzen. Nicht mehr, aber auch nicht weniger. Sie kommen, geben alles und gehen wieder. Am Ende entscheiden nicht die Zuhörer selbst, sondern Ihre Auftraggeber über Ihren Erfolg. Wird derjenige, der Sie gebucht hat, von allen dafür gelobt, Sie eingeladen zu haben, sind Sie erfolgreich. Sie begeistern Ihre Zuhörer. Aber noch wichtiger ist die Zufriedenheit Ihres Auftraggebers. Denn er hat die gute Stimmung eingekauft.

Was Topspeaker anders machen

Trainer glauben oft, zu viel Unterhaltung sei nicht Teil ihres Jobs oder gar schädlich für ihren Ruf als seriöse und kompetente Weiterbildungsexperten. Dabei ist das Gegenteil der Fall. Wer seine Zuhörer angenehm unterhält und Schwieriges leicht präsentiert, wirkt souverän. Der wirkliche Experte ist in seinem Thema so sehr zu Hause, dass er es sich leisten kann, Witze zu machen. Je lockerer und unterhaltsamer jemand auftritt, desto erfahrener und kompetenter wirkt er auf die Zuhörer. Natürlich haben auch viele Trainer das verstanden. In ihren Seminaren wird viel gelacht und die Zeit vergeht den Teilnehmern wie im Flug.

Topspeaker setzen auf Unterhaltung. Wobei Unterhaltung viele Gesichter hat, wie Sie gleich noch lesen werden. Anders als bei Trainern kann der Erfolg eines Redners bis zu 60 Prozent von der gelungenen Show abhängen. Und manchmal nur zu etwa 40 Prozent von den gebotenen Inhalten. Bevor Sie jetzt sagen, das sei ja dann alles oberflächlich, machen Sie sich bitte nochmals die Rolle des Redners bewusst. Er soll einen starken Anstoß zu Veränderungen geben. Und Menschen besitzen nun einmal dann die größte Offenheit für Veränderungen, wenn sie Spaß haben, lachen und gut drauf sind. Wenn Sie lachende und begeisterte Menschen ermutigen, etwas Neues auszuprobieren, dann trifft Ihre Botschaft mitten ins Herz. Aber versuchen Sie einmal Leute, die übellaunig mit verschränkten Armen dasitzen, zu Veränderungen aufzufordern. Es wird Ihnen nicht gelingen. Ja, Sie müssen sogar mit feindseligen Reaktionen rechnen.

> **AUF DEN PUNKT**
>
> **Speaker sind immer auch Entertainer. Sonst erfüllen sie ihren Auftrag nicht.**

Unterhaltung ist nun nicht gleich Unterhaltung. Loriot hat einen anderen Humor als Oliver Pocher. Zweifeln Sie also bitte nicht vorschnell an Ihrem Talent, Menschen zu unterhalten. Das Spektrum unterhaltsamer Vorträge reicht von schriller Comedy bis hin zu trockenem Humor mit hanseatischem Understatement. Der amerikanische Topspeaker Jim Rohn zum Beispiel trat stets im seriösen Businessanzug auf, stand die meiste Zeit eher steif am Rednerpult und bewegte sich höchstens ab und zu einmal zum Flipchart. Aber mit seiner Ironie und seinem Sprachwitz unterhielt er sein Publikum glänzend. Halten wir an dieser Stelle fest, dass Sie als Redner unterhalten müssen. Wie Sie das tun, bleibt Ihnen überlassen. Hier gibt es viele Möglichkeiten.

EXPERTENTIPP

Arbeiten Sie an Ihrem authentischen Humor. Versuchen Sie nicht, aufgesetzt witzig zu sein, sondern verstärken Sie, womit Sie andere ohnehin zum Lachen bringen.

Während Trainer wegen ihres Themas gebucht werden, zählt beim Speaker der Name. Das ergibt sich logisch aus dem bisher Gesagten. Wenn Sie keine zwei Tage, sondern nur eine Stunde haben, um Ihre Botschaft zu vermitteln, und für die Umsetzung nicht zuständig sind, brauchen Sie viel Vertrauen seitens Ihrer Kunden. Dieses Vertrauen in eine Leistung, die in ihrer Wirkung kaum überprüfbar ist, bekommen Sie nur über Ihren guten Ruf. Redner sagen ihren Zuhörern zwar, was sie tun sollen, sparen sich aber die Details und geben keine konkreten Handlungsanleitungen. Wenn die Leute daraufhin ins Handeln kommen sollen, müssen Sie als Experte einen derart überragenden Ruf haben, dass man Ihnen gewissermaßen blind vertraut. Was für Sie spricht, ist der Erfolg, den Sie hatten und haben. Alles andere ist für das Publikum und den Auftraggeber nicht nachprüfbar.

Die Hauptaufgabe Ihrer Selbstvermarktung als Redner besteht darin, die Bekanntheit und das Renommee Ihres Namens zu erhöhen. Hervorragende Inhalte werden ohnehin vorausgesetzt. Weiterbildungen und die entsprechenden Zertifikate bringen Ihnen als Speaker bei Weitem nicht so viel wie als Trainer. Ab einem bestimmten Punkt haben sie für Sie praktisch keinen Nutzen mehr. Dafür ist Ihr Image umso wichtiger.

Bevor Sie jetzt Imagepflege mit Schaumschlägerei gleichsetzen, machen Sie sich eines klar: Ihre Auftraggeber brauchen Sicherheit. Sie kaufen die Katze im Sack und können Ihre Performance auf der Bühne im Vorfeld schwer einschätzen. Wenn Sie versagen, ist Ihr Auftraggeber möglicherweise vor seiner gesamten Firma blamiert. Die Sicherheit für Ihren Auftraggeber besteht deshalb in Ihrem ausgezeichneten Ruf als Topexperte und Keynote-Speaker. Wenn Sie in Ihr Image investieren, dann also nicht, um Ihr Ego zu streicheln. Sondern um Ihren Kunden das zu geben, worauf sie ein Recht haben.

Wie Sie in Kapitel 7 noch genauer erfahren werden, schreiben Topspeaker eher Sachbücher, als dass sie Fachartikel in Branchenmagazinen veröffentlichen. Sie investieren auf allen Ebenen in ihre Bekanntheit. Deshalb generieren sie im Laufe ihrer Karriere immer mehr Empfehlungen. Ab einem bestimmten Punkt brauchen sie ihre Redeleistung überhaupt nicht mehr proaktiv anzubieten, da die Nachfrage konstant hoch ist. Gewissermaßen als »Abfallprodukt« generieren sie jede Menge Umsatz mit Büchern, CDs, DVDs, kostenpflichtigen Downloads und dergleichen. Während Trainer vor allem mit Personalentwicklern auf einer Wellenlänge schwimmen wollen oder versuchen, Teilnehmer für offene Seminare zu akquirieren, suchen Topspeaker gezielt die Nähe zu Vorständen und Geschäftsführern. Ihr Ziel ist es, bei Unternehmen »ganz oben« bekannt zu sein und geschätzt zu werden. Wenn es der Chef ist, der jemanden unbedingt vor den Mitarbeitern reden sehen möchte, wirkt sich das selbstverständlich auch auf das Honorar aus.

Wenn Sabine Renner nicht mehr Trainerin sein, sondern als Rednerin Erfolg haben will, wird sie einiges anders machen müssen als bisher. Wie die einzelnen Bausteine auf dem Weg zum Topspeaker aussehen, erfahren Sie in den weiteren Kapiteln dieses Buches. Im Moment fragen Sie sich vielleicht, wie konsequent Sie sich für die Rolle des Redners entscheiden müssen. Können Sie Trainer, Berater oder Coach bleiben und nebenbei als Redner bekannter werden, bis Sie an die Spitze kommen? Oder müssen Sie sich genau wie Peter Reichelt in unserer Beispielgeschichte entscheiden, in Zukunft kein Trainer, sondern nur noch Speaker zu sein?

Auf diese Fragen gibt es eine eindeutige Antwort: Der Weg zum Topspeaker beginnt damit, dass Sie sich klar entscheiden, Topspeaker zu werden. Es kann sein, dass Sie auch als Topspeaker hin und wieder Menschen trainieren, coachen oder beraten. Etliche Speaker verdienen mit Beratungstagen, Top-Executive-Coachings oder exklusiven Seminaren Geld. Aber sie tun dies nebenbei. Sie gehen ganz und gar in ihrer Rolle als Redner auf, haben die innere Einstellung eines Redners und pflegen auf allen Ebenen ihrer Kommunikation mit Kunden und Öffentlichkeit das Image eines Redners. Sie haben sich bewusst für diesen Weg entschieden und verfolgen ihn konsequent.

EXPERTENTIPP

Treffen Sie nach der Lektüre dieses Buches die klare Entscheidung, ob Sie sich auf den Weg zum Topspeaker machen. Von diesem Buch und seinen vielen Tipps für mehr Einkommen und besseres Selbstmarketing profitieren Sie so oder so. Aber Topspeaker werden Sie nur, wenn Sie sich dazu entscheiden.

Drei Geschäftsmodelle: Coach, Consultant, Speaker

In diesem Buch sprechen wir etwas allgemein von Trainern und meinen damit letztlich auch Berater und Coachs. Damit Sie sich entscheiden können, ob der Weg zum Topspeaker für Sie der richtige ist, wollen wir an dieser Stelle nicht nur zwei, sondern drei Ansätze genauer unterscheiden. Es gibt drei grundsätzliche Wege, wie Sie mit Expertenwissen Geld verdienen können: Sie können erstens beratend tätig sein, zweitens Menschen trainieren beziehungsweise coachen oder Sie können drittens als Redner auftreten.

Viele Trainer machen den Fehler, diese drei Wege willkürlich miteinander zu kombinieren. Sabine Renner zum Beispiel nennt sich bisher auf ihrer Homepage »Trainerin, Beraterin und Coach«. Sie hat sich nie darüber Gedanken gemacht, dass die unterschiedlichen Wege, mit Wissen Geld zu verdienen, auch zu verschiedenen Geschäftsmodellen führen. Hier sind die drei Wege im Detail:

- **Trainer und Coach:** Als Trainer im engeren Sinn oder auch als Coach unterstützen Sie Menschen beim Lernen und begleiten sie bei ihrer Entwicklung. Sie benötigen dazu neben Ihrem Fachwissen viel didaktisches Geschick und ausgewiesene Methodenkompetenz. Sie haben engen Kontakt mit Menschen und brauchen soziale Kompetenz. Auf die Zielpersonen Ihrer Aktivität müssen Sie sehr individuell eingehen. Jedes Coaching ist anders. Und ob ein Seminar gelingt, hängt auch von den Teilnehmern ab.
- **Berater (Consultant):** Als Berater zeigen Sie Menschen, wie sie ein bestimmtes Ziel erreichen. Typischerweise nehmen Sie Ihren Kunden einen besonders schwierigen Teil der Arbeit ab. Als Steuerberater zum Beispiel füllen Sie die Steuererklärungen Ihrer Mandanten aus. Neben Fachwissen benötigen Sie Umsetzungskompetenz. Anders als bei Trainern und Coachs dürfen Ihre Methoden auch unkonventionell sein. Berater arbeiten ebenfalls individuell. Jedes Projekt ist anders. Da sie aber mehr an Strukturen und Prozessen als am Menschen arbeiten, können sie trotzdem einiges standardisieren.
- **Redner (Speaker):** Als Redner motivieren Sie Menschen und geben ihnen Impulse. Ihr Expertenstatus wird vorausgesetzt und nicht mehr überprüft. Sie vermitteln weniger Wissen, als es Trainer

und Berater tun, bringen dafür aber Menschen ins Handeln. Sie übernehmen keine Aufgaben selbst und begleiten auch keine Prozesse. Ihre Arbeit ist wenig individuell. Ihr Vortrag kann für längere Zeit immer der gleiche sein. Die Dramaturgie und der Effekt sind für den Erfolg Ihres Vortrags entscheidend. Für Ihre Auftritte gibt es kaum Vorgaben. Diese können sehr unkonventionell sein. Aber Sie müssen authentisch sein. Von Ihrer Glaubwürdigkeit hängt vieles ab.

Unternehmen brauchen beides: Impulsgeber und Umsetzer. Und es ist durchaus möglich, kurz hintereinander an Aufträge als Trainer und Coach, Berater und Redner zu gelangen. Allerdings werden Sie als Redner nie viel verdienen, wenn Sie alles gleichzeitig machen. Sehr häufig wird man Ihnen anbieten, gratis aufzutreten. Treffen Sie deshalb die Grundentscheidung, welcher der drei Wege Ihre Nummer 1 ist. Und was Ihre Nummer 2 und Ihre Nummer 3 ist. Entscheidend ist: Es kann nur eine Nummer 1 für Sie geben.

> **EXPERTENTIPP**
>
> Entscheiden Sie sich für eine dieser drei Rollen als Hauptrolle: Trainer/Coach, Berater oder Redner. Richten Sie Ihr Geschäftsmodell konsequent danach aus.

Nur wenn Sie diese Grundentscheidung getroffen haben, können Sie ein konsequentes Geschäftsmodell aufbauen. Machen Sie sich klar, dass Trainer/Coach, Berater oder Redner jeweils unterschiedliche Dinge verkaufen. Konkret bedeutet das:

■ Trainer/Coachs verkaufen Trainings-/Coachingeinheiten.
■ Berater verkaufen Know-how und Projektmitarbeit.
■ Redner verkaufen Performance vor Publikum.

Sämtliche echten Topspeaker haben ihre Rolle als Redner klar zu ihrer Nummer 1 gemacht. Sie haben ihr komplettes Geschäftsmodell darauf abgestellt. Und ihre gesamte Kommunikation und ihre Medienarbeit entsprechen dieser Rolle. Auf der Homepage eines Topredners haben die Wörter »Trainer«, »Coach« oder »Berater« nichts mehr zu suchen.

Die wenigen Ausnahmen bestätigen die Regel. Was sich dem Besucher der Website stattdessen sofort mitteilen muss, sind die »drei E«: **Expertenstatus, Erfolge, Ereignisse**. Der potenzielle Auftraggeber muss sofort sehen können, dass er es mit einem führenden Experten zu tun hat, der stark gefragt ist und überall Auftritte hat.

Wenn Sie sich entschieden haben, dass die Rolle als Redner Ihre Nummer 1 ist und Sie dies entsprechend kommunizieren, ist durchaus noch Platz für gelegentliche Ausflüge in die anderen Bereiche. Tatsächlich gehen viele Topspeaker so vor. Sabine Hübner zum Beispiel, Deutschlands »Service-Expertin Nummer 1«, berät auch hin und wieder Unternehmen beim Thema Service. Ihre in der Beratungspraxis gesammelten Erfahrungen fließen dann wieder in ihre Vorträge ein. Der Führungsexperte Boris Grundl coacht ab und zu Topführungskräfte und veranstaltet alle paar Monate hochpreisige offene Seminare für größere Gruppen. Selbst ein Star der Speaker-Szene wie Samy Molcho gibt hin und wieder für viel Geld Seminare zum Thema Körpersprache. Aber alle drei konzentrieren sich ganz klar auf das Thema Vorträge. Entsprechend sehen bei ihnen Website, Marketing, Pricing, Networking und so weiter aus.

Die innere Einstellung des Topspeakers

Haben Sie sich erst einmal entschieden, mit höchster Priorität Redner zu sein und Ihr Geschäftsmodell und Ihre Kommunikation konsequent darauf abzustellen, wird sich Ihre innere Einstellung sofort verändern. Als Trainer waren Sie bisher darauf fokussiert, Wissen und Fähigkeiten zu vermitteln und Menschen zu verändern. Als Coach hatten Sie immer ein offenes Ohr für die Probleme Ihrer Klienten. Und als Berater sind Sie tief in Projekte eingestiegen und haben an Flughäfen Ihr Notebook aufgeklappt, um weiter an Konzepten und Präsentationen zu tüfteln.

Damit ist es jetzt vorbei. Von nun an gilt Ihre ganze Aufmerksamkeit den 45 bis 90 Minuten, die Sie vor dem Publikum stehen, um dieses zu inspirieren und zu begeistern. Sie stellen sich nur noch zwei wesentliche Fragen:

über Geld nachdenken

1. Was muss ich tun, um die perfekte Performance abzuliefern?
2. Und was muss ich tun, damit mir meine Auftraggeber dafür immer wieder Spitzenhonorare zahlen?

Klären Sie dazu unbedingt Ihre Einstellung zum Thema Geld. Wenn Sie unbewusst dem Glaubenssatz anhängen, Sie seien es gar nicht wert, 5.000 oder gar 10.000 Euro für einen 60-minütigen Vortrag zu bekommen, dann werden Sie solche Honorare auch niemals erhalten. Wenn Sie glauben, so etwas sei letztlich Betrug, dann werden andere das merken. Diese werden Sie für genau den Betrüger halten, der Sie zu sein glauben, und Ihnen keine Aufträge geben. *GS ?!*

Machen Sie sich bitte klar, dass es in einer Marktwirtschaft nicht darum geht, wie anstrengend es für Sie ist, eine Leistung zu erbringen. Arbeit auf dem Bau zum Beispiel ist zwar sehr anstrengend, wird aber nicht besonders gut bezahlt. Ebenso wenig relevant ist es, wie lange es dauert, um eine Leistung zu erbringen. Sonst wäre der langsamste Arbeiter auch der bestbezahlte. In einer Marktwirtschaft zählt allein, welchen Nutzen eine Leistung für den Kunden stiftet und wie leicht verfügbar die Leistung ist. *Gute Redner sind selten*

Keynote-Speaker stiften einen extrem hohen Nutzen in Unternehmen, da von der Motivation und Veränderungsbereitschaft der Mitarbeiter letztlich alles abhängt. Und wie wir gesehen haben, sind wirklich gute Redner selten. Der deutsche Speakermarkt ist ein »blauer Ozean« und entsprechend hoch sind die Preise. Nehmen Sie es also nicht zu persönlich, wenn man Ihnen für einen Vortrag viel Geld bezahlt. Freuen Sie sich einfach, in den »blauen Ozean« geschwommen zu sein, wo die Marktmechanismen für Sie arbeiten. Was Sie mit dem verdienten Geld machen, ist ohnehin Ihre Sache.

AUF DEN PUNKT

Speaker verdienen, was sie bekommen. Sie stiften hohen Nutzen für Organisationen.

Als Nächstes verabschieden Sie sich von Ihrem Anspruch auf Nachhaltigkeit. Schon als Trainer können Sie trotz aller Bewertungsbögen und Follow-ups nie sicher sein, ob Sie in einem Unternehmen oder bei einem einzelnen Mitarbeiter wirklich dauerhaft etwas verändert haben. Als Speaker brauchen Sie das gar nicht erst zu interessieren. Men-

IMPULSE GEBEN STATT MENSCHEN DRESSIEREN **23**

schen verändern sich, wenn die Bedingungen danach sind und sie es wollen. Zwingen können Sie niemanden. Ihr Job als Redner ist es, einen starken Impuls zu setzen, der die Veränderungswahrscheinlichkeit erhöht. Für das, was daraus folgt, sind andere im Unternehmen verantwortlich.

Stellen Sie sich einmal vor, Sie hätten innerhalb eines Jahres von acht Ihrer Freunde und Bekannten gehört, dass Sie mehr Sport machen sollten. Daraufhin melden Sie sich im Fitnessstudio an. Wer von Ihren Freunden hat nun den entscheidenden Impuls geliefert? Der achte? Nun, seine Worte hätten bestimmt weniger Gewicht gehabt, wenn Ihnen vorher nicht schon sieben Leute das Gleiche gesagt hätten. Vielleicht war ja der fünfte Impuls der stärkste, musste aber noch etwas in Ihnen arbeiten. Sie sehen: Wichtig ist es, starke Impulse zu geben. Welcher Impuls genau was auslöst, lässt sich nicht überprüfen. Versuchen Sie es deshalb gar nicht erst.

> *Das iPhone von Peter Reichelt klingelt. Es ist Sabine Renner. Zwei Tage nach dem Treffen in dem Hamburger Hotel hat sie sich entschieden. Sabine möchte nicht mehr eine von zahllosen Trainerinnen sein. Sie will Topspeaker werden. Sie fragt Peter Reichelt, was jetzt das Wichtigste sei.*
>
> *Peter Reichelt überlegt kurz. »Das Wichtigste ist, dass es jetzt ganz auf dich ankommt«, sagt er dann. »Du bist das Produkt, nicht deine Themen. Du bist eine Marke!«*

Die meisten Trainer haben gelernt, ihre Themen zu vermarkten, aber nicht ihre Person. Auf ihrer Homepage listen sie auf, wofür der Kunde sie buchen kann. Und zum Beweis ihrer Kompetenz geben sie ihre unterschiedlichen Ausbildungen, Fortbildungen und Zertifikate an. Das gilt auf dem Trainermarkt als völlig normal. Aber stellen Sie sich einmal vor, Porsche würde damit Werbung machen, dass die Autos von ausgebildeten Diplom-Ingenieuren konstruiert werden. Oder dass die Scheibenwischer in mehreren Stufen verstellbar sind. Oder dass eine Klimaanlage zur Ausstattung gehört. Da würde der Kaufinteressent sagen: »Das alles bekomme ich bei Opel auch!«

Und deshalb heißt es auf der Website des Sportwagenherstellers »Faszination Porsche«. Oder: »Ein Mythos in Bestform«. Oder: »Nur drei

Ziffern beschreiben dieses Gefühl«. Premiumprodukte werden mit ihrem einzigartigen Charakter beworben. Und mit Emotionen.

Gegenüber einem Training oder Coaching ist eine Rednerleistung ein Premiumprodukt. Deshalb zählen von nun an Ihre Persönlichkeit und Ihr Image mehr als Ihr Fachwissen oder Ihre Themen. Wissen und Kompetenz werden einfach vorausgesetzt. So wie wir alle bei Porsche voraussetzen, dass die Scheibenwischer in mehreren Geschwindigkeiten einstellbar sind. Das ist nicht das, worum es geht. Jeder Mensch ist einzigartig. Aber erst, wenn Sie Ihre Einzigartigkeit zeigen und verstärken, werden Sie zur Marke. Die besten Marken erzielen die höchsten Preise. Also arbeiten Sie an Ihrem Profil als Experte. Zeigen Sie, dass Sie auf Ihrem Gebiet zu den Besten gehören. Redner müssen immer auch über sich selbst reden können.

KOMPAKT

- Der Rednermarkt im deutschsprachigen Raum ist noch unterentwickelt. Weit über 100.000 Veranstaltungen im Jahr in Deutschland, Österreich und der Schweiz stehen nur gut 300 wirklich professionelle Speaker gegenüber.

- Ein Speaker motiviert und gibt Impulse. Er verkauft seine Performance vor Publikum. Trainer, Coachs und Berater haben andere Aufgaben. Es ist wichtig, dass Sie sich vorrangig für einen Weg und für ein Geschäftsmodell entscheiden.

- Topspeaker haben eine andere Einstellung als Trainer, Berater und Coachs: Sie wollen in kurzer Zeit hohen Wert schaffen. Sie sind Experten. Sie geben Impulse und überlassen es anderen, diese umzusetzen. Sie selbst sind das Produkt. Sie begreifen sich als Marke.

KAPITEL 2

Kundenorientierung heißt Veranstalterorientierung

Sabine Renner und Peter Reichelt haben sich in einer Business-Lounge am Münchner Flughafen getroffen. Sabine kommt gerade von einem Drei-Tage-Seminar in Olching. Peter hat am Nachmittag einen Vortrag bei BMW gehalten und fliegt jetzt weiter zu einem Kongress in Zürich, wo er morgen Mittag reden wird. Sabine wirkt müde und hat sich einen Prosecco bestellt. Peter ist entspannt. Dank der Annehmlichkeiten seines Vielfliegerstatus macht ihm das Reisen nichts aus. Seinen Vortrag morgen muss er nicht vorbereiten. Es wird exakt derselbe sein wie heute.

»So ein Mist!«, rutscht es Sabine Renner heraus. Sie donnert ihren BlackBerry zurück in die Handtasche. »Auf den Bewertungsbögen haben die Teilnehmer überall nur ›sehr gut‹ angekreuzt«, sagt sie. »Trotzdem hat mir mein Auftraggeber die weiteren Seminare gerade abgesagt. Er hat sich die Bewertungen noch nicht einmal angesehen!«

»Wer ist denn der Auftraggeber?«, fragt Peter Reichelt.

»Irgend so ein Personalentwickler«, antwortet Sabine und macht eine abfällige Handbewegung.

Die meisten Trainer haben gelernt, ihre Seminarteilnehmer oder Coachingklienten zufriedenzustellen. Das ist kein Zufall. Und zunächst einmal auch gar nicht falsch. Trainer und Coachs sind schließlich so etwas wie Lehrer für Erwachsene. Lehrer möchten, dass ihre Schüler etwas lernen und Fortschritte machen. Auch Trainer freuen sich über den Lernerfolg ihrer Teilnehmer. Der Wunsch, mit Menschen zu tun zu haben und bei ihnen etwas zu verändern, hat sie ja oft gerade zu diesem Beruf geführt. Leider gerät bei manchen Trainern aus dem

26 TEIL 1: UMDENKEN: WELCHE EINSTELLUNG SIE ZUM TOPSPEAKER MACHT

Blick, für wen sie wirklich arbeiten. Es ist für Trainer genau wie für Speaker enorm wichtig, zu unterscheiden, was ihre Leistung ist und für wen sie diese Leistung erbringen.

Für einen Trainer sind die Teilnehmer immer Gegenstand seiner Arbeit. Wenn die Teilnehmer den Stoff gelernt haben, ihn umsetzen können und dazu noch mit dem Ablauf des Trainings zufrieden sind, hat ein Trainer seine Arbeit gut gemacht. Aber sind die Teilnehmer auch seine Kunden? Kunde ist derjenige, der die Rechnung bezahlt. Das tun die Teilnehmer nur bei offenen Seminaren, für die sie sich selbst entschieden haben. Hier ist Teilnehmerzufriedenheit gleich Kundenzufriedenheit.

Der Trainermarkt besteht jedoch nur zu einem kleineren Teil aus offenen Seminaren. Die weitaus größeren Volumina von Trainings- und Coachingleistungen werden von Unternehmen für ihre Mitarbeiter eingekauft. Dann ist das Unternehmen der Kunde. Wenn die Seminarteilnehmer hier zufrieden sind, haben die Trainer zwar ihre Arbeit gut gemacht. Aber sie haben noch nicht notwendigerweise ihre Kunden zufriedengestellt.

Bei Rednern verlagert sich das Gewicht noch mehr. Wenn Sie nicht gerade vor 100 Partnern einer großen Unternehmensberatung sprechen, werden Ihre Zuhörer nie identisch mit Ihren Kunden sein. Selbst für die 100 Partner in dem genannten Beispiel gilt: Sie müssen zwar vielleicht gemeinsam für die Kosten Ihres Vortrags aufkommen. Aber sie werden nicht alle einzeln bei Ihnen angerufen und Sie gebucht haben. Hier gibt es einen Organisator. Und der will weder Stress haben noch sich vor den 99 anderen blamieren. Genügt es, wenn Ihr Vortrag bei den Zuhörern gut ankommt? Nein, das ist nur ein Teil Ihres Jobs. Sie müssen selbstverständlich eine spitzenmäßige Performance abliefern, die Ihre Zuhörer begeistert. Aber das ist nicht der einzige Aspekt der Kundenorientierung eines Redners.

Nehmen wir einmal an, Sie wären in der IT-Branche und wollten einem Mittelständler neue Computer verkaufen. Wie würden Sie beim Chef argumentieren? Würden Sie davon schwärmen, wie toll die Mitarbeiter das Design finden werden, wie sehr die neue Maus der Hand schmeichelt und wie leise die Laufwerke vor sich hin surren?

KUNDENORIENTIERUNG HEISST VERANSTALTERORIENTIERUNG **27**

Das sicher auch. Aber eher am Rande. In erster Linie würden Sie doch sicher über Kosteneffizienz, Sicherheit, Zuverlässigkeit sowie Service- und Supportleistungen sprechen. Kurz: Sie würden über das sprechen, was denjenigen interessiert, der Ihre Rechnung bezahlt.

Mit der Performance, die Sie als Redner verkaufen, ist es ganz genauso. Begeisterte Zuhörer sind Teil dieser Performance und damit Grundvoraussetzung für Ihren Erfolg. Begeisterte Kunden haben Sie aber erst, wenn auch derjenige, der Ihre Rechnung bezahlt, begeistert von Ihnen ist. Von dieser Begeisterung werden Ihre Performance und die Reaktion der Zuhörer immer nur ein Teil sein. Wirkliche Kundenorientierung fängt bei Speakern dort an, wo sie lernen, die Bedürfnisse ihrer eigentlichen Auftraggeber umfassend zu verstehen und auf sie einzugehen.

AUF DEN PUNKT

Der Kunde des Speakers ist immer der Veranstalter, nie das Publikum. Die Bedürfnisse des Kunden müssen umfassend verstanden und bedient werden.

Worin genau besteht der Nutzen, den Sie als Redner für das Unternehmen stiften? Welche Personen sind wichtig? Wer trifft die Entscheidungen, wer muss sonst noch unbedingt berücksichtigt werden? Wen sollte man in einem Unternehmen persönlich kennen? Wer muss mit ins Boot, damit immer wieder Spitzenhonorare fließen können? Topspeaker haben auf alle diese Fragen Antworten.

Warum eine Organisation Sie bucht

Das Zauberwort für Ihre Kundenorientierung lautet: Perspektivenwechsel. Haben Sie sich bisher als Trainer sehr viele Gedanken über Ihre Teilnehmer gemacht, so machen Sie sich nun die meisten Gedanken über Ihre Kunden. Lernen Sie die Unternehmen und die verantwortlichen Entscheider besser kennen. Hierzu sollten Sie sich erst einmal die größeren betriebswirtschaftlichen Zusammenhänge klarmachen. Warum holen Unternehmen überhaupt externe Experten ins Haus? Dies sind die wichtigsten betriebswirtschaftlichen Gründe, warum ein Unternehmen Sie ins Haus holen könnte:

- Das Wissen ist in der Organisation schlicht nicht vorhanden. Niemand hat Ahnung von einem Thema, das als wichtig und dringend erkannt wurde. Der Experte kommt ins Haus, um einen Überblick zu liefern.
- Das Wissen ist zwar vorhanden, aber die eigenen Leute haben keine Zeit, es ihren Kollegen nahezubringen. Oder die didaktischen Fähigkeiten sind nicht da. Einen Experten zu engagieren, der die Inhalte vermitteln kann, spart Zeit und Geld.
- Das Wissen ist vorhanden, jedoch ist der Veranstalter der Meinung, dass der Prophet im eigenen Lande wenig Gehör findet. Deshalb sucht man sich einen externen Experten, in der Hoffnung, dass dieser wirkungsvoller sein kann.
- Die Organisation will den frischen Blick von außen. Meistens sind die Auftraggeber dann weitsichtige Manager, die wissen, wie schnell ein Unternehmen in Routinen erstarrt. Sie wollen ihre Leute regelmäßig wachrütteln und neu aktivieren. Dazu suchen sie Experten, die auch Querdenker sind.
- Es ist keine Vision mehr da. Das Unternehmen funktioniert zwar noch und macht Umsätze, aber mit Innovationen sieht es schlecht aus. Gute Manager spüren auch diese Gefahr früh. Von externen Experten erwarten sie Ideen und Anstöße für Innovationen.
- Die Motivation der Mitarbeiter ist auf dem Tiefpunkt. Das kann zum Beispiel nach Massenentlassungen, Fusionen und Übernahmen, größeren Restrukturierungen oder einem plötzlichen Umsatzeinbruch der Fall sein. Schlechte Stimmung kann ein Unternehmen gänzlich in den Abgrund ziehen. Hier ist ein Mutmacher gefragt.
- Manager wollen die Mitarbeiter bewusst mit einer völlig anderen Weltsicht konfrontieren. Dieser Ansatz ist radikaler und deshalb auch seltener als der Wunsch nach einem frischen Blick von außen. Doch eine Reihe von Managern schwört darauf, durch harte Konfrontation mit ungewohnten Standpunkten neue Energien freizusetzen.
- Manager wollen den Mitarbeitern kontroverse Themen nicht selbst vermitteln. Wer sich als Chef zu weit aus dem Fenster lehnt, bekommt Ärger. Deshalb wird ein Sprachrohr für die eigenen Ansichten gesucht. Über den Redner dürfen sich die Mitarbeiter gern aufregen, denn er ist nach dem Vortrag wieder weg. Der Chef hat sein Risiko abgewälzt.

- Manche Veranstalter sind gezwungen, immer wieder Veranstaltungen für Mitglieder zu organisieren. Viele Verbände – die ja auch häufig Gelder von den Mitgliedern bekommen – organisieren jährliche Treffen. Dabei kommt es oftmals gar nicht mehr auf spezifische Inhalte, sondern einfach auf eine gelungene Veranstaltung an, damit der Veranstalter in guter Erinnerung bleibt und die Mitglieder geneigt sind, sich weiterhin zu engagieren.

Wenn Sie sich diese Liste anschauen, wird zumindest den Älteren unter Ihnen auffallen, wie sehr die Zeiten sich geändert haben. Wissen vermitteln, Visionen entwickeln, Mitarbeiter motivieren und unangenehme Wahrheiten verkünden sind eigentlich klassische Aufgaben von Managern. Die Unternehmen haben jedoch in den letzten Jahrzehnten immer mehr Führungspositionen abgebaut. Vor allem im mittleren Management. Auf den einzelnen Führungskräften lastet heute ein größerer Druck als je zuvor. Sie sind deshalb immer mehr auf externe Experten angewiesen, an die sie Managementaufgaben delegieren.

Hinzu kommt, dass Experten in der sich entwickelnden Wissensgesellschaft eine wichtigere Rolle spielen. Früher brauchten Unternehmen Externe eher als Problemlöser. Wenn zum Beispiel eine größere Umstrukturierung anstand, rückte die berüchtigte Kahlschlag-Beratertruppe mit den schwarzen Köfferchen an. Deren Chef hielt dann eine Präsentation vor den Mitarbeitern und erklärte die unangenehmen Details der Umstrukturierung.

In der Wissensgesellschaft müssen Unternehmen sich heute fortwährend weiterentwickeln. Sie haben verstanden, dass die Impulse dazu verstärkt von außen kommen müssen. Der Blick über den Tellerrand ist das Grundprinzip der Innovation, wie sich an vielen Beispielen belegen lässt. Will ein Unternehmen »Chancenintelligenz« entwickeln, also in allen Situationen weniger die Risiken als die Chancen erkennen, sind immer wieder Ideengeber von außen nötig.

> **AUF DEN PUNKT**
>
> **Externe Experten sind heute für Unternehmen unverzichtbar. Diese Marktstellung gilt es für sich zu nutzen.**

Wenn Sie die oben genannten Gründe betrachten, warum Unternehmen externe Experten buchen, werden Sie darin leicht die großen Chancen für Speaker erkennen. Als Redner sollten Sie Ihr Angebot gegenüber Unternehmen so ausrichten, dass immer mindestens eines dieser Bedürfnisse befriedigt wird. Die Speaker Anja Förster und Peter Kreuz zum Beispiel werden häufig gebucht, um frische Perspektiven ins Unternehmen zu bringen, Trends aufzuzeigen und Innovationen anzustoßen. Der Schweizer Martin Betschart dagegen ist ein typischer Mutmacher, der die Eigenverantwortung der Mitarbeiter stärken und ihre Motivation erhöhen soll. Reinhard K. Sprenger, der Autor des Buches »Mythos Motivation«, schließlich ist ein Topspeaker, den Manager häufig buchen, um ihre Kollegen und Mitarbeiter bewusst mit kontroversen Ansichten zu konfrontieren.

Zwei der oben genannten Punkte bergen auch Gefahren. Wenn ein Unternehmen meint, alles selbst zu wissen, was Sie wissen, und nur Geld sparen möchte, dann rutschen Sie schnell in die Rolle des preiswerten Dienstleisters. Hier ist Ihr Expertenstatus in Gefahr. Diesen Expertenstatus brauchen Sie als Topspeaker aber unbedingt. In den Kapiteln 4 und 5 werden Sie noch im Detail erfahren, warum das so ist. An dieser Stelle ist wichtig, bei aller Kundenorientierung nie einen Zweifel daran aufkommen zu lassen, dass Ihre Dienstleistung einen echten Mehrwert für das Unternehmen darstellt. Sie sagen etwas, was im Unternehmen niemand sonst so sagen würde. Deshalb verdienen Sie in einer Stunde auch mehr als die meisten Internen in einem Monat.

Gefährlich kann auch die Rolle eines Sprachrohrs des Chefs sein. Ziemlich unkompliziert ist es noch, wenn da einfach ein fortschrittlicher Chef und eine eher rückständige Mannschaft am Werk sind. Mit dem Chef verstehen Sie sich glänzend. Sie sind sich einig mit ihm, dass ein zündender Vortrag einmal frischen Wind ins Unternehmen bringen sollte.

Schwierig wird es, wenn der Chef ganz bestimmte Ideen und Vorstellungen hat und erwartet, dass Sie genau darüber vor den Mitarbeitern sprechen. Besonders heikel ist es, wenn es sich dabei auch noch um unangenehme Wahrheiten handelt. Selbst mit einem noch so brillanten Vortrag werden Sie diesen Kunden nur schwer zufriedenstellen können. Erstens wird er hinterher meinen, Sie hätten vieles anders sagen müssen. Nämlich so, wie er denkt. Zweitens weiß ja ein solcher

Chef, dass er der Konfrontation mit seinen Mitarbeitern letztlich ausgewichen ist. Sie waren so etwas wie sein Strohmann. Das ist immer eine undankbare Rolle.

> **EXPERTENTIPP**
>
> Lassen Sie sich bei aller Kundenorientierung niemals instrumentalisieren. Experte sein heißt unabhängig sein. Sie allein bestimmen die Inhalte Ihres Vortrags.

Warum ein einzelner Entscheider Sie wirklich bucht

Wenn Ihnen klar ist, welchen Nutzen Sie für die gesamte Organisation bringen, dann wissen Sie noch lange nicht, aus welchen Gründen ein einzelner Entscheider Sie bucht. Diesen Unterschied sollten Sie sich klarmachen. Menschen in Unternehmen handeln immer sowohl aus altruistischen als auch aus egoistischen Motiven. Sie achten natürlich darauf, dass ihre Arbeit für die gesamte Organisation sinnvoll ist. Aber sie haben auch ihre ganz persönlichen Interessen im Blick. Immer, wenn Sie es mit einzelnen Personen oder kleinen Teams zu tun haben, die Sie buchen und die Budgets dafür verwalten, müssen Sie sich fragen: Was haben diese Personen ganz persönlich davon, mich einzukaufen? Das ist oft noch viel entscheidender als die Frage, was das Unternehmen davon hat. Es ist vor allem auch leichter zu verstehen und nachzuprüfen.

Der Nutzen eines Vortrags für ein Unternehmen ist schwierig zu beziffern. Aber ob Sie einen einzelnen Entscheider glücklich gemacht haben, merken Sie allein schon, wenn Sie sich nach dem Vortrag mit ihm unterhalten. Spätestens merken Sie es daran, ob Sie von dieser Person ein zweites Mal gebucht und anderen weiterempfohlen werden. Viele Trainer wissen gar nicht, wie sehr es auf den persönlichen Vorteil oder Benefit Ihres Ansprechpartners in einem Unternehmen ankommen kann. So geht es auch Sabine Renner.

Peter Reichelt atmet tief durch und sieht Sabine Renner skeptisch an.
»Also, Sabine, ich kann es mir als Speaker nicht leisten, mich so we-
nig mit meinen Kunden zu beschäftigen. Was heißt denn hier ›irgend
so ein Personalentwickler‹? Der Mann ist enorm wichtig für dich!
Weißt du wenigstens, warum er abgesagt hat?«
»Er hat mit seinem Chef gesprochen«, erwidert Sabine. »Der hat
noch nie was von mir gehört. Er möchte lieber eine andere Trainerin,
die ihm empfohlen wurde. Wer weiß, was dahintersteckt. Ich kenne
die Leute ja gar nicht.«
»Dann ist hier ja so ziemlich alles schiefgegangen. Du hast deinem
Ansprechpartner nicht die Sicherheit gegeben, dass du wirklich die
Richtige bist. Deshalb verteidigt er dich auch nicht. Und von einem
Chef, der da das letzte Wort hat, wusstest du wohl gar nichts. Ab jetzt
beschäftigst du dich mit deinen Kunden! Fahr mal zu ihnen hin und
lerne sie kennen …«

Nur wer sich mit seinen Kunden beschäftigt, kann auch ihre Bedürfnisse verstehen. Diese bekannte Regel gilt auch für Speaker. Wer an
dem Schreibtisch sitzt, an dem über Ihre Buchung entschieden wird,
kann die unterschiedlichsten Gründe haben, Sie zu buchen oder sich
für jemand anderen zu entscheiden. Entscheidend für Sie ist es, eine
persönliche Beziehung zu Ihren Kunden aufzubauen. Je genauer Sie
die Menschen kennen, die Sie buchen, desto genauer kennen Sie auch
deren Motive.

Bei Motiven müssen wir grundsätzlich zwischen den offen ersicht-
lichen und rational verstehbaren Motiven sowie den sogenannten
impliziten Motiven unterscheiden. Wir wollen uns zunächst mit den
impliziten Motiven beschäftigen. Denn das Unterbewusstsein spielt bei
Entscheidungen eine weitaus größere Rolle als der Verstand. Die moderne Gehirnforschung und Motivationspsychologie kennt neben den
überlebenswichtigen Motiven des Menschen (wie Essen, Schlafen und
Fortpflanzung) im Grunde nur drei weitere Grundmotive:

- Bindung
- Leistung
- Macht

Das Bindungsbedürfnis drückt sich zum Beispiel in jedem Wunsch nach sozialer Anerkennung aus. Wer für seine Arbeit von niemandem irgendeine Anerkennung erfährt, wird diesen Job auf die Dauer nicht machen wollen. Wenn Sie Ihre Putzhilfe niemals loben, wird diese nach kurzer Zeit eine schlechtere Leistung abliefern.

Zum Bindungsbedürfnis gehört auch, in der eigenen Gruppe anerkannt zu sein. Sie ruinieren die Motivation jedes Mitarbeiters, wenn Sie ihm signalisieren, dass er in einem Team nicht richtig dazugehört.

Die Leistungsmotivation wiederum führt zu dem Wunsch, regelmäßig angemessen schwierige Aufgaben zu bewältigen. Jeder freut sich, wenn er etwas geschafft hat. Bloß ist nicht jede Aufgabe für jeden die richtige. Können wir Leistung bringen, ohne uns überfordert oder unterfordert zu fühlen, sind wir im »Flow« oder im »Wohlfühlkorridor«.

Die Machtmotivation schließlich bezieht sich keineswegs nur auf die offene Dominanz des Anführers einer Gruppe, sondern meint ganz allgemein den Wunsch, andere Menschen zu beeinflussen und Dinge zu bewegen. Die Machtmotivation ist wissenschaftlich gesehen ebenso neutral wie jede andere Motivation, also weder gut noch schlecht. Ob Sie die Dinge zum Guten oder zum Schlechten beeinflussen, ist eine ethische Frage und somit auf einer anderen Ebene zu beantworten.

Wenden wir die drei verborgenen Motive des Menschen einmal konkret auf den Entscheider an, der Ihre Redeleistung bucht, so hat er stets drei innere Hauptantriebe:

- *Anerkennung bekommen und vor den Mitarbeitern der Organisation (wie überhaupt dem sozialen Umfeld) gut dastehen.* Wenn Kollegen und Mitarbeiter nach Ihrem Vortrag zu Ihrem Kunden kommen und ihm zu der Idee gratulieren, Sie eingeladen zu haben, dann wird dieses Bedürfnis stark befriedigt. Stärkt Ihr Vortrag die Motivation der Mannschaft oder kommen neue Ideen ins Unternehmen, so werden sich Leute im Team ab und zu erinnern, dass Ihr Kunde es war, der Sie (und damit die neuen Impulse) ins Haus geholt hat.

- *Einen richtig guten Job machen und sich beweisen.* Manager in Unternehmen sind grundsätzlich stark leistungsorientiert. Sie haben Freude an der Arbeit und wollen diese Arbeit möglichst gut erledigen. Wenn ein Entscheider das Gefühl hat, einen absoluten Topreferenten gebucht zu haben, der für eine unvergessliche Veranstaltung sorgen wird, dann macht ihm die Arbeit Spaß. Denn er hat als Organisator selbst eine gute Leistung abgeliefert.
- *Menschen aktivieren, motivieren und auf neue Ideen bringen.* Wenn Sie einer Organisation neue Impulse geben, wird Ihr Kunde das immer auch als sein Werk betrachten. Manchmal wird er sogar ein Stück Überlegenheitsgefühl genießen, denn er war weitsichtiger als viele andere im Unternehmen. So weitsichtig, dass er Sie eingeladen hat.

Diese verborgenen Motive Ihrer Kunden sollten Sie nicht nur kennen, sondern im täglichen Umgang mit ihnen auch nutzen. Erwähnen Sie zum Beispiel zu Beginn Ihres Vortrags den Manager, der Sie eingeladen hat, mit Namen und danken Sie ihm vor der versammelten Mannschaft herzlich für die Einladung. Damit treffen Sie genau sein Bedürfnis nach Anerkennung.

Oder geben Sie Ihrem Kunden das Gefühl, sich mit Ihnen für den absolut besten Redner für seine Zwecke entschieden zu haben. Das spricht seine Leistungsmotivation an. Geizen Sie nicht mit Referenzen und Testimonials. Geben Sie sich selbst in Hintergrundgesprächen engagiert und leistungsmotiviert. Ihr Kunde muss das Gefühl haben, mit Ihnen gar nichts falsch machen zu können.

Gehen Sie schließlich auch mit der Machtmotivation Ihrer Kunden geschickt um. Betonen Sie zum Beispiel, was durch Ihren Vortrag angestoßen wird und sich danach alles verändern kann. Wenn Ihr Kunde das Gefühl hat, durch Ihren Auftritt andere Menschen stark beeinflussen zu können, wird er Ihren Vortrag als sehr wertvoll wahrnehmen und Ihnen einen hohen Preis dafür bezahlen.

> **EXPERTENTIPP**
>
> Gehen Sie auf die verborgenen Bedürfnisse Ihrer Kunden mindestens so sehr ein wie auf deren offen geäußerte Wünsche. Sorgen Sie dafür, dass Ihr Kunde Anerkennung dafür bekommt, Sie gebucht zu haben, sich sicher ist, einen guten Job gemacht zu haben, und das Gefühl hat, Dinge bewegt zu haben.

Selbstverständlich gibt es noch weitere unbewusste Motive Ihrer Kunden als die hier genannten. Wichtig ist, dass Sie sich mit dieser Ebene überhaupt beschäftigen. Finden Sie im Gespräch mit Ihren besten Kunden so viel wie möglich über diese heraus. Dann entwickeln Sie mit der Zeit ein Gespür dafür, was Ihre Kunden wirklich wollen. Doch Vorsicht: Sprechen Sie diese Motive Ihrer Kunden niemals direkt an. Ihr Gegenüber könnte sich ertappt fühlen und unangenehm berührt sein.

Nach welchen objektiven Kriterien Entscheider Redner buchen

Die unbewussten und verborgenen Motive spielen bei Entscheidungen zwar die größte Rolle. Dies heißt jedoch nicht, dass die objektiven und offen zutage liegenden Kriterien überhaupt keine Bedeutung haben. Kundenorientierung heißt für Sie als Speaker selbstverständlich, alle Kriterien zu kennen und zu berücksichtigen. An objektiven Kriterien kann es natürlich immer auch scheitern. Beispielsweise, wenn jemand zwar gerne einen Topspeaker engagieren würde, aber dafür schlicht und einfach kein Budget hat. Über solche objektiven Auswahlkriterien geben Entscheider Auskunft, wenn sie in Studien nach ihrem Buchungsverhalten im Hinblick auf Trainer und Redner gefragt werden. Über die verborgenen Motive schweigt man sich hier naturgemäß aus.

Hier ist ein aktuelles Ranking von Kriterien, die Entscheider in Untersuchungen von Fachzeitschriften und Marketinginstituten genannt haben:

1. Niveau der erbrachten Leistung
2. Kundenorientierung und Eingehen auf Wünsche
3. Service rund um die Leistung
4. Originelles Vortragskonzept
5. Zeitliche und organisatorische Flexibilität
6. Langjährige Erfahrung als Referent
7. Persönlicher Kontakt
8. Preis
9. Referenzen und Auszeichnungen
10. Demomaterial auf DVD oder per Videocast online

Diese von Entscheidern genannten Kriterien für die Auswahl von Rednern gilt es richtig zu interpretieren. Dass die Qualität der erbrachten Leistung an erster Stelle steht, zeigt wieder einmal: Die Performance ist nicht alles, aber ohne die Performance ist alles nichts. Ein qualitativ spitzenmäßiger Vortrag ist einfach Grundvoraussetzung für jeden, der Speaker als seinen Hauptberuf betrachtet. Letztlich geht es hier darum, sein Handwerk zu beherrschen. Wer eine Bäckerei eröffnen will, kommt ja auch nicht umhin, richtig gut backen zu können. Aber auch hier ist dies nur die Voraussetzung für den Markterfolg. Qualität allein genügt dazu nie.

Sind Sie überrascht, dass die Kundenorientierung auf Platz 2 liegt? Und der Preis erst an achter Stelle kommt? Nun, genau so ist es. Wer Ihre Rechnung bezahlt, der will, dass Sie seine Bedürfnisse kennen und sich auf sie einstellen. Wie Ihre Kundenorientierung im Alltag konkret aussieht, werden wir in diesem Buch noch ausführen. In Kapitel 18 erfahren Sie zum Beispiel, wie Sie mit Kundenanfragen perfekt umgehen oder den für Speaker immer problematischen Wunsch nach einem Vorgespräch behandeln. Jetzt geht es erst einmal darum, dass Sie der Kundenorientierung überhaupt hohe Priorität einräumen.

Neben dem Wunsch nach Kundenorientierung wird auch der Service rund um Ihre Leistung immer wieder unterschätzt. Hier geht es schlicht darum, um was Ihr Kunde sich alles selbst kümmern muss und was Sie beziehungsweise Ihre Mitarbeiter ihm abnehmen können. Hierzu ein Beispiel: Angenommen, ein Mittelständler möchte Peter Reichelt anlässlich seines Firmenjubiläums als Redner zu sich ins Unternehmen einladen. Beim telefonischen Kontakt sagt er, leider wisse er gar nicht, ob es in seiner Firma überhaupt die technischen Voraussetzungen für einen solchen Vortrag gibt. Kein Problem, würde Peter Reichelt sagen. Darum kümmern sich seine Mitarbeiter. Seine Assistentin nimmt dann Kontakt mit der Haustechnik in der Firma auf. Sollte tatsächlich zusätzliches Equipment nötig sein, organisiert das alles das Büro des Speakers. Nach Jahren kennt man für alles zuverlässige Partnerfirmen. Was muss der Kunde noch tun? Nichts, außer die Rechnung für diesen zusätzlichen Service zu bezahlen.

> **EXPERTENTIPP**
>
> Überlegen Sie immer wieder: Was kann ich meinen Kunden alles abnehmen? Welchen Service kann ich bieten? Wie sorge ich dafür, dass mein Auftritt für die Kunden keinerlei Stress bedeutet?

Weit oben auf der Wunschliste Ihrer Kunden steht als Nächstes Originalität. Es kann sein, dass Ihr Kunde Ihren Vortrag im Einzelnen gar nicht beurteilen kann. Aber eines möchte er ganz bestimmt nicht. Nämlich Feedbacks von Zuhörern, das habe man ja alles schon so oft gehört. Oder man wisse gar nicht, was dieser Vortrag eigentlich sollte. Der Redner sei zwar witzig und ein guter Performer, aber es sei überhaupt kein roter Faden erkennbar gewesen. Hier geht es um eine Dramaturgie, mit der Sie sich sowohl von anderen abheben als auch bleibenden Eindruck hinterlassen. In Kapitel 10 erfahren Sie Einzelheiten, worauf es dabei ankommt. Machen Sie sich zunächst klar, dass Ihr Kunde von Ihnen Neues erwartet.

Da Sie als Speaker immer auch Entertainer sein müssen, können Sie das, worum es hier geht, gut mit dem Fernsehen vergleichen. Alle Entertainer im Fernsehen sind Profis und wissen, wie man vor der Kamera agiert. Damit würden Sie das Kriterium Nr. 1 der hier befragten Entscheider problemlos erfüllen. Aber Sender, Zuschauer und Werbekunden wollen auch immer wieder neue Sendeformate. Einzige Ausnahme sind Sendungen, die so etwas wie »Kultstatus« genießen. Aber auch die sind unverwechselbar und waren irgendwann einmal neu. Unter Topspeakern ist das ganz ähnlich. Ihre Show muss einzigartig sein. Sich nur bei anderen in der Branche etwas abzugucken, genügt nicht. Nehmen Sie sich unbedingt Zeit, um ein wirklich originelles Vortragskonzept zu entwickeln. Und sorgen Sie dafür, dass Ihre Kunden das auch bemerken.

Überraschend ist für Sie möglicherweise auch, dass Ihre potenziellen Kunden Ihre Flexibilität als wichtiger einschätzen als Ihren Preis. Flexibilität bedeutet für Sie als Redner zunächst einmal, dass Sie sich in die unterschiedlichsten Veranstaltungsformate einfügen können. Ein Topspeaker sollte seinen Vortrag zu jeder Tageszeit und vor jedem Publikum halten können. Wenn Sie bei einem internen Strategiemeeting vor Konzernmanagern sprechen, dann sollten Sie sich an die dortigen Gepflogenheiten ebenso anpassen können, wie Sie wissen, wie Sie sich bei einem Galadiner kleiden, wenn Sie dort der Redner sind. Es dürfte Ihnen auch keine Probleme bereiten, auf der Basis desselben Vortragskonzepts mehr als eine Stunde zu reden oder das Ganze auf eine halbe Stunde zu kürzen.

Flexibilität wünschen sich Veranstalter dann aber auch im Umgang mit Ihnen. Wie gut sind Sie oder Ihr Sekretariat per Telefon, Fax und E-Mail erreichbar? Wie schnell reagieren Sie? Wie flexibel kann der Kunde kurzfristige Änderungen, zum Beispiel im Programmablauf eines Kongresses, mit Ihnen besprechen? Alle diese Dinge entscheiden darüber, ob der Kunde mit Ihnen Stress hat oder nicht. Je unkomplizierter für den Kunden der Umgang mit Ihnen ist, desto mehr wird Ihre Leistung für ihn jeden Euro oder Franken wert sein. Denn Zeit ist auch für Ihren Kunden Geld.

Jedes gute Business läuft über persönliche Beziehungen. Kein Wunder, dass auch die befragten Entscheider den persönlichen Kontakt höher einschätzen als Referenzen und Kostproben aus Ihren Vorträgen per DVD oder Videocast. Beim persönlichen Kontakt ist hier noch einmal genauer zu unterscheiden. Für den Veranstalter, der Sie zum ersten Mal buchen soll, ist es am besten, wenn er Sie schon einmal bei einer anderen Veranstaltung erlebt hat. Im Idealfall konnte er sich nach der Veranstaltung sogar kurz persönlich mit Ihnen unterhalten. Seien Sie deshalb nach jedem Ihrer Vorträge für die Zuhörer ansprechbar. Nehmen Sie sich Zeit, Fragen zu beantworten oder einfach Small Talk zu machen. Denn Ihr Publikum besteht immer auch aus potenziellen Neukunden, die gerade einen ersten Eindruck von Ihnen gewinnen.

Bei einer Umfrage unter Personalentwicklern wurde gefragt, wie diese an neue Trainer und Redner gelangen. Die drei häufigsten Antworten:

1. Ein Fachkollege hat den Referenten schon live erlebt und ihn mir empfohlen.
2. Ich selbst habe den Referenten schon anderswo live erlebt.
3. Ich kenne den Referenten persönlich, auch wenn ich ihn noch nicht live erlebt habe.

Persönliche Kontakte sind nun einmal der beste Weg, ins Geschäft zu kommen. Und sie sind auch der beste Weg, im Geschäft zu bleiben. Halten Sie sich deshalb in Erinnerung, sobald Sie irgendwo einmal einen Auftritt hatten. Machen Sie jeden Kunden zum Teil Ihres regelmäßigen Networkings. Schicken Sie ihm Grüße, Einladungen zu Ihren Veranstaltungen, Newsletter und so weiter. Kurz: Pflegen Sie den Kontakt.

Aber Achtung: Referenzen und Demomaterial sind deshalb nicht unwichtig. Erinnern Sie sich bitte daran, dass es hier nicht um die verborgenen Motive Ihrer Kunden geht. Sondern darum, was Ihre Kunden sich wünschen, wenn man sie fragt. Referenzen und Demomaterial erfüllen wichtige Funktionen, über die nicht unbedingt offen gesprochen wird.

Ihre Referenzen zum Beispiel sind wichtig, um Ihren Kunden ein Gefühl von Sicherheit zu geben. Wirtschaftspsychologen sprechen hier von »social proof«. Was ist für Kunden heute der beste Beweis, dass ein Produkt wirklich gut ist? Richtig: die Bewertungen anderer Kunden. Nachweislich orientieren sich Kunden beim Kauf heute mehr an den Bewertungen anderer Kunden als an den Angaben der Anbieter. Der Onlineversandhändler Amazon hat das schon früh verstanden und lässt seit jeher seine Kunden sämtliche Produkte ausführlich bewerten und besprechen.

> **EXPERTENTIPP**
>
> Nutzen Sie Testimonials von Kunden, um neue Kunden zu gewinnen. Für Ihre Kunden sind die Stimmen anderer Kunden wichtiger als die Stimmen begeisterter Teilnehmer. Sammeln Sie deshalb Testimonials von Veranstaltern und bringen Sie die besten davon ganz vorn auf Ihrer Homepage.

Ihre Referenzen können für einen Ihrer Kunden zum Beispiel dann wichtig sein, wenn er in einem Konzern arbeitet und seine Entscheidungen »absichern« muss. Auch hier handelt es sich wieder um einen Punkt, über den selten offen gesprochen wird, der aber entscheidend sein kann. Ihr Kunde hat möglicherweise Vorgesetzte, gegenüber denen er seine Entscheidung, für Ihren Auftritt teures Geld auszugeben, rechtfertigen muss. Wenn Sie beste Referenzen haben, fühlt er sich auf der sicheren Seite. Auch Demomaterial in Form von DVDs oder online abrufbaren Videocasts dient nicht allein dazu, potenzielle Kunden zu überzeugen. Sondern es erleichtert es auch einem Kunden, der sich im Grunde schon für Sie entschieden hat, das Okay von Kollegen oder Vorgesetzten einzuholen. Er braucht beispielsweise nur einen Link zu einem Videocast von Ihnen in eine E-Mail zu kopieren und kann seinen Kollegen dann dazuschreiben: »Diesen Referenten finde ich super. Ich würde ihn gerne einladen.«

Auch hier zeigt sich wieder: Das Wesen der Kundenorientierung besteht darin, sich in die Lage eines Kunden versetzen zu können. Je genauer Sie wissen, was auf der anderen Seite des Schreibtischs vor sich geht, desto besser.

KOMPAKT

- Ihr Kunde ist derjenige, der Ihre Rechnung bezahlt. Wichtiger als die Zufriedenheit der Teilnehmer ist deshalb die Zufriedenheit des Veranstalters. Lernen Sie Ihre Kunden und deren Bedürfnisse kennen. Pflegen Sie den persönlichen Kontakt.

- Als externer Experte erfüllen Sie für Unternehmen eine wertvolle Funktion. Analysieren Sie, was genau der betriebswirtschaftliche Nutzen Ihres Vortrags ist. Verdeutlichen Sie Ihren Kunden diesen Nutzen.

- Ein Entscheider hat immer sowohl unbewusste als auch objektiv begründbare Motive, Sie zu buchen. Lernen Sie die Motive Ihrer Kunden auf allen Ebenen kennen und befriedigen Sie möglichst viele der dahinterstehenden Bedürfnisse.

KAPITEL 3

Topredner verlangen Spitzenhonorarsätze

Mit dem zweiten Prosecco hat sich Sabine Renner etwas Mut an-
getrunken, um Peter Reichelt eine Frage zu stellen, die sie brennend
interessiert: »Sag mal, was bekommst du eigentlich für deinen
Vortrag morgen in Zürich?« »16.000 Franken.«
   »Wie viel ist das in Euro?« »Momentan rund 12.000.«
   »Und wie lange redest du dafür?«
   »Eine knappe Stunde. Und bei einer halben Stunde würde ich
dasselbe verlangen. Es kommt nicht auf die Redezeit an. Sondern
darauf, was dem Kunden mein Name wert ist.«

Kennen Sie Ihren Marktwert als Trainer? Natürlich wissen Sie, was
Sie in der letzten Zeit als Tagessatz erzielt haben. Aber das ist nicht
notwendigerweise Ihr Marktwert. Vor allem Frauen verkaufen sich
heute noch häufig unter Wert. Frauen sollten sich trauen, mindestens
so viel zu verlangen wie ihre männlichen Kollegen. Aber auch männliche Trainer leiden manchmal am Helfersyndrom. Mit Training und
Coaching wollen sie anderen Menschen bei ihrer Entwicklung helfen.
Vor lauter Idealismus vergessen sie dabei schon mal, sich angemessen
bezahlen zu lassen. Gut, einem Verkaufstrainer und »alten Hasen« im
Vertrieb passiert das so schnell nicht. Aber auch den Verkaufstrainer
kann schon mal Unsicherheit beschleichen, ob das, was er verlangt,
wirklich seinem Marktwert entspricht.

Fragt ein Trainer dann einmal bei einem Kollegen nach, hört er von
traumhaften Tagessätzen, die der Kollege angeblich verdient. Natürlich setzt er die bei jeder Buchung durch. Herunterhandeln ließe er
sich im Traum nicht. Nur bei ihrem Liebesleben lügen Männer noch
mehr als bei ihrem Einkommen. Fragt der Trainer dann die Unter-

TOPREDNER VERLANGEN SPITZENHONORARSÄTZE **43**

nehmen und potenziellen Auftraggeber, läuft ein ganz anderer Film ab. Da hat dann angeblich noch nie ein Trainer sonderlich viel verdient. Das sei strikte Hauspolitik. Und Keynote-Speaker dürfen jederzeit gerne auftreten. Selbstverständlich ohne Honorar. Das habe man noch nie gezahlt und dafür sei auch gar kein Budget da. Auch diese typischen Aussagen von Unternehmen, Verbänden, Marketingnetzwerken und dergleichen sind weitgehend gelogen. Auf der Seite der Trainer will sich niemand eine Blöße geben. Und auf der Seite der Veranstalter wollen alle die Preise niedrig halten. Marktüberblick sieht anders aus.

Sind Sie bereit für die Realität? Dann lassen Sie uns in diesem Kapitel die Ergebnisse unabhängiger Untersuchungen von Fachzeitschriften wie »managerSeminare« und Instituten wie dem Deutschen Institut für Marketing anschauen. Hinzu kommen die Erfahrungswerte von »Unternehmen Erfolg« bei den Honoraren von Speakern. Die unabhängigen Untersuchungen belegen, dass die Selbstauskünfte von Trainern oft übertrieben sind und Unternehmen meistens tiefstapeln. Bevor wir ins Detail gehen, zunächst ein kurzer Überblick zur Orientierung.

Diese durchschnittlichen Tagessätze von Trainern, Beratern und Coachs in Deutschland geben ein realistisches Abbild des Marktes:

- Coach: 900 Euro
- Berater: 1.400 Euro
- Trainer: 1.700 Euro

Und hier sind zum Vergleich die realistischen durchschnittlichen Auftrittshonorare professioneller Speaker:

- Profiredner zu verschiedenen Themen: 3.000 Euro
- Profiredner und Topexperte zu einem Thema: 5.000 Euro
- Profiredner mit hoher Bekanntheit als Marke:
                                        8.000 bis 13.000 Euro

Der Vergleich könnte eindeutiger kaum ausfallen. Der Profiredner mit dem niedrigsten Marktwert – das heißt ohne klare Expertenpositionierung und ohne unverwechselbares Markenprofil – verdient mit einem einstündigen Auftritt im Schnitt bereits rund doppelt so viel, wie Trainer, Berater und Coachs pro Tag bekommen.

Damit keine Missverständnisse aufkommen, soll an dieser Stelle noch einmal betont sein, was mit »Profiredner« gemeint ist. Es sind jene in Kapitel 1 beschriebenen Personen, die sich auf die Rolle des Speakers als ihren Hauptberuf konzentrieren und ihr gesamtes Marketing darauf abstellen. Wie Sie bereits wissen, handelt es sich dabei in Deutschland bislang nur um rund 300 Personen. Wenn Sie als Trainer oder Berater nur ab und zu mal einen Vortrag halten, wird Ihnen so schnell kein Veranstalter 3.000 Euro dafür bezahlen. Sie können froh sein, wenn Sie Ihre Spesen bezahlt bekommen. Nebenbei bemerkt: Trotzdem kann sich der Auftritt für Sie lohnen. Zumindest am Anfang Ihrer Karriere als Speaker. Denn Sie werden bekannter, sammeln Erfahrung und kommen in Kontakt mit potenziellen Auftraggebern.

AUF DEN PUNKT

Trainer, Berater und Coachs verdienen durchschnittliche Tagessätze um 1.500 Euro. Profiredner verdienen Auftrittshonorare ab 3.000 Euro.

Das Bild rundet sich in die andere Richtung, wenn Sie sich klarmachen, dass bei 10.000 Euro Auftrittshonorar auf dem Speakermarkt noch lange nicht Schluss ist. Wir haben im deutschsprachigen Raum eine ganze Reihe von bekannten Personen in der Speakerszene, die deutlich über 10.000 Euro für einen Auftritt bekommen. Bei einheimischen Bestsellerautoren und Fernsehstars werden dann üblicherweise um die 25.000 Euro für einen Auftritt bezahlt. Und einen international gefeierten Businessguru wird ein Veranstalter nicht unter 50.000 Euro für einen Vortrag bekommen.

Bleiben wir jedoch noch ein wenig beim Einkommen von Trainern, Beratern und Coachs. Also dort, wo Sie wahrscheinlich jetzt im Augenblick stehen. Je realistischer Sie Ihre aktuelle Situation einschätzen, desto besser können Sie Ihren Weg zum Topspeaker planen. Denn durchschlagender Erfolg ist nur dort möglich, wo Sie den jetzigen Zustand vorbehaltlos akzeptieren und sich dann ganz auf das gewünschte Fernziel konzentrieren.

Was Trainer, Berater und Coachs wirklich verdienen

Durchschnittswerte eignen sich gut zur ersten Orientierung, sind aber statistisch nur begrenzt aussagekräftig. Schlüsseln wir also die auf dem Trainermarkt aktuell gezahlten Tagessätze noch einmal etwas genauer auf. Betrachten wir zunächst, was Trainer am Tag verdienen, wenn sie als Trainer arbeiten. Und dann in einem zweiten Schritt die Honorare, die denselben Trainern (also noch keinen hundertprozentigen Profirednern) für Auftritte als Keynote-Speaker gezahlt werden. Die Angaben basieren auf Befragungen von Unternehmen. Sie wurden angemessen nach oben korrigiert, da Unternehmen ja eher niedrigere Tagessätze angeben, als sie in der Praxis tatsächlich zahlen.

Durchschnittliche Tagessätze von Trainern bei Unternehmen in Deutschland 2009

Tagessatz	Anzahl der Trainer
Unter 500 Euro	3,8 Prozent
500 bis 1.000 Euro	17,9 Prozent
1.000 bis 1.500 Euro	34,9 Prozent
1.500 bis 2.000 Euro	34,0 Prozent
2.000 bis 2.500 Euro	6,8 Prozent
2.500 bis 3.000 Euro	1,9 Prozent
3.000 bis 4.000 Euro	0,7 Prozent
4.000 bis 5.000 Euro	0,0 Prozent
5.000 bis 6.000 Euro	0,0 Prozent
6.000 bis 10.000 Euro	0,0 Prozent

Die Statistik ist eindeutig: Mehr als zwei Drittel aller Trainer in Deutschland erhalten von Unternehmen einen Tagessatz zwischen 1.000 und 2.000 Euro. Bereits diese Zahlen lassen einen »reifen« Markt erkennen, in dem nur noch wenig Dynamik herrscht. Vielleicht überrascht es Sie, dass nahezu ein Fünftel der Trainer sich sogar mit einem Tagessatz von nur 500 bis 1.000 Euro begnügen muss. Insgesamt liegen damit mehr als 85 Prozent der Trainertagessätze zwischen 500 und 2.000 Euro.

Auffällig ist die »Schallmauer« bei 2.000 Euro. Gerade einmal 9,4 Prozent der Trainer können einen Tagessatz jenseits von 2.000 Euro realisieren. Erfahrungen aus der Praxis bestätigen: Beim Tagessatz für Trainer markieren 2.000 Euro die »Schmerzgrenze« für fast alle Unternehmen. Wer verdient mehr als 2.000 Euro? Vor allem Trainer, deren Trainings schnelle Umsatz- oder Ertragssteigerungen versprechen. Also beispielsweise Verkaufstrainer. So oder so ist es eine kleine Zahl von Toptrainern, die in die Regionen jenseits von 2.000 Euro Tagessatz vordringt. Bei 4.000 Euro ist dann endgültig Schluss. Kein Unternehmen zahlt auch dem besten Trainer mehr als 4.000 Euro Tagessatz. Diese Schallmauer wird in der Regel nicht durchbrochen.

Was heißt das für Sie? Angenommen, Sie gehören zu den zwei Dritteln der Trainer, die im Schnitt zwischen 1.000 und 2.000 Euro Tagessatz verdienen. Wenn Sie weiter Trainer bleiben, können Sie es sich als Karriereziel setzen, in die Liga der absoluten Toptrainer aufzusteigen. Das gelingt nicht jedem und schon gar nicht mit jedem Thema. Wenn Sie es aber wirklich schaffen, steigt Ihr Tagessatz möglicherweise in den Bereich von 2.000 bis 3.000 Euro. Mehr als 3.000 Euro verdienen nur 0,7 Prozent der Trainer. Da wären Sie dann in der absoluten Elite der Trainer. Und exakt dort, wo die Auftrittshonorare der Profiredner erst anfangen!

AUF DEN PUNKT

Es gibt in Deutschland nur wenige Trainer, die mehr als 2.000 Euro Tagessatz verdienen. Die Schallmauer von 4.000 Euro am Tag ist für Trainer kaum zu durchbrechen.

Sehen wir uns jetzt an, was dieselben Unternehmen, die für diese Untersuchungen befragt wurden, für einen Referenten zu zahlen bereit sind. Noch einmal zur Klarstellung: Es handelt sich nicht um die Auftrittshonorare der 300 absoluten Profispeaker in Deutschland. Sondern es sind die Honorarsätze, die Unternehmen generell für Keynote-Speaker ausgeben. Grundsätzlich sind diese Honorare also jetzt schon für Sie auf dem Speakermarkt erreichbar. Sehen wir uns die Zahlen an.

Durchschnittliche Auftrittshonorare von Referenten bei Unternehmen in Deutschland 2009

Auftrittshonorar	Anzahl der Referenten
Unter 500 Euro	3,2 Prozent
500 bis 1.000 Euro	16,7 Prozent
1.000 bis 1.500 Euro	20,6 Prozent
1.500 bis 2.000 Euro	23,3 Prozent
2.000 bis 2.500 Euro	12,2 Prozent
2.500 bis 3.000 Euro	6,7 Prozent
3.000 bis 4.000 Euro	5,0 Prozent
4.000 bis 5.000 Euro	7,8 Prozent
5.000 bis 6.000 Euro	3,4 Prozent
6.000 bis 10.000 Euro	1,1 Prozent

Was fällt an diesen Zahlen auf? Zunächst einmal bekommen auch die meisten Referenten irgendwo zwischen 500 und 2.000 Euro Honorar. Es sind jedoch nicht mehr zwei Drittel, sondern es ist »nur« noch gut die Hälfte. Die meisten Referenten sind im Hauptberuf Trainer, Berater oder Coachs. Wenn sie in ihrem Hauptberuf professionell sind und hin und wieder Vorträge halten, können sie mit Auftrittshonoraren um die 1.500 Euro rechnen. Eine besondere Vermarktung der Redeleistung ist dafür gar nicht erforderlich. Es genügt, als Trainer einen entsprechend guten Ruf zu haben. Für die meisten Trainer sind solche Auftrittshonorare bereits gut verdientes Geld.

Grundsätzlich sind Unternehmen bereit, Referenten (anders als Trainern) bis zu 10.000 Euro Auftrittshonorar zu zahlen. Auffällig an den Zahlen ist, dass die Anzahl der besser bezahlten Referenten nicht etwa kontinuierlich abnimmt. Es gibt vielmehr noch mal eine kleine, aber signifikante Spitze zwischen 4.000 und 5.000 Euro. Dieses Honorar verdienen 7,8 Prozent der Referenten im Durchschnitt. Im Gegensatz zu den 5,0 Prozent, die zwischen 3.000 und 4.000 Euro liegen.

Die Praxis verdeutlicht: Für einen richtig guten Vortrag rechnen die Unternehmen damit, mehr als 4.000 Euro Honorar zahlen zu müssen. Die Statistik belegt es: Immerhin 12,3 Prozent der Referenten erhalten von den Unternehmen mehr als 4.000 Euro Honorar für einen Auftritt. Zur Erinnerung: Mehr als 4.000 Euro Tagessatz erhalten 0,0 Prozent der Trainer. Hier zeigt sich ganz eindeutig der höhere Marktwert des Speakings gegenüber dem Training.

AUF DEN PUNKT

Das Honorar für eine Rede liegt höher als der Tagessatz für einen Trainer. Ein Redner erhält im Durchschnitt 2.060 Euro Honorar, ein Trainer 1.400 Euro Tagessatz.

Bereits heute, mit Ihrer aktuellen Positionierung als Trainer, könnten Sie statistisch gesehen mit einer einstündigen Rede im Durchschnitt mehr verdienen als mit einem Trainingstag. Um es an dieser Stelle jedoch bereits deutlich zu machen: Sich langsam vom Trainer zum Topspeaker »hocharbeiten« zu wollen, ist kein empfehlenswerter Weg. Die Gründe dafür lernen Sie im nächsten Kapitel kennen. Wichtig ist jetzt, dass Sie Ihr Marktpotenzial auf dem Speakermarkt erkennen.

Diesem Marktpotenzial stehen die Risiken des Trainermarkts gegenüber. Die genannten Zahlen sind eine Momentaufnahme aus dem Jahr 2009. Wohin geht der Trend? Bei Trainern eindeutig in Richtung sinkende Honorare. Befragungen zeigen: Knapp ein Drittel der Unternehmen gibt weniger Geld für Trainer aus als in den Vorjahren. Fast der Hälfte der Unternehmen sind Halb- bis Ein-Tages-Seminare am liebsten. An einem halben Tag verdient man als Trainer jedoch nur noch im Durchschnitt 850 Euro. Während der Aufwand für Anreise und eventuell Übernachtung wahrscheinlich nicht geringer ist als beim ganztägigen Seminar. Ihr Speaker-»Kollege« muss auch anreisen und eventuell übernachten. Aber er erhält für eine einstündige Rede im Durchschnitt 2.060 Euro. Da lohnt sich die Reise schon eher.

Bei Rednern ist die Gesamttendenz eher umgekehrt als bei Trainern. Die Honorarsätze steigen. Wir erleben hier gerade eine Professionalisierung nach amerikanischem Vorbild. Die jenseits des Atlantiks üblichen Spitzenhonorarsätze werden immer öfter auch bei uns gezahlt. Ein Punkt sei nicht verschwiegen: Während kein Unternehmen von einem Trainer ein kostenloses Training verlangen würde, sind Reden ohne Honorar durchaus übliche Praxis. Sie können aber auch ein probates Mittel auf dem Weg zum Spitzenhonorarsatz sein.

Speaker ist nicht gleich Speaker

Sabine Renner ist beeindruckt. Sie will wissen, wie Peter Reichelt es geschafft hat, Honorare von mehr als 10.000 Euro zu bekommen. »Hast du immer schon so viel verdient?«, fragt sie ihn.
»Nein, am Anfang habe ich auch mal gar nichts verdient«, antwortet Peter. »Aber das war mir egal. Ich habe keine Gelegenheit ausgelassen, um bekannter zu werden und Erfahrungen zu sammeln. Den ersten echten Sprung beim Geld gab es, als ich mich auf das Thema Selbstcoaching fokussiert habe. Mit meinem Bestseller ›Wie ich anfing, mich einfach selbst zu coachen‹ kam dann der Durchbruch.«
»Das war ja ein sehr persönliches Buch«, ergänzt Sabine. »Mich hat es damals wirklich gepackt. Die Storys, die du darin erzählst, finde ich immer noch klasse.«

Bisher haben wir bereits mehrere Unterscheidungen getroffen. Wir haben zwischen Tagessätzen von Trainern und Auftrittshonoraren von Referenten unterschieden. Sie haben außerdem gelesen, dass man bei Referenten zwischen Nebenberuflern und absoluten Profis unterscheiden muss. Schließlich gibt es auch bei den Profis noch einmal eine deutliche Rangordnung in der Positionierung. Ein professioneller Speaker kann 4.000 oder auch 14.000 Euro für einen Auftritt bekommen. Die Faktoren für diese beträchtlichen Unterschiede im Marktwert gilt es jetzt noch einmal genauer unter die Lupe zu nehmen.

Einen guten Kompass bildet hier eine Studie von Professor Jörg Knoblauch. Der Personalexperte und geschäftsführende Gesellschafter des Unternehmens tempus gehört selbst zu den gefragten Referenten im deutschsprachigen Raum. Er wollte herausfinden, in welche Honorarklassen sich der hiesige Speakermarkt unterteilt. Dabei kam im Ergebnis folgende Pyramide heraus:

Honorarpyramide von Speakern in Deutschland nach Jörg Knoblauch

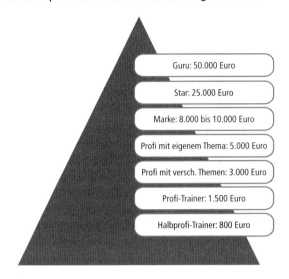

Die Pyramide von Jörg Knoblauch deckt sich stark mit den Erfahrungen von »Unternehmen Erfolg«. Allerdings klafft bei Knoblauch eine große Lücke zwischen Speakern als Marke (Honorar 8.000 bis 10.000 Euro) und den Stars (Honorar 25.000 Euro). Es gibt eine ganze Reihe von bekannten Speakern in Deutschland, die zwischen 10.000 und ca. 18.000 Euro für einen Auftritt bekommen. Sie können ergänzend als »Topmarken« bezeichnet werden.

Betrachten wir die Pyramide nun von unten nach oben. Die wichtige Unterscheidung zwischen Trainer und Profispeaker zeigt sich auch hier: Ein bekannter und profilierter Trainer kann mit 1.500 Euro Honorar rechnen, wenn er ab und zu als Referent auftritt. Er muss dazu an seiner Positionierung, seiner Website oder seinem Networking nichts ändern. Er ist Trainer, der sein Wissen hin und wieder auch in Form von Reden weitergibt.

Die Vorträge eines Trainers werden in der Regel viele der folgenden Eigenschaften aufweisen:

- Klarer Praxis- / Unternehmensbezug
- Individuelle Vorbereitung

- Schwerpunkt auf Wissensvermittlung
- Didaktischer Ansatz
- Zahlen, Daten, Fakten
- Wenig Entertainment
- Aktives Einbeziehen der Zuhörer
- Zuhörerzahl unter 250 Personen
- Wenig trendige Themen
- Wenig Emotionalität

Solche Vorträge werden jedes Jahr viele Tausend Mal in Unternehmen, bei Verbänden und in anderen Organisationen gehalten. Es handelt sich mehr um Fachvorträge als um echte Keynotes. Die Referenten bereiten den Vortrag oft individuell für den Kunden vor und halten ihn dann nur ein einziges Mal. Dabei ist mit 1.500 Euro Honorar die möglicherweise tagelange Vorbereitung des Vortrags schon mit abgegolten. Nicht selten werden aber für solche Fachvorträge gar keine Honorare bezahlt. Der Referent bekommt über seinen Vortrag die Chance, mit dem Unternehmen ins Geschäft zu kommen. Das muss ihm als Bezahlung genügen.

Was macht nun den Profiredner aus, der mindestens 3.000 Euro pro Auftritt verlangen kann? Zunächst einmal, dass er sich genau so definiert. Er hat das Reden gegenüber den Tätigkeiten Training, Beratung und Coaching zu seiner Nr. 1 gemacht. Beratung oder Coaching führt er nebenbei durch. Er begreift die Veranstalter, nicht die Teilnehmer als seine Kunden. Vor allem: Er agiert wie ein Speaker und pflegt das Image eines Speakers. Im Einzelnen setzt er genau jene Maßnahmen um, die Sie in den weiteren Kapiteln dieses Buches kennenlernen werden. Seine Website sieht also anders aus als die eines Trainers, seine Medienarbeit funktioniert anders und auch sein Networking ist ein anderes.

Ein wesentliches Merkmal des Profiredners ist zudem seine Kongressfähigkeit. Kongressfähigkeit ist etwas anderes als Gruppenfähigkeit. Wer vor 1.000 oder 2.000 Zuhörern in einer Kongresshalle spricht, braucht nicht nur stärkere Nerven als ein gewöhnlicher Trainer. Er muss auch eine Reihe von Spielregeln kennen. Das reicht von der Beherrschung der Technik bis hin zu der anderen Körpersprache, die nötig ist, um mit Großgruppen Kontakt herzustellen. Diese Fähigkeiten eignet sich niemand von heute auf morgen an. Dazu ist Erfahrung nötig.

Selbstverständlich weisen die Vorträge von Profirednern andere Eigenschaften auf als die von Fachreferenten, die nur gelegentlich auftreten. Und dies sind die wesentlichen Merkmale eines Profivortrags:

AUF DEN PUNKT

Profispeaker sind kongressfähig und wissen, wie man vor Tausenden Zuhörern spricht. Ihr Marktwert für Veranstalter steigt dadurch sprunghaft an.

- Trendige Themen von breitem Interesse
- Wenig bis keine individuelle Vorbereitung
- Einstudierte Performance
- Rhetorische Brillanz
- Durchdachte Dramaturgie
- Einsatz von Storytelling
- Hoher Unterhaltungswert
- Wenig bis kein Einbeziehen der Zuhörer
- Zuhörerzahl bis zu mehreren Tausend Personen
- Multimedia-Einsatz und Showeffekte
- Hohe Emotionalität

Wenn ein Profiredner nun zu den bestbezahlten seines Fachs aufsteigen will, so wird er weniger an seinem Vortrag arbeiten als an seiner Positionierung und seiner Markenidentität. In der Knoblauch-Pyramide machen diejenigen Speaker einen deutlichen Sprung nach oben, die so sauber positioniert sind, dass man sie sofort mit einem bestimmten Thema verknüpft. Sie stehen für dieses Thema und gelten auf ihrem Gebiet als Topexperte. Dementsprechend können sie 5.000 Euro und mehr für einen Vortrag verlangen.

Hier drei Beispiele für Speaker, die sich auf ein einziges Thema fokussiert haben:

- Jörg Löhr: *Erfolg*
- Boris Grundl: *Führung*
- Samy Molcho: *Körpersprache*

TOPREDNER VERLANGEN SPITZENHONORARSÄTZE **53**

Bei Experten mit Fokussierung auf ein einzelnes Thema gibt es so etwas wie das »Highlander-Prinzip«: Es kann nur einen geben, der die Nummer 1 ist. Wer das für sich beanspruchen kann, hat bei seinem Marktwert einen weiteren Sprung gemacht. Sabine Hübner zum Beispiel wurde an einem bestimmten Punkt in ihrer Karriere vom Fernsehsender Pro 7 als »Service-Expertin Nr. 1 in Deutschland« bezeichnet. Ein solches Zitat ist pures Gold im Speakermarketing. Zu Recht verwendet Sabine Hübner es immer wieder in ihrer Kommunikation gegenüber Kunden.

Doch nicht nur der Status als »Experte Nr. 1« kann den Marktwert von Profirednern steigen lassen. Dies leistet ganz allgemein die Qualität des Menschen als Marke. Je profilierter und unverwechselbarer Sie sind, desto besser lässt sich Ihre Performance auf der Bühne verkaufen. Das Showgeschäft ist hier Vorbild. Madonna oder Céline Dion gibt es nur einmal. Entsprechend begehrt und teuer sind ihre Auftritte. Im etwas kleineren Maßstab gilt das auch für Speaker. Die Einzigartigkeit ihrer Marke kann sich dabei aus vielen Quellen speisen. In Kapitel 5 zum Thema Positionierung erfahren Sie mehr darüber.

Hier nur drei kleine Beispiele. Der Verleger Florian Langenscheidt hat einen Namen, den in Deutschland praktisch jeder kennt. Das allein gibt ihm als Speaker ein klares Profil. Ähnlich ist es bei Moritz Freiherr Knigge. Wie man sogar ein Handicap in einen Vorteil verwandeln kann, beweist Boris Grundl. Der Führungsexperte ist querschnittgelähmt und erzählt seinen Zuhörern immer wieder von seinem Schicksal. Durch einen missglückten Klippensprung im Urlaub wurde er vom Tennisprofi zum Sozialhilfeempfänger im Rollstuhl. Von dort arbeitete er sich zum Topmanager und schließlich Speaker hoch. Diese Geschichte beeindruckt und berührt sehr viele Menschen. Das macht sie besonders empfänglich für Grundls nicht gerade neue Botschaften zum Thema Führung.

Damit ist bereits ein wesentlicher Schlüssel für den Aufstieg in die noch höheren Honorargruppen als Speaker angesprochen: Emotionalität. Wer Unternehmen Impulse gibt, wie sie Kosten sparen, neue Märkte erobern oder Innovationen vorantreiben können, wird auch bei glänzender Positionierung als Marke selten die Schwelle von 8.000 bis 10.000 Euro Honorar durchbrechen. Wo fünfstellige Auftrittshonorare gezahlt werden, sind immer auch Emotionen, ja manchmal sogar Träume im Spiel. Hier geht es um die Zuhörer ganz persönlich. Und nicht nur ums Geschäft.

Die Emotionen, die hier angesprochen werden, können ganz unterschiedlich sein. Eckart von Hirschhausen zum Beispiel, einer der best-bezahlten Speaker in Deutschland, verdankt seinen hohen Marktwert nicht nur seiner Be-kanntheit durch das Fernsehen. Sondern auch der Tatsache, dass er mit dem Thema Glück ein Thema gewählt hat, das viele Menschen zutiefst berührt. Reinhard K. Sprenger wiederum wird nicht allein wegen seiner scharfsinnigen Thesen ge-bucht. Viele sind auch fasziniert von seinem respektlosen Auftreten. Gertrud Höhler schließlich war jahrelang eine Identifika-tionsfigur für Frauen – weil sie es als Frau geschafft hatte, die mäch-tigsten Männer der Wirtschaft zu beraten.

AUF DEN PUNKT

Die bestbezahlten Speaker sprechen nicht nur den Kopf an, sondern berühren auch das Herz der Zuhörer.

An der Spitze der Pyramide von Jörg Knoblauch finden sich schließ-lich die nationalen Publikumslieblinge aus Fernsehen und Boulevard-presse. Außerdem die internationalen Businessgurus, wie zum Bei-spiel Tom Peters oder Stephen R. Covey. Was die Honorare anbetrifft, gilt hier oben der amerikanische Spruch: »The sky is the limit.« Ein Tony Robbins zum Beispiel ist inzwischen bei sechsstelligen Auftritts-honoraren angelangt. In dieser Liga ist Erfolg nicht mehr planbar. Mit den Superstars sollten Sie sich dennoch ein wenig beschäftigen. Weil Sie von ihnen viel lernen können.

Welchen Marktwert einzelne Speaker tatsächlich haben

Eine der besten Methoden, Erfolg zu haben, ist, sich an den bereits Erfolgreichen zu orientieren. Wenn Sie den Weg zum Topspeaker be-schreiten wollen, dann beschäftigen Sie sich mit denjenigen, die es geschafft haben. Schauen Sie sich möglichst viele Vorträge anderer Speaker an. Beispielsweise indem Sie eine Vortragsreihe von »Unternehmen Erfolg« in Ihrer Region buchen. Damit Sie besser einschätzen können, wer erfolgreich ist und wer sogar sehr erfolgreich ist, finden Sie im Folgenden ein paar Namen und Zahlen.

Angenommen, Sie sind Unternehmer und wollen für Ihr Firmenjubiläum einen echten Topspeaker engagieren. Ihr persönlicher Assistent hat ein wenig recherchiert und präsentiert Ihnen folgende Aufstellung, wen Sie für wie viel Geld als Redner bekommen würden:

100.000 Euro	Tony Robbins
50.000 Euro	Stephen R. Covey, Tom Peters
40.000 Euro	Eckart von Hirschhausen
25.000 Euro	Brian Tracy
15.000 bis 20.000 Euro	Ulrich Wickert, Gertrud Höhler
10.000 bis 15.000 Euro	Samy Molcho, Reinhard K. Sprenger, Florian Langenscheidt, Jörg Löhr, Richard David Precht
8.000 bis 10.000 Euro	Klaus Kobjoll, Boris Grundl
6.000 bis 8.000 Euro	Marco von Münchhausen, Anja Förster und Peter Kreuz, Monika Matschnig
5.000 bis 6.000 Euro	Sabine Hübner, Cristián Gálvez, Paul J. Baumgartner

Quelle: Unternehmen Erfolg

Diese Liste ist bitte nur als Beispiel zu verstehen. Hier wird nicht behauptet, dass die genannten Personen genau diese Summen tatsächlich erhalten. Nehmen wir aber einmal an, so ungefähr könnte es hinkommen. Für Sie ist weniger wichtig zu wissen, wer was verdient. Vielmehr sollten Sie an dieser Stelle ein Gespür dafür entwickeln, warum der eine mehr verdient als der andere. Betrachten wir die Liste einmal unter diesem Aspekt. Und zwar von unten nach oben.

Sabine Hübner ist zwar recht bekannt, aber nicht hundertprozentig als Speaker positioniert. Sie arbeitet auch als Unternehmensberaterin zum Thema Service. Sie ist zwar im Speakerbereich sehr aktiv. Aber sie hat sich nicht ganz klar entschieden. Monika Matschnig dagegen positioniert sich zwar eindeutig als Speaker und wurde sogar in den Medien als »Körpersprache-Expertin Nr. 1« bezeichnet, was sie in ihrem

Marketing deutlich herausstellt. Doch mit dieser Positionierung steht sie – noch – im Schatten des großen Samy Molcho. Ihn verbinden die meisten als Ersten mit dem Thema Körpersprache. Doch arbeiten die Faktoren Zeit und die Differenz zum Tagessatz von Samy Molcho für Monika Matschnig. Sie ist relativ jung und hat noch viel Potenzial.

Marco von Münchhausen wiederum hat sich mit seinen Büchern über den »inneren Schweinehund« ein unverwechselbares Markenzeichen geschaffen. Sein berühmter Nachname hilft ebenfalls, den Marktwert zu steigern. Mit seinem Buch »Die sieben Lügenmärchen von der Arbeit« hat er aus seinem Namen geschickt Kapital geschlagen.

Anja Förster und Peter Kreuz sind glasklar als Speaker positioniert. Sie gelten als Querdenker im Business und bringen alle ein bis zwei Jahre ein neues Buch in dem für sie typischen provokativen Stil heraus. Was dem Ehepaar jedoch fehlt, ist die breite Medienpräsenz. Nach wie vor sind sie mehr ein Insidertipp als wirklich populär. Sie waren praktisch noch nie in den großen Zeitungen oder im Fernsehen. Das setzt Grenzen beim Honorar. Bei 8.000 Euro liegt jedoch auch eine Schallmauer. Wer weiter will, braucht das berühmte Quäntchen Glück.

AUF DEN PUNKT

Bis 8.000 Euro Honorar lässt sich eine Speakerkarriere gut planen. Jenseits davon spielt auch Glück eine große Rolle.

Nicht wenig Glück hatte zum Beispiel der Nürnberger Hotelier Klaus Kobjoll. Er wurde im ganzen deutschsprachigen Raum bekannt als Vorzeigeunternehmer. Der Ludwig-Erhard-Preisträger ist inzwischen auch Botschafter der Initiative Ludwig-Erhard-Preis. Bei Mittelständlern genießt er einen ausgezeichneten Ruf. Unternehmer vertrauen seinen Impulsen aus der Praxis für die Praxis. Ganz andere Faktoren führen bei Boris Grundl zu einem relativ hohen Marktwert. Der »Speaker im Rollstuhl« hat eine Lebensgeschichte, die viele Menschen berührt. Dass Grundl als Behinderter so erfolgreich ist, rüttelt viele seiner Zuhörer auf. Sie relativieren ihre eigenen, kleineren Probleme und denken wieder optimistischer.

Für Honorare zwischen 10.000 und 20.000 Euro braucht es ein einzigartiges Markenprofil. Reinhard K. Sprenger hat mit seinen Büchern das Thema Selbstverantwortung groß gemacht und wurde in den Neunzigerjahren zum Vorbild einer ganzen Generation von Führungskräften. Gertrud Höhler wiederum hat nicht nur etliche Bücher geschrieben. Als Frau, Literaturprofessorin und Managementberaterin mit ausgesprochener Nähe zur Politik zählt sie seit den Achtzigerjahren zu den häufigsten Talkshow-Gästen im Fernsehen. Außerdem tritt sie sehr standesbewusst auf. Sie versteht es, ihre Interessen durchzusetzen. Jörg Löhr dagegen ist eine Ausnahmeerscheinung, da Speaker mit einem so hohen Anteil an Trainings normalerweise nicht in solche Honorarregionen vordringen. Doch Jörg Löhr gehört zu den Pionieren des Erfolgstrainings in Deutschland und setzt hohe Preise auf allen Ebenen durch. Auch seine offenen Seminare verkauft er teuer.

Ab 20.000 Euro Honorar schließlich haben Sie es immer mit Prominenten und internationalen Businessgurus wie Tom Peters oder Stephen R. Covey zu tun.

Zum Schluss die entscheidende Frage: Welches Honorar möchten Sie selbst in sieben Jahren als Speaker erreichen? Entscheiden Sie sich nach der Lektüre dieses Buches für eine konkrete Zahl. Sie werden nur dann irgendwann zu den Topverdienern unter den Speakern zählen, wenn Sie sich ein konkretes Ziel setzen und sich auf dieses Ziel immer wieder ausrichten.

KOMPAKT

- Mehr als 85 Prozent aller Trainer verdienen bei Unternehmen zwischen 500 und 2.000 Euro Tagessatz. Kein Trainer bekommt mehr als 4.000 Euro. Redeleistungen haben einen deutlich höheren Marktwert. Profiredner verdienen ab 3.000 Euro pro Auftritt. Profis unterscheiden sich von Nichtprofis durch klare Ausrichtung auf den Speakermarkt.

- Die Honorare der Speaker steigen sprunghaft an, sobald die Positionierung stimmt. Wer für ein einziges Thema steht und als Topexperte gilt, kann schon Honorare um 5.000 Euro erzielen. Darüber zählt die Positionierung als einzigartige Marke. Jenseits von 8.000 Euro Honorar zu kommen, ist nur noch schwer planbar. Hier spielen viele Zufälle hinein.

- Auf Ihrem Weg zum Topspeaker sollten Sie sich mit den Faktoren beschäftigen, die den heute erfolgreichen Rednern zu hohen Einkünften verholfen haben. Lernen Sie von den Topverdienern, worauf es ankommt. Und setzen Sie sich selbst messbare Ziele, wie hoch Ihr eigenes Einkommen in einigen Jahren sein soll.

KAPITEL 4

Die Treppe von oben kehren statt sich hocharbeiten

Sabine Renner sitzt in ihrem Homeoffice bei Hamburg und lässt den Blick über die Elbe schweifen. Gerade hat sie einen Rückschlag erlitten. Sie greift zum Telefon und ruft Peter Reichelt an. Der ist in Zürich im Taxi auf dem Weg zum Flughafen. Sabine platzt sofort heraus.

»Ich wollte der Firma, die meine Trainings abgesagt hat, zum selben Thema einen Vortrag verkaufen. Die haben mich regelrecht ausgelacht. Dabei habe ich doch schon Erfahrung mit Vorträgen. Ich habe bisher nur noch nie Werbung dafür gemacht ...«

»Mach dir nichts draus«, antwortet Peter Reichelt. »Aber so kann das nichts werden. Bevor du Vorträge verkaufst, musst du erst deine Positionierung verändern. Und du musst dein gesamtes Marketing umstellen.«

»Ich kann mich doch nicht als Rednerin anpreisen, solange ich da noch nicht richtig im Geschäft bin.« Sabine ist skeptisch.

»Doch«, beteuert Peter Reichelt. »Genau so funktioniert es.«

Schauen wir uns einmal eine typische Trainerkarriere an. Da hat jemand in einem Unternehmen eine Ausbildung gemacht oder sich nach dem Studium dort beworben. Die nächsten Jahre sammelt er dann Berufserfahrung. Sagen wir, im Vertrieb. Weil er wirklich gut ist und Erfolg hat, wird er nach ein paar weiteren Jahren Teamleiter. Zu seinen Aufgaben als Teamleiter gehört es, seine Leute zu motivieren und ihnen die neuesten Vorgaben aus dem Management zu vermitteln. Da merkt er dann vielleicht zum ersten Mal, dass er richtig gut darin ist, anderen auf motivierende Weise etwas zu vermitteln. Seine Präsentationen auf den Salesmeetings der Firma sind immer sehr locker und unterhaltsam. Die Kollegen freuen sich jedes Mal schon vorher darauf. Irgendwann fällt das Talent auch seinen Vorgesetzten auf. Sie bezahlen ihm ein Rhetorikseminar und setzen ihn dann immer wieder als Schulungsleiter für interne Schulungen ein. Nebenbei läuft der normale Job weiter.

Irgendwann kommt der Punkt der Entscheidung zwischen weiterer Karriere in der Linienorganisation oder hauptberuflichem Trainerdasein. Schließlich wagt man mutig den Sprung in die Selbstständigkeit. Die ersten Jahre sind hart. Der Trainer investiert einen insgesamt deutlich fünfstelligen Betrag in diverse Ausbildungen und Zertifikate. Er erobert sich neue Themen. Dem stehen noch kaum Umsätze gegenüber, weil die Erfahrung fehlt – und damit das Kundenvertrauen. Nach zwei Jahren ist der erste Kunde so überzeugt, dass er einen Großauftrag vergibt. Dann kommt es zu immer mehr Empfehlungen. Nach fünf bis zehn Jahren hat der Trainer vielleicht das Gefühl, gut im Geschäft zu sein. Er hat sich hochgearbeitet. Vom Azubi oder Trainee zum Selbstständigen mit Teilzeit-Sekretärin und knapp sechsstelligem Jahresumsatz.

Wer sich auf diese oder ähnliche Weise hochgearbeitet hat, kann sicher stolz auf seine Karriere sein. Leider wird er häufig den Fehler machen, seine Speakerkarriere ähnlich anzugehen. Er ist es eben gewohnt, in kleinen Schritten besser zu werden, sich immer mehr zu profilieren und neue Kunden zu gewinnen. Doch auf dem Speakermarkt wird dieser Trainer völlig umdenken müssen. Hier wird die Treppe von oben gekehrt statt sich hochgearbeitet.

Wer Profiredner sein möchte, muss von Anfang an wie ein Profiredner auftreten. Punkt. Der Schritt vom Trainer zum Topspeaker ist kein langsames Vortasten, sondern erfordert einen radikalen Einschnitt. Sobald Sie sich entschieden haben, den Weg zum Topspeaker zu beschreiten, machen Sie fast alles anders als bisher. Was Sie jetzt brauchen, ist ein kompletter Relaunch Ihres Marktauftritts. Das wichtigste Handwerkszeug dazu bekommen Sie in Teil II dieses Buches.

> **EXPERTENTIPP**
>
> Behandeln Sie Ihren Eintritt in den Speakermarkt wie die Markteinführung einer neuen Marke. Setzen Sie sich einen festen Termin, zu dem Sie Ihr Gesicht in der Wahrnehmung Ihrer Kunden in allen entscheidenden Punkten verändert haben werden.

Die Unterhaltungsindustrie weist durchaus Schnittmengen zum Speakermarkt auf. Erinnern Sie sich: Anders als bei Trainern hängt der Erfolg der Speaker bis zu 60 Prozent von der gelungenen Show und dann nur zu etwa 40 Prozent von den gebotenen Inhalten ab. Wenn Sie sich einmal anschauen, wie in der Musikindustrie neue Künstler auf den Markt gebracht werden, können Sie davon für Ihren Markteintritt als Speaker viel lernen.

Lady Gaga zum Beispiel kannte vor dem Sommer 2008 niemand. Die New Yorkerin, mit bürgerlichem Namen Stefani Germanotta, schrieb zwar Songs für Stars wie Britney Spears, trat aber selbst nur in der Klubszene der Lower East Side auf. Ihr Debütalbum »The Fame« wurde dann auf Anhieb ein weltweiter kommerzieller Erfolg mit zwölf Millionen verkauften Exemplaren. Es erreichte Platz 1 in sechs Ländern und brachte die internationalen Hits »Just Dance« und »Poker Face« hervor. Musikalisch war das Album dabei nicht mal sonderlich innovativ. Einen ähnlichen Sound kannte man von Madonna schon lange. Dennoch wurde »Just Dance« im Jahr 2009 für einen Grammy in der Kategorie »Beste Dance-Aufnahme« nominiert.

Hinter Lady Gaga steht der weltgrößte Musikkonzern, die Universal Music Group (UMG). Ohne die Vermarktungsmaschinerie von Universal wäre ein kommerzieller Welterfolg »aus dem Nichts«, wie der von Lady Gaga, überhaupt nicht denkbar. Wie hat Universal das geschafft? Nun, nach dem »Cape-Canaveral-Prinzip«: Alle verfügbaren Ressourcen mobilisieren, alles perfekt vorbereiten und dann die Rakete aufsteigen lassen!

War Stefani Germanotta von ihrem Erfolg als Lady Gaga so überrascht, dass sie erst einmal eine Website programmieren lassen musste? Nein, am Tag des Marktstarts gab es bereits eine perfekte Fan-Website unter der Adresse ladygaga.com. Musste Lady Gaga sich erst langsam an ihre neue Rolle als Popstar gewöhnen? Nein, sie trat vom ersten Tag an als ebenso schrille wie unnahbare Pop-Diva auf, die sich auf Augenhöhe mit Weltstars wähnt. Mussten Medienvertreter aus aller Welt nach dem Erscheinen von »The Fame« erst mühsam recherchieren, wer diese Lady Gaga überhaupt war? Nein, sie waren selbstverständlich von Universal bereits mit allen Informationen eingedeckt worden. Vom ersten Tag an konnten sie auf ein umfangreiches Presse-Kit mit Fotos, Texten und so weiter zugreifen. Noch bevor Universal ein einziges Exemplar des Debütalbums von Lady Gaga verkaufte, hatte der Konzern sämtliche Marketinginstrumente für einen Weltstar in Stellung gebracht. So etwas nennt man die Treppe von oben kehren.

Als Trainer auf dem Weg zum Speaker wenden Sie einfach dasselbe Prinzip an. Sie ändern Ihre Einstellung und begreifen sich als Impulsgeber statt als Vermittler von Know-how. Und dann stellen Sie Ihr komplettes Marketing und Ihre gesamte Kommunikation auf Ihre neue Rolle als Speaker ab. Je zügiger, desto besser.

In die neue Rolle hineinwachsen

Was Menschen erfolgreich macht und was sie scheitern lässt, ist mittlerweile sehr gut erforscht. Alle bekannten Autoren zum Thema Erfolg, ob sie nun Dale Carnegie, Napoleon Hill oder Stephen R. Covey heißen, sind dabei immer wieder auf zwei Prinzipien gestoßen:

1. Sie müssen ins Handeln kommen. Und zwar immer so schnell wie möglich. Jeder neuen Erkenntnis müssen sofort Taten folgen.
2. Sie müssen sich eine Situation schaffen, die Sie zum Erfolg zwingt.

Das erste Prinzip ist wichtig, damit überhaupt etwas geschieht. Nach der Lektüre dieses Buches sollten Sie sich innerhalb von 72 Stunden entscheiden, ob Sie den Weg zum Topspeaker konsequent gehen wollen. Eine Entscheidung, die Sie weiter aufschieben, wird dadurch nicht besser. Wenn Sie sich für diesen Weg entschieden haben, fangen Sie an, die nötigen Schritte umzusetzen. Und zwar sofort.

Das zweite Prinzip ist wichtig für die Nachhaltigkeit. Damit ist es fast noch wichtiger als das erste. Sorgen Sie dafür, dass eine Situation entsteht, die Ihnen täglich vor Augen führt, auf welchem anderen Weg Sie jetzt sind. Denn nichts gefährdet den Erfolg mehr als der Rückfall in alte Verhaltensmuster. Sie können mit der größten Begeisterung den Speakermarkt ins Visier nehmen – wenn Sie bei den ersten Problemen und Widerständen wieder agieren wie ein Trainer, dann hat die Wachstumskurve schon einen Knick bekommen. Was nützt Ihnen zum Beispiel ein neuer Internetauftritt, der Sie als Topexperte anpreist, wenn Sie sich dann am Telefon doch wieder auf 1.500 Euro Rednerhonorar herunterhandeln lassen. Nur weil in Ihrer Haushaltskasse gerade Ebbe ist. Wenn Sie sich wirklich eine Situation geschaffen haben, die Sie zum Erfolg zwingt, dann werden Sie sich lieber 1.500 Euro von Freunden leihen, als sich auf 1.500 Euro Honorar herunterhandeln zu lassen.

Was brauchen Sie nun, um sich selbst auf die Erfolgsspur zu setzen?

1. Das passende Umfeld,
2. Vorbilder beziehungsweise einen erfahrenen Mentor und
3. eine ganze Reihe von praktischen Einzelmaßnahmen.

Beginnen wir mit dem, was am häufigsten unterschätzt wird und was einige gar nicht im Blick haben. Es ist das soziale Umfeld. Fragen Sie sich: Sind die beruflichen Beziehungen, die Sie heute pflegen, die eines Topexperten und Profispeakers?

Wenn Ihnen diese Frage abwegig vorkommt, machen Sie doch einmal ein Experiment. Laden Sie einen körperlich Schwächeren zu einem kleinen Kräftemessen ein. Sie stellen sich auf einen Stuhl. Der andere stellt sich vor den Stuhl. Sie versuchen nun, den anderen heraufzuziehen, während dieser versucht, sie herunterzuziehen. Sofort werden Sie merken, dass Sie in der schwächeren Position sind und der eigentlich körperlich Schwächere in der stärkeren Position ist. Wenn der andere sich nicht vollkommen ungeschickt anstellt, haben Sie kaum eine Chance, ihn hinaufzuziehen. Stattdessen werden Sie nach kurzer Zeit vom Stuhl fallen. Hätten Sie das vermutet? Es ist immer leichter, jemanden herunterzuziehen als hochzuziehen.

Das gilt auch für soziale Beziehungen. Sie mögen sich für innerlich stark halten, weil Sie ein besserer Trainer sind als viele Ihrer Kollegen und nun beschlossen haben, sich konsequent als Topexperte zu vermarkten. Wenn Sie sich aber weiter im Kreis Ihrer gewohnten Kollegen bewegen, werden diese Sie über kurz oder lang wieder auf ihr Niveau herunterziehen. Sich gegen den sozialen Konformitätsdruck durchzusetzen, haben Sie allein kaum eine Chance. Ihre Trainerkollegen werden an Ihrem veränderten Marktauftritt sofort bemerken, dass Sie jetzt »etwas Besseres« sein wollen. Und sie werden unbewusst Widerstand leisten.

Das ist überhaupt kein böser Wille, sondern von der Evolution so eingerichtet. Erinnern Sie sich an die drei Grundmotive des Menschen. Eines davon ist das Bindungsmotiv. Wir wollen aus unserer Gruppe nicht ausgeschlossen werden. Aber genauso wenig wollen wir, dass andere aus unserer Gruppe ausscheren. Für unsere Vorfahren war der Gruppenzusammenhalt überlebenswichtig. Das steckt immer noch in unseren Genen. Aber es gab auch immer schon eine Lösung für den Fall, dass eine Gruppe ein Individuum an seiner Weiterentwicklung hindert: Es sucht sich einfach eine neue Gruppe.

EXPERTENTIPP

Ihr berufliches Umfeld prägt Sie. Umgeben Sie sich mehr und mehr mit Menschen, die schon dort sind, wo Sie hinwollen.

Als professioneller Speaker chatten Sie nicht mehr stundenlang in irgendwelchen Trainerforen auf Xing. Sie nehmen auch an keinen Supervisionsrunden mehr teil. Wenn Sie Seminare besuchen möchten, dann tun Sie das rein privat und nicht im Kreis anderer Trainer. Schaffen Sie Distanz zu Ihren heutigen Trainerkollegen. Diese Distanz ist unvermeidlich. Jeder, der in einem Unternehmen aus einem Team heraus zum Leiter des Teams befördert wird, weiß, dass er mit seinen ehemaligen Kollegen jetzt distanzierter umgehen muss. Vom Trainer zum Speaker »befördern« Sie sich selbst. Durch Ihre eigene Entscheidung, sich neu zu positionieren. Aber für die Distanz zu den ehemaligen Kollegen gilt das Gleiche.

In dem Maße, wie Sie zu Ihrem bisherigen Umfeld auf Distanz gehen, nehmen Sie Kontakt zu dem neuen Umfeld auf, in das Sie hineinwachsen möchten. In Kapitel 14 lernen Sie Einzelheiten zum Thema Networking. An dieser Stelle nur so viel: Es ist entscheidend, dass Sie sich der Szene der erfolgreichen Speaker bereits zugehörig fühlen, bevor Sie entsprechende Erfolge haben und dort wirklich akzeptiert sind. Verhalten Sie sich wie ein erfolgreicher Speaker, ehe Sie es tatsächlich sind. Damit setzen Sie sich selbst unter Erfolgsdruck. Denn damit Sie vor sich selbst nicht als Hochstapler dastehen, müssen Schein und Sein sich angleichen. Und genau das wird geschehen! Die Welt, in der Sie jetzt leben, wird sich Ihrer gewünschten Zukunftswelt als Experte und Topspeaker immer mehr anpassen.

Unterschätzen Sie bei alledem bitte nicht die banalen Kleinigkeiten des Alltags. Es ist eine uralte Geschäftsweisheit, dass derjenige den lukrativsten Auftrag bekommt, der bereits am meisten nach Geld aussieht. Telefonieren Sie mit einem iPhone oder mit einem alten Nokia? Mieten Sie am Flughafen Golf, wenn Sie zum Kunden fahren, oder lieber E-Klasse? Haben Sie sich bei Ihrem Outfit von einem Stilberater beraten lassen, oder tragen Sie das, was Sie einfach praktisch und bequem finden? Für alle diese Kleinigkeiten interessieren sich Ihre Kunden, ob Sie selbst das nun wollen oder nicht. Diese scheinbaren Banalitäten entscheiden mit darüber, ob man Ihnen die Rolle eines Speakers, der 5.000 Euro und mehr für eine einstündige Rede verlangen kann, überhaupt abnimmt. Also arbeiten Sie auch daran.

EXPERTENTIPP

Investieren Sie in Ihren Lifestyle. Umgeben Sie sich mit einem Hauch des Besonderen, auch wenn Sie das persönlich gar nicht brauchen. Es geht nicht um Ihr persönliches Wohlbefinden, sondern um das, was Ihre Kunden von Ihnen erwarten. Die Investition wird sich auszahlen.

Sicher, beim gepflegten Businessauftritt bestätigen Ausnahmen heute die Regel. Aber selbst wenn Sie sich gegen den Business-Mainstream inszenieren wollen, müssen Sie diese Inszenierung dann konsequent durchhalten. Dazu ein Beispiel. Im Jahr 2000 wurden die bis dahin unbekannten schwedischen Ökonomen Jonas Ridderstråle und Kjell A. Nordström mit ihrem Buch »Funky Business« beinahe über Nacht zu Businessgurus und europaweit gefragten Topspeakern. Getragen vom Zeitgeist der New Economy traten sie so auf, wie es niemand von Nachwuchs-Wirtschaftsprofessoren erwarten würde: Kahl rasierte Schädel, enge schwarze Lederkleidung und bunt getönte Sonnenbrillen wurden zu Markenzeichen des Speaker-Duos. Damit und mit ihren ebenso schrillen und plakativen Büchern schwammen sie zwar gegen den Strom. Aber auch sie grenzten sich von ihren bisherigen Berufskollegen radikal ab. Das (und nicht der individuelle Stil) ist das Entscheidende.

Wenn Sie sich allein in die ungewohnte Welt der Topspeaker vortasten, dann können Sie sich dort schnell ziemlich einsam fühlen. Was Sie brauchen, ist ein Mentor. Sabine Renner hat das Glück, schon einen gefunden zu haben.

> *Sabine Renner schreibt Peter Reichelt eine E-Mail: »Hallo Peter, Du hast angeboten, mir zu helfen, wenn ich Speaker werden will. Ich würde Dein Angebot gerne annehmen. So vieles scheint anders zu funktionieren, als ich es bisher gewohnt bin. Ich möchte von Dir lernen. Was soll ich als Nächstes tun? Liebe Grüße, Sabine«.*
>
> *Schon nach zehn Minuten hat Sabine die Antwort: »Liebe Sabine, gerne helfe ich Dir. Wir treffen uns bei meinem Hamburg-Besuch nächste Woche und schauen mal auf Deine Positionierung, Deine Website und Deine bisherigen Veröffentlichungen. Vielleicht finden wir auch schon ein Thema für ein Buch, das Du schreiben könntest. Außerdem will ich Dich unbedingt mit ein paar Leuten bekannt machen. Da melde ich mich noch mal wegen der Termine. Schöne Grüße aus Frankfurt, Peter«.*

Alle sehr erfolgreichen Menschen hatten Vorbilder und Förderer. Als sie selbst erst wenig Erfolg hatten, haben sie den Erfolg ihrer Vorbilder studiert und analysiert. Sie haben ihre Mentoren mit Fragen gelöchert und ihnen stundenlang zugehört. Sie waren bereit, von ihnen zu lernen. Die bei der Wiedervereinigung 1990 politisch unerfahrene ostdeutsche Physikerin Angela Merkel hätte es ohne ihren Mentor Helmut Kohl sicher niemals bis ins Amt des Bundeskanzlers geschafft. Ob Management, Showbusiness oder Kunst – es ist überall genauso.

Untersuchungen zufolge hatten neun von zehn aller außergewöhnlich erfolgreichen Menschen einen Förderer, der sie gecoacht und ihnen geholfen hat.

Auf dem Weg vom Trainer zum Topspeaker brauchen auch Sie Vorbilder und Helfer. Sie brauchen Menschen, die schon dort sind, wo Sie hinwollen. Erfahrene Speaker, die Sie mitziehen und Ihnen immer wieder Tipps geben, die in keinem Buch stehen. Einen Volltreffer haben Sie gelandet, wenn Sie einen richtigen Mentor finden, dem Sie vertrauen können und der Ihnen hilft. Boris Grundl zum Beispiel hätte ohne den Bestsellerautor Bodo Schäfer als Mentor wohl kaum so eine schnelle Karriere als Speaker gemacht. Mit seinem verkaufsfördernden Namen verhalf Bodo Schäfer dem Speaker im Rollstuhl zum ersten Buch. Auch für den Zeichner und Autor Werner »Tiki« Küstenmacher kam der Durchbruch durch die Zusammenarbeit mit dem damals schon viel bekannteren Lothar J. Seiwert und den gemeinsamen Bestseller »Simplify your life«.

Wie finden Sie einen Mentor? Nun, bestimmt nicht über eine Xing-Kontaktanfrage. Wenn Sie einen wirklich sehr erfolgreichen Speaker als Mentor gewinnen wollen, müssen Sie ihn von Ihrem Potenzial überzeugen. Dafür sind gewisse Anfangserfolge von Vorteil. Der Mentor handelt ja keineswegs selbstlos, wenn er sich mit Ihnen beschäftigt. Er will sein Netzwerk stärken und seinen Einfluss vergrößern, indem er Sie aufbaut. Sobald Sie selbst erfolgreich sind, werden Sie noch Gelegenheit bekommen, Ihrem Mentor den einen oder anderen »Gefallen« zu tun. Doch bis dahin müssen Sie beweisen, dass Sie die Aufmerksamkeit des Mentors wert sind.

Beginnen Sie deshalb mit Networking. Legen Sie sich nicht zu früh fest, wen Sie gerne als Mentor hätten. Meistens ergeben sich solche Dinge ohnehin spontan und wie von selbst. Investieren Sie aber sehr stark in Ihr Networking. Bauen Sie sich ein Netzwerk zu anderen Topexperten auf. Und was fast noch wichtiger ist: Bauen Sie sich auch ein Netzwerk zu Topentscheidern in den Unternehmen auf. Wenn sich dann beim Netzwerken irgendwann die Chance ergibt, einen Mentor zu finden, bleiben Sie dran. Pflegen Sie den regelmäßigen Kontakt, aber haben Sie Geduld, bis sich Vertrauen einstellt. Rechnen Sie auch damit, dass Ihr Mentor Sie auf die Probe stellt. Ein guter Mentor wird das tun. Er will wissen, wie ernst Sie es mit Ihrer Karriere meinen. Wenn Sie ihn überzeugen, dann hilft er Ihnen.

Ihre Vorbilder brauchen Sie – dies ist bei Ihrem Mentor anders – nicht persönlich zu kennen. Sie haben auch den großen Vorteil, dass Sie sich sofort Vorbilder suchen können, ohne sie um Erlaubnis fragen zu müssen. Schauen Sie sich vor allem in Ihrer Anfangsphase als Speaker möglichst viele Auftritte anderer Redner an. Besorgen Sie sich DVDs und suchen Sie auf YouTube nach Videos von Speakings. Schauen Sie dabei unbedingt auch über den Tellerrand des deutschsprachigen Raums. Besonders die amerikanischen Topspeaker sind oft interessante Vorbilder für eine perfekte Show. Schließlich kommen sie aus dem Land von Broadway, Las Vegas und Hollywood. Analysieren Sie immer wieder genau, wie es die anderen machen. Bei der Wahl Ihrer Vorbilder verlassen Sie sich dann am besten ganz auf Ihr Bauchgefühl. Wer Ihnen auf Anhieb sympathisch ist und dabei gleichzeitig ein gewisses Gefühl der Bewunderung entstehen lässt, der taugt auch als Vorbild.

EXPERTENTIPP

Wenn Sie von alleine keinen Mentor finden, dann »kaufen« Sie sich doch einfach einen! Sprechen Sie einen erfolgreichen Redner an, bitten Sie ihn, dass er Sie auf Ihrem Weg zum Redner beraten soll, und buchen Sie ihn für einen Tag. Der Autor dieses Buches lässt sich übrigens auch gerne ansprechen ... Klar ist ein solcher Mentor nicht billig, doch wer in ein Riesengeschäft einsteigen will, sollte auch bereit sein, zu investieren.

Wenn Sie bis hierhin aufmerksam gelesen haben, dann ist Ihnen klar, wie sehr Sie Ihre Einstellung verändern müssen, wenn Sie nicht mehr Trainer, sondern Speaker sein wollen. Veränderungen geschehen immer von innen nach außen. Unsere Gedanken manifestieren sich in der äußeren Realität. Sie bestimmen unsere Zukunft. Weil das so ist, stand auch der erste Teil dieses Buches ganz im Zeichen des Umdenkens. Sie haben erfahren, welche andere Einstellung Sie erst zum Topspeaker werden lässt. Im zweiten Teil des Buches wird es um die konkreten Einzelmaßnahmen gehen, die Sie für Ihren Erfolg als Speaker auf den Weg bringen müssen. Es handelt sich bei den in den Kapiteln 5

DIE TREPPE VON OBEN KEHREN STATT SICH HOCHARBEITEN **69**

bis 15 beschriebenen Aktionsfeldern jedoch nicht um unzusammen-
hängende Einzelaktionen, sondern um Teile einer Gesamtstrategie. Im
letzten Abschnitt dieses ersten Teils lernen Sie deshalb zunächst den
größeren Zusammenhang der Dinge kennen, die Sie als Topspeaker
anders machen als bisher.

Der Relaunch Ihres Marktauftritts

Die Treppe von oben kehren bedeutet den vollständigen Relaunch
Ihres bisherigen Marktauftritts. Sie erfinden sich gewissermaßen neu.
Als eine neue Marke. Und diese Marke bringen Sie jetzt auf den Markt.
Die Industrie ist hier Vorbild. Als beispielsweise die japanischen Auto-
hersteller in den Achtzigerjahren auf dem US-Markt ins Premium-
segment vordringen wollten, wurde schnell klar, dass es ihnen mit
ihrer bisherigen Marktpositionierung nicht gelingen konnte. Mit den
Marken Toyota, Nissan und Honda hatten sie vom Image her keine
Chance gegen BMW, Mercedes oder Jaguar. Also kreierten sie die
Marken Lexus, Infiniti und Acura. Der Erfolg gab den Japanern recht.
Innerhalb von wenigen Jahren toppten die Verkaufszahlen der völlig
neu geschaffenen Marken die Absätze der Konkurrenz aus Europa.
Der mutige Bruch mit der eigenen Markengeschichte ist für dieses
Segment genau richtig gewesen.

Was nun in der Industrie vollkommen selbstverständlich ist, fällt vielen Trainern schwer. Wer Trainer auf ihre Positionierung anspricht,
hört oft, da sei schon alles geklärt. Nicht selten haben sich Trainer
von Marketingberatern für viel Geld »positionieren lassen«. Und weil
das Ganze so teuer war, wollen sie jetzt auf Jahre nicht mehr daran
rütteln. Dabei ist doch glasklar: Wer sich nicht weiterentwickelt, den
bestraft der Markt. Und wer ein neues Marktsegment erobern will,
der muss sich unter Umständen auch völlig neu positionieren. Bevor
Sie also Kapitel 5 lesen, sollten Sie innerlich bereit sein, Ihre bisherige
Positionierung vollkommen infrage zu stellen.

Damit ist noch nicht gesagt, dass von der jetzigen Positionierung am
Ende überhaupt nichts mehr übrig bleiben wird. Selbstverständlich
können Sie sich nur auf der Basis Ihrer bisherigen Kenntnisse und

Erfahrungen weiterentwickeln. Aber den Durchbruch zu einer neuen Markenidentität schaffen Sie nur, wenn Sie völlig offen sind. Sobald Sie zum Beispiel an bestimmten lieb gewonnenen Themen unbedingt festhalten wollen, engt sich Ihr Blick unnötig ein. Sie sehen dann nicht mehr alle Ihre Chancen.

EXPERTENTIPP

Seien Sie bereit, alles infrage zu stellen, was Sie bisher erfolgreich gemacht hat. Nur so weitet sich Ihr Blick für alle Ihre Chancen auf dem Speakermarkt.

Nebenbei bemerkt: Dieses Hinterfragen Ihrer aktuellen Positionierung werden Sie immer wieder leisten müssen. Gerade auch dann, wenn Sie bereits als Speaker Erfolg haben. Denn Themen und Trends entwickeln sich permanent weiter. Der amerikanische Managementautor Charles Handy hat schon Ende der Neunzigerjahre erkannt, dass die erfolgreichsten Unternehmen und Individuen sich immer schon an dem Punkt neu positionieren, an dem der Höhepunkt ihrer aktuellen Erfolgswelle noch gar nicht erreicht ist. Der Grund ist einfach: Noch trägt sie die Energie der aufsteigenden Erfolgskurve. Wenn es schon wieder bergab geht, ist es viel schwieriger, das Ruder herumzureißen. Wenn Sie also mit Ihrer bisherigen Positionierung als Trainer erfolgreich sind, ja vielleicht Ihr Potenzial noch gar nicht vollständig ausgeschöpft haben, so ist das kein Grund, sich nicht trotzdem neu zu positionieren.

Haben Sie Ihre neue Positionierung gefunden, stellt sich sofort die Frage: Woran merken das Ihre Kunden? Die Antwort ist einfach: Ihre Kunden merken es an Ihrer vollständig anderen Kommunikation. Das bedeutet aber auch: Ihre Kunden werden es eben nicht merken, wenn Ihre Kommunikation nicht ab sofort vollständig anders ist. Damit steht als Erstes fest, dass Sie eine neue Website brauchen. Mit Ihrer bisherigen Homepage als Trainer werden Sie als Speaker nicht weit kommen. Die Website ist heute die Visitenkarte Nr. 1 für alle Marktteilnehmer. Wer hier spart, der spart am falschen Ende. In Kapitel 6 lesen Sie, worauf es bei einer Website für einen Topspeaker ankommt.

Genauso zentral ist das Thema Buch. Vielleicht haben Sie als Trainer die Wichtigkeit von Büchern für Ihre Selbstvermarktung bereits verstanden und schon Bücher geschrieben und auf den Markt gebracht. Wenn das so ist, dann werden Sie hier trotzdem umdenken müssen. Denn Speaker schreiben andere Bücher als Trainer. Und sie wenden auch nicht Monate ihrer hoch bezahlten Zeit dafür auf, an einem Manuskript zu schreiben. Sondern sie lassen sich beim Bücherschreiben von Profis unterstützen. In Kapitel 7 erfahren Sie alles, was Sie dazu wissen müssen.

Pressearbeit, Medienauftritte, Social Media und Networking lauten weitere Gebiete, auf denen Speaker ihren Kunden und der Öffentlichkeit ein anderes Gesicht zeigen als Trainer. Während Ihre Website und Ihre Bücher größere Projekte sind, handelt es sich hier um Aktionsfelder, an denen Sie täglich im Kleinen arbeiten. Ihre gesamte Kommunikation muss Ihrer Markenidentität als Speaker entsprechen. Sie können es sich nicht mehr erlauben, auf Facebook irgendeinen Blödsinn zu posten, der Ihnen gerade in den Sinn kommt. Ihre Kunden lesen immer mit. Gute Pressearbeit macht übrigens Deike Uhtenwoldt (www.uhtenwoldt.de).

Jedes kleine Puzzleteil Ihrer Kommunikation muss passen. Wenn Sie privat chatten wollen, melden Sie eine Facebook-Seite unter Pseudonym an und verraten Sie das Pseudonym nur Ihren Freunden. Sobald Ihr Name öffentlich auftaucht, findet Markenkommunikation statt. Und Ihre Marke muss geschützt werden. Sobald eine Marke Kratzer erhält, sinkt der Marktwert. Auch das kennen Sie aus der Industrie. Mercedes kann sich Qualitätsprobleme schlicht nicht leisten. Denn Qualität und Zuverlässigkeit gehören zum Markenkern.

AUF DEN PUNKT

Top-speaker überlassen in ihrer Außendarstellung nichts dem Zufall. Jede öffentliche Erwähnung ihres Namens bedeutet Markenkommunikation.

Machen Sie sich bitte klar, dass der Weg zum Topspeaker bedeuten wird, unter Beobachtung zu stehen. Der Rückzug ins Private wird Ihnen auch nicht mehr so leicht gelingen wie als Trainer. Teilnehmer Ihrer Vorträge werden Sie an Flughäfen und in Bahnabteilen ansprechen. Diese Menschen werden enttäuscht sein, wenn Sie für solche Gespräche keinen Sinn haben. Auch wenn Fernsehstars oder Politiker noch viel mehr beobachtet werden als Speaker (wobei viele Fernsehstars und Politiker ja gleichzeitig Speaker sind), stehen Sie als Topspeaker dennoch unter der ständigen Beobachtung der Teilöffentlichkeit aus Wirtschaft und Management. Richten Sie sich von Anfang an darauf ein.

Eine Frage geht Ihnen bestimmt längst durch den Kopf: Was wird mich das alles kosten? Auf diese Frage gibt es keine pauschale Antwort, doch fest steht: Sie werden einiges investieren müssen. Und zwar innerhalb kurzer Zeit. Eine neue Website, eine professionelle Rednermappe, ein Ghostwriting und so weiter – das alles kostet Geld. Die Gesamtsumme wird fünfstellig sein, keine Frage. Also ist der letzte Punkt, den Sie vorab für sich klären müssen: Sind Sie bereit, zu investieren? Die Treppe von oben kehren kostet eben auch Geld. Sonst würde es ja jeder machen. Wenn Sie noch einmal die Zahlen vergleichen, was Trainer und was Speaker verdienen, wird Ihnen klar werden, wie schnell sich eine Investition in eine Speakerkarriere rechnen kann. Aber investieren müssen Sie.

KOMPAKT

- Wer Topspeaker werden will, muss von Anfang an so auftreten. Als Trainer auf dem Weg zum Speaker benötigen Sie einen kompletten Relaunch Ihres Markenauftritts. Die Industrie ist hier Vorbild.

- In die Rolle des Topspeakers müssen Sie hineinwachsen. Ihre bisherigen Trainerkollegen sind dabei selten hilfreich. Umgeben Sie sich zunehmend mit Personen, die schon da sind, wo Sie hinwollen. Suchen Sie sich Vorbilder und einen Mentor.

- Seien Sie bereit, Ihre bisherige Positionierung vollkommen aufzugeben. Bedenken Sie alle Ihre Chancen. Und dann investieren Sie auf allen Ebenen in Ihre veränderte Kommunikation.

TEIL 2:

Umkrempeln:

Was Sie als Topspeaker anders machen als bisher

KAPITEL 5

Positionierung: Die klare Ansage, wofür Sie stehen

»Erzähl mir doch mal, was du bis jetzt als Trainerin gemacht hast«, schlägt Peter Reichelt vor. Er sitzt gemeinsam mit Sabine Renner in ihrem Haus vor den Toren Hamburgs. Auf dem Tisch ausgebreitet liegen Sabines Visitenkarten, Broschüren und Trainingsunterlagen. Der Bildschirm ihres aufgeklappten Notebooks zeigt ihre Homepage.

»Von meiner Ausbildung als Sportpädagogin bin ich irgendwann zum betrieblichen Gesundheitsmanagement gekommen«, berichtet Sabine. »Eine Zeit lang war Ergonomie am Arbeitsplatz stark gefragt. Dann habe ich Anti-Stress mit reingenommen, das lief besser. Nach meiner Zusatzausbildung als Ernährungsberaterin habe ich viel zum Thema Ernährung am Arbeitsplatz gemacht. Dann hatte ich wieder mehr Lust auf das Thema Sport ...«

»Sorry, dass ich dich unterbreche«, meint Peter Reichelt, »aber das genügt schon. Du bist eine Bauchladentrainerin, Sabine! Du hast eine schicke Geschäftsausstattung und aufwendig produzierte Schulungsunterlagen. Aber wofür genau stehst du? Das kann keiner wissen. Und das ändern wir jetzt.«

Der erste Schritt bei der Positionierung ist immer, sich einmal von außen zu betrachten. Ein professioneller Berater, der objektives Feedback gibt, kann dabei sehr hilfreich sein. Sie können aber auch alleine innerlich ein Stück zurücktreten und sich fragen: »Was fällt einem potenziellen Kunden, der mich überhaupt nicht kennt, an mir auf? Welche Dinge wird er als Erstes wahrnehmen, welche später und welche vielleicht gar nicht?« Versetzen Sie sich einmal in die Lage Ihrer Kunden, und halten Sie schriftlich fest, was diese wo, wann und wie von Ihnen erfahren werden, sobald sie beginnen, sich für Ihr Angebot zu interessieren. Und wenn Sie das aufgeschrieben haben, stellen Sie sich eine schlichte Frage: »Wie klar ist das Bild, das der Kunde jetzt von mir hat?«

Sehr häufig ist das Bild, das ein Außenstehender von Ihnen als Trainer hat, eher unscharf. Der Grund dafür ist einfach: Sie kennen sich. Sie wissen alles über Ihren Charakter, Ihre Biografie, Ihre Interessen und Ihren bisherigen Karriereweg. Sie wissen, wie bei Ihnen alles miteinander zusammenhängt. Dieses Wissen über sich selbst führt zuweilen dazu, dass Sie vergessen: Der Kunde weiß all dies nicht! Die Herausforderung: Ihr potenzieller Kunde muss ohne diese Hintergrundinformationen sofort wissen, wofür Sie stehen. Sabine Renner ist klar, warum ihre Themen Stress, Ernährung, Ergonomie und Sport sind. Doch ihr Kunde kann nur raten, was das alles soll. Und auf welchem dieser Gebiete sie nun besser ist als andere Trainer. Was ist denn das Spezialgebiet? Wofür ist Sabine Renner Expertin?

Zugegeben, als Trainer können Sie mit einem »Bauchladen« noch einigermaßen erfolgreich sein. Ein gewinnendes Auftreten, ein professionelles Corporate Design, zufriedene Teilnehmer und gute Kundenkontakte kompensieren bei Trainern Schwächen in der Positionierung häufig bis zu einem gewissen Grad. Als Speaker dagegen haben Sie ohne Expertenpositionierung kaum eine Chance. Sie können zwar durchaus zu verschiedenen Themen reden. Aber diese Themen dürfen nicht zu weit entfernt voneinander liegen. Sie müssen aus ein und demselben Expertenstatus abgeleitet sein.

Wie Sie bereits in Teil I gelesen haben, spricht ein absoluter Topspeaker fast immer nur zu einem einzigen Thema. Er gilt als der führende Experte zu diesem Thema. Wenn nicht weltweit, so doch zumindest innerhalb seines Landes. Der Kritiker Marcel Reich-Ranicki zum Beispiel galt irgendwann als der Literaturexperte Nr. 1 in Deutschland. Sein Status war so unangefochten, dass ihm in den Achtzigerjahren sogar der ironische Titel »Literaturpapst« verliehen wurde. Beachten Sie dabei Folgendes: Eine Reihe von Professoren in Deutschland wusste wahrscheinlich mehr über Literatur als Marcel Reich-Ranicki. Aber darauf kommt es gar nicht an. Wichtig ist, als der Experte Nr. 1 wahrgenommen zu werden. Am allerbesten sind Sie der erste Experte für ein gerade aufkommendes Trendthema. Sie sind der Erste und bleiben der Einzige, der für dieses Thema steht.

Leider missachten viel zu viele Experten die Grundregeln der Positionierung. So gilt schon seit langer Zeit als Positionierungsgrundsatz: »Bedürfnis statt Verfahren«. Was heißt, dass man sich lediglich auf ein Bedürfnis, aber nie auf ein Verfahren spezialisieren sollte. Ein Beispiel aus der »EKS«-Strategie ist die Positionierung eines Ölofenhändlers, der sich irgendwann einmal als Experte für Ölöfen positioniert hat. Das Problem: Irgendwann können Ölkrisen auftreten und dann geht man auf alternative Energien über. In diesem Moment sind die Positionierung und der Markterfolg des Händlers dahin, weil er sich auf das »Verfahren« Öl spezialisiert hat. Hätte er sich als »Experte für Wärme« positioniert, wäre sein Erfolg unabhängig von einem Rohstoff. Genauso machen viele Trainer – aber auch Redner – den Fehler, sich auf Verfahren statt auf Bedürfnisse zu spezialisieren. Bestes Beispiel ist sicherlich NLP (neurolinguistisches Programmieren), was einmal in Mode war. Heute jedoch ist NLP aus der Mode gekommen – und damit ist eine Positionierung als NLP-Experte wenig hilfreich. Die Alternative dazu wären eine Bedürfnisorientierung (Erfolg, Zielerreichung, Umsetzung) und die entsprechende Expertenpositionierung, zum Beispiel als »Umsetzungsexperte«.

Das Marketing kennt noch andere Formen der Positionierung als die über ein Thema. Sie können sich zum Beispiel auf eine bestimmte Branche oder Zielgruppe fokussieren. Da Sie als Speaker aber eine Rede immer nur zu einem bestimmten Thema halten können, sollte eher die Themenpositionierung im Mittelpunkt stehen. Andere Aspekte, etwa welches Publikum Sie gerne ansprechen würden, spielen eine Nebenrolle. Wir werden jedoch auch darauf zurückkommen.

Wie entwickeln Sie nun eine klare Positionierung als Experte? Das Wichtigste: Nehmen Sie sich Zeit für einen strukturierten Prozess. Beziehen Sie dabei andere mit ein und holen Sie sich objektives Feedback. Denn natürlich können Sie sich im stillen Kämmerlein wünschen, für alles Mögliche Experte zu sein. Aber wenn Ihr Expertenstatus vom Markt akzeptiert und entsprechend honoriert werden soll, sind eine Reihe von Weichen richtig zu stellen. Ihre persönlichen Voraussetzungen müssen genauso stimmen wie Ihre Herangehensweise an den

Markt. Und Ihre Konkurrenz darf nicht schon dort sein, wo Sie erst hinwollen.

Die folgenden Leitfragen können Sie Schritt für Schritt durch den Prozess Ihrer Positionierung als Speaker führen:

1. Wo haben Sie Wissen und Erfahrung?
2. Welcher Persönlichkeitstyp sind Sie?
3. Welches Publikum wünschen Sie sich?
4. Welchen Nutzen stiften Sie für Ihr Publikum?
5. Welche Trends greifen Sie auf?
6. Wie grenzen Sie sich von Ihrer Konkurrenz ab?
7. Wie wirken Sie authentisch?
8. Wie drücken Sie in einem Satz aus, wofür Sie stehen?

Auf den folgenden Seiten erfahren Sie, worauf es bei den einzelnen Punkten wirklich ankommt.

Die Basis für alles: Ihre Kenntnisse und Erfahrungen

Im Jahr 2005 hielt der 2011 verstorbene Steve Jobs, der damalige Chef von Apple, eine inzwischen berühmt gewordene Rede auf der Abschlussfeier der renommierten Stanford University in Palo Alto, nahe dem Firmensitz von Apple im Silicon Valley. Jobs besaß selbst keinen Hochschulabschluss. Er gab den Absolventen der Eliteuni aus seiner Lebenserfahrung einen Eindruck davon, worauf es im Geschäftsleben für den Erfolg ankommt. Eine der wichtigsten Regeln hat Jobs in seiner Rede »connecting the dots« genannt. Was bedeutet es, »die Punkte zu verbinden«? Es bedeutet, dass Sie immer wieder in der Lage sind, alles, was Sie in Ihrem bisherigen Leben an Kenntnissen und Erfahrungen gesammelt haben, neu zu verknüpfen.

In dem Moment, in dem Sie eine Erfahrung machen oder sich eine Fähigkeit aneignen, ahnen Sie manchmal gar nicht, wozu Sie diese einmal brauchen könnten. Vielleicht glauben Sie hin und wieder sogar, sich ganz umsonst mit etwas beschäftigt zu haben. Wer Chancenintelligenz besitzt, weiß jedoch blitzschnell seine bisherigen Kenntnisse und Erfahrungen so zu verknüpfen, dass sie ihm in der Gegenwart einen Vorsprung sichern. Steve Jobs nannte in seiner Rede ein Beispiel: In jungen Jahren besuchte er einmal ein Kalligrafieseminar an der Uni, weil er als Studienabbrecher zu den meisten anderen Seminaren keinen Zutritt mehr hatte. Als Apple dann den ersten Mac auf den Markt brachte, war es der erste Computer mit einer schönen Schrift auf dem Bildschirm. Das war ein Alleinstellungsmerkmal. Ohne das Kalligrafieseminar hätte Jobs auf eine schöne Schrift bei seinen Computern gar keinen Wert gelegt.

Steve Jobs sagte in Stanford wörtlich: »Sie können die Punkte nicht in der Vorausschau, wohl aber im Rückblick verbinden. Also müssen Sie darauf vertrauen, dass die Punkte sich irgendwann in Ihrer Zukunft verbinden. Sie müssen auf irgendetwas vertrauen – auf Ihr Bauchgefühl, das Schicksal, das Leben, das Karma oder sonst etwas. Dieses Vorgehen hat mein Leben entscheidend beeinflusst.«

Tragen Sie einmal alles zusammen, was Sie bisher an Kenntnissen und Erfahrungen gesammelt haben. Und dann verbinden Sie die Punkte! Denken Sie beim Zusammentragen nicht nur an Ihre Trainerkarriere. Bei Steve Jobs hatten die Kenntnisse in Kalligrafie mit seiner späteren Karriere zunächst nicht unmittelbar zu tun. Tragen auch Sie alles zusammen, was Sie schon einmal gemacht haben, was Sie studiert und gelernt und worin Sie sich qualifiziert haben. Machen Sie das schriftlich. Und lassen Sie sich Zeit dazu. Wahrscheinlich wissen und können Sie viel mehr, als Ihnen vor dem Aufschreiben bewusst ist.

Sobald Sie alles zusammengetragen haben, fragen Sie sich: »Wo ist ein roter Faden? Wo sind die Verbindungslinien?« Sabine Renner in unserem Beispiel könnte etwa auffallen, dass ihre Ausbildungen und Tätigkeiten immer sehr mit der körperlichen Ebene zu tun hatten: Sport und Ernährung. Ergonomie. Auch Stress ist ja eine Reaktion des Körpers. Dann fällt Sabine Renner vielleicht an ihren Hobbys auf, dass diese immer mit Spaß und Action, mit Bewegung in der Gruppe zu tun hatten. Wäre sie also glaubwürdig mit einem staubtrockenen Vortrag zum Thema Stresstherapie? Wohl kaum. Aber sie könnte die Punkte Spaß, Action, Bewegung mit dem Punkt betriebliches Gesundheitsmanagement verbinden. Das könnte eine Spur für »ihr« Thema sein. Machen Sie es mit Ihren Erfahrungen und Interessen ganz genauso!

Wie Sie rüberkommen: Ihr Persönlichkeitstyp

Als Trainer ist Ihnen sicher das eine oder andere Modell zur Unterscheidung von Persönlichkeitstypen ein Begriff. Das Spektrum reicht von aus der Gehirnforschung abgeleiteten Modellen über tiefenpsychologische Typensysteme, wie das von Myers-Briggs, bis hin zu spirituell angehauchten Varianten wie dem Enneagramm. Es spielt keine Rolle, welches dieser Modelle Sie bevorzugen. Suchen Sie sich eines aus, das Ihnen sympathisch ist und mit dem Sie gut arbeiten können. Wichtig ist, dass Sie sich mit Ihrem Persönlichkeitstyp näher auseinandersetzen. Je besser Sie sich selbst kennen, desto genauer können Sie einschätzen, welche Themen Sie glaubwürdig verkörpern können. Wenn Sie bei den Persönlichkeitstests absolut ehrlich gegenüber sich selbst sind, werden Sie dabei auch Ihre Grenzen erkennen.

Können Sie sich vorstellen, dass Samy Molcho und Professor Peter Kruse die Rollen tauschen? Samy Molcho doziert über die Zukunft des Internets und Peter Kruse macht vor, mit welchem Augenaufschlag ein Fremder sofort sympathisch wirkt? Das ist sicher kaum vorstellbar. Samy Molcho hält nicht nur Vorträge zum Thema Körpersprache. Sondern mit seiner lebendigen Mimik und Gestik, seinem nie ganz perfekten Deutsch, seiner vollen physischen Präsenz *lebt* Samy Molcho das Thema Körpersprache. Peter Kruse dagegen steht bei seinen Vorträgen fast regungslos da, betrachtet das Publikum über den Rand seiner Halbbrille und klickt in aberwitzigem Tempo durch vollgeschriebene PowerPoint-Folien. Jeder im Publikum spürt: Hier erklärt der Herr Professor uns die Welt.

AUF DEN PUNKT

Ihr Thema muss zu Ihrer Persönlichkeit passen. Sonst sind Sie unglaubwürdig.

Schauen Sie sich alle wirklichen Topspeaker an: Vom Persönlichkeitstyp her verkörpern sie ihr jeweiliges Thema perfekt. Der Verkaufsexperte? Smart, gepflegt und eloquent. Der Fitnessexperte? Gebräunt, dynamisch und gelenkig. Der Zukunftsforscher? Belesen, dominant und ein messerscharfer Analytiker. Sorgen Sie von Anfang an dafür, dass Ihre Positionierung perfekt zu Ihrer Persönlichkeit passt. Als introvertierter Intellektueller werden Sie niemals glaubwürdig vor 800 Vertriebsleitern über die neuesten Verkaufstechniken sprechen können. Wenn Sie aber genau wissen, wer Sie sind, was Sie können und was Sie alles schon gemacht haben, wird Ihnen für »Ihr« Thema kein Publikum zu groß sein.

Wo Sie ankommen: Ihr Publikum

Gibt es eine bestimmte Zielgruppe, vor der Sie besonders gerne sprechen würden? Und eine andere, die Sie meiden, selbst wenn Ihnen jemand für einen Auftritt viel Geld bezahlen würde? Nun, die Wahrscheinlichkeit ist groß, dass Sie bei den Leuten, vor denen Sie gerne sprechen, auch gut ankommen. Und ein Publikum, das Sie zutiefst unsympathisch finden, wird nicht den besten Eindruck von Ihnen mit nach Hause nehmen. Im persönlichen Kontakt mit Einzelnen oder kleinen Gruppen weiß eigentlich jeder, wie wichtig positive Energie auf der unbewussten Ebene ist, wenn er bei den anderen etwas auslösen will. Spricht Sie im Geschäft ein Ihnen total unsympathischer Verkäufer an, gehen Sie wieder heraus, ohne etwas zu kaufen. Es sei denn, Sie wollen unbedingt ein bestimmtes Produkt haben, das es nur hier zu kaufen gibt. Geraten Sie dagegen im selben Geschäft mit einer äußerst charmanten Verkäuferin ins Plaudern, kaufen Sie am Ende vielleicht sogar mehr, als Sie ursprünglich vorhatten.

Viele machen sich nicht klar, dass bei großen Gruppen dasselbe gilt. Wenn Sie allein vor 1.000 Personen sprechen, ist das für das Publikum keineswegs so, als sähen alle nur auf eine Kinoleinwand. Sondern zwischen Ihnen und den 1.000 Zuhörern sind, wie die Amerikaner so treffend sagen, entweder »good vibrations« oder »bad vibrations«. Die positive oder negative Energie im Raum hat großen Einfluss auf den Erfolg Ihres Vortrags.

Es gibt einen verblüffenden kinesiologischen Test für diese positive oder negative Energie zwischen Redner und Publikum. Als Speaker können Sie ihn sogar selbst einmal demonstrieren. Bitten Sie eine beliebige Person aus dem Publikum auf die Bühne. Jetzt fordern Sie alle im Publikum auf, sich vorzustellen, diese Person sei absolut sympathisch. Alle sollen sich freuen, dass sie auf der Bühne ist. Bitten Sie dann die Person, den rechten Arm seitlich auszustrecken und mit aller

Kraft in dieser Position zu lassen. Wenn Sie nun versuchen, den Arm herunterzudrücken, wird Ihnen das kaum gelingen. Nun bitten Sie aber alle im Publikum, ganz negative Gedanken über die Person zu denken, ja sich zu wünschen, dieser Dummkopf würde von der Bühne verschwinden. Wiederholen Sie den Armtest. Der Arm lässt sich ganz mühelos herunterdrücken! Die negative Energie im Publikum hat die Person geschwächt. Wäre die Person der Redner und nicht Sie, dann würde sie jetzt eine schwache Performance abliefern. Und dadurch nur noch mehr negative Energie aus dem Publikum bekommen. Eine klassische Negativspirale käme in Gang.

Fragen Sie sich: »Was ist mein Wunschpublikum?« Aus welcher Berufsgruppe, Altersgruppe oder Gesellschaftsschicht wünschen Sie sich möglichst viele Zuhörer für Ihre Vorträge? Schneiden Sie Ihren Marktauftritt so zu, dass Sie diese Zielgruppen möglichst gut ansprechen. Sie freuen sich dann auf Ihr Publikum und werden auch bei den Zuhörern gut ankommen. Vermeiden Sie es zumindest am Anfang, vor Zielgruppen zu sprechen, die Ihnen nicht sympathisch sind. Sonst erzeugen Sie schlechte Stimmung im Raum, die bei Ihnen wiederum zu schlechter Performance führt. Irgendwann sind Sie vielleicht als Redner so erfahren, dass Sie zu praktisch jedem Publikum eine positive Beziehung aufbauen können. Doch das kann dauern.

Was Sie anziehend macht: Der Nutzen fürs Publikum

»Warum, glaubst du, wollen die Leute gerade dich auf der Bühne erleben?«, fragt Peter Reichelt. »Ich denke, ich habe wirklich sehr originelle Tipps, wie man bei der Arbeit frisch und gesund bleibt und sich wohlfühlt«, antwortet Sabine Renner.
»Ist das alles?«, hakt der Topspeaker nach. »Wahrscheinlich …«, überlegt Sabine Renner, »kommt meine Art auch gut an. Ich bin ja vor den Leuten immer gut drauf und lache gerne und viel.«

Wissen Sie, was Ihr Publikum wirklich von Ihnen erwartet? Kennen Sie die Motive Ihrer Zuhörer? Darüber sollten Sie sich Gedanken machen. Fest steht: Niemand zahlt 80 Euro für einen Businessvortrag, wenn er sich nicht für sich persönlich einiges davon verspricht. Kein

Veranstalter zahlt Ihnen 5.000 Euro Auftrittshonorar, wenn er nicht spürt, dass Sie Ihr Geld wert sind. Entscheidend ist, dass Sie beim Nutzen für Ihr Publikum verschiedene Ebenen voneinander trennen. Zunächst einmal ist natürlich wichtig, dass Ihr Vortrag spannende Informationen und originelle Impulse bietet. Diese rationale Ebene ist aber nicht die einzige, die Ihr Publikum anzieht. Es ist vielleicht nicht einmal die wichtigste.

Ein extremes Beispiel für einen nichtrationalen Nutzen sind Vorträge, die so sehr auf Comedy setzen, dass das eigentliche Businessthema kaum noch eine Rolle spielt. Oder auch mal komplett wegfällt, so wie bei dem Kabarettisten Jan Ditgen, der in der Rolle des Speakers »Dr. Jens Wegmann« mit seiner Business-Comedy durch Unternehmen tourt. Ditgen beginnt seinen Vortrag als scheinbar nüchterner Fachexperte mit langweiligen PowerPoint-Folien. Uneingeweihte glauben jetzt noch, es mit einem »echten« Experten zu tun zu haben. Wenn jedoch die Aussagen von »Dr. Jens Wegmann« immer absurder und die Slapstick-Einlagen immer schriller werden, begreift auch der Letzte, dass dies pure Comedy ist.

Warum sind solche Vorträge beliebt? Ganz einfach: Man lacht gemeinsam, was die Stimmung verbessert und dem Betriebsklima guttut. Gedächtnistraining ist ein schönes Beispiel für ein unterhaltungsorientiertes Thema, das nur scheinbar einen hohen praktischen Nutzen bietet. Praktisch kein Mensch wendet die in einem Vortrag zum Thema Gedächtnistraining vorgestellten Mnemotechniken anschließend an seinem Arbeitsplatz wirklich ernsthaft und dauerhaft an. Aber Gedächtnisexperten sind bekannt für ihre guten Shows und ihre verblüffenden Effekte.

AUF DEN PUNKT

Als Speaker sollten Sie so aufgestellt sein, dass Sie auch einfach gute Stimmung verbreiten können. Umsetzbares Wissen ist dann zweitrangig.

Sogar ein Vortrag zum Thema Wirtschaftsethik kann einen verborgenen Nutzen für das Publikum haben: Ein Manager, der bei diesem Vortrag war, ändert nicht unbedingt sein Verhalten. Aber er kann beim nächsten Small Talk etwas Kluges von Immanuel Kant zitieren und sich damit anderen überlegen fühlen.

Analysieren Sie im Rahmen Ihrer Positionierung ganz genau, welchen Nutzen ein Vortrag zu einem bestimmten Thema Ihrem Publikum bringen wird. Schauen Sie dabei auch auf die unausgesprochenen Motive, denn das sind oft die entscheidenden. Schneiden Sie Ihre Positionierung so zu, dass auch der verborgene Nutzen sichtbar wird. Gibt es in Ihrem Vortrag viel zu lachen, dann sollte beispielsweise Ihre Website bereits für das eine oder andere Schmunzeln gut sein. Oder zeigen, dass Ihr Vortrag dazu in der Lage ist, Menschen zum Lachen zu bringen.

Die Welle, die Ihren Erfolg trägt: Der Trend

In unserer Mediengesellschaft ist jedes Thema Trends unterworfen. Einige Jahre lang ist ein bestimmtes Thema »heiß«. Dann wird es von anderen Themen abgelöst. Aber nicht nur Themen sind Trends unterworfen. Sogar bestimmte Persönlichkeitstypen entsprechen mal vollkommen dem Zeitgeist und kommen einige Jahre später plötzlich weniger gut an. Ohne dass sie an sich etwas verändert hätten. Der gesellschaftliche Trend trägt sie nach oben. Und nach einer Weile auch wieder nach unten.

Ab den späten Neunzigerjahren lag zum Beispiel das Thema finanzieller Erfolg voll im Trend. Die Telekom-Aktie als vermeintliche »Volksaktie« hatte in Deutschland Millionen für das Thema Geld und Börse begeistert. Darunter waren Leute, die vorher allenfalls ein Sparbuch besessen hatten. Hinzu kam der Boom von New Economy und Neuem Markt. »In sieben Jahren die erste Million« (D-Mark, nicht Euro!) versprach dazu passend Bodo Schäfer auf dem Cover seines Bestsellers »Der Weg zur finanziellen Freiheit«. Mit dem Thema Reichwerden konnte Schäfer damals Hallen füllen. Und auch der mittlerweile wegen Manipulationen zu einer Bewährungsstrafe verurteilte »Börsencoach« Markus Frick posierte auf dem Cover seines Bestsellers »Ich mache Sie reich« ganz so, wie es dem damaligen Geschmack entsprach: konservativer Haarschnitt, dunkler Dreiteiler, weißes Hemd mit roter Krawatte, bohrender Blick, die eine Hand hinter dem Kopf zur Faust geballt und den Zeigefinger der anderen Hand genau in Richtung Leser ausgestreckt.

Schon nach dem Aus für den Neuen Markt erlahmte das Interesse am Thema Geld und Börse spürbar. Heute, wo die globale Finanzmarktkrise eben erst mit Ach und Krach überstanden ist und Spekulanten wie Bernard Madoff oder Jérôme Kerviel als Verbrecher im Gefängnis sitzen, hätten Bodo Schäfer und Markus Frick mit ihrer damaligen Positionierung keine Chance mehr auf volle Hallen. Allein die Siegerposen im Maßanzug würden die meisten Leute abschrecken. Natürlich wollen viele Menschen heute immer noch reich werden. Aber das Thema liegt eben nicht mehr im Trend. Stattdessen füllt Götz Werner, der Gründer der Drogeriemarktkette dm, die Säle. Er steht für die Abkehr vom reinen Profitdenken und für eine menschliche und nachhaltige Wirtschaft. Danach sehnen sich heute viele. Bis der nächste Trend an die Tür klopft.

Wie erkennen Sie Trends? In jedem Fall sollten Sie viel lesen. Eine Tageszeitung mit Wirtschaftsschwerpunkt, wie die Financial Times Deutschland oder das Handelsblatt, ist für einen Speaker eigentlich Pflicht. Statt der gedruckten Ausgabe darf es natürlich auch gerne die App fürs Smartphone oder das iPad sein. Verfolgen Sie auch die Verlagsprogramme der großen Wirtschaftsverlage, da diese oft Trends aufgreifen. Lesen Sie regelmäßig Business-Bücher zu unterschiedlichen Themen. Verlassen Sie sich aber nicht nur auf Medien. Fragen Sie regelmäßig in Ihrem Business-Netzwerk, welche Themen die Leute interessant finden. Und schauen Sie vor allem auch über den Tellerrand.

EXPERTENTIPP

Besuchen Sie regelmäßig amerikanische Internetseiten und lesen Sie amerikanische Wirtschaftsbücher. Nach wie vor zeichnen sich zahlreiche Business-Trends in den USA zwei bis drei Jahre früher ab als in Europa.

Ein Trendthema frühzeitig zu erkennen ist wichtig, aber noch nicht die ganze Kunst. Entscheidend ist auch der richtige Zeitpunkt, auf einen Trend aufzuspringen. Sind Sie zu früh dran, können möglicherweise noch nicht genügend Menschen aus Ihrer Zielgruppe mit dem Thema etwas anfangen. Oder das Thema ist sogar noch mit Tabus belegt.

Noch vor 15 bis 20 Jahren wären die meisten Manager wohl lieber zu einem öffentlichen Treffen der Anonymen Alkoholiker gegangen als zu einem Vortrag zum Thema Burnout. Manager hatten damals Superhelden zu sein. Heute ist Burnout klar ein Trendthema. Mit dem Thema Diversity hat es sich ähnlich entwickelt. Nämlich vom gern verschwiegenen »Minderheiten«-Problem zum Trend. Umgekehrt gilt: Hinken Sie einem Thema hinterher, gibt es bereits viel Konkurrenz in besseren Startpositionen. Andere haben das Thema dann schon für sich besetzt. Es gehört eben auch etwas Glück dazu, einen Trend zum richtigen Zeitpunkt zu erwischen. Gelingt Ihnen das jedoch, ist der Trend die Welle, die Sie nach oben trägt.

Keine Angst vor Konkurrenz: Ihre Alleinstellung

Das wichtigste Prinzip der Expertenpositionierung kennen Sie bereits: das Highlander-Prinzip. Es kann nur einen geben. Haben Sie es geschafft, der Experte Nr. 1 zu sein, gilt ein weiteres Prinzip für Sie: »Du sollst keine Götter neben mir haben.« Von wenigen Ausnahmen abgesehen (wie etwa dem Ehepaar Förster und Kreuz) sind Speaker immer Einzelgänger. Vergessen Sie die »Erfolgsteams« und »Berater-Netzwerke«, die Ihnen als Trainer vielleicht noch genützt haben. Vergessen Sie auch die Idee, mit anderen gemeinsam auf die Bühne zu gehen. Mitglied sind Sie grundsätzlich nur dort, wo Ihnen ein Netzwerk oder Klub Status und Einfluss verleiht. Das können zum Beispiel der Rotary-Club oder die Speaker-Organisation GSA sein. Doch die Bühne gehört Ihnen alleine!

Wenn Sie sich als einzigartige Marke positionieren wollen, werden Sie schnell feststellen, dass Ihnen auf dem Markt immer erst einmal einige im Weg sind. Das fängt schon beim Expertenstatus an. Überall, wo man Experte sein könnte, gibt es bereits Experten. Ein erster Ansatz bei der Positionierung kann hier darin bestehen, dass Sie Ihren Expertenstatus noch einmal auf ein Unterthema herunterbrechen. Es gibt viele gute Physiker, während die Atomphysiker schon seltener sind. Und unter den Atomphysikern sind ausgewiesene Experten für Reaktorsicherheit noch seltener.

Sobald es Ihnen einfach unmöglich ist, der Experte Nr. 1 zu einem Thema zu sein, ziehen Sie einfach weitere Faktoren hinzu, die Sie als Marke einzigartig machen können. Der Verkaufstrainer Martin Limbeck zum Beispiel verkauft sich selbst als Experte für »Hard Selling«. Sein Claim lautet: »Verkaufen heißt verkaufen.« Damit positioniert sich Limbeck bewusst gegen die Mehrheit der Verkaufsexperten, die heute für einen vorsichtigen und partnerschaftlichen Umgang mit dem Kunden plädiert. So eine Positionierung »gegen den Strich« kann funktionieren. Rolf H. Ruhleder ist ein anderes Beispiel. Er vermarktet sich als »härtester und teuerster Rhetoriktrainer«. Die Behauptung, der »härteste und teuerste« zu sein, ist kaum objektiv überprüfbar. Sie macht jedoch sofort neugierig, was dieser Mann wohl besser macht als all die anderen Rhetorikexperten, um als der »härteste und teuerste« gelten zu dürfen.

Zu der Regel, dass Ihre Persönlichkeit und das Thema, für das Sie Experte sind, genau zusammenpassen müssen, gibt es eine Ausnahme: Sie können sich auch ganz bewusst gegen den Strich positionieren. Das hier angewandte Prinzip heißt: »Nicht der Typische«. Sie fallen auf und werden einzigartig, weil Sie »nicht der typische« Vertreter eines bestimmten Fachs sind. Dazu drei Beispiele: Jonas Ridderstråle und Kjell A. Nordström waren im Jahr 2000 mit ihren schrillen Outfits »nicht die typischen« Wirtschaftsprofessoren. Pater Hermann-Josef Zoche mit seinen lockeren und witzigen Vorträgen vor Businesspublikum ist »nicht der typische« katholische Priester. Vera F. Birkenbihl mit ihren skurrilen handgezeichneten Schaubildern war mit Sicherheit auch »nicht die typische« Managementexpertin. Eine solche Positionierung ist jedoch wiederum nur wenigen Experten möglich. Denn sonst wirkt der Überraschungseffekt nicht mehr.

Fazit: Mit Ihrer Expertenpositionierung sind Sie immer auf der Suche nach einer Nische, in der Sie mit keinem Konkurrenten mehr verwechselt werden können. Spüren Sie diese Nische für sich auf!

Der Weg ins Herz Ihres Publikums: Authentizität

Authentizität ist zu einem Modewort geworden. Jeder möchte gern authentisch sein. Gleichzeitig werden Prominente kritisch beäugt, wenn sie nicht »authentisch« wirken. Ein schönes Beispiel für den Wunsch nach Authentizität ist der Erfolg von Lena Meyer-Landrut. Die jugendliche Gewinnerin des Eurovision Song Contest 2010 wirkte auf viele Zuschauer vollkommen natürlich und unverstellt. Ein Gegenbeispiel ist der Auftritt des späteren Bundesaußenministers Guido Westerwelle in der RTL-Sendung »Big Brother«. Dieser Auftritt wurde damals von vielen als unglaubwürdiger »PR-Gag« kritisiert. Der stets hyperkorrekte Jurist Westerwelle wirkte in dem »Container« der Unterhaltungssendung einfach nur deplatziert und wenig authentisch.

Beim Thema Authentizität sollten Sie sich von einem verbreiteten Missverständnis verabschieden. Viele meinen, Authentizität sei das Gegenteil von Image. Es komme darauf an, sich möglichst natürlich und unverstellt zu geben. Ein Image zu pflegen, passe nicht dazu. Doch denken Sie einmal nach: Schon wenn Sie sich morgens vor dem Kleiderschrank für ein bestimmtes Outfit und gegen ein anderes entscheiden, wird Ihre Entscheidung davon geleitet, welches »Image« Sie heute gegenüber Ihren Mitmenschen abgeben wollen. Kleider machen Leute. Sie können *nicht nichts* anziehen. Sonst werden Sie als Exhibitionist von der Polizei verhaftet. Irgendein Image werden Sie also immer haben. Sie haben nur die Wahl, ob Sie auf Ihr Image Einfluss nehmen wollen oder nicht. Auch Lena Meyer-Landrut ist nicht einfach sie selbst. Sondern die natürliche Frische gehört zu ihrem Image. Dementsprechend verhält sie sich. Nicht zufällig, sondern absichtlich.

Als Speaker haben Sie auf jeden Fall ein Image. Authentizität bedeutet, dafür zu sorgen, dass dieses Image stimmig und glaubwürdig ist. »Kontrollierte Authentizität« heißt, dass Sie Ihr Image jederzeit verkörpern können. Zumindest solange Sie im Blickpunkt Ihrer Kunden stehen. Wie Sie sich im Urlaub auf einer fernen Insel geben, interessiert keinen. Image ist also ein zentrales Thema für Sie. Im schlechtesten Fall machen Sie sich gar keine Gedanken und überlassen Ihr Image dem Zufall. Dann werden Sie möglicherweise unglaubwürdig, obwohl Sie doch dachten, Sie seien einfach Sie selbst.

Eine bekannte Grundregel fürs Image lautet: »Verstärken Sie nur das, was ohnehin da ist.« Zur Marke werden Sie nur, wenn der Markenkern mit realen Gegebenheiten korrespondiert. Hierzu noch einmal ein Beispiel aus der Industrie: Mercedes versucht in der letzten Zeit, sich ein jüngeres und sportlicheres Image zu geben.

Das ist deshalb nicht ganz einfach, weil viele Mercedes-Modelle sich bis dato nicht besonders sportlich fahren. Porsche oder BMW mit dem ungleich dynamischeren Fahrverhalten ihrer Autos haben es da einfacher. Diese Hersteller müssen nur herausstreichen, was schon da ist, wenn sie als sportlich gelten wollen.

AUF DEN PUNKT

Ihr Ziel als Speaker ist »kontrollierte Authentizität«. Sie verkörpern Ihr Image glaubwürdig. Sie verstärken dazu Eigenschaften, die Sie tatsächlich besitzen.

Die gesellschaftliche Entwicklung geht heute in Richtung Transparenz. »Mogelpackungen« beim Image von Produkten und Personen werden schneller durchschaut als früher. Das Internet sorgt zudem dafür, dass sich Kritik sehr schnell verbreitet. Treten Sie deshalb unbedingt authentisch auf. Am besten lassen Sie sich professionell coachen. Viele Kleinigkeiten sind wichtig: Ihr Outfit, Ihre Statements »off the record«, die Fotos von Ihnen im Internet. Überlassen Sie nichts dem Zufall.

Auf den Punkt: Ihre Positionierung in einem Satz

Über der Elbe geht die Sonne unter. Peter Reichelt hat Sabine Renner den ganzen Tag lang unterstützt, an ihrer Positionierung zu arbeiten. Am Schluss hat er noch eine Frage: »Kannst du in einem Satz zusammenfassen, wofür du stehst?«

»Ich bin wie Vitaminbrause für Unternehmen«, antwortet Sabine. »Ich gebe Impulse, wie Mitarbeiter gesünder und mit mehr Spaß arbeiten können.« »Für den ersten Versuch gar nicht mal schlecht«, kommentiert Peter Reichelt.

Als Trainer kennen Sie das vielleicht bereits: Je knapper und präziser Sie gegenüber Kunden und Interessenten auf den Punkt bringen können, wer Sie sind, was Ihr Angebot ist und welchen Nutzen Sie stiften, desto besser. Von solchen knappen Aussagen, die auch »Mission-Statement« genannt werden, profitieren Sie gleich doppelt: Einmal wissen Ihre potenziellen Kunden sofort, was Sache ist. Und gleichzeitig stärkt die Klarheit über Ihre »Mission« auch Sie: Wer selbst genau weiß, wer er ist und was er will, tritt unvergleichlich selbstbewusster auf als jemand, der da noch Zweifel oder Unsicherheiten hat. Bringen Sie also Ihre Positionierung als Speaker präzise auf den Punkt.

Es gibt zwei unterschiedliche Arten, wie der »Mensch als Marke« seine Markenidentität auf den Punkt bringen kann:

- den »Claim« und
- den »Elevator-Pitch«.

Claims kennt jeder aus dem Marketing der großen Unternehmen und ihrer Marken. Beispiele für Claims bekannter Unternehmen beziehungsweise Marken sind:

- Leistung aus Leidenschaft (Deutsche Bank)
- Freude am Fahren (BMW)
- Ich liebe es (McDonald's)
- Da weiß man, was man hat (Persil)
- Hier bin ich Mensch, hier kauf ich ein (dm-drogeriemarkt)

Wenn Sie sich diese Claims ansehen, werden Sie feststellen, dass sie nicht unbedingt das Unternehmen oder die Marke beschreiben. Nur bei BMW und dm können Sie ohne Vorkenntnis darauf kommen, dass es um einen Autohersteller und ein Handelsunternehmen geht. Die anderen Claims können Sie nur dann einem bestimmten Unternehmen zuordnen, wenn Sie die Werbung des Unternehmens kennen. Bei Claims kommt es darauf an, dass sich etwas von den Werten und dem »Spirit« eines Unternehmens mitteilt. So ist bei der Deutschen Bank Leistung der zentrale Wert, bei dm dagegen Menschlichkeit. McDonald's spricht Emotionen an (gesünder isst man bestimmt anderswo) und Henkel will bei Persil Qualität und Verlässlichkeit ausdrücken (den günstigen Eigenmarken des Handels sollen die Verbraucher misstrauen).

Einige Speaker haben sich in den letzten Jahren Claims nach dem Vorbild der Industrie geschaffen. Hier sind einige Beispiele:

- Antworten zur Menschenführung (Boris Grundl)
- Wirkung. Immer. Überall. (Monika Matschnig)
- Business-Querdenker aus Leidenschaft (Förster und Kreuz)
- Der Hardselling-Experte (Martin Limbeck)

Es hängt von Ihrer ganz konkreten Positionierung ab, ob ein Claim zu Ihnen passt, das heißt authentisch und glaubwürdig ist. Als Faustregel kann gelten: Eine gewisse Nähe zum Marketing und den Gepflogenheiten großer Unternehmen sollten Sie schon ausstrahlen. Sonst wirkt ein Claim eher aufgesetzt. Bestsellerautor Rüdiger Nehberg mit einem Claim wie »Überleben aus Leidenschaft« wäre wohl kaum vorstellbar.

Immer wichtig und hilfreich ist hingegen der sogenannte Elevator-Pitch. Hier bringen Sie auf den Punkt, wofür Sie stehen und was Sie zu bieten haben. Entstanden ist das Ganze so: Stellen Sie sich vor, Sie fahren mit dem Chef eines großen Unternehmens im Aufzug und haben nur diese Aufzugfahrt lang Zeit, den Chef zu überzeugen, mit Ihnen ins Geschäft zu kommen.

Beim Elevator-Pitch bringen Sie Folgendes auf den Punkt:

- Wer sind Sie?
- Was tun Sie?
- Wie tun Sie das?
- Für wen tun Sie das?
- Was haben die anderen davon?

Sabine Renner sagt es dementsprechend so: »Ich bin wie Vitaminbrause für Unternehmen und gebe Impulse, wie Mitarbeiter gesünder und mit mehr Spaß arbeiten können.« Bringen Sie Ihre Tätigkeit ebenfalls auf den Punkt. Nehmen Sie sich dafür genügend Zeit. Holen Sie sich Feedback von Profis ein, wie aussagekräftig Ihr Satz ist. Testen Sie ihn aber auch einmal bei Freunden oder Bekannten, die von Ihrem Business nichts verstehen. Jeder sollte sofort »Aha« sagen. Achten Sie auf die Mimik Ihres Gegenübers. Erhellen sich die Gesichtszüge sofort oder muss der andere kurz nachdenken? Wenn man über Ihren Elevator-Pitch nachdenken muss, ist er noch nicht prägnant und gut genug.

KOMPAKT

- Viele Trainer bieten zu viel gleichzeitig an und haben deshalb kein klares Profil. Als Speaker entwickeln Sie eine unverwechselbare Expertenpositionierung. Sie stehen für ein Thema und zeigen Ihre Persönlichkeit.

- Begreifen Sie die Positionierung als einen strukturierten Prozess. Beschäftigen Sie sich mit Ihren Kenntnissen und Erfahrungen, Ihrem Persönlichkeitstyp, Ihrem Publikum, dem Nutzen, den Sie stiften, sowie mit aktuellen Trends und Ihrer Konkurrenz. Werden Sie eine einzigartige Marke.

- Bringen Sie so knapp wie möglich auf den Punkt, wofür Sie stehen. Entwickeln Sie einen Claim, sofern so etwas zu Ihrer Positionierung passt.

KAPITEL 6

Website: Das Tor zu Ihrem neuen Universum

Ein Loftbüro in einer alten Fabrik in Berlin. Sabine Renner sitzt mit Mark Wiese an einem übergroßen Konferenztisch vor einem aufgeklappten MacBook. Der Internetprofi und Webdesigner ist ein guter Freund von Peter Reichelt. Sabine hat ihn beauftragt, ihre neue Website zu gestalten. Zunächst ist eine Bestandsaufnahme angesagt.
   »Wie lautet denn deine bisherige Webadresse?«, fragt Mark.
   »Die ist srt-training-coaching.de«, erwidert Sabine.
   »Oh weh«, rutscht es Mark heraus. Und auch als er die Startseite sieht, ist er wenig begeistert. »Ein Foto von irgendeinem Bürohaus statt von dir, alles über deine Themen, deine Seminare, deine Coachings, viel Text in kleiner Schrift, wenig Übersicht, kein Wow-Effekt … also, da werden wir von vorn anfangen müssen!«

Angenommen, Sie waren auf einem Trainerkongress und haben dort eine richtig nette Kollegin oder einen total sympathischen Kollegen kennengelernt. Was tun Sie als Erstes, wenn Sie wieder zu Hause oder im Büro sind? Nun, sehr wahrscheinlich geben Sie den Namen der oder des Betreffenden bei Google ein. Wenn Sie dann als ersten Treffer einen Link zur Website der Person bekommen, schauen Sie sich die Seiten in Ruhe an. Während Sie da so schauen, rundet sich Ihr erster Eindruck zu einem Gesamtbild der Person. Und ob es Ihnen gefällt oder nicht: Die anderen machen das mit Ihnen ganz genauso. Nicht nur Ihre Kollegen, sondern auch Ihre potenziellen Kunden. So ist das heute. Menschen, die uns interessieren, »googeln« wir erst einmal. Und der Eindruck, den wir bei so einer kleinen Internetrecherche bekommen, beeinflusst unsere Bewertung dieser Person längst viel mehr als die Kleidung, die sie an einem bestimmten Tag anhatte, oder ihre Visitenkarte. Die eigentliche Visitenkarte ist längst die Website!

Machen Sie sich an die Arbeit an Ihrer Website, sobald Ihre Neupositionierung steht. Andere Positionierung bedeutet andere Website. Da kommen Sie überhaupt nicht dran vorbei. Sparen Sie hier auf gar keinen Fall. Beauftragen Sie absolute Profis, sowohl für Konzept und Text als auch für die visuelle und technische Umsetzung. Manchmal kann das ein und dieselbe Person sein. Es können aber auch bis zu vier Spezialisten beteiligt sein: Konzepter, Texter, Designer und Programmierer. Die Investition in eine Top-Website auf dem neuesten Stand bezüglich Design und Technik lohnt sich gleich mehrfach für Sie:

- Erstens schaffen Sie sich eines der wichtigsten Verkaufs-Tools für Ihre Rednerleistung.
- Und zweitens konkretisieren und vertiefen Sie Ihre neue Positionierung. Wenn Sie Ihren Web-Experten erklären müssen, was Sie wollen, merken Sie, wie genau Sie selbst wissen, was Sie wollen. Am Ende werden Sie verblüfft sein, wie positiv sich eine richtig gute Website auf Ihr Selbstbewusstsein auswirkt!

Schauen wir uns zunächst noch einmal genauer an, welche Funktion die Website im Speakermarketing erfüllt. Bestimmt haben Sie schon einmal von der AIDA-Formel gehört. AIDA steht nicht nur für eine Oper, sondern auch für die vier entscheidenden Schritte im Verkaufsprozess:

- **A**ttention (Aufmerksamkeit)
- **I**nterest (Kaufinteresse)
- **D**esire (Kaufabsicht)
- **A**ction (Vollzug des Kaufs)

Jedes Produkt, das Sie verkaufen wollen, muss zunächst die Aufmerksamkeit des Kunden wecken. Jemand hat zum Beispiel Ihren Namen schon einmal gehört. Darauf folgt das Kaufinteresse. Sie sind zum Beispiel jemandem empfohlen worden oder waren in den Medien. Der entscheidende Schritt liegt jetzt zwischen dem Interesse und dem »Gang zur Kasse«. Hier bildet sich die Kaufabsicht. An dieser Stelle sagt der Kunde: »Ja, dieses Produkt will ich jetzt.« Diese Absicht, das »D« wie »Desire« der AIDA-Formel, soll Ihre Website auslösen. Das macht die Website zu Ihrem zentralen Verkaufs-Tool: Potenzielle Kunden, die sich noch nicht sicher sind, ob sie einen Vortrag von Ihnen buchen wollen oder nicht, analysieren Ihren Internetauftritt. Hier erhoffen sich die Veranstalter Klarheit für eine Entscheidung. Und diese Klarheit sollen sie bekommen.

Die primäre Funktion Ihrer Website ist das Verkaufen. Schaffen Sie deshalb kein Kunstwerk, sondern ein Tool, das diese Funktion perfekt erfüllt.

AUF DEN PUNKT

Eines steht fest: Ihre Website muss vom ersten Tag an Ihre neue »Expertenwelt« zeigen. Sie ist das Tor zu dem, was Sie vor dem Publikum darstellen wollen. Denn Sie möchten ja »die Treppe von oben kehren«. Wichtig ist also, dass Ihre Website Sie genau so zeigt, wie Sie letztlich als Topspeaker wahrgenommen werden wollen. Für Trainer bedeutet das fast immer, ganz neu anzusetzen. Die allermeisten Trainer-Websites sind viel zu faktenlastig. Sie zeigen zu sehr, *was* jemand tut, und zu wenig, *wer* jemand ist. Ihre Website als Speaker kommuniziert Sie als Marke und nicht Ihre Themen.

Die großen Linien festlegen

»Bevor wir über deine neue Website sprechen«, sagt Internetprofi Mark Wiese zu Sabine Renner, »würde ich gerne wissen, wie du dich selbst siehst.«

»Fröhlich und optimistisch«, antwortet Sabine. »Sportlich, energiegeladen, fit und beweglich. Aber auch seriös und kompetent. Und ich bin gern unter Menschen.«

»Und was für Marken und Produkte gefallen dir besonders?«, hakt Mark nach. »Kennst du vielleicht sogar Websites, die dich sehr ansprechen?«

Wer Ihre neue Website gestaltet, sollte sich genügend Zeit *für Sie* nehmen. Ja, Sie haben richtig gelesen: Zunächst sollte es Ihrem Dienstleister um *Sie* gehen und nicht um Design oder Technik. Er sollte sich

Zeit nehmen, Sie und Ihre Charaktereigenschaften vertieft kennenzulernen. Am besten gelingt das in einem persönlichen Gespräch. Ist
dies aus irgendwelchen Gründen nicht umsetzbar, sollten zumindest
längere Telefonate stattfinden. Geben Sie dem Internetprofi zunächst
ein möglichst vollständiges Bild, wer Sie sind und wo Sie geschäftlich
hinwollen. Sprechen Sie über *sich*, nicht über die Website.

Und dann: Schränken Sie den Dienstleister nicht in seiner Kreativität
ein. Im Umgang mit Kreativen gilt die Grundregel:»Erst Freiheit lassen, dann kritisieren und eigene Vorstellungen einbringen.« Binden
Sie einen Kreativen vorschnell an Ihre Vorstellungen, wird das Ergebnis immer schlecht sein. Sie sind der Experte für Ihr Image und Ihre
Inhalte – der andere ist der Profi für die Website.

EXPERTENTIPP

Ihrem Webdesigner geben Sie wertvolle Anregungen, wenn Sie einmal
zusammentragen, welche Marken, Produkte, Logos und Webseiten Sie
ansprechend und sympathisch finden. Denn was wir mögen, sagt viel über
uns selbst aus.

Legen Sie gemeinsam mit Ihrem Dienstleister zunächst die großen Linien fest. Sie tun das, indem Sie unter anderen die folgenden Punkte
besprechen:

- Wer ist die Zielgruppe der Website?
- Was soll der Besuch der Website bei der Zielgruppe auslösen?
- Welchen Nutzen bietet die Website dem Besucher?
- Welche Farben und Formen drücken Ihren Persönlichkeitstyp aus?
- Was könnte ein »Wow-Effekt« sein?
- Wie viele Bereiche (Seiten und Unterseiten) braucht die Website?
- Welche Texte und Bilder sind notwendig?
- Ist ein Blog vorgesehen?
- Welche weiteren Medien (zum Beispiel Videocast, Audiofile) sollen eingebunden werden?
- Soll es einen Download-Bereich für PDF (Pressemitteilungen /

Newsletter-Archiv), PowerPoint/Apple Keynote (Vorträge) oder JPEG (Pressefotos) geben?

- Sollen Social Media (Xing, Facebook, Twitter, LinkedIn) eingebunden werden?
- Wie lassen sich Auszeichnungen, Mitgliedschaften und Referenzen am besten unterbringen?

Bevor Sie Details angehen, sollten Sie ein Gesamtbild haben, welche Bereiche und Funktionen es geben und wie die Website aussehen wird. Vergessen Sie dabei nie, wie sehr es auf ein positives Bild von Ihnen als Person ankommt. Sie sind die Marke. Sie stehen im Mittelpunkt. Ihre Themen sind zweitrangig. Dennoch sollte die Website dem Besucher auch einen gewissen Nutzen bringen. Das heißt, der Besucher sollte irgendetwas »mitnehmen« können. Das kann ein überraschender Impuls zu einem verbreiteten beruflichen Problem sein. Das kann der kostenlose Download eines nützlichen Tools sein. Oder es ist einfach nur ein sehr witziges Video, das der Besucher sofort an seine Kollegen weiterleitet. Was genau hier passt, hängt von Ihrer Positionierung ab. Wichtig ist nur: »Schenken« Sie dem Besucher irgendetwas.

Genauso wichtig ist ein »Wow-Effekt«. Sorgen Sie dafür, dass jemand, der den ganzen Tag am Computer sitzt und zwischen Office-Anwendungen und dem Browser hin und her schaltet, beim Besuch Ihrer Website sagt: »Wow! Das ist ja super!« Die Möglichkeiten sind auch hier vielfältig. Beim Design können Sie es »bunt treiben« oder mit Coolness und reduzierter Ästhetik beeindrucken. Sie können sich in einem ausgefallenen Video präsentieren. Oder Sie bringen ein Zitat, das wirklich Eindruck macht. Auf der Startseite der Website von Reinhard K. Sprenger steht über ihn: »›Deutschlands einziger Management-Guru, der diesen Titel wirklich verdient.‹ – Financial Times Deutschland«. Da denkt der Besucher der Website: »Wow!« Und genau das soll er auch.

Die einzelnen Elemente gestalten

Sobald die großen Linien feststehen, sind die einzelnen Elemente der Website an der Reihe. Hier gibt es einige Prinzipien, die ganz unabhängig von Ihrer Positionierung und Ihrem persönlichen Geschmack gelten. Erstens sollte Ihre Website klar strukturiert und übersichtlich sein. Eine wirre, kleinteilige Website, die mit Texten und Informationen überfrachtet ist, wird wenige Ihrer Kunden überzeugen. Denn Ihre Kunden sind Entscheider in Organisationen und haben wenig Zeit. Gestalten Sie Ihre Website deshalb wie einen gut aufgeräumten Schreibtisch, an den man sich gerne setzt und wo man sich sofort zurechtfindet. Zweitens sollten Sie darauf achten, dass jedes noch so kleine Detail Ihrer Website Ihrem Anspruch als Topspeaker gerecht wird. Das reicht vom Domainnamen (URL) der Seite über die Qualität der Fotos und Texte bis hin zum Impressum, das so professionell formuliert sein muss wie alles andere.

Schließlich ist drittens bei jedem Stück Text auf Ihrer Website (sowohl dem sichtbaren Text als auch dem verborgenen Quelltext und Metatext) die Suchmaschinengerechtigkeit zu bedenken. Sie wollen über Google und andere Suchdienste gefunden werden. Und zwar als möglichst relevanter Treffer. Das Ziel ist immer, der erste Treffer auf der ersten Ergebnisseite zu sein. Einmal sollte das mit Ihrem Namen gelingen. Geben Sie zum Beispiel bei Google Deutschland »Sprenger« ein, erhalten Sie als ersten Treffer den Link zur Website von Reinhard K. Sprenger. Dieser Treffer wird von Google sogar noch höher gewichtet als der Wikipedia-Eintrag des Bestsellerautors. Das ist kein Zufall, sondern Suchmaschinenoptimierung. Doch nicht nur Ihr Name zählt. Auch wer bei Google nach »Ihrem« Thema sucht, sollte Sie möglichst weit oben finden. Dabei gilt bei Google die gnadenlose Regel: »Was auf der zweiten Trefferseite (oder noch weiter hinten) erscheint, existiert praktisch nicht.« Denn nur wer akribisch zu einem Thema recherchiert, klickt sich durch mehrere Trefferseiten. Ihre Kunden gehören gewiss nicht dazu. Der Link zur Website eines Topspeakers muss auf die erste Trefferseite. Geben Sie beispielsweise »Gedächtnistraining« bei Google ein, bekommen Sie auf der ersten Trefferseite (wenn auch weit unten) den Link zur Website von Gedächtnistrainer und Speaker Markus Hofmann als Ergebnis. Nicht nur die Kunden von Hofmann denken beim Thema »Gedächtnistraining« schnell an ihn. Selbst Google »tut« das. Und so soll es sein.

Nachdem Sie diese Grundregeln kennengelernt haben, sehen wir uns nun die wichtigsten Elemente im Detail an.

Domainname, Metatexte und Seitentitel

Sabine Renner hat als Domainnamen und somit Internetadresse »srt-training-coaching.de« gewählt. SRT ist ihr Firmenname und steht für »Sabine Renner Training«. Da die Adresse »srt.de« entweder schon belegt oder unbezahlbar war, hat sich die Trainerin schließlich für »training-coaching« als Zusatz entschieden. Domainnamen nach diesem Muster finden sich oft bei Trainern: Fantasie-Firmennamen (gern mit zwei oder drei Buchstaben) und dann Zusätze wie »training«, »coaching«, »consulting« oder »beratung«. Doch welcher von Sabines Kunden wird nach »SRT« suchen? Und was buchen die Kunden überhaupt? Eine Firma oder eine Person?

Als Speaker sind Sie eine »Menschen-Marke« und Ihr Name ist gleichzeitig Ihr Markenname! Können Sie sich vorstellen, dass die Website der Marke Prada eine andere Adresse hätte als »prada.com«? Das ist schwer vorstellbar. Deshalb ist auch für Sabine Renner »sabinerenner.com« oder »sabine-renner.com« erste Wahl. Aber mit oder ohne Bindestrich zwischen Vor- und Nachname? Das hängt von Lesbarkeit und ästhetischem Eindruck ab. Wie Sie leicht überprüfen können, ist »sabine-renner« wesentlich besser lesbar als »sabinerenner« – und deshalb zu bevorzugen. Bei eher etwas »sperrigen« Namen kann die Zusammenschreibung aber auch den Eindruck verbessern. Ein No-Go sind hier aber Doppeldeutigkeiten: »reinerbrech« kann man richtig »Reiner Brech« oder falsch »rein erbrech« lesen. Hier ist der Bindestrich Pflicht, also »reiner-brech.com«.

Wichtig ist auch die Wahl der sogenannten »Top-Level-Domain«: Ist ».com« hier besser als ».de«, ».at« oder ».ch«? Tendenziell ja, aber abhängig von Ihrer Positionierung gilt es abzuwägen. »Dotcom« wirkt international und businesslike. Aber ».de« kommt im deutschen Mittelstand manchmal etwas besser an. Viele Deutsche nehmen immer erst einmal ».de«, wenn sie suchen und sich nicht sicher sind. Meiden sollten Sie in jedem Fall alles andere. Nehmen Sie also nicht ».net«, denn Sie sind kein Netzwerk. Auch vor ».eu« sei gewarnt. Denn die EU hat wegen ihrer Bürokratie in der Wirtschaft ein schlechtes Image. Und das färbt auf die Europa-Domain ab. Alle anderen Alternativen, ».biz« oder ».info«, haben sich im Business nie durchgesetzt und wirken daher unprofessionell bis exotisch.

Wichtig ist, dass Sie sich für *eine* Domain als Ihre Adresse entscheiden und diese auf Ihrer Visitenkarte, auf Briefpapier, in Social Media usw. kommunizieren. Sichern Sie sich aber auch noch so viele *ähnliche* Domains wie möglich. Wer falsch rät oder sich vertippt, kommt so trotzdem auf Ihre Startseite. Außerdem beugen Sie so unfairen Angriffen vor: Würde sich Sabine Renner nur »sabine-renner.com« sichern, könnte sie nicht verhindern, dass jemand unter »sabinerenner.com« eine satirische Seite einrichtet, die sich über sie lustig macht. So etwas wäre ein Kommunikationsdesaster.

EXPERTENTIPP

Topspeaker besitzen oft mehr als 50 ähnliche Webadressen. Sichern Sie sich Ihren Namen mit ».com«, ».de«, ».at«, ».ch«, ».biz«, ».info« usw., und zwar jeweils mit und ohne Bindestrich. Ganz Clevere sichern sich sogar Adressen mit häufigen Tippfehlern ihres Namens. Sorgen Sie dafür, dass von jeder der alternativen Adressen auf Ihre Hauptdomain umgeleitet wird.

Wenn Sie für ein bestimmtes Thema stehen, ist es eine Überlegung wert, sich weitere alternative Domains zu sichern, die zu diesem Thema passen. Diese leiten dann den Besucher immer zu Ihrer Hauptdomain weiter. Auch hier steht wieder die Industrie Pate. Geben Sie zum Beispiel in Ihrem Browser »www.stress.de« ein, kommen Sie zur deutschsprachigen Startseite des US-Pharmakonzerns Abbot. Und was verkauft Abbot unter anderem? Natürlich: Medikamente gegen die Symptome von Stress.

Eine aus dem eigenen Namen abgeleitete Domain ist schließlich auch sehr wichtig für die Suchmaschinenoptimierung. Wenn Google zu »entscheiden« hätte, welches der relevanteste Suchtreffer für die Eingabe »sabine renner« ist, dann kommt »sabine-renner.com« ungleich wahrscheinlicher ganz nach oben als »srt-training-coaching.de«. Wichtig für die Suchmaschinenoptimierung ist zudem der »Metatext«. Geben Sie hier eine kurze und treffende Beschreibung zu Ihrer Person und Ihrem Angebot. Es sind diese Texte, die der Google-Nutzer bereits auf der Trefferseite sieht. Der Text wird vor dem entscheidenden Wort abgeschnitten dargestellt? Dann texten Sie neu. Bis es passt.

Das Gleiche gilt für die Seitentitel. Sie erscheinen nicht nur in der Titelzeile im Browser, sondern auch bei Google. Angenommen, der Titel von Sabine Renners Startseite lautet: »Sabine Renner.com – Expertin für Fitness & Gesundheit am Arbeitsplatz und Keynote-Speaker« und erscheint als Google-Treffer so: »Sabine Renner.com – Expertin für Fitness & Gesundheit am …«. Dann ist klar: Sabine muss kürzen und umstellen, bis die Auslassungspunkte verschwunden sind und das Wesentliche angezeigt wird.

Die Startseite

Die Amerikaner haben da einen schönen Spruch: »Du bekommst nie eine zweite Chance für einen ersten Eindruck.« Deswegen ist Ihre Startseite die wichtigste von allen Seiten Ihrer Website. Untersuchungen belegen: Die meisten Besucher einer Website betrachten nur die Startseite und klicken keine weitere Unterseite an. Ein möglicher Grund: Die Startseite hat den Besucher emotional nicht genug gefesselt, um ihn zu Klicks auf eine der Unterseiten zu motivieren. Gestalten Sie deshalb eine Startseite mit Wow-Effekt. Ziehen Sie den Besucher emotional in Ihre Welt. Achten Sie darauf, dass der »Look & Feel« der Startseite hundertprozentig zu Ihrem Image passt.

Auf die Startseite gehört unbedingt ein professionelles Foto von Ihnen. Auf diesem Bild müssen Sie ganz Ihrem Image gemäß »rüberkommen«. Testen Sie deshalb unterschiedliche Varianten und holen Sie Feedback ein, bevor Sie sich entscheiden. (Mehr zum Thema Fotos lesen Sie in Kapitel 9.) Haben Sie gerade ein aktuelles Buch auf den Markt gebracht? Dann auf die Startseite damit! Bücher bedeuten pures Renommee. Sind Sie also Buchautor, sollte jeder Besucher Ihrer Website das auch wahrnehmen.

Ebenfalls empfehlenswert für die Startseite: ein absolut beeindruckendes Testimonial eines Ihrer Kunden. Wichtig ist: nicht eines Zuhörers, sondern eines Kunden, der Sie gebucht hat. Alternativ kommt auch ein Zitat eines Leitmediums über Sie infrage. Leitmedien sind zum Beispiel: ARD, ZDF, RTL, ORF, SRG, Süddeutsche Zeitung, Frankfurter Allgemeine, Neue Zürcher Zeitung, Financial Times, Manager Magazin, Handelsblatt, Wirtschaftswoche usw. Ein Zitat aus dem »Münchner Merkur« oder dem »Bonner General-Anzeiger« ist für einen Topspeaker schon nichts mehr wert. Auch Promi-Zitate sind natürlich attraktiv. Hat Franz Beckenbauer einmal zu Ihnen gesagt, dass ihm eines Ihrer Bücher gefällt? Dann zitieren Sie ihn damit! Zitate müssen übrigens nicht hundertprozentig wörtlich sein. Redigieren Sie ruhig ein wenig, solange Sie den Sinn nicht entstellen. Machen Sie das Zitat eingängig, beispielsweise indem Sie einen Nebensatz als Hauptsatz zitieren. Schließlich texten Sie eine Website und schreiben keine Doktorarbeit.

Ein kurzes Video eignet sich ebenfalls sehr gut für die Startseite. Untersuchungen zeigen, dass kurze Videos (maximal 2 bis 3 Minuten) gerne geklickt werden. Kein Wunder, denn eine Minute Video von Ihnen lässt den Betrachter mehr von Ihrer Persönlichkeit erkennen, als er auf zehn Seiten Text wahrnimmt. Lassen Sie auf jeden Fall ein absolut professionelles Video drehen. Zeigen Sie sich auf der Bühne, vor Publikum, im Dialog mit Menschen, aber gerne auch ein wenig privat, zum Beispiel beim Spaziergang an Ihrem Lieblingsstrand. Sprechen Sie den Zuschauer auch einmal direkt an, und erzählen Sie über sich und das, was Sie antreibt. Wichtiges Detail: das »Standbild«, das der Besucher der Website sieht, bevor er das Video anklickt. Es sollte attraktiv sein und zum Klicken motivieren.

Eine letzte wichtige Aufgabe Ihrer Startseite ist es, übersichtlich zu präsentieren, was der Besucher anderswo auf Ihrer Website noch finden kann. Dazu wird meistens eine Navigationsleiste eingerichtet. Sie sollte sich harmonisch in das Gesamtbild einfügen. Leicht auffindbar sollte auch der Link zu Ihren Kontaktdaten sein. Manche besuchen Ihre Website nur, um an Ihre Kontaktdaten zu kommen. Schließlich ist ein Link zum Impressum bereits auf der Startseite in Deutschland gesetzlich vorgeschrieben.

EXPERTENTIPP

Schauen Sie sich einmal die Webseiten Ihrer amerikanischen Speakerkollegen an. Die sind uns oft voraus.

Profil und Referenzen

Zwei wichtige Unterseiten Ihrer Website geben dem Besucher Informationen zu Ihrem persönlichen Profil und zu Ihren Referenzen. Beim Profil gilt: Schreiben Sie keinen tabellarischen Lebenslauf wie bei einer Bewerbung. Sondern zeigen Sie sich! Beschreiben Sie, was Sie tun, was Sie können, was Sie begeistert und Sie ausmacht. Illustrieren Sie es mit weiteren Fotos. Alle Informationen einer klassischen Vita (Ausbildungen, Werdegang, Erfolge) präsentieren Sie zwar auch, jedoch eingebettet in einen Kontext. »People Expert« Regina Först zum Beispiel schreibt auf ihrer Website nicht etwa: »19xy machte sie sich selbstständig.« Sondern sie schreibt: »Nach erfolgreicher Angestelltenkarriere wagte Regina Först den Schritt in die berufliche Selbstständigkeit und ein Leben in voller Selbstverantwortung und Gestaltungsfreiheit.« Der Kontext ist hier wichtig. Er liefert Informationen über die Motive eines Karriereschritts und die dahinterliegenden Werte. Im Fall von Regina Först heißen diese Werte Eigenverantwortung und Freiheit.

Teilen Sie also unbedingt etwas über Ihre Motive und Ihre Werte mit. Beschreiben Sie aber nicht nur Fakten. Lassen Sie auch Ihren persönlichen Stil erkennen. Anja Förster und Peter Kreuz beispielsweise schreiben im Selbstporträt auf ihrer Website: »Die beiden bevorzugen Laptop, iPod, Cafés und inspirierende Locations, um ihre Ideen zu entwickeln und ihr Unternehmen zu steuern. Das spürt man, wenn man sie hört oder ihre Bücher liest.« Hier teilt sich sofort ein fürs Business unkonventioneller persönlicher Stil mit. Nehmen auch Sie alles in Ihr Porträt auf, was Sie besonders macht. Ihr Kunde will nicht nur Fakten. Sondern er will mit Kopf, Herz und Bauch von Ihnen überzeugt sein.

Bei Referenzen gilt: Je mehr Sie zu den absoluten Topspeakern zählen, desto sparsamer dürfen Sie hier sein. Aber selbst Bestsellerautor Reinhard K. Sprenger lässt es sich nicht nehmen, die Besucher seiner Website an Pressezitaten wie »Deutschlands meistgelesener Managementautor« oder »Der absolute Star am Referentenhimmel« teilhaben zu lassen. Denken Sie bei Referenzen daran, dass es hier nicht um Ihr Ego geht, sondern um die Sicherheit für Ihren Kunden. Er will nichts falsch machen, wenn er Sie bucht. Geben Sie Ihrem Kunden diese Sicherheit.

Folgendes gehört zu Ihren Referenzen auf der Website:

- Wer gehört zu Ihren Kunden?
- Was sagen Ihre Kunden über Sie?
- Was sagen Ihre Zuhörer über Sie?
- Was sagt die Presse über Sie?
- Welche Auszeichnungen haben Sie bekommen und wofür?

Referenzkunden können Sie auf einer Unterseite mit deren Logos (vergessen Sie nicht, die Genehmigung einzuholen) oder als Liste angeben. Unter den Logos sollten bekannte Marken ins Auge stechen. Eine Kundenliste lohnt sich erst, wenn Sie richtig viele Kunden haben. Der Wow-Effekt sollte hier die Länge der Liste sein. Wobei genügend bekannte Namen auch hier zwingend dabei sein müssen. Eine lange Liste von Firmen, die kein Mensch kennt, wirkt eher peinlich als beeindruckend. In Kapitel 9 werden wir auf das Thema Referenzen nochmals zurückkommen.

Das Angebot: Ihre Vorträge

Da Ihre Website primär ein Verkaufsinstrument ist, brauchen Sie selbstverständlich auch eine Art Produktbeschreibung. Ihr Produkt sind Ihre Vorträge. Wie können Sie diese einem potenziellen Kunden möglichst schmackhaft machen? Zeigen Sie Ihrem Kunden, dass Ihr Vortrag genau das ist, was er sucht. Machen Sie also zum Beispiel unterschiedliche Vorschläge, wie eine Veranstaltung aussehen könnte. Listen Sie auf, wo Sie überall reden können: Kongress, Event, Strategietag, Jubiläum, Tagung, Galadiner und so weiter. Demonstrieren Sie, was Sie »drauf haben« und schon alles gemacht haben. Fotos von Ihren Auftritten vor begeistertem Publikum gehören hierher. Vielleicht auch ein weiteres Video.

Gibt es öffentliche Veranstaltungen von Ihnen? Beispielsweise Auftritte bei Kongressen, die für jedermann zugänglich sind? Dann informieren Sie auch darüber. Die potenziellen Kunden eines Speakers nehmen manchmal überraschend weite Wege in Kauf, um ihn einmal live erlebt zu haben, bevor sie ihn selbst buchen. Persönliche Erfahrung ist, wie Sie ja inzwischen wissen, der stärkste Buchungsanreiz. Also geben Sie Gelegenheit dazu. Haben Sie viele solche Auftritte, lohnt sich eventuell eine eigene Unterseite »Veranstaltungen«.

Sollen Sie Preise auf Ihrer Website kommunizieren? Klare Antwort: Auf gar keinen Fall! Sorgen Sie dafür, dass Ihr Angebot als ein absolutes Premiumangebot wahrgenommen wird. Damit haben Sie alle Trümpfe zu den Preisverhandlungen in der Hand, die Sie immer individuell führen. Worauf es hierbei ankommt, lesen Sie in Kapitel 17.

Newsletter und Blog

Setzen Sie es sich zum Ziel, aus jedem Besucher Ihrer Website einen Abonnenten Ihres Newsletters oder Ihres Blogs zu machen. Das »Abo« funktioniert beim Blog per RSS, einem Dienst zum automatischen Laden neuer Inhalte auf entsprechend gespeicherten Webseiten. Bereits auf der Startseite können Sie ein Eingabefeld unterbringen, in dem Besucher ihre E-Mail-Adresse hinterlassen, um Ihren Newsletter zu abonnieren. Am besten machen Sie dieses Angebot mehrmals auf der Website. Je mehr der Besucher von Ihnen weiß, desto neugieriger wird er auf den Newsletter sein.

Eine eigene Schaltfläche sollte die Website-Besucher zum Newsletter-Bereich führen. Hier beschreiben Sie kurz und prägnant, was der Newsletter bietet. Newsletter bedeutet nutzenorientierte Kommunikation. Überzeugen Sie den potenziellen Abonnenten also, indem ihm der Newsletter persönlich etwas bringt. Aus eigener Erfahrung wissen Sie sicher, dass Sie über die Zeit so manchen Newsletter abonniert haben, den Sie irgendwann nicht mehr lesen und der deshalb nur Ihren Posteingang verstopft. In der heutigen Zeit brauchen Sie gute Argumente für einen Newsletter.

EXPERTENTIPP

Testimonials Ihrer Newsletter-Abonnenten (»Ihr Newsletter bietet mir jeden Monat …«) sind ein gutes Instrument, weitere Abonnenten zu gewinnen. Auch mit der Abonnentenzahl können Sie werben, sobald diese über 20.000 liegt.

Idealerweise haben die Besucher der Website in einem »Newsletter-Archiv« die Möglichkeit, ältere Newsletter anzuschauen und so zu entscheiden, ob ein Abo sich für sie lohnen würde. Je exklusiver die Informationen sind und je genauer das Bedürfnis des potenziellen Abonnenten getroffen wird, desto besser. Sorgen Sie dafür, dass jede Ausgabe Ihres Newsletters ganz unten einen Link hat, über den der Leser ihn unkompliziert wieder abbestellen kann. Das gehört heute einfach zum guten Stil. Sie wollen Ihre Abonnenten überzeugen – ihnen etwas aufzuzwingen oder die Abbestellung zu erschweren, wirkt wenig souverän.

Ein Blog ist gegenüber dem Newsletter die modernere Variante der Kommunikation, hat den Newsletter aber auch noch nicht komplett verdrängt. Einige Speaker setzen parallel auf Newsletter und Blog. Hier lassen sich auch unterschiedliche Akzente setzen. Denn beide Medien haben ihren eigenen Charakter. Für Ihre Website ist wichtig, dass das Blog gut eingebunden ist. Machen Sie Ihr Blog am besten zum Teil Ihrer eigenen Website. Die Software dazu besorgt Ihr Dienstleister kostenlos oder für wenig Geld. Ihre Blogbeiträge sollten den Gesamteindruck für den Website-Besucher abrunden. Links auf eine externe Blog-Seite (zum Beispiel »Blogger« von Google) führen den Besucher von Ihrer Website weg und damit heraus aus Ihrem »Universum«. Das sollten Sie vermeiden.

Ein wichtiges Detail beim Blog ist die Aktualität. Idealerweise ist der aktuellste Blogbeitrag (der stets ganz oben steht) maximal zehn bis 14 Tage alt. Wenn der jüngste Beitrag vier, sechs oder noch mehr Wochen alt ist, so macht das einen denkbar schlechten Eindruck. Sie haben ein Blog angefangen, es dann aber vernachlässigt. Welche Dinge, die Sie einmal angefangen haben, vernachlässigen Sie sonst noch? Das muss der Besucher zwangsläufig denken.

Presse- und Download-Bereich

Der Pressebereich Ihrer Website erleichtert es Journalisten, über Sie zu berichten. Die Medienvertreter können sich hier selbstständig mit hoch aufgelösten (druckfähigen) Fotodateien und auf ihre Bedürfnisse zugeschnittenen Texten versorgen. Das heißt, ohne umständlich bei

Ihnen oder in Ihrem Sekretariat angefragt zu haben. Geizen Sie nicht mit Pressefotos und machen Sie es beim Thema Urheberrecht nicht unnötig kompliziert. Sie sind kein Fotograf und keine Presseagentur, die mit ihren Fotos Geld verdienen wollen, sondern Sie möchten, dass Fotos von Ihnen maximale Verbreitung finden. Erlauben Sie deshalb den schnellen und unkomplizierten Download. Im Pressebereich sollte auch Ihr »Waschzettel« abrufbar sein. Näheres zu dieser Kurzinfo für Journalisten lesen Sie in Kapitel 13.

Die Maxime »schnell und unkompliziert« gilt für den gesamten Pressebereich. Journalisten haben wenig Zeit. Sie sollten deshalb alle Informationen und Materialien schnell finden und problemlos laden können. Wer sich erst umständlich als Journalist legitimieren soll, schließt möglicherweise lieber das Browserfenster und wendet sich anderen Dingen zu, als über Sie zu berichten. An Texten bieten Sie am besten nicht nur die klassische Pressemitteilung, sondern auch fertige Storys über Sie. Zum Beispiel ein ausführliches Porträt. Geben Sie Journalisten Vorlagen für ihre Arbeit, die sie mit wenigen Änderungen sofort verwenden können. Auch hier ist »Kundenservice« gefragt.

Der Download-Bereich richtet sich im Gegensatz zum Pressebereich nicht nur an Kunden und Journalisten, sondern auch an Ihre Zuhörer (unter denen ja wiederum potenzielle Kunden sind). Hier ermöglichen Sie zum Beispiel Zuhörern Ihrer Vorträge, Ihre komplette PowerPoint-Präsentation (eventuell noch in weiteren Formaten, wie Apple Keynote oder PDF) herunterzuladen. Der Zuhörer »bezahlt« dafür mit seinem Einverständnis, dass seine E-Mail-Adresse (die Sie zur Pflichtangabe machen) auch für weitere Informationen genutzt werden darf. So erhält jeder, der sich in Ihrem Downloadbereich »bedient« hat, automatisch Ihren Newsletter.

Selbstverständlich können Sie auch kostenpflichtige Downloads anbieten. Dazu eignen sich beispielsweise E-Books. Wenn Sie ohnehin Bücher publizieren, sind E-Books eine gute Möglichkeit der »Zweitverwertung«. Bauen Sie aber keinen Webshop in Eigenregie. Das ist teuer und kann Ärger geben. Suchen Sie sich einen professionellen Partner und binden Sie dessen Webshop ein. Untersuchungen haben gezeigt, dass Kunden Ihre Zahlungsdaten auch nicht gerne bei zu vielen kleinen Anbietern hinterlassen. Zu Shops wie Amazon oder

Libri haben die Leute Vertrauen. Informieren Sie sich über deren »Affiliate«-Programme.

Als Partner von Amazon können Sie auch Ihre Bücher, CDs oder DVDs über die eigene Website verkaufen, ohne einen Webshop selbst betreiben zu müssen. Wenn der Kunde über Ihre Website zu Amazon kommt und dort den Artikel kauft, »merkt« Amazon das und beteiligt Sie am Gewinn aus diesem Verkauf mit einer Provision.

Einbindung von Social Media

Auf vielen Websites von Experten und Rednern finden Sie auf der Startseite die Buttons von Facebook, Xing und Twitter. Wenn Sie solche Buttons einbinden, können Ihre Besucher gleich zu Ihrem Profil bei Facebook, Xing oder Twitter gelangen. So kann man dann etwa auf Facebook Ihr »Freund« werden oder sich bei einer Facebook-»Seite« zu den Leuten gesellen, denen die Seite gefällt (früher hieß es: »Fan« werden). Bei Xing kann man sich mit Ihnen »verkontakten« und bei Twitter kann man Ihnen »folgen«. Diese Einbindung von Social Media auf der Website ist sehr zu empfehlen.

Ein paar Grundregeln sollten Sie dabei beachten. Dazu zählt, dass Sie Website-Besucher nur zu Social Media leiten, in denen Sie wirklich aktiv sind. Wenn Sie fast nie twittern oder Ihr »Aktivitäts-Index« auf Xing bei 15 Prozent vor sich hin dümpelt, ist es kontraproduktiv, Ihre wertvollsten Kontakte (die potenziellen Kunden) dort hinzuleiten. Leiten Sie auch auf keinen Fall potenzielle Kunden auf ein Facebook-Profil, wo Sie sich regelmäßig mit privaten Freunden austauschen. Wer einmal Ihr Facebook-Freund ist, sieht auch alles, was Ihre übrigen »Freunde« machen und über Sie schreiben. Und das kann im Zweifel peinlich sein. Richten Sie dann lieber eine »Seite« ein, wo andere Facebook-Mitglieder »Gefällt mir« anklicken können, aber nicht Ihre »Freunde« werden. (Mehr zu diesem Thema erfahren Sie in Kapitel 14.)

Abschließend noch ein Tipp: Den »Gefällt mir«-Button von Facebook können Sie auch auf Ihrer Website einbinden. Angenommen, Sabine Renner nutzt diese Möglichkeit für ihre Startseite. Bei jedem Facebook-Mitglied, das diesen Knopf drückt, erscheint dann automatisch eine Meldung unter »Neuigkeiten«. Alle Facebook-»Freunde« von Peter Reichelt können dann zum Beispiel lesen: »Peter Reichelt gefällt Sabine Renner.« Das macht einige »Freunde« von Peter natürlich neugierig und führt zu Klicks auf Sabines Homepage.

KOMPAKT

- Die Website ist eines Ihrer wichtigsten Verkaufsinstrumente. Lassen Sie sich bei der Gestaltung von Profis unterstützen und nehmen Sie sich genügend Zeit für den Entwicklungsprozess. Die Website soll Ihrem Image entsprechen und gleichzeitig Nutzen bieten.

- Legen Sie zunächst die großen Linien fest und kümmern Sie sich dann um die Details. Sorgen Sie dafür, dass Ihr Web-Team Sie persönlich wirklich gut kennt.

- Ihre Startseite braucht einen »Wow-Effekt«, damit sich die Besucher der Website überhaupt mit weiteren Inhalten beschäftigen. Gestalten Sie die einzelnen Elemente übersichtlich. Denken Sie kundenorientiert und bieten Sie potenziellen Kunden alle Informationen für die Entscheidung, Sie zu buchen. Aber auch Journalisten und Zuhörer sollten auf Ihrer Website Nützliches finden.

KAPITEL 7

Bücher: Die Flaggschiffe Ihrer Vermarktungsflotte

Im »Café Paris« nahe dem Hamburger Rathaus ist Sabine Renner mit dem Literaturagenten Roland Reichenberg verabredet. Der Agent hat die »Frankfurter Allgemeine« zur Seite gelegt und mustert Sabine kritisch.

»Ich bin so froh, dass es geklappt hat«, sagt Sabine. »Ich weiß, Agenten haben normalerweise keine Zeit für solche Treffen.« »Für Peter Reichelt tue ich alles. Außer morden«, antwortet Reichenberg. »Um Mord soll es in meinem Buch ganz bestimmt nicht gehen«, erklärt Sabine schmunzelnd. Sondern um Lebendigkeit, Gesundheit und Spaß in Unternehmen.«

»Wissen Sie«, meint Reichenberg kopfschüttelnd, »der Buchmarkt ist so schwierig geworden. Machen Sie sich da bitte keine Illusionen. Aber Ihr Thema gefällt mir. Lassen Sie einen Profi das Konzept machen. Businessratgeber oder Sachbuch kommt infrage. Bloß kein Fachbuch! Engagieren Sie einen richtig guten Ghostwriter. Der setzt Ihre Ideen marktgerecht um. Zuerst brauche ich nur ein Probekapitel. Und ein Exposé. Bitte auf keinen Fall gleich das ganze Buch schreiben! Versprechen will ich Ihnen ohnehin nichts. Es kann dauern, die Verlage sind langsam. Wenn es klappt mit der Vermittlung, bekomme ich 15 Prozent Provision. Das ist der übliche Satz.«

»The ten Dollar business card« nennen die amerikanischen Speaker das Buch manchmal. In unseren Breiten ist es auch als »der Doktortitel des Redners« bekannt. Beides zusammen bringt auf den Punkt, warum Bücher die Flaggschiffe Ihrer Vermarktungsflotte als Speaker sind: Mit einem Buch überreichen Sie Ihrem Kunden 500 Gramm pure Positionierung. Wofür stehen Sie? Ihr Buch gibt die Antwort. Was ist Ihr Anspruch? Als Buchautor gehören Sie natürlich zu den Besten. Was hat Ihr Publikum von Ihren Auftritten? Ihr Buch gibt den besten Vorgeschmack. Dabei ist das Schönste an Ihrem Buch, dass es auch bei denjenigen wirkt, die es gar nicht in die Hand nehmen: Das Cover des neuen Buchs auf der Startseite Ihrer Website ist schon einmal ein echter Hingucker. Und als Buchautor öffnen sich Ihnen Türen zu Zeitungsinterviews, Radiointerviews und Talkshowauftritten, die den allermeisten Trainern verschlossen bleiben. »Autorität kommt von Autor«, scherzt Topspeaker und Bestsellerautor Lothar J. Seiwert (»Simplify your life«) gerne. Und er hat recht. Mit einem Buch machen Sie klar, dass Sie in der Topliga spielen und wirklich etwas zu sagen haben. Das gilt umso mehr, je renommierter der Verlag ist, bei dem Sie veröffentlichen.

Trainer ohne viel Erfahrung mit Büchern stellen sich oft Fragen wie diese: Wie viele Exemplare kann der Verlag verkaufen? Was bekomme ich an Honorar? Ab wie vielen Verkäufen lohnt sich der ganze Aufwand? Tatsache ist: Sie können eine ganze Menge Bücher verkaufen, wenn Sie den Absatz nicht allein dem Verlag und den Buchhändlern überlassen, sondern den Buchverkauf zum regelmäßigen Nebengeschäft Ihrer Veranstaltungen machen. Trotzdem ist es die falsche Herangehensweise an das Thema Buch, sich von Absatzerwartungen leiten zu lassen. Angenommen, Sie verkaufen von Ihrem ersten Buch nur 1.000 bis 2.000 Exemplare – dann kann dies für Sie trotzdem ein voller Erfolg sein. Nämlich dann, wenn Sie das Buch als Ihre bestmögliche PR-Maßnahme betrachten. Nebenbei ist es die einzige PR-Maßnahme, in die Sie nicht nur investieren, sondern über die auch noch Geld zu Ihnen zurückfließt.

> **AUF DEN PUNKT**
>
> **Das Buch ist die beste PR-Investition für einen Speaker. Wichtiger als die reinen Verkaufszahlen sind Marktwertsteigerung durch das Renommee als Autor sowie Türöffner-Effekte.**

Es ist immer wieder verblüffend, welchen Turboschub ein Buch für den Marktwert als Speaker bedeuten kann. Richard David Precht zum Beispiel studierte Philosophie, Germanistik und Kunstgeschichte, war einige Zeit wissenschaftlicher Assistent und erzielte dann als freier Journalist einen eher bescheidenen Lebensunterhalt. Ein einziger Bestseller, das philosophische Sachbuch »Wer bin ich und wenn ja wie viele?«, machte ihn 2007 berühmt. Heute ist Precht einer der gutbezahlten Speaker im deutschsprachigen Raum. Seine Positionierung ist ebenso glasklar wie hochkarätig: Er ist der deutsche »Starphilosoph«. Und warum wurde das ausgerechnet der ehemalige Uni-Assistent Precht und nicht ein international angesehener Professor? Antwort: Weil Precht *den* Bestseller zum Thema Philosophie geschrieben hat. Und mittlerweile ist er dadurch sogar selbst Professor geworden.

Auch wenn Ihr erstes Buch kein Bestseller wird, kann es enorme Hebelwirkung haben. Jörg Knoblauch zum Beispiel hat mittlerweile über 20 Bücher veröffentlicht und damit über die Jahre immer mehr Renommee als Speaker aufgebaut. Sein Sachbuch »Die Personalfalle« war »Personalbuch des Jahres 2010« und schärfte seine Positionierung als Personalexperte. Anja Förster und Peter Kreuz verdanken ihre Karriere wesentlich der Tatsache, dass sie über einen längeren Zeitraum fast jedes Jahr ein neues Buch herausgebracht haben. Und Boris Grundl, um ein letztes Beispiel zu nennen, erschloss sich mit seinem Buch »Steh auf!« das Medium Fernsehen. Die »Bekenntnisse eines Optimisten« im Rollstuhl waren genau der richtige Anreiz für Einladungen in verschiedene Talkshows mit Millionenpublikum.

Ein besonders intelligentes Buch hat Sabine Hübner geschrieben. »Surpriservice« war aus mehrfacher Sicht ein gelungener Geniestreich. Zum einen hat sie sich mit dem Buch sofort als *die* deutsche Service-Expertin positioniert. Zum anderen ist ihr dabei als »Abfallprodukt« noch eine ganze Menge mehr gelungen. Sabine Hübner hat sich zwölf Service-Marktführer ausgesucht, wie etwa Michael Käfer von Feinkost Käfer oder den Chef des Münchner Flughafens, und hat diese zwölf Personen um ein Interview gebeten. Bei einem netten Abendessen stellte Sabine Hübner dann jeweils fünf Fragen, schaltete das Diktiergerät ein und ließ sich das Abendessen schmecken. Am Ende des Essens war das Interview fertig. Sabine Hübner ließ dieses von einem Ghostwriter in Schriftform übersetzen und gab dem Interviewpartner das Interview zur Freigabe. Damit hatte Sabine Hübner mit zwölf Interviews zwölf Kapitel und gleichzeitig ein Buch fertig.

Aber nicht nur das, sie hatte per Buch die Gelegenheit, zwölf Top-geschäftsführer oder Vorstandsvorsitzende kennenzulernen. Wenn Führungskräfte, die eine größere Anzahl von Mitarbeitern haben, mit einem eigenen Beitrag in einem Buch erscheinen, ist klar, dass sie auch gerne das Buch an die Mitarbeiter weitergeben. So bekam Sabine Hübner nicht nur gute Interviews, sondern gleichzeitig nach jedem Interview eine Großbestellung von durchschnittlich 300 Büchern serviert. Damit war das Buch fast automatisch ein Bestseller und später auch im Handel ein großer Erfolg.

Jetzt dürfen Sie sich gerne noch ausrechnen, wie viele Vorstände einer solch charmanten Interviewpartnerin auch noch die Möglichkeit geben, einmal einen Vortrag zu halten oder gar das ein oder andere Training oder Seminar abzuhalten. Kurzum: Diese Art, ein Buch zu schreiben, ist fast wie ein Überraschungsei, drei Stück in einem. Guter Inhalt, gepaart mit guten Bucheinkäufen durch die Interviewpartner sowie Vortrags- und Seminarumsätzen.

Wichtig ist auch beim cleversten Buchkonzept, dass Sie sich persönlich als *Autor* begreifen. Demonstrieren Sie Ihrem Publikum die damit verknüpfte Autorität. Etwa indem Sie während Ihrer Vorträge für alle Zuhörer sichtbar aus Ihrem aktuellen Buch vorlesen. Oder nach dem Vortrag an Ihrem Büchertisch Ihre Bücher signieren. Sie werden sehen: Ihr Publikum liebt Sie in der Rolle des Autors. Mit dem Buch nehmen sich Ihre Zuhörer ein »Stück von Ihnen« mit nach Hause. Nutzen Sie diesen positiven Effekt!

Die alten Römer wussten: »Vor den Ruhm haben die Götter den Schweiß gesetzt.« Alles, was viel Renommee bringt, kostet auch einiges an Ideenreichtum, Investition und Geduld. Wäre es anders, gäbe es das Renommee nicht. Das gilt auch beim Buch. Wenn jeder Bestsellerautor wäre, dann wäre ein Bestseller nichts Besonderes mehr. Nehmen Sie eine Buchveröffentlichung also nicht auf die leichte Schulter. In unserer kleinen Beispielgeschichte warnt Literaturagent Roland Reichenberg seine neue Kundin Sabine Renner nicht umsonst, dass der Buchmarkt schwierig ist und Verlage nicht die schnellsten Entscheider sind.

BÜCHER: DIE FLAGGSCHIFFE IHRER VERMARKTUNGSFLOTTE **115**

Wenn Sie sich das klargemacht haben, kommt jetzt die gute Nachricht gleich hinterher: Es ist relativ leicht, sich gegenüber der Konkurrenz durch andere Autoren einen Vorsprung zu verschaffen. Denn unzählige Menschen wollen zwar Buchautor werden. Aber bestimmt 99 Prozent davon gehen dilettantisch und unstrukturiert an die Sache heran. Sie informieren sich völlig unzureichend über den Buchmarkt, überschätzen ihre Ideen und ihr Schreibtalent und überlassen Verlagssuche und Vermarktungsaktivitäten mehr oder weniger dem Zufall. Machen Sie es anders! Publizieren Sie Bücher mit derselben Professionalität, mit der Sie auch an Ihre Vorträge herangehen.

Hier sind die drei Grundregeln für erfolgreiche Buchpublikationen:

- Erwerben Sie fundierte Marktkenntnisse.
- Planen Sie den Publikationsprozess und setzen Sie den Plan exakt um.
- Lassen Sie sich in allen Phasen von Profis unterstützen.

Wenn Sie diese drei Regeln beherzigen, kommen Sie auch heute bei schwierigen Marktbedingungen zum erfolgreichen Buch. Und wenn Sie dann noch die Bereitschaft zu mehreren Anläufen mitbringen sowie die Fähigkeit besitzen, aus Fehlern zu lernen, steht Ihrer Autorenkarriere kaum noch etwas im Weg.

In den folgenden Abschnitten dieses Kapitels erhalten Sie zunächst einige grundlegende Informationen über den Buchmarkt im deutschsprachigen Raum. Dabei steht der Markt für Wirtschaftsbücher im Vordergrund, da dieser für Speaker der wichtigste ist. Anschließend lernen Sie den typischen Publikationsprozess kennen und erfahren, worauf bei den einzelnen Schritten besonders zu achten ist. Auf die Profis, die Sie bei Ihrem Bucherfolg (aber auch bei Ihren Artikeln, Ihrem Newsletter usw.) unterstützen können, also beispielsweise SchreibCoachs und Ghostwriter, gehen wir in Kapitel 15 noch einmal näher ein. Dort finden Sie auch empfehlenswerte Adressen.

116 TEIL 2: UMKREMPELN: WAS SIE ALS TOPSPEAKER ANDERS MACHEN ALS BISHER

Wie der Buchmarkt aussieht und was Sie erwarten dürfen

Der Buchmarkt hat sich in den letzten zehn Jahren stark verändert. Konzentrationsprozesse sowohl bei den Verlagen als auch im Handel – gekennzeichnet durch die Marktbeherrschung durch wenige Medienkonzerne und Buchhandelsketten – haben zu einer immer stärkeren Fokussierung auf wenige Bestseller geführt, die die hohen Investitionen in moderne Produktionsverfahren und großzügige Handelsflächen in Innenstadtlagen wieder einspielen müssen. Waren vor 15 Jahren noch die meisten wichtigen Neuerscheinungen in nahezu jeder großen Buchhandlung verfügbar, so wird heute so mancher »B-Titel« selbst bekannter Verlage nicht mehr vorrätig gehalten, um Platz für den Extrastapel »A-Titel« zu schaffen.

Gleichzeitig ist nun aber die schiere Menge der veröffentlichten Bücher explodiert. Gab es vor rund zehn Jahren noch etwas über 50.000 Neuerscheinungen pro Jahr auf dem deutschsprachigen Markt, so sind es inzwischen über 90.000. Und es werden wohl bald 100.000 sein. Neue digitale Drucktechniken sowie das »Publishing on Demand«, bei dem Bücher erst auf Bestellung überhaupt gedruckt statt auf Lager gehalten werden, haben das Büchermachen verbilligt und damit den Ausstoß erhöht.

Die Konsequenzen dieser Marktlage sind klar: Es herrscht ein Verdrängungswettbewerb. Anders als auf dem Speakermarkt befinden wir uns hier in einem »roten Ozean«. Getrieben von den Erwartungen des Handels werden die Verlage immer vorsichtiger, neue Autoren unter Vertrag zu nehmen. Wer schon mehrere gut verkäufliche Bücher auf dem Markt hatte, hat selbst mit einem mittelmäßigen Konzept größere Chancen auf ein weiteres Buch als ein unbekannter Autor mit einem sehr guten Konzept. Die besten Chancen haben Prominente, egal ob sie aus der Politik oder aus dem »Dschungelcamp« kommen. Ihre Bücher müssen nicht besonders gut sein, um sich gut zu verkaufen. Der Wirtschaftsbuchmarkt ist zwar kleiner als der populäre Buchmarkt, doch gilt hier grundsätzlich dasselbe. Etablierte Autoren und prominente Businessgurus haben die Nase weit vorn.

> **EXPERTENTIPP**
>
> Den besten Überblick über den Buchmarkt, Informationen über die Anforderungen der Verlage, Strategien für Autoren sowie Musterexposés und zahlreiche Adressen bietet das »Handbuch für Autorinnen und Autoren« von Sandra Uschtrin (49,90 Euro / 70,90 CHF).

Wenn Sie bisher als Trainer weder Buchautor noch prominent sind, haben Sie in diesem Markt – wie in jedem Verdrängungswettbewerb – nur eine Chance: Einzigartigkeit gepaart mit Exzellenz. Ihre Buchidee und Ihr Buchkonzept müssen, mit einem Buchtitel von Förster und Kreuz gesprochen, »alles, außer gewöhnlich« sein. Es gibt schon ein ganz ähnliches Buch wie das, das Ihnen vorschwebt? Dann vergessen Sie den Gedanken schnell wieder. Sie glauben, Sie könnten Bücher schreiben, weil Sie ja auch irgendwann einmal eine Diplomarbeit geschrieben haben? Auch das sollten Sie schnell wieder vergessen.

AUF DEN PUNKT

Ihr Buch muss einzigartig positioniert und qualitativ exzellent sein. Nur so haben Sie im Verdrängungswettbewerb auf dem Buchmarkt eine Chance.

Auf wenigen anderen Gebieten (dazu zählen Autofahren und Sex) überschätzen Leute ihre Talente so sehr wie beim Schreiben. Natürlich können wir alle schreiben, weil wir es in der Schule gelernt haben. Aber *Bücher* schreiben können nur wenige. Dafür braucht man neben Talent viel Wissen und Erfahrung. Ohne professionelle Unterstützung werden Sie deshalb kaum aus dem Stand ein erfolgreiches Buch veröffentlichen. Mit branchenkundigen Beratern, einem Schreibcoach oder am besten gleich einem in Ihrem Themenbereich erfahrenen Ghostwriter stehen Ihre Chancen auf ein exzellentes Ergebnis jedoch sehr gut. Hier arbeitet der Markt sogar zu Ihren Gunsten: Da die Verlage in den letzten zehn Jahren unzählige Stellen abgebaut haben, bieten heute zahlreiche Ex-Verlagsprofis ihre Dienste als Berater, Schreibcoachs, Agenten, Ghostwriter und Experten für Buch-PR an. Nutzen Sie deren Wissen!

Träumen Sie trotz des Verdrängungswettbewerbs weiter von einem Bestseller? Dann erhalten Sie sich diesen Traum! Wunder geschehen immer wieder, wenn Sie Ihre Ziele nur klar genug im Blick haben. Kein Wunder ist dagegen ein kleiner Insidertipp, mit dem Sie sich schneller »Bestsellerautor« nennen können, als Sie vielleicht glauben. Vielleicht ist Ihnen schon einmal aufgefallen, wie viele Speaker sich auf ihrer Website und in ihren Vortragsankündigungen als »Bestsellerautor« bezeichnen. Um das zu verstehen, fragen Sie sich bitte erst einmal, was ein »Bestseller« überhaupt ist.

Es gibt eine wissenschaftliche Definition, die den Bestseller ab 100.000 verkauften Exemplaren ansiedelt. Es gibt aber auch eine viel einfachere Definition: Bestseller ist, was auf der Bestsellerliste steht. Die maßgeblichen Bestsellerlisten sind in Deutschland die »Spiegel«-Bestsellerliste für Sachbuch und Belletristik (in Kooperation mit »Buchreport«) sowie die Schweizer Bestsellerliste des Branchenmagazins »Schweizer Buchhandel« und die österreichische »Schwarzer«-Bestsellerliste. Während Sie in Deutschland tatsächlich oft sechsstellige Buchverkäufe brauchen, um auf die »Spiegel«-Bestsellerliste zu kommen, haben Sie es als Schweizer oder Österreicher auf den kleineren Märkten naturgemäß leichter.

Aber auch in Deutschland müssen Sie nicht verzweifeln. Denn es gibt nicht nur die »Spiegel«-Bestsellerliste, sondern daneben weitere Bestsellerlisten. Für Speaker besonders interessant ist die Wirtschafts-Bestsellerliste. Sie wird vom »Manager Magazin« (aus demselben Verlag wie der »Spiegel«) ebenfalls in Kooperation mit »Buchreport« ermittelt. Der Wirtschaftsbuchmarkt umfasst nur ungefähr 5 Prozent des Gesamtmarkts. Und entsprechend einfacher werden Sie hier Bestsellerautor. Statt 100.000 verkaufter Exemplare können 5.000 Buchverkäufe innerhalb relativ kurzer Zeit für die Wirtschafts-Bestsellerliste schon reichen. Immerhin geht die Wirtschafts-Bestsellerliste bis Platz 50. Einziger Haken: Es müssen Verkäufe über den Handel sein. Was Sie direkt verkaufen, wird von den Marktforschern von »Buchreport« nicht erfasst und zählt deshalb nicht. Das Ziel (Wirtschafts-)Bestsellerautor ist also durchaus realistisch! Und es lohnt sich, denn die Bezeichnung »Bestsellerautor« bedeutet im Speakermarketing pures Gold. Deshalb soll es auch Redner geben, die einfach so behaupten, »Bestsellerautoren« zu sein.

Der Anfang von allem ist stets eine gute Idee. Mit der zündenden Idee beginnt auch der Publikationsprozess, den wir jetzt Schritt für Schritt betrachten wollen.

Der Publikationsprozess bei Sachbuch und Ratgeber

Sabine Renner steht in der Wirtschaftsabteilung der Buchhandlung Schwindt & Schwörer. Was für unterschiedliche Bücher es doch allein bei der Wirtschaft gibt! Von kleinen Pocket-Books für wenige Euro bis hin zu schweren gebundenen Büchern mit edlem Papier. Früher hat sich Sabine dafür nie interessiert.

Plötzlich entdeckt sie das Buch einer Trainerkollegin: »Nie mehr Stress mit den lieben Kollegen!« Sabine nimmt es in die Hand. So von der Aufmachung her, denkt sie, könnte mir das auch gefallen …

Wer sagt, dass er eine gute Idee hat, provoziert sofort die Frage: Wofür? Beim Buch ist es genauso. Eine Idee für einen Roman ist etwas anderes als eine Idee für ein Kochbuch. Bevor Sie also richtig kreativ werden und Ideen für Ihr Buch entwickeln, sollten Sie sich zunächst klarmachen, für welche Art Buch Sie überhaupt eine Idee suchen. Natürlich können auch Romanautoren und Köche als Speaker auf die Bühne gehen. Für den klassischen Keynote-Speaker im Business kommen dagegen nur drei Buchgattungen infrage: Fachbuch, Ratgeber und Sachbuch.

Hier sind die drei wichtigen Buchgattungen für Speaker im Detail:

Buchgattung	Merkmale	Einschätzung
Fachbuch	■ Experte richtet sich an Experten ■ Wissensvermittlung ■ Geringe schriftstellerische Leistung ■ Niedrige Auflage ■ Hoher Ladenpreis (über 30 Euro / 40 CHF) ■ Keine Medienresonanz	Typische Publikation von Fachexperten, die Auftrittshonorare von maximal 1.500 Euro verdienen. Für echte Topspeaker ungeeignet
Ratgeber	■ Experte richtet sich an Ratsuchende ■ Zeigen, wie etwas geht (»How to«) ■ Mittlere schriftstellerische Leistung ■ Mittlere bis höhere Auflage ■ Niedriger bis mittlerer Ladenpreis (10−25 Euro / 15−35 CHF, nur bei kleiner Zielgruppe / großem Umfang teurer) ■ Chancen auf Medienresonanz	Typische Gattung für Trainer. Schwieriger Markt. Tendenz zu »Ratgeber plus« mit Sachbuch-Anleihen (z. B. Storytelling) und Premiumanspruch. Auf dem Weg zum Topspeaker chancenreich
Sachbuch	■ Experte richtet sich an alle ■ Unterhaltung und Inspiration ■ Anspruchsvolle schriftstellerische Leistung ■ Mittlere bis sehr hohe Auflage (Bestseller) ■ Mittlerer Ladenpreis (18 bis 30 Euro / 25 bis 40 CHF) ■ Gute bis hohe Medienresonanz	Ziel für echte Topspeaker. Die am besten bezahlten Speaker sind meist Sachbuchautoren. Sachbuch ist Türöffner für TV-Auftritte

Aus der Übersicht wird schnell klar: Ein anspruchsvoller (Business-) Ratgeber oder ein Sachbuch sollte Ihr Ziel bei der Buchpublikation sein. Ratgeber docken in der Regel problemlos bei Ihren bisherigen Trainingsinhalten und Ihren Speakings an. Sie vermitteln dann im Buch, worüber Sie auch auf der Bühne sprechen und was Inhalt Ihrer Seminare ist. Für einen praxisorientierten Ratgeber findet sich leichter ein Verlag als für ein Sachbuch.

Andererseits verleihen Ratgeber weniger Renommee. Sie haben auch weniger Bestsellerpotenzial. Auf dem Weg zum Topspeaker ist der Ratgeber aber ein guter Einstieg. Das Ziel sollte das Sachbuch für ein großes Publikum sein. Hier werden Sie weniger konkret, sondern schaffen in erster Linie Aufmerksamkeit für Ihr Thema. Der Speaker Christian Bischoff zum Beispiel publizierte das Sachbuch »Willenskraft: Warum

Talent gnadenlos überschätzt wird«. Hier stellt der Autor eine These auf. In den Speakings und Coachings von Bischoff geht es dann um die konkreten Methoden, Ziele zu erreichen.

Sind Sie neugierig geworden? Dann machen Sie es doch wie Sabine Renner und sehen Sie sich in einer großen Buchhandlung die Bücher zu »Ihren« Themen einmal genauer an. Wie sind die unterschiedlichen Bücher aufgemacht? Wie hoch sind die Preise? Welche Verlage stecken dahinter? Fotografieren Sie die interessantesten Cover mit Ihrem Smartphone und machen Sie sich Notizen!

Schritt 1: Themenzuschnitt und Ideenfindung

Nehmen wir an, Sabine Renner hätte sich für einen anspruchsvollen Business-Ratgeber entschieden. Ein Sachbuch traut sie sich noch nicht zu, ist aber ihr nächstes Ziel. Worüber genau soll sie nun schreiben? Themenzuschnitt und Ideenfindung bedeuten immer, aus dem gesamten Repertoire an Wissen das zu finden, was perfekt in den Markt passt. Und sich dann zu überlegen, was ein zündender Aufhänger sein könnte.

In diesem ersten Prozessschritt müssen immer zwei Hälften zusammenfinden: Ihre »Expertenwelt« und die Anforderungen des Marktes. Deshalb ist es hier sinnvoll, sich der Lösung auch von zwei Seiten her zu nähern: Sie verschaffen sich einerseits Klarheit über die unterschiedlichen Möglichkeiten, wie Sie Ihr Expertenwissen eingrenzen und auf die Leser »zuschneiden« könnten. Andererseits forschen Sie nach passenden »Lücken« im Buchmarkt sowie gesellschaftlichen und wirtschaftlichen Trends, die noch neu und unverbraucht sind.

Fächern Sie zunächst Ihr gesamtes Themenspektrum auf. Welche Aspekte deckt Ihr Expertenwissen ab? Wo sind Sie besonders gut? Was kommt bei Ihren Zuhörern gut an? Welches Wissen haben möglicherweise nur wenige andere? Sie merken schon: Jedes erfolgreiche Buchvorhaben beginnt damit, dass Sie sich nochmals auf Ihre *Positionierung* besinnen. Daraus leiten Sie ab, was Sie auch als Buchautor einzigartig und erfolgreich machen kann. Für Sabine Renner ist klar: Sie ist die »Vitaminbrause für Gesundheit und Freude in Unternehmen« – und davon soll auch ihr Buch handeln. Es soll Führungskräften zeigen, wie sie ihren Mitarbeitern zu mehr Gesundheit und Freude im Unternehmen verhelfen.

Was Sabine als Nächstes braucht, ist das Internet. Die Datenbank des Onlinebuchhändlers Amazon ist auch für Profis ein beliebtes Recherche-Tool zur Analyse von Konkurrenz und Marktumfeld. Gibt es bereits Bücher zu diesem Thema? Und wenn ja, wie viele und von welchen Autoren? Einige wenige Titel im thematischen Umfeld sind selten schlimm. Da lässt sich das eigene Buch über ein außergewöhnliches und auffallendes Konzept gut abgrenzen (siehe dazu den nächsten Prozessschritt). Eine Flut von Büchern zum selben Thema ist dagegen ein klares Stoppsignal. Ein prominenter Autor, der dieses Thema bereits besetzt hat, bedeutet ein absolutes No-Go. Gegen ihn werden Sie mit einer noch so originellen Idee nicht ankommen. Allerdings: Auch hier gibt es Ausnahmen von der Regel. Etwa wenn Sie gegenüber dem bisherigen »Platzhirsch« eine neue Generation repräsentieren. So hat beispielsweise Monika Matschnig erfolgreich ein Buch zum Thema Körpersprache platziert. Und zwar gegen den »Übervater« Samy Molcho. Der Grund: Monika Matschnig ist jung, weiblich und hat ihren eigenen Stil. Übrigens: An Honorar nimmt sie die Hälfte von Samy Molcho, der im fünfstelligen Bereich angekommen ist – und hat damit auch so gesehen eine neue Positionierung.

Schritt 2: Konzeption und Probetext

Eine Idee ist noch lange kein Konzept. Als der Vorstand von Porsche die Idee zu einem viertürigen Sportwagen hatte, war das allein ja auch noch kein Entwurf. Die erste Skizze zum Panamera – das war das Konzept. Beim Buch gehören zu einem vollständigen Konzept Arbeitstitel (mit Untertitel), Gliederung (Inhaltsverzeichnis) sowie eine prägnante Beschreibung des Buchs, die später auch als Klappentext dienen könnte. Mit diesen Bausteinen sowie einer Textprobe können Sie an einen Verlag – oder einen Agenten – herantreten.

Als Erstes überlegen Sie sich einen treffenden Titel. Überrascht Sie das? Dachten Sie, den Titel macht man eher zum Schluss? Es ist genau umgekehrt. Der Titel, und dazu gehört auch der Untertitel, beinhalt die gesamte »Positionierung« des Buchs. Deshalb steht er am Anfang. Betrachten Sie einmal einige gelungene Buchtitel:

- Wer bin ich und wenn ja wie viele? Eine philosophische Reise
- Abgespeist: Wie wir beim Essen betrogen werden und was wir dagegen tun können
- Die 4-Stunden-Woche: Mehr Zeit, mehr Geld, mehr Leben
- Die 7 Wege zur Effektivität: Prinzipien für persönlichen und beruflichen Erfolg
- Wie ich die Dinge geregelt kriege: Selbstmanagement für den Alltag

Wie ist es Ihnen beim Lesen der Titel ergangen? Sehr wahrscheinlich hatten Sie sofort eine klare Vorstellung davon, worum es in dem jeweiligen Buch geht und was Sie als Leser erwartet. Ja, selbst von der Machart und vom Stil des Buches (eher nüchtern und ernst oder eher locker-ironisch) haben Sie schon einen Eindruck bekommen. Vielleicht sind Sie sogar neugierig auf das Buch geworden? Das ist die Kunst beim Titel: Er sagt Ihnen, mit was für einem Buch Sie es zu tun haben, und ist gleichzeitig so »sexy«, dass Sie aufmerksam werden. Mehr Geld mit nur noch vier Stunden Arbeit pro Woche? Wer möchte das nicht?

Machen Sie bei der Titelsuche nicht den Fehler, sofort einen fertigen Titel haben zu wollen. Lassen Sie sich Zeit, zwei oder drei Tage sind völlig in Ordnung. Nutzen Sie Brainstorming-Techniken. Schreiben Sie also zum Beispiel erst Key-Words und Key-Phrases (Kernaussagen) zu Ihrem Thema auf und verdichten Sie diese Liste dann langsam Richtung Titel. Bei der Gliederung können Sie sich an die Dramaturgie für einen richtig guten Vortrag anlehnen (siehe Kapitel 10). Sie brauchen dabei einen originellen Spannungsbogen. Schauen Sie doch einmal, wie andere Autoren das machen. Verdeutlichen Sie sich vor allem, dass ein Inhaltsverzeichnis dem Leser immer Lust machen sollte, das Buch zu lesen. Sieht er hier auf den ersten Blick, dass er ein Buch vor sich hat, das ihm einen Nutzen bringt?

Sind Titel und Gliederung festgezurrt, machen Sie sich Gedanken, wie Sie die Grundidee, den Aufhänger und den Nutzen des Buches noch einmal prägnant zusammenfassen. Ein Verkaufstext ist gefragt!

Hier als Beispiel der Kurztext zum Buch »Die 4-Stunden-Woche« von Timothy Ferriss, erschienen im Ullstein Verlag:

Warum arbeiten wir uns eigentlich zu Tode? Haben wir nichts Besseres zu tun? Und ob! – sagt Timothy Ferriss. Der selbstständige Unternehmer war lange Zeit ein Workaholic. Doch dann hat es bei ihm Klick gemacht. Seitdem praktiziert er MBA – Management by Absence – und rührt damit an ein Tabu, gilt doch sonst die Formel: Je länger man im Büro rumhängt, desto wichtiger ist man. Ferriss dagegen ist überzeugt: Jeder sollte und kann sich im Job rar machen – und wird dadurch freier, reicher und glücklicher.

Mit viel Humor, provokativen Denkanstößen und einem Sack voll erprobter Tipps weist Ferriss den Weg in die 4-Stunden-Woche: Lesen Sie Ihre E-Mails nur noch einmal die Woche und machen Sie eine Informationsdiät! Auch Outsourcing, Delegieren und das konsequente Aussitzen von Problemen sind der erste Schritt in die persönliche Freiheit. Ferriss öffnet den Blick für einen völlig neuen Lifestyle – ein Dasein mit mehr Zeit, mehr Geld, mehr Leben.

Ein solcher Text ist für Sie überdies der ideale Test, wie gut verkäuflich das Buch sein wird. Geben Sie den Text auch anderen zu lesen, und prüfen Sie, wie gut er »zündet«.

Übrigens: Bekanntlich sagt ein Bild oft mehr als tausend Worte. Denken Sie deshalb bei Ihren Büchern nicht nur an Texte, sondern auch an Bilder! Außergewöhnlich erfolgreich waren in den letzten Jahren Bücher, die ein intensiveres Erlebnis vermitteln, als es allein schwarzer Text auf weißem Grund vermag. »UnternehmerEnergie: Die Praxis der Unternehmensführung« von Dr. Dr. Cay von Fournier oder auch »Jenseits vom Mittelmaß« (Letzteres vom Autor des vorliegenden Buches, beide erschienen im GABAL Verlag) sind üppig bebilderte Bücher, die durch ihr Format und ihre exzellente Optik dem Leser ein besonderes Lesevergnügen und dem Autor höhere Verkaufspreise, höhere Margen und auch mehr Kunden garantieren.

Schritt 3: Verlagssuche und Vermittlung

Wer in den USA als Autor etwas auf sich hält, hat einen Agenten. Er tut auch gut daran, denn die US-Verlage gehen auf Anfragen, die nicht von Literaturagenten, sondern von Autoren direkt kommen, meist gar nicht ein. Im deutschsprachigen Raum ist die Situation eher umgekehrt: Bestsellerautoren und echte Topspeaker haben oft gerade keine Agenten. Kein Wunder, denn die (Wirtschafts-)Verlage reißen sich um die prominentesten Redner. Ein Anruf beim Verlagschef eines Wirtschaftsverlags genügt für einen Topspeaker meist und man ist im Gespräch über das nächste Buch. Allein schon wegen ihrer hohen Direktabnahme-Mengen gehören erfolgreiche Speaker zu den beliebtesten Autoren der Verlage. Wozu soll ein Speaker einem Agenten da 15 Prozent Provision von allen seinen Buchumsätzen (eingerechnet die Erlöse durch eigene Verkäufe) abgeben? Zumal das strenge Verlagsrecht in Deutschland, Österreich und der Schweiz – das in diesen drei Ländern weitgehend identisch ist – keine großen Überraschungen erwarten lässt. Ist ein Autorenvertrag legal, dann ist er meist auch fair.

Für Speaker, die erst am Anfang ihrer Karriere stehen, kann es dagegen sehr klug sein, sich einen Agenten zu suchen. Der Agent kennt den Markt, weiß, welche Verlage für ein bestimmtes Thema infrage kommen und verfügt über die entsprechenden Kontakte. Manchmal verhandelt er bei den Verlagen auch bessere Konditionen als ein Autor. Aber nicht immer. Wenn Sie sich Rat bei erfahrenen Kollegen holen, können Sie selbst auch gut verhandeln. Entscheidend ist dabei immer die Höhe des Garantiehonorars (»Vorschuss«). Denn dieses Geld dürfen Sie auf jeden Fall behalten, auch wenn das Buch floppt. Rund 5.000 bis 10.000 Euro (6.500 bis 13.000 SFR) Vorschuss sind bei großen Verlagen möglich. Mehr bekommen nur Topautoren.

Was am meisten gegen Agenten spricht, ist, dass diese 99 Prozent aller Buchangebote ablehnen. Genau wie die Verlage. Wenn Sie also monatelang nach einem Agenten suchen, der bereit ist, Sie zu vertreten, können Sie auch mit den Verlagen direkt sprechen. Das gilt vor allem beim Wirtschaftsbuch, wo der Markt klein ist, die Lektorate relativ kommunikativ und Agenten eher eine Randerscheinung sind. Beim populären Sachbuch sieht es dann wieder anders aus. Ohne gute Kontakte bleibt hier schon manche Tür verschlossen. Und da lohnt sich dann der Agent.

Wer sind nun die führenden Wirtschaftsverlage? Wo sind Speaker am besten aufgehoben? In Deutschland sind vor allem diese drei Verlage für Speaker sehr attraktiv:

1. Campus (Frankfurt)
2. Econ (Berlin)
3. GABAL (Offenbach)

Campus darf als die Adresse Nr. 1 mit der besten Wirkung für den Ruf und den Expertenstatus gelten. GABAL ist praxisorientierter als Campus, jedoch auf Bücher von Trainern und Rednern spezialisiert und schon deshalb ebenfalls eine Topadresse für Sie.

Die besten Adressen für Wirtschaftsbücher in der Schweiz und Österreich sind:

- Orell Füssli (Zürich)
- Ueberreuter (Wien)
- Linde (Wien)

Diese Verlage produzieren einen Teil des Programms für den gesamten deutschsprachigen Markt. Sie liefern also auch in Deutschland an den Buchhandel. Und sie arbeiten mit deutschen Autoren zusammen. Weitere empfehlenswerte deutschsprachige Verlage für Speaker sind:

- Wiley (Weinheim)
- Hanser (München)
- Redline (München)
- Haufe (Freiburg/München)
- Frankfurter Allgemeine Buch
- Gabler (Wiesbaden)

Schauen Sie sich auf jeden Fall die Verlagsprogramme im Internet genau an. Es hat keinen Sinn, einen Verlag anzusprechen, zu dem Ihr Buchvorhaben überhaupt nicht passt. Wenn Sie einen Verlag ansprechen, dann schicken Sie ein aussagekräftiges Exposé (Vorlagen dazu

BÜCHER: DIE FLAGGSCHIFFE IHRER VERMARKTUNGSFLOTTE **127**

finden Sie im »Handbuch für Autorinnen und Autoren« von Sandra Uschtrin; die wichtigsten Exposé-Inhalte sind im Anhang dieses Buches beschrieben) und ein Probekapitel ausschließlich per E-Mail. Allerdings: Beim Warten auf eine Rückmeldung ist Geduld angesagt.

Schritt 4: Manuskriptarbeit

Beim Manuskriptschreiben heißt es für Autoren mit wenig Erfahrung im Buchbereich: Professionelle Unterstützung ist Pflicht! Einen Schreibcoach brauchen Sie auf jeden Fall. Am besten einen Ghostwriter. Denn Ihre Zeit als Trainer und Speaker ist zu kostbar, um monatelang an einem Manuskript zu schreiben. Nur wenn Sie echtes Schreibtalent besitzen *und* sehr viel Spaß am Schreiben haben *und* sich eine längere »Auszeit« fürs Schreiben leisten können, sollten Sie selbst in die Tasten greifen. Ein Coach zeigt Ihnen dann, wie Sie nicht nur buchgerecht, sondern auch gattungstypisch schreiben. Für einen Ratgeber gelten andere schriftstellerische »Spielregeln« als für ein Sachbuch. Sie können diese Regeln als Laie bestenfalls erraten. Ein Profi bringt sie Ihnen bei. Er liest Ihre Texte immer wieder, macht Anmerkungen und Verbesserungsvorschläge und zeigt Ihnen, worauf es ankommt.

EXPERTENTIPP

Detaillierte Informationen zu dem hier beschriebenen Publikationsprozess bietet Ihnen der Ratgeber »Erfolgreich als Sachbuchautor: Von der Buchidee bis zur Vermarktung« von Oliver Gorus (19,90 Euro / 30,50 CHF).

Noch weniger Sorgen müssen Sie sich machen, wenn Sie einen richtig guten Ghostwriter beauftragen. Über Ghostwriting existieren immer noch viele Vorurteile. Manche fürchten, ihnen würde ein Text angedichtet, der gar nicht zu ihnen passt. Doch das passiert Ihnen nur bei schlechten Ghostwritern mit unzureichender Erfahrung, die ihr Geld nicht wert sind. Profis arbeiten exakt nach Ihren Vorgaben und setzen genau das um, was zu Ihnen passt. Nur eben handwerklich perfekt und in einer Schreibgeschwindigkeit, die für Amateure unerreichbar ist. Die besten ihres Fachs schaffen ein Buchmanuskript in vier Wochen. Druckreif.

Wenn Sie skeptisch sind, überlegen Sie doch einmal, ob Sie anderswo in Ihrem Leben auch alles selbst machen. Angenommen, dank Ihres Erfolgs als Topspeaker können Sie sich Ihr Traumhaus leisten. Werden Sie sich nur dann darin wohlfühlen, wenn Sie jede Wand selbst gestrichen, jedes Kabel selbst verlegt und jedes Detail selbst ausgesucht haben? Nein, gute Innenarchitekten und Handwerker arbeiten genau nach Ihren Vorgaben. Sie machen auch dort perfekt passende Vorschläge, wo Sie selbst vielleicht nur ratlos durch dicke Kataloge blättern würden. Alles passiert in enger Abstimmung mit Ihnen. Und so ist es beim Ghostwriting auch. In Kapitel 15 erfahren Sie mehr zum Thema Ghostwriter.

Hier noch eine etwas verrückte Idee, wie Sie schnell an ein Buchmanuskript kommen. Um die Idee zu verstehen, sollten Sie Folgendes wissen: Ein Großteil der Menschen (etwa 90 Prozent) besitzt eine sehr hohe Verbesserungskompetenz und gleichzeitig eine sehr schlechte Erschaffenskompetenz. Lassen Sie uns das an einem Beispiel verdeutlichen: Wenn Sie Mitarbeitern einen Brief zu schreiben geben, und zwar keinen Standardbrief, sondern einen etwas schwierigeren Brief, dann tun sich 90 Prozent der Mitarbeiter schwer, diesen Brief zu schreiben. Nach dem Motto: »Wer nicht weiterweiß, bildet einen Arbeitskreis«, wird erst einmal viel Zeit darauf verwendet, den Anfang zu finden. Wenn Sie dagegen denselben Mitarbeitern einen fertigen Brief geben, werden 90 Prozent in der Lage sein, Ihnen aufzuzeigen, wie Sie diesen Brief eigentlich hätten besser schreiben können. Hier zeigt sich eine hohe Verbesserungskompetenz.

Das Prinzip der höheren Verbesserungskompetenz können wir nun auf unsere Bücher anwenden. Nehmen wir einmal an, Sie würden mit Ihrem Lebenspartner oder einem guten Freund oder Bekannten oder auch einem Mitarbeiter drei Tage lang auf eine Berghütte fahren. Und diese Person würde Sie drei Tage lang mit wirklich intelligenten Fragen zu Ihrem Thema löchern. Gleichzeitig würden die Antworten mit einem Diktiergerät aufgenommen werden. Dann hätten Sie am Ende dieser drei Tage ein »Buch«, in zugegebenermaßen schlechter Qualität, sagen wir einmal zu 60 Prozent fertig. Nun lassen Sie das Diktat tippen. Wenn Sie jetzt neben Ihrem Alltag täglich eine Stunde lang dieses Buchmanuskript durchlesen – nach dem Motto »Was für einen Blödsinn habe ich damals diktiert?« –, dann haben Sie eine gute Möglichkeit, an diesem Buch Ihre Verbesserungskompetenz walten zu lassen. Nach, sagen wir einmal, weiteren sechs Wochen haben Sie ein Buchmanuskript in einer achtzigprozentigen Qualität fertiggestellt. Spätestens jetzt ist es bereit für einen professionellen Lektor oder Ghostwriter, der ein richtig gutes Buch daraus macht.

Schritt 5: Vermarktung

Manche Autoren machen sich erst dann Gedanken über die Vermarktung, wenn das Buch erschienen ist. Das ist viel zu spät! Erarbeiten Sie bereits einen Marketingplan, wenn Sie noch mit Konzept und Text beschäftigt sind. Das lohnt sich. Bei der Vermarktung sind zwei Aspekte wichtig: Buch-PR und Buchabsatz.

Bei der Buch-PR kommt es darauf an, das Renommee als Buchautor zu nutzen und Sie und Ihr Thema ins Gespräch zu bringen. Wie viele Leute Ihr Buch tatsächlich lesen, ist hier zweitrangig. Hauptsache, über Sie, Ihr Buch und Ihr Thema wird möglichst viel berichtet. Medienpräsenz ist ein klarer Marktwerttreiber. Sichern Sie sich deshalb vom Verlag möglichst viele kostenlose Exemplare, die Sie an Journalisten verschenken, damit diese Ihr Buch besprechen. Verlage unterscheiden zwischen »Freiexemplaren« und »Multiplikatorenexemplaren«. Freiexemplare sind Ihnen vertraglich zugesichert und als Geschenk für Ihre privaten Freunde gedacht. Deshalb bekommen Sie oft nicht mehr als 15 Exemplare.

Multiplikatorenexemplare sind für Journalisten und einflussreiche Persönlichkeiten gedacht, die das Buch weiterempfehlen. Lassen Sie sich möglichst viele solcher Exemplare vom Verlag geben. Der Weiterverkauf ist verboten. Vertrauen im Hinblick auf diesen Punkt schaffen Sie, indem Sie mit einer Liste regelmäßig nachweisen, wer ein Multiplikatorenexemplar erhalten hat. Sind Ihre Kontakte hochkarätig und hat es gute Rezensionen und Empfehlungen gegeben, können Sie immer wieder kostenlose Exemplare von Ihrem Verlag bekommen. Der Verlag weiß: Fast immer werden ohnehin etliche Exemplare einer Auflage am Schluss makuliert, also eingestampft. Allein deshalb sollte er hier nicht knauserig sein.

Beim Absatz sollten Sie möglichst viel selbst in die Hand nehmen. Als Buchautor gehört zu Ihren Auftritten ein Büchertisch. Lassen Sie am besten den Veranstalter dafür sorgen. Auf diesen sogenannten »Büchertisch« packen Sie natürlich auch noch Ihre CDs und DVDs. Sowohl vor als auch nach dem Vortrag können die Zuhörer kaufen. Eine ca. 30-minütige »Signierstunde« nach Ihrem Vortrag ist ein hervorragender Weg, Bücher zu verkaufen und gleichzeitig mit Multiplikatoren und weiteren potenziellen Kunden ins Gespräch zu kommen. Ihre Bücher haben Sie natürlich vom Verlag mit hohem Rabatt (40 Prozent) eingekauft, damit sich der Verkauf auch lohnt. Die noch bessere Variante gegenüber dem Büchertisch: Der Veranstalter kauft Ihnen die Bücher ab und verschenkt sie an alle Zuhörer. Machen Sie Ihre Vorträge zu einer Absatzmaschine für Ihre Bücher! Weitere Einzelheiten dazu lesen Sie in Kapitel 19 über »Cross-Selling, Merchandising und Zusatzgeschäfte«.

KOMPAKT

- Das Buch ist der »Doktortitel des Redners« und steigert Ihren Marktwert enorm. Auf dem Buchmarkt herrscht jedoch ein Verdrängungswettbewerb. Beschäftigen Sie sich deshalb mit dem Buchmarkt und erwerben Sie Marktkenntnisse. Bisher unbekannte Autoren haben nur mit innovativen und qualitativ überragenden Büchern eine Chance.

- Setzen Sie den gesamten Publikationsprozess beim Buch professionell um. Von der Ideenfindung (Schritt 1) über Konzeption (Schritt 2), Verlagsvermittlung (Schritt 3) und Manuskriptphase (Schritt 4) bis hin zur Vermarktung (Schritt 5) gilt es, sich auf Teilziele zu konzentrieren und nichts dem Zufall zu überlassen.

- Lassen Sie sich überall von Profis unterstützen. Nutzen Sie die Angebote von Autorenberatern, SchreibCoachs und Ghostwritern. Wenn Sie bei der Ansprache von Verlagen unsicher sind oder dem Verlag keine hohe Direktabnahme in Aussicht stellen können, dann lassen Sie sich von einem Literaturagenten vertreten. Adressen von Agenten finden Sie im Autorenhandbuch von Sandra Uschtrin (auch online unter www.uschtrin.de/litag.html).

KAPITEL 8

CD, DVD, Podcast, Video, App: Die Mega-Tools für Redner

»Herzlichen Glückwunsch zum Buchvertrag!« Mit diesen Worten begrüßt Topspeaker Peter Reichelt die ehemalige Trainerkollegin Sabine Renner in seinem Haus in München. Sabine ist stolz, einen führenden Wirtschaftsverlag für ihr erstes Buch gewonnen zu haben. Gerade kommt sie vom Mittagessen mit ihrem Ghostwriter in einem Restaurant in Schwabing. Für 16.000 Euro hat sie ihn mit dem Schreiben des Manuskripts beauftragt.

»Die Rechte für das Hörbuch habe ich aus dem Autorenvertrag mit dem Verlag ausgenommen«, erzählt Sabine, als sie mit ihrem Gastgeber in dessen Arbeitszimmer geht. »Genau so, wie du es mir geraten hast.«

»Sauber!«, lacht Peter Reichelt. »Dann schauen wir uns jetzt mal die Sachen an, mit denen du neben deinen Auftritten so richtig Geld verdienen kannst. CDs und DVDs vor allem. Das sind wahre Cash-Maschinen!«

Von Mike Rounds, einem amerikanischen Experten für Speakermarketing, stammt ein ebenso einfacher wie zutreffender Satz: »Produkte hat ein Speaker nie genug.« Das stimmt deshalb, weil sämtliche Produkte, die ein Speaker auf den Markt bringt, eine doppelte Funktion haben: erstens die Expertenpositionierung stärken. Und zweitens für regelmäßige zusätzliche Einkünfte abseits der Auftritte sorgen. »Einfach auch im Urlaub weiter Geld verdienen«, lautet das Motto. Genügen dazu Ihre Bücher? Wenn Sie sich in Erinnerung rufen, was Sie im vorangehenden Kapitel gelernt haben, dann ist klar: Bücher sind zwar der »Doktortitel des Redners« und die beste PR-Maßnahme, die ein

Speaker umsetzen kann. Aber Bücher eignen sich zum Geldverdienen nur bedingt.

Zunächst einmal ist ein Buchprojekt ziemlich aufwendig. Sie investieren viel Zeit (solange Sie keinen Ghostwriter haben, der fast schon »Ihre Gedanken lesen« kann). Dann wollen Autorenberater, Schreibcoach, Ghostwriter und eventuell Literaturagent alle noch mitverdienen. Aus Prestigegründen brauchen Sie einen angesehenen Verlag und die Verfügbarkeit in jeder Buchhandlung. Vom Ladenpreis eines Buches bekommen die Buchhändler (auch Onlinehändler wie Amazon) ungefähr 50 Prozent Handelsspanne. Um die 30 Prozent will der Verlag behalten. Und dann möchte natürlich per Umsatzsteuer auch Vater Staat verdienen.

Wenn Sie jetzt noch bedenken, dass die »Schmerzgrenze« für die allermeisten Buchkäufer bei 30 Euro Ladenpreis liegt und ein marktgerechter Ratgeber eher unter als über 20 Euro kosten sollte, wird schnell klar, was Ihnen als Buchautor an Honorar bleibt: Im Schnitt sind es ungefähr ein bis zwei Euro pro Buch. Bei Eigenverkäufen von mit 40 Prozent Rabatt bezogenen Exemplaren sieht es natürlich deutlich besser aus. Trotzdem gilt: Bücher dienen mehr dem Renommee als dem Portemonnaie.

Zum Glück sieht es bei CDs und DVDs komplett anders aus. Erstens besitzen Ihre Kunden in diesem Bereich so gut wie keine Markensensibilität. Ein Gegenstück zum Campus Verlag, eine allseits bekannte »erste Adresse«, gibt es hier nicht. Zwar existieren inzwischen etablierte Hörbuchverlage, die teilweise identisch mit den Buchverlagen sind, doch letztlich ist den Kunden das Logo auf CDs und DVDs so gut wie egal. Auf Design und Haptik der Verpackung kommt es stattdessen an. Da können Sie in Zusammenarbeit mit professionellen Dienstleistern auch selbst für den nötigen Premiumeffekt sorgen.

Es mutet geradezu märchenhaft an, wie viel Geld Speaker mit CDs und DVDs verdienen können. Nehmen wir nur einmal den Schweizer Gedächtnistrainer Gregor Staub, der diese Form des Produktmarketings beherrscht wie wenige andere Speaker. Staub verkauft zum Beispiel das »mega memory® PREMIUM-Set«, einen Gedächtnistrainings-Kurs zum Selbststudium, bestehend aus zwölf CDs. Die CDs sind in einer großen, handgefertigten Box verpackt. Es liegt noch ein Arbeitsbuch in Leinenoptik bei. Auf Wunsch wird das Ganze von Gregor Staub auch schnell signiert. Alles sieht sehr hochwertig aus und fasst sich auch so an. Wenn Sie solche Dinge schon einmal produziert und entsprechende Angebote eingeholt haben, wissen Sie, dass die Produktionskosten für diese CD-Box irgendwo zwischen 15 und 25 Euro pro Set liegen dürften. Hätten wir hier beim Kunden dieselbe »Schmerzgrenze« wie beim Buch, nämlich 30 Euro, bliebe bei einem marktgerechten Preis nicht mehr viel Gewinnspanne. Gregor Staub bringt dieses Set jedoch für 360 Euro (420 CHF) an den Kunden. Das entspricht einer Gewinnmarge von schätzungsweise 1.500 bis 2.000 Prozent!

> **AUF DEN PUNKT**
>
> **Bücher dienen dem Renommee, CDs und DVDs dem Portemonnaie des Speakers. Mit dem Verkauf der silbernen Scheiben lassen sich sehr hohe Gewinnspannen realisieren.**

Ihre CDs und DVDs müssen Sie natürlich mit nutzwertigen Inhalten füllen. Unter anderem produzieren Sie hierfür eine Menge Audio- und Videomaterial. Wenn Sie dieses bereits besitzen, sollten Sie sich Gedanken über weitere Verwertungsmöglichkeiten machen. Podcasts (etwa über Apple iTunes) oder Videocasts (zum Beispiel über YouTube) bringen Ihnen zwar wenig oder gar kein Geld. Aber wenn Sie Material aus so margenträchtigen Produkten wie CDs und DVDs ohnehin vorliegen haben, lohnt es sich, auf diese Weise wiederum Ihre Reichweite zu erhöhen und in Ihre Bekanntheit als Experte zu investieren.

Deshalb erfahren Sie in diesem Kapitel auch etwas über Podcasts und Videocasts als Marketing-Tool für Speaker. »Apps« für Smartphones sind eine neue und interessante Möglichkeit, Ihre Kunden immer und überall zu erreichen. Ein Abschnitt zu diesem Thema rundet dieses Kapitel ab. Wie Sie Cross-Selling, Merchandising und Zusatzgeschäfte in Ihr Geschäftsmodell integrieren und Tag für Tag clever umsetzen, erfahren Sie in Kapitel 19 noch einmal im Detail.

Der Klassiker unter den Silberscheiben: Die CD

Die Compact Disc, heute fast nur noch als »CD« bekannt, ist seit ihrer Premiere auf der Funkausstellung in Berlin 1981 und ihrer Markteinführung 1982 zum unangefochtenen Standard im Bereich Audio geworden. Seit Mitte der Neunzigerjahre wurde die CD dann auch das Maß der Dinge als Datenträger für Computerdateien. Bis heute wird alles, was nicht mehr als 700 Megabyte (MB) Speicherplatz benötigt, in der Regel auf CD gebrannt. Nur was mehr Platz braucht (zum Beispiel Navigationssoftware fürs Auto), kommt auf eine DVD mit 4,7 beziehungsweise 8,5 Gigabyte (GB) Speicherkapazität (Single-Layer- bzw. Dual-Layer-DVD).

Wie lange es diesen Standard noch geben wird, ist unklar. Der Trend geht mittelfristig zur »Cloud«, also weg von der Hardware und hin zu »Streaming Media« über W-LAN und den Mobilfunkstandard der vierten Generation (4G). Neue Endgeräte, wie iPhone und iPad, die ständig mit dem Internet verbunden sind, verändern jetzt schon das Medienverhalten der Verbraucher. Andererseits werden die guten alten Silberscheiben auch nicht von heute auf morgen verschwinden. Und über iTunes lassen sich CDs schließlich problemlos auf iPhone und iPad übertragen.

Hier gilt die Devise: Beobachten Sie den Markt genau und gehen Sie parallel neue Wege. Solange Sie mit CDs viel Geld verdienen können, sollten Sie sich das nicht entgehen lassen. Wenn Sie gleichzeitig auf (zunächst margenschwache) neuartige Medien setzen, werden Sie selbst mitbekommen, wie sich das Kundenverhalten verändert. Und sind dann schon dort am Start, wo in Zukunft das Geld verdient wird. Die Medienkonzerne machen es übrigens ganz genauso: Die etablierten Medien sind die »Cashcow«, die neuartigen Medien sind Experimentierfeld und Zukunftsinvestition.

Für Speaker kommen im Wesentlichen folgende Formate für eine Veröffentlichung auf CD infrage:

- Hörbücher
- Mitschnitte von Vorträgen
- Folien, PDFs, E-Books

- Weiterbildung für Zuhörer (Zielgruppe der Vorträge)
- Weiterbildung für Trainer / Speaker (»Train the trainer«)

Hörbücher sind heute weit verbreitet und erscheinen meist schon parallel zum gedruckten Buch. Der Vorteil für Sie: Wenn Sie ein Buch veröffentlicht haben, liegt das Material fürs Hörbuch auch schon vor. Es muss nur noch in einem Tonstudio »eingelesen« werden. Der Hauptnachteil: Die Preissensibilität der Kunden beim Buch überträgt sich aufs Hörbuch. Sprich: Sehr viel mehr als das gedruckte Buch darf ein Hörbuch meist nicht kosten. Damit Sie hier das Maximum an Gewinn erzielen können, gelten zwei klare Regeln: erstens, das Hörbuch nicht den Buchverlag machen lassen. Und zweitens, das Hörbuch »aufblasen« und veredeln.

Um ein Hörbuch selbst machen zu können, müssen Sie beim Verlagsvertrag aufpassen. Die Buchverlage lassen sich in ihren Standard-Autorenverträgen *sämtliche* Nutzungsrechte an den von Ihnen gelieferten Inhalten einräumen. Also nicht nur fürs gedruckte Buch, sondern auch fürs Hörbuch, für andere digitale Medien, ja sogar zur »Aufführung und Sendung«. Bei den allermeisten Büchern fallen diese sogenannten »Nebenrechte« zwar an den Verlag, werden von diesem jedoch gar nicht genutzt. Sorgen Sie also dafür, dass diese Rechte bei Ihnen bleiben, und nutzen Sie sie selbst. Es lohnt sich. Denn ein Hörbuch auf CD können Sie schon für deutlich unter zehn Euro pro Stück produzieren. Wenn Sie es dann bei Ihren Veranstaltungen für 30 Euro verkaufen, sieht der Gewinn für Sie schon deutlich besser aus als beim gedruckten Buch.

> **EXPERTENTIPP**
>
> Haben Sie bereits Bücher veröffentlicht und versehentlich dem Verlag sämtliche »Nebenrechte« übertragen? Keine Sorge: Die meisten Verlage lassen mit sich reden. Verhandeln Sie einen Vertragszusatz, durch den die Rechte, die Sie selbst nutzen wollen, an Sie zurückfallen.

Um ein Hörbuch möglichst teuer verkaufen zu können, muss die Verpackung stimmen. »Lieber eine große Box als eine kleine Hülle«, lautet die Regel. Gutes Design und angenehme Haptik der Verpackung sind ebenfalls Pflicht. Das Wichtigste: Verkaufen Sie ausschließlich CD-Boxen, niemals einzelne CDs. Je mehr CDs in der Box sind, desto besser. Während Verlage Bücher für die Hörbuchfassung oft kürzen und die Spieldauer der CDs mehr oder weniger ausnutzen, machen Sie es genau umgekehrt: Sie sprechen das komplette Buch auf und packen sogar noch Bonus-Features obendrauf, die es nicht im gedruckten Buch, sondern exklusiv im Hörbuch gibt. Sie sollten die Spieldauer einer Audio-CD (ca. 80 Minuten) zudem nicht ausnutzen, sondern nur etwa 45 bis maximal 60 Minuten auf jede CD sprechen.

Sie kommen auf diese Weise auf zwölf oder gar 16 CDs? Wunderbar! Denn je mehr CDs in Ihrer CD-Box sind, desto teurer können Sie diese verkaufen. Und das gilt nicht nur fürs Hörbuch, sondern für sämtliche CDs und DVDs. Es mag völlig verrückt klingen, dass Kunden für ein paar zusätzliche Plastikscheiben (die wenige Cent pro Stück wert sind) zehn, 20, 30 Euro oder noch mehr extra zu zahlen bereit sind. Aber mehr Umfang signalisiert nun einmal mehr Bedeutung und mehr Wert. Und Käufer kaufen ohnehin fast immer irrational, wie Psychologen und Neurowissenschaftler belegt haben.

EXPERTENTIPP

Verkaufen Sie Hörbuch-CDs ausschließlich in Boxen mit möglichst vielen Discs. Packen Sie Bonus-Features dazu und sorgen Sie bei der Verpackung für eine hohe Wertanmutung. Das schraubt die Preisakzeptanz nach oben.

Für Mitschnitte von Vorträgen auf CD gilt praktisch das Gleiche wie für Hörbücher. Der Vorteil ist hier, dass es kein Vergleichsprodukt in einem anderen Medium gibt und Sie deshalb in der Preisgestaltung freier sind. Besser als ein einziger Vortrag auf CD ist ein »Best of«, das Ihren Kunden das Gefühl gibt, mit einer einzigen CD-Box die Impulse aus etlichen Ihrer Vorträge erwerben zu können. Entsprechend höher darf dann auch der Preis sein. Auch Ihre Vortragsfolien können Sie auf einer eigenen CD veröffentlichen. Oder Sie haben noch Material, das für Ihr Buch nicht verwendet wurde, machen ein PDF daraus und verpacken das Ganze ebenfalls ansprechend.

Überall gilt: Optik und Haptik sind entscheidend. Es ist ein offenes Geheimnis, dass viele Zuhörer, die am Rande von Vorträgen CDs kaufen, diese später niemals wirklich anhören. Was zählt, ist dann viel mehr das Souvenir, die Erinnerung an den schönen Abend mit einem bekannten Topspeaker. Eine Ausnahme bilden hier Produkte zur Weiterbildung. Abhängig von Ihrer Positionierung können Sie Ihrem Publikum (oder sogar anderen Trainern und Rednern) Kurse und Coachings auf CD und DVD anbieten. Je exklusiver und nutzwertiger das hier vermittelte Wissen ist, desto höher darf der Preis sein. Umso mehr, wenn das Ganze noch exklusiv verpackt ist.

Genau so hat Gregor Staub seine Box mit zwölf CDs für 360 Euro positioniert. Als Kunde erhoffen Sie sich von diesem Dutzend CDs, die Geheimnisse des »Supergedächtnisses« von Gregor Staub erlernen zu können. Der heute eher umstrittene Bodo Schäfer verkauft eine Box mit zwölf CDs und DVDs mit dem Titel »Ihre erste Million in sieben Jahren« sogar für 548 Euro. Die dort unter anderem präsentierten »Tipps zur Geldanlage, die Ihnen keine Bank verrät« sind den Kunden diesen Preis tatsächlich wert.

Wie Sie in Kapitel 19 noch genauer erfahren werden, können in diesen Preisregionen »Scheinrabatte« (etwa: »Jetzt zum Einführungspreis von 390 Euro statt später 490 Euro«) ein zusätzlicher Kaufanreiz sein. Wer möchte nicht gerne schneller als andere sein und 100 Euro »sparen«? Kaufen ist nun einmal irrational. Nutzen Sie diese Tatsache, sonst tun es andere.

Der dünne Datenriese: Die DVD

Der wesentliche Unterschied der DVD (Digital Versatile Disc) zur CD besteht darin, dass sich auf der DVD das knapp Siebenfache (Single-Layer-DVD) beziehungsweise gut Zwölffache (Double-Layer-DVD) an Daten speichern lässt. Was das in der Praxis bedeutet, weiß heute jedes Kind: Ein Spielfilm mit 90 Minuten Länge passt nicht mehr auf eine CD, wohl aber auf eine DVD. Dementsprechend haben Filme die DVD populär gemacht. Für die Praxis des Speakermarketings sollten Sie das berücksichtigen. Im Großen und Ganzen gilt das im vorherigen

Abschnitt über CDs und CD-Boxen Gesagte auch für DVDs und DVD-Boxen. Gewohnheitsmäßig werden Ihre Kunden bei einer DVD (Box) jedoch Videomaterial oder zumindest sehr umfangreiches Datenmaterial (beispielsweise interaktive Folien) erwarten, also keine bloßen Audiodateien oder PDFs. Wird diese Erwartung erfüllt und befolgen Sie die bereits im Abschnitt über CDs beschriebenen Regeln hinsichtlich hochwertiger Verpackung, lassen sich für DVD-Boxen tendenziell noch höhere Preise erzielen als für CDs.

Für Speaker kommen im Wesentlichen folgende Formate für eine Veröffentlichung auf DVD infrage:

- Videos von Vorträgen, Interviews und weiteren Auftritten,
- umfangreiche interaktive Folien und multimediale E-Books,
- Weiterbildung für Zuhörer (Zielgruppe der Vorträge) und
- Weiterbildung für Trainer / Speaker (»Train the trainer«).

Bei DVDs ist im Gegensatz zu CDs der Übergang zwischen Aufzeichnungen von Vorträgen (und eventuell exklusiven Seminaren) und Weiterbildungsprogrammen fließender. Es bietet sich hier sogar an, beides geschickt zu kombinieren. So könnten Sie auf eine DVD bereits eine komplette Keynote-Speech packen. Auf eine weitere DVD brennen Sie sämtliche Folien zu Ihrem Vortrag. Wenn Sie dann noch ein Buch zum Thema des Vortrags geschrieben haben, widmen Sie eine weitere DVD der E-Book-Version.

Das E-Book würde auch auf eine CD passen? Nehmen Sie trotzdem eine weitere DVD, da eine DVD-Box dem Kunden noch einmal mehr Wertigkeit signalisiert. Dann machen Sie eventuell noch eine Bonus-DVD mit weiteren Tools, mit Interviews von Managern, die Ihre Impulse umgesetzt haben – oder was auch immer Ihnen noch einfällt. So haben Sie im Handumdrehen eine Box mit vier DVDs, die Sie nun ansprechend verpacken. Der Marktwert der Box hängt letztlich auch von Ihrem Thema und Ihrer Positionierung ab. Ein wirklicher Topspeaker sollte so etwas jedenfalls nicht unter 150 Euro verkaufen.

Wenn Sie einen Vortrag auf DVD herausbringen wollen, dann lassen Sie sich auf jeden Fall bei einem realen Auftritt filmen. Die positiven Reaktionen Ihres Publikums gehören unbedingt dazu. Studioproduktionen sind ein absolutes No-Go. Es ist sogar wichtig, dass Sie vor möglichst großem Publikum sprechen und die zahlreichen Sitzreihen immer wieder ins Bild kommen. Solange Sie ein Publikum aus mehreren Hundert (besser 1.000 bis 2.000) Personen nicht zusammenbekommen, ist eine Vortrags-DVD schwierig zu realisieren. Es versteht sich von selbst, dass Sie eine professionelle Filmcrew brauchen, die ebenso perfekte Post-Production (Schnitt, Bildbearbeitung usw.) gewährleisten kann. Lassen Sie sich dafür aber keine Mondpreise diktieren.

Sie wollen keine Seminare mehr geben? Weil Sie ausschließlich Speaker sein möchten? Überlegen Sie trotzdem einmal, ob es sich lohnen könnte, ein hoch exklusives Seminar zu veranstalten, und zwar mit dem einzigen Zweck, ein DVD-Set darüber zu produzieren und dieses teuer zu verkaufen. Sie laden Topkunden und Multiplikatoren an eine besonders reizvolle Location ein und veranstalten ein exklusives Seminar zu Ihrem Thema. Als echter Experte brauchen Sie dazu kaum Vorbereitung. Die Dramaturgie orientiert sich an Ihrem Vortrag. Den ganzen Seminartag inklusive einiger Bonus-Features verkaufen Sie dann als DVD-Box mit sechs bis zehn DVDs. Diese Box ist richtig teuer, weil Ihr »Normalkunde« auf diese Weise das gesamte Wissen aus einem hoch exklusiven Seminar bekommt, zu dem nur wenige auserwählte Manager Zugang haben.

Bei CDs und DVDs sind Ihrer Fantasie wenig Grenzen gesetzt. Immer geht es nur darum, Ihr bestehendes Expertenwissen noch einmal neu und möglichst attraktiv zu verpacken. Wenn Sie dazu noch Inspiration brauchen, machen Sie es wie die Asiaten: Trauen Sie sich, das eine oder andere zu kopieren. Schauen Sie, wie es andere Topspeaker machen, und lernen Sie von diesen. Wenn Sie es alleine (noch) nicht schaffen, beherzigen Sie den amerikanischen Spruch: »If you can't beat them, join them!«

Schließen Sie sich mit anderen Experten und Rednern zusammen und machen Sie einen Experten-Sampler. Wenn Sie zwei, drei wirklich bekannte Namen haben, können acht bis zehn weniger bekannte Speaker in deren Fahrwasser mitkommen. Suchen Sie sich für eine solche CD-/DVD-Box ein möglichst allgemeines »Oberthema«, wie zum Beispiel »Mitarbeiter begeistern«. Zu diesem Thema tragen dann acht bis zwölf Experten jeweils ihren Teil bei. Etwa: »Mitarbeiter begeistern durch Innovationsfreude« (Innovationsexperte) oder »Mitarbeiter begeistern mit klarer Sprache« (Rhetorikexperte) und so weiter. Jeder Experte bekommt eine CD oder DVD in der Box.

Übrigens: Nach demselben Prinzip können Sie auch gemeinsam mit anderen Experten ein Buch herausbringen. Hier schreibt dann jeder Experte ein Kapitel.

Podcast und Video: Internet auf dem Stand der Technik

Diente das World Wide Web in seinen ersten Jahren fast ausschließlich zur Übertragung von HTML-Seiten mit Texten und Bildern, so hat der Ausbau von Breitband-Netz und 3G-Mobilfunk mit immer größeren Übertragungskapazitäten zu einem Boom von Audio- und Videoformaten im Internet gesorgt. Der Inbegriff dieser Entwicklung ist das zum Internetkonzern Google gehörende Videoportal YouTube. Täglich werden auf YouTube zwei Milliarden (in Zahlen: 2.000.000.000) Videoclips angesehen. Und nicht nur das: Bei YouTube werden jedes Vierteljahr so viele Stunden Film neu eingestellt, wie die gesamte Filmindustrie seit ihrem Bestehen (also seit rund 100 Jahren) produziert hat.

Neben YouTube sind Podcasts ein Megatrend der letzten Jahre. Hier gehen mittlerweile Millionen regelmäßig mit kurzen Hör- oder Filmbeiträgen »auf Sendung«. Die »Casts« dauern im Schnitt ca. fünf bis 20 Minuten, bei wöchentlichen oder monatlichen Audio-Podcasts sind es auch schon einmal bis zu 60 Minuten. Podcasts sind in aller Regel kostenlos und lassen sich über Apple iTunes und ähnliche Medienplayer abonnieren. Längst sind hier nicht mehr nur Amateure unterwegs. So zählen zum Beispiel die Podcasts des britischen Wirtschaftsmagazins »The Economist« zu den beliebtesten weltweit. Wer »BMW TV« abonniert hat, erhält regelmäßig zwei- bis dreiminütige Videos über neue Modellvarianten und sonstige Aktivitäten des Münchner Autoherstellers auf sein Notebook, iPad oder iPhone.

Das Gemeinsame aller in diesem Abschnitt beschriebenen Medien ist, dass sie über das Internet (beziehungsweise Mobilfunknetz) verbreitet und dann auf dem Endgerät des Nutzers gespeichert werden. Diese Speicherung ist entweder dauerhaft (Download), was es dem Nutzer ermöglicht, die Inhalte von seinem Gerät immer wieder aufzurufen. Oder es handelt sich nur um eine Zwischenspeicherung (Buffering) im Arbeitsspeicher des Endgeräts. Eine dauerhafte Speicherung der Inhalte ist hier nicht möglich und oft aus urheberrechtlichen Gründen auch nicht erwünscht. Bei Medien, die auf dem Endgerät lediglich »gepuffert« werden und nicht dauerhaft speicherbar sind (wie zum Beispiel die Videos von YouTube), spricht man auch von »Streaming Media«, weil hier ein ständiger »Datenstrom« wiedergegeben wird.

Für Ihre Marketing- und Vertriebsstrategie als Speaker ist nun interessant, dass sich im Umfeld der digitalen Kostenlos-Angebote immer mehr auch kostenpflichtige Streams und Downloads finden. Sehr zum Bedauern der Medienunternehmen konnten sich kostenpflichtige Streams bisher nur im Erotikbereich wirklich durchsetzen. Beim Download sieht es dagegen – für den Nutzer – besser aus. Das beste Beispiel ist iTunes von Apple. Über den »iTunes Store« werden längst nicht mehr nur Musiktitel für Apples MP3-Player (iPod) angeboten, sondern auch Podcasts, Hörbücher, Videos und Filme. Ein Teil ist kostenlos, ein anderer nicht.

Suchen Sie im »iTunes Store« zum Beispiel einmal nach dem amerikanischen Marketingguru und Topspeaker Seth Godin. Sie finden dann etwa den einstündigen Video-Podcast »Seth Godin and the Power of Marketing«. Diesen Podcast dürfen Sie gratis herunterladen und so oft ansehen, wie Sie möchten. Auf derselben Trefferseite in iTunes werden Ihnen aber auch Hörbücher von Seth Godin angeboten. Beispielsweise »Tribes« für 7,95 Euro. Hier ist vor dem Download eine Zahlung per Kreditkarte an Apple erforderlich. Stöbern Sie noch weiter auf der Trefferseite, finden Sie dann Seth Godins App »Unleashing the SUPER Ideavirus« für iPhone oder iPad, zum Preis von jeweils 5,49 Euro. Seth Godin setzt also in iTunes auf einen Mix aus kos-

AUF DEN PUNKT

Kostenlose Audio- und Videoclips im Internet steigern Ihren Bekanntheitsgrad und verbreiten Ihre Botschaft. Mit niedrigpreisigen kostenpflichtigen Angeboten in deren Umfeld gewinnen Sie Gratis-Abonnenten als zahlende Kunden.

tenlosen und (niedrigpreisigen) kostenpflichtigen Angeboten. Und das ist genau die richtige Strategie.

Eine weitere Möglichkeit, mit einem kostenlosen Video einen zahlenden Kunden zu gewinnen, bietet der Onlinehändler Amazon. Seit einiger Zeit können Sie zu jedem Ihrer Bücher selbst ein Video einstellen, in dem Sie Ihr Buch vorstellen. Von dieser Möglichkeit sollten Sie Gebrauch machen. Haben Sie ein solches kurzes Video (ideal sind 90 bis maximal 150 Sekunden) für Amazon produziert, stellen Sie es auch in weiteren Portalen zur Verfügung.

Wegen der hohen Nutzerzahlen ist YouTube für Marketingaktivitäten besonders attraktiv. Hier können Sie zwar keine kostenpflichtigen Downloads unterbringen, aber Sie können Werbung schalten. Sie stellen also aus Ihrem DVD-Set viele kleine Ausschnitte kostenlos auf YouTube zur Verfügung. Der Nutzer sieht gleichzeitig eine Anzeige, wie er das komplette DVD-Set für, sagen wir, 300 Euro erwerben kann. Für diesen Zweck richten Sie sich bei YouTube am besten einen eigenen »Kanal« (Channel) ein. Das ist völlig kostenlos.

Sie erhalten so Ihre persönliche Video-»Homepage« bei YouTube. Diese HTML-Seite dürfen Sie sogar vollkommen frei gestalten, also ihrem Corporate Design anpassen. Sabine Renner könnte sich also den YouTube-Kanal »sabinerenner« einrichten. Ihre Videos erscheinen nach wie vor überall und können einzeln über die Suchfunktion gefunden werden. Wem aber ein einzelnes Video von Sabine gefällt, der klickt auf den Link zu ihrem Kanal und findet dort sämtliche Videos von Sabine Renner vor. Und in ein paar dieser Videos macht Sabine auch etwas »Werbung« (muss bei YouTube sehr diskret geschehen) für ihre Reden und weiteren Produkte.

Achten Sie bei allen Videoclips auf zwei gerne übersehene Details:

1. Die ersten zehn Sekunden entscheiden! Fängt Ihr Video umständlich und langweilig an oder gibt es gar einen Vorspann mit Titel und »Credits« wie im Kino (absolutes No-Go), dann klicken Ihre potenziellen Kunden gleich wieder weg. Ihr Video sollte also mit einem attraktiven Startbild beginnen und dann sofort zur Sache kommen.

Möglichst mit einem »Knalleffekt« in den ersten zehn Sekunden.
2. Berücksichtigen Sie die unterschiedlichen Betriebssysteme! Ein Videoformat ausschließlich für Microsoft Windows kann ein Mac-Nutzer nicht sehen und wird sich ärgern. Flash-Filme laufen nicht auf iPhone und iPad. Umgekehrt kann QuickTime von Apple für Windows-Nutzer ein Problem sein. Bieten Sie im Zweifel mehrere Formate als Alternative an. YouTube ist auch deshalb eine so empfehlenswerte Website für Ihre Videos, weil YouTube-Filme überall angeschaut werden können: unter Windows und Mac OS sowie auf iPhone, iPad und anderen Smartphones über die vorinstallierte YouTube-App.

Die smarte Alternative: Apps

Apps, kleine Programme für sogenannte Smartphones sowie für (Tablet-)Computer, sind ein relativ neues Phänomen und machen doch bereits Furore. Vorreiter ist auch hier Apple mit seinem »App Store« für iPhone, iPad und iPod touch. Die wichtigsten Mitbewerber des App Store sind Windows Phone Marketplace von Microsoft, Android Market von Google, AppWorld von RIM für den BlackBerry sowie PlayNow von Sony Ericsson und Samsung Apps. Die ersten Apps waren reine Dienstprogramme für das Mobiltelefon. Heute sind Apps auch proprietäre Lesegeräte für Medieninhalte. »Proprietär« bedeutet in diesem Zusammenhang, dass der Inhalte-Anbieter für seinen Inhalt ein eigenes Lesegerät programmiert und dann diese Software gemeinsam mit dem Inhalt zu einer App bündelt.

Dazu ein Beispiel. Sie haben zwei Möglichkeiten, die »Financial Times Deutschland« (FTD) auf dem iPhone zu lesen. Entweder Sie rufen im Browser Safari »www.ftd.de« auf. Sie werden dann automatisch umgeleitet zu der Seite »m.ftd.de«, einer für Browser von mobilen Endgeräten optimierten Startseite. Von dieser Optimierung abgesehen lesen Sie die Online-Ausgabe der Zeitung genauso wie im gewohnten Browser auf einem »großen« PC. Die Alternative dazu: Sie besorgen sich im App Store die (in diesem Fall zunächst kostenlose, bei anderen Zeitungen von Anfang an kostenpflichtige) App. Sie installieren den Button der App auf dem Home-Bildschirm. Per Fingertipp startet die Anwendung und lädt die Inhalte der aktuellen Ausgabe. Vorteil der App: Die Darstellung ist für das spezielle Endgerät (in diesem Fall das iPhone) optimiert und nutzt dessen typisches Design für Menüs, Schaltflächen und so weiter. So lassen sich zusätzliche Funktionen integrieren. Bei der FTD-App zum Beispiel können Sie einstellen, welcher Aktienindex Ihnen stets aktuell oben rechts eingeblendet wird. DAX oder lieber Dow Jones? Sie haben die Wahl.

Topspeaker haben mittlerweile angefangen, sich eigene Apps programmieren zu lassen. Um es gleich vorwegzunehmen: Eine App, die alle Möglichkeiten ausnutzt, zu programmieren, ist nicht gerade billig. Auf der anderen Seite halten sich die für den Download zu erzielenden Preise in Grenzen. Viele Apps sind gratis. Die »Schmerzgrenze« der Kunden für kostenpflichtige Apps liegt bei etwa sechs bis acht Euro. Apps, die noch teurer verkauft werden, müssen schon einen sehr hohen Nutzen bieten. Und das tun Apps, die lediglich Inhalte darstellen, in der Regel nicht. Einen unschlagbaren Vorteil haben Apps jedoch: Anders als beim Buch oder bei einer DVD-Box trägt Ihr Kunde Ihre Inhalte praktisch Tag und Nacht bei sich. Immer, wenn sich ihm die Gelegenheit bietet (beispielsweise beim Warten am Abfluggate am Flughafen), kann sich Ihr Kunde spontan dazu entscheiden, sich mit Ihren Inhalten zu beschäftigen.

Seth Godin hat bei seiner App »Unleashing the SUPER Ideavirus« erkannt, dass dies umso wahrscheinlicher geschieht, je größer der Spaßfaktor der App ist. Godins App, die er selbst ganz unbescheiden als »das meistgeladene E-Book der Geschichte in einer komplett neuen Form« bezeichnet, wartet entsprechend mit peppigem Design und einer Fülle von Gimmicks auf. Doch nicht alles ist hier nur Spielerei. Das Besondere solcher Apps ist die nahtlose Verknüpfung von Texten, Fotos, Audiofiles und Videos.

So könnte das Buch der Zukunft aussehen: Sie lesen einen Text – und entscheiden immer wieder selbst, ob Sie weiterlesen oder zu einem bestimmten Abschnitt eine Hörprobe oder ein Video möchten. Seth Godin dürfte mit seiner App (noch) nicht viel Geld verdienen. Aber es bedeutet einen riesigen Imagegewinn für den Speaker, bei dieser innovativen Technologie mit vertreten zu sein.

Apps müssen nicht unbedingt so aufwendig gemacht sein wie die von Seth Godin. Das ist die gute Nachricht für Sie, wenn Sie skeptisch sind, was eine App Ihnen bringt. Die deutschen Speaker Anja Förster und Peter Kreuz zum Beispiel haben ihr kleines Heft »99 Zitate für Business-Querdenker« als kostenlose App fürs iPhone herausgebracht. Diese App ist ein einfaches Lesegerät, mit dem man von Zitat zu Zitat blättern, nach Themen suchen sowie Lieblingszitate markieren und per E-Mail oder via Facebook an Freunde weiterleiten kann. Das Design ist ansprechend gestaltet, allein die Auflösung der Grafikelemente ist ab iPhone 4 zu gering. Mit relativ geringem Aufwand haben die beiden »Business-Querdenker« hier mit ihrer Positionierung konforme Inhalte originell und ansprechend verpackt.

Überlegen Sie einmal, wie Sie selbst solche neuen Möglichkeiten nutzen könnten. Trauen Sie sich, mit kleinem Budget zu experimentieren. Noch heißen die Geldmaschinen für Speaker CD und DVD. Aber niemand weiß, wie lange noch. Sorgen Sie dafür, dass Sie jetzt schon dort sind, wo in Zukunft das Geld verdient wird.

KOMPAKT

- Bücher eignen sich nur begrenzt für lukrative Nebengeschäfte zu Ihren Vorträgen. Mit CDs und DVDs lassen
sich dagegen sehr hohe Gewinnspannen erzielen, wenn
Sie einige Grundregeln beachten:

1. Produzieren und vermarkten Sie diese Produkte selbst.

2. Verkaufen Sie ausschließlich Sets beziehungsweise Boxen.

3. Sorgen Sie für eine hohe Wertanmutung der Verpackung.

Dieser Markt wird mittelfristig schrumpfen. Nutzen Sie jetzt
noch Ihre Chance.

- Podcasts, Hörbücher und Onlinevideos sind ein Markt mit
Zukunft. Noch wird er stark von Kostenlos-Angeboten domi-
niert. Stellen Sie Inhalte kostenlos zur Verfügung, um Ihr
Image zu pflegen und Ihre Reichweite zu erhöhen. Siedeln
Sie niedrigpreisige Bezahlangebote im Umfeld an, wo immer
das möglich ist (zum Beispiel bei iTunes).

- Apps für Smartphones sind ein Megatrend. Wenn es zu Ihrer
Positionierung passt, experimentieren Sie im Rahmen Ihres
Budgets mit diesem Medium. So bringen Sie sich in die Pole-
position für die Geschäftsmodelle von morgen.

CD, DVD, PODCAST, VIDEO, APP: DIE MEGA-TOOLS FÜR REDNER **147**

KAPITEL 9

Rednermappe: Das Überzeugungspaket für Ihre Kunden

Wie jedes Jahr trifft sich die IT-Branche auf dem Münchner Messe-gelände. Sabine Renner hält in einer Viertelstunde einen Vortrag für die besten Kunden eines schwedischen Unternehmens. Der Titel: »Mehr als Bio-Essen und bunte Sitzwürfel? Gesundheit, Spaß und Begeisterung für Ihre Mitarbeiter«. Peter Reichelt hat sich schon in die zweite Reihe gesetzt. Gerade bespricht sich Sabine Renner mit der sympathischen Fotografin Melanie Müller.

»Also, Melanie«, erklärt Sabine, »bei Folie 14, das ist die mit dem Kamel, werden sich die Leute wegwerfen vor Lachen. Da müsstest du mich vorne und das Publikum im Hintergrund fotografieren. Die Geschäftsführer in der ersten Reihe soll man erkennen. Das wird das ultimative Foto für meine neue Rednermappe!«

»Wenn das alles ist«, antwortet Melanie lächelnd. »Das bekomme ich hin!«

Einmal angenommen, Sie möchten einen Geschäftswagen kaufen. Oder hochwertige Möbel eines bekannten Markenherstellers. Auf der Website des Herstellers haben Sie sich in Ruhe umgesehen. Sie sind schon ziemlich sicher, dass dies die richtige Marke für Ihre Ansprüche ist. Aber Sie haben sich noch nicht hundertprozentig zum Kauf ent-schlossen. Also machen Sie sich auf den Weg zu einem Showroom die-ses Herstellers. Ein freundlicher Verkäufer bemüht sich sofort um Sie. Und die Sitzprobe (auf dem Fahrersitz beziehungsweise Ledersofa) fällt positiv aus. Womit werden Sie den Showroom höchstwahrscheinlich verlassen? Richtig: mit einem schicken Prospekt auf hochwertigem Pa-pier. Mindestens mit einem. Vielleicht sogar mit einem kleinen Stapel

Prospekten. Ähnlich schöne Prospekte bekommen Sie als Stammkunde eines Luxuskaufhauses, wenn Sie dort regelmäßig kaufen. Oder als Interessent für die platinfarbene oder schwarze Kreditkarte einer privaten Bank. Aber fragen Sie mal bei einem Elektronik-Discounter oder einer Billig-Textilkette nach einem Prospekt. Entweder Sie ernten völlig ratlose Blicke. Oder man sagt Ihnen, Sie könnten ja mal auf die Website gehen. Merken Sie den Unterschied?

Als Experte und Speaker vermarkten Sie sich selbst wie ein Premiumprodukt. Das wissen Sie inzwischen. Zu Premiumprodukten gehören schöne gedruckte Prospekte. Broschüren, die premium aussehen und sich premium anfühlen. Die dem anspruchsvollen Kunden Lust auf das Produkt machen. Deshalb ist für Sie auf dem Weg zum Topspeaker die hochwertige und einzigartige Rednermappe das, was für Anbieter von Luxusprodukten der Hochglanzprospekt ist. Selbst wenn Ihre Website bereits alle Informationen über Sie bietet, machen Sie mit einer Rednermappe noch einmal richtig Eindruck – und Kauflust – bei Ihrem potenziellen Kunden.

Das hat hauptsächlich zwei Gründe. Erstens ist die Rednermappe etwas, das der Interessent von Ihnen (persönlich oder per Post) überreicht bekommt. Während er die Website aktiv aufsucht, erhält er hier ein kleines Geschenk. Das schafft gute Gefühle. Zweitens spielt die Haptik für eine günstige Kaufentscheidung eine kaum zu überschätzende Rolle. Eine Website mag noch so gelungen sein – anfassen kann sie niemand. Ihre Rednermappe dagegen liegt angenehm in der Hand. Es macht Freude, das edle Papier umzublättern. Da werden mehrere Sinne auf einmal angesprochen. Sogar die visuelle Wahrnehmung der Fotos ist eine andere. Gedruckte Fotos wirken einfach ruhiger und edler als digital angezeigte.

Fazit: Die Rednermappe ist das unübertreffliche Überzeugungspaket für Ihre Kunden. In Zukunft fahren Sie nie mehr mit dem Wagen los, ohne Rednermappen dabeizuhaben. Auf Anfragen per E-Mail oder Telefon reagieren Sie (beziehungsweise Ihr Sekretariat) mit dem sofortigen Versand eines Exemplars Ihrer Rednermappe.

Bei der Planung und Erstellung Ihrer einzigartigen Rednermappe machen Sie sich zunächst über drei Punkte Gedanken:

- Ziele und Wirkung
- Inhalte
- Aufmachung

Während die Punkte zwei und drei mit Sicherheit die größte Aufmerksamkeit verdienen und die meiste »Arbeit« bedeuten, sollten Sie Punkt eins keinesfalls übergehen. Wie fast alles im Speakermarketing hat auch die Rednermappe ein direktes und ein indirektes Ziel. Das direkte Ziel besteht darin, Ihre Redeleistung zu verkaufen. Dazu will der potenzielle Kunde auch hier wieder die *Sicherheit* vorfinden, einen Topexperten und Profi vor sich zu haben, bei dem er »nichts falsch machen kann«.

Das indirekte Ziel der Rednermappe ist die Stärkung Ihres Expertenstatus und Ihres Image. Dazu kann ein Speaker nie genug unternehmen. Dieses zweite Ziel wirkt auch bei denjenigen, die Sie nicht oder nicht sofort buchen. Diese Personen »speichern« unter Ihrem Namen ein bestimmtes Image und eine bestimmte Leistungsvermutung ab. Erinnern Sie sich, wie wichtig Empfehlungen von Kollegen im Kreis Ihrer Kunden sind. Möglichst viele Personen aus Ihrer potenziellen Kundenzielgruppe sollten schon einmal etwas von Ihnen gehört haben. Am besten nur Gutes.

Die perfekte Rednermappe bietet also zweierlei:

- Erstens ausreichende Informationen für den Veranstalter, was für eine Art Vortrag er von Ihnen erwarten darf. Das entspricht der reinen »Produktinformation« beim Prospekt fürs Auto oder Möbelstück.
- Und zweitens jede Menge Belege für Ihre Exzellenz und Einzigartigkeit. Das ist der Imagefaktor. Auf beides gilt es sowohl bei der Auswahl der Inhalte als auch bei der Gestaltung zu achten.

Zusammenstellung der Inhalte

Anders als bei Ihrer Website sind Sie bei der Rednermappe auf Texte und Abbildungen beschränkt. Wenn Sie eine CD oder DVD beilegen möchten, können Sie das tun. Trotzdem muss die eigentliche Rednermappe als Einheit von Text und Bild funktionieren. Manche Texte und Fotos haben Sie schon für Ihre Website erstellt. Machen Sie aber nicht den Fehler, diese einfach in Ihre Rednermappe zu übernehmen. Jedes Medium hat seine ganz eigenen Anforderungen an den Text. Im Vergleich zur Website werden Sie sich bei der Rednermappe auf inhaltliche Schwerpunkte konzentrieren und diese mehr in der Tiefe darstellen. Diese Schwerpunkte sind:

- Ihr Profil
- Bilder
- Vita
- Zahlen, Daten, Fakten über Sie
- Ihre Vorträge
- Argumente für Sie als Redner
- Nutzen für Veranstalter und Teilnehmer
- Lehraufträge
- Referenzen, Testimonials
- Bücher, Veröffentlichungen
- Newsletter
- Auszeichnungen
- Zitate
- Zufriedenheitsgarantie (optional)
- Medienecho (Pressespiegel)
- Kontaktmöglichkeiten

Generell gilt: »Size matters.« Masse ist wichtiger als Klasse. Der Sinn einer möglichst dicken Rednermappe ist es, Ihren Erfolg zu demonstrieren. Es mag durchaus verrückt klingen: Während wir in unserer schnelllebigen Zeit immer häufiger hören, dass Angebote kurz, knapp und präzise sein sollen, ja, am besten sogar auf maximal einer Seite untergebracht werden sollen, kann das extreme Gegenteil auch von Erfolg gekrönt sein. Einige Speaker in Deutschland können äußerst umfangreiche Angebote oder Selbstbeschreibungen zusammenstellen. Im Extremfall kann so eine Beschreibung über 200 Seiten stark sein.

Nun stellen Sie sich vielleicht die Frage: Was ist da alles drin und wird das alles auch gelesen? Ist das nicht zu viel Information für den Auftraggeber? Ja, es ist zu viel Information für den Auftraggeber. Und es wird nicht alles gelesen. Dennoch gibt es einen ganz entscheidenden Grund, die Mappe möglichst dick zu machen. Wenn Sie sich als Veranstalter gerade einen Referenten aussuchen und ein Profil auf den Tisch bekommen, das inklusive Leseproben und Presseberichte über 100 Seiten oder zumindest gute 50 Seiten stark ist, dann macht das mindestens unbewusst den Eindruck, dass diese Person doch schon einiges geschafft hat in ihrem Speaker-Leben! Das kann der ausschlaggebende Punkt für eine Buchung sein.

Um mit 50 oder 100 Seiten Profil zu beeindrucken, brauchen Sie natürlich ausreichend Material. Das Medienecho macht dabei rein quantitativ wahrscheinlich den Hauptteil aus. Hier sind Sie mit dem Printmedium gegenüber Ihrer Website sogar klar im Vorteil: Denn Sie können die zahlreichen Berichte, die schon über Sie erschienen sind, exakt reproduzieren. Der Pressespiegel macht Ihre Rednermappe also richtig dick. Er kann 30 bis 50 Prozent des Umfangs ausmachen. Hierzu brauchen Sie natürlich eine gewisse Erfahrung als Redner.

> **EXPERTENTIPP**
>
> Erstellen Sie erst dann eine Rednermappe, wenn Sie ausreichend Testimonials, Referenzen und Presseberichte beisammenhaben. Bei wenig Erfahrung und noch geringer Medienresonanz belassen Sie es lieber erst einmal bei Ihrer Website. Übergangsweise kann ein Grafiker auf der Basis Ihrer Website eine kleine Broschüre erstellen.

Generell benötigen Sie für Ihre Rednermappe sowohl Bild- als auch Textmaterial. Dabei ist wiederum zwischen Eigenmaterial und Fremdmaterial zu unterscheiden: Eigene Bilder lassen Sie selbst von einem Fotografen erstellen. Fremde Abbildungen sind etwa die Logos der Unternehmen, für die Sie gearbeitet haben. Für deren Verwendung sollten Sie die Genehmigung einholen. Zu den eigenen Texten zählen Ihr Porträt oder die Beschreibung Ihrer Vorträge. Fremde Texte sind Testimonials Ihrer Kunden. Auch hier gilt: Holen Sie sich am besten Freigaben. Sollte auch nur ein Kunde mit seinem Zitat nicht einverstanden sein und Sie verklagen, können Sie im Extremfall die gesamte Auflage der Rednermappe einstampfen lassen. Der Pressespiegel besteht ausschließlich aus Fremdmaterial in Wort und Bild. Hier benötigen Sie Abdruckgenehmigungen der betroffenen Zeitungen und Zeitschriften.

Leider ist es oftmals unmöglich, von einem Konzern eine Freigabe zu bekommen. Sie werden im schlechtesten Fall auf deren Rechtsabteilung verwiesen und die sagt »sicherheitshalber« Nein. Deswegen verfahren viele Redner auch nach dem hoffnungsfrohen Motto: »Wo kein Kläger, da kein Richter.« Ein Redner wollte einmal für sein an Praxisbeispielen reiches Buch alle Beispiele und Bilder von den einzelnen Unternehmen freigeben lassen. Nachdem eine Mitarbeiterin über einen Monat damit beschäftigt war, beliefen sich die Freigaben immer noch fast auf null. So kam das Buch einfach so heraus – und es ist nichts passiert. Sehen wir uns die Inhalte nun im Einzelnen an.

Bitte lächeln: Bildmaterial

Der Eindruck, den Sie mit einer Rednermappe machen, basiert nicht zuletzt auf qualitativ hervorragenden Fotos. Auf diesen Fotos sollten Sie sowohl im Porträt als auch in Aktion vor Publikum zu sehen sein. Bei Porträtfotos gilt: Sie können sich das Motiv aussuchen, alles in Ruhe ausprobieren und am Schluss aus vielen Aufnahmen die besten aussuchen. Behalten Sie hier jedoch unbedingt Ihre Expertenpositionierung im Blick. Eine schräge Kopfhaltung zum Beispiel wirkt zwar sympathisch und gewinnend. Doch wenn Sie Führungsexperte und Ihre Zielgruppe Topmanager sind, dann halten Sie den Kopf besser aufrecht und gerade, um Autorität und Durchsetzungsfähigkeit auszustrahlen. Das zur Positionierung passende Outfit versteht sich auf Ihren Fotos ohnehin von selbst. Auch Hintergründe und Umgebungen spielen eine Rolle. Ließe sich Sabine Renner, die für Gesundheit, Spaß und Lebensfreude steht, in einem unterkühlt wirkenden Bürogebäude aus Glas und Stahl fotografieren, so wäre das für ihr Image bestimmt nicht optimal.

Anspruchsvoller als Porträts sind Fotos, die Sie in Aktion zeigen. Hier muss Ihr Fotograf die richtige Perspektive einnehmen und die besten

Momente treffen. Sabine Renner macht es richtig, indem sie dies nicht dem Zufall überlässt, sondern mit ihrer Fotografin die Dramaturgie des Vortrags und die gewünschten Effekte ausführlich bespricht. Wenn der Fotograf bei der besten Pointe des Abends die Reaktionen des Publikums nicht einfängt, ist natürlich viel verloren. Besprechen Sie am besten anhand Ihrer Folien, wann sich die besten Gelegenheiten ergeben, Sie in den unterschiedlichsten Vortragssituationen abzulichten. Zur Zusammenarbeit mit Fotografen erfahren Sie in Kapitel 15 noch etwas mehr. Dies vorweg: Nur ein Fotograf, der Ihnen auch persönlich sympathisch ist, wird Ihre maximal positive Ausstrahlung einfangen können.

Wichtig ist auch das auf Ihren Auftrittsfotos sichtbare Publikum. Prinzipiell gilt: Je größer das Auditorium, desto besser. Streben Sie jedoch nicht nach Größe um jeden Preis. Im Businessbereich zählt beispielsweise auch, wie Ihr Publikum gekleidet ist. Eine Riege »wichtig« aussehender Anzugträger in der ersten Reihe macht sich hier stets gut. Wenn Sie also Einfluss darauf nehmen können, wer sich wo hinsetzt, dann machen Sie ihn geltend. Ein No-Go sind leere Stühle auf einem Foto. Sorgen Sie dafür, dass alle Plätze, die man auf den Fotos sehen kann, auch besetzt sind. Wenn Sie das charmant genug können, bitten Sie Leute im Zweifel, zusammenzurücken. Und lassen Sie leer gebliebene Stühle entfernen.

Die besten Porträtfotos und die besten Live-Fotos wählen Sie dann für Ihre Rednermappe aus. Bei der Endauswahl lassen Sie sich am besten von Ihrem Grafiker unterstützen.

In eigener Sache: Profiltexte

Die Leseforschung hat gezeigt: In Printmedien sind Leser wesentlich längere Texte zu lesen bereit als online. Und was für Zeitungen gegenüber Onlinenews gilt, das gilt auch für Ihre Rednermappe im Vergleich zu Ihrer Website: Die Texte, mit denen Sie sich selbst präsentieren, dürfen hier deutlich länger sein als im Internet, ohne von den Lesern als zu lang empfunden zu werden. Stellen Sie sich und das, was Ihren Expertenstatus ausmacht, deshalb ausführlich vor. Wer sind Sie, und was darf der Kunde von Ihnen erwarten? Dies kann in der Redner-mappe bis zu vier Seiten einnehmen.

Schreiben Sie etwas zu Ihren Qualifikationen, Ihrem Vortragsstil und Ihrem Werdegang. Lassen Sie die Leser an Ihren größten und überzeu-gendsten Erfolgen teilhaben. Beispielsweise einem besonders spekta-kulären oder ungewöhnlichen Auftritt. Sie können auch etwas über die Unternehmen schreiben, mit denen Sie bereits zusammengearbei-tet haben. Und wenn Sie Buchautor sind (was Sie ja sein sollten), dann erwähnen Sie es bereits an dieser Stelle. Und nicht erst unter der Rubrik »Veröffentlichungen«. Dort gehen Sie dann noch einmal ins Detail.

Am besten verwenden Sie durchgängig die dritte Person Singular, wenn Sie über sich selbst schreiben. Denn während eine Formulie-rung wie »Er versteht es meisterhaft ...« für die Leser immer okay ist, dürfte ein »Ich verstehe es meisterhaft ...« vielen als unangenehm eitel aufstoßen. Mit dem Schreiben in der dritten Person erwecken Sie den Eindruck von Objektivität und Seriosität – auch wenn Sie den Text selbst geschrieben haben. Gliedern Sie den Text schließlich immer in sinnvolle und logische Abschnitte. »Bleiwüsten« liest niemand gerne. Übersicht und Struktur sind gefragt. Dafür sorgen Sie nicht erst beim Layout, sondern schon beim Texten.

Wenn Sie sich von der Masse abheben wollen, fügen Sie einfach noch ein paar originellere Texte hinzu als das übliche Selbstporträt. Lassen Sie sich doch zum Beispiel von einem befreundeten Topexperten »in-terviewen« und drucken Sie dieses Gespräch ab. Die Inhalte sollten dabei gut überlegt und klar definiert sein. Die Gesprächsform wirkt immer lebendig und persönlich. Das lockert die Inhalte auf.

Wenn Sie sich zu den »Vordenkern« Ihres Fachs zählen, kommt auch eine Art »Manifest« infrage. Zum Beispiel Ihre zehn wichtigsten und provokantesten Thesen. Der amerikanische Businessguru Tom Peters hat vor einigen Jahren einmal ein solches Manifest veröffentlicht. In »Tom's Re-imagine Manifesto« werden über mehrere Seiten immer wieder gängige Annahmen im Business (»They say ...«) kontrastiert mit den neuen Denkansätzen von Tom Peters (»I say ...«).

Hier als Inspiration ein kurzer Ausschnitt aus »Tom's Re-imagine Manifesto« im englischen Original:

They say »What's wrong with a ›good product‹?«
I say Wal-Mart or China or both are about to eat your lunch.
Why can't you provide instead a Fabulous Experience?
They say »Take a deep breath. Be calm.«
I say »Tell it to Wal-Mart. Tell it to China. Tell it to India.
Tell it to Dell. Tell it to Microsoft.«
They say the Web is a »useful tool.«
I say the Web changes everything. Now.
They say »We need an Initiative.«
I say »We need a Dream. And Dreamers.«

Es muss freilich für Ihre Rednermappe nicht gleich ein ganzes »Manifest« sein. Sie können auch einfach eine Seite mit Ihren besten Aussprüchen und Aphorismen zusammenstellen. Als Redner leben Sie von der Kunst der Zuspitzung. Also dürfte es Ihnen nicht schwerfallen, einige Bonmots zusammenzutragen. Die Hauptsache bei alledem ist, Sie lassen sich bei Ihren Texten etwas einfallen, was ungewöhnlich, prägnant und persönlich ist. Auch hier geht es um einen »Wow-Effekt«.

Ihr Kunde darf gespannt sein: Vortragsinfos

Hier sind wir bei Ihrer eigentlichen »Produktbeschreibung«. Der nüchterne Teil, könnte man sagen. Nun, sorgen Sie dafür, dass die Fakten nicht zu nüchtern »rüberkommen«. Nehmen Sie wiederum das Produktmarketing erfolgreicher Hersteller als Beispiel. Da heißt es im Prospekt des BMW 6er ja nicht etwa: »Der Innenraum des Fahrzeugs verfügt über Lederausstattung, Holzapplikationen sowie eine umfassende Beleuchtung bei Dunkelheit«. Sondern das Marketing von BMW fasst die genannten Fakten in genau diesen Text:

Einsteigen und nicht mehr aussteigen wollen. Feines Leder, edles Holz,
perfekte Verarbeitung und Liebe zum Detail kreieren im BMW 6er
ein atemberaubendes Ambiente. Bei Nacht taucht das optionale Am-

biente-Licht das Fahrzeuginnere in ein warmes Orange und schafft eine stimmungsvolle Atmosphäre.

Machen Sie es ganz genauso. Beschreiben Sie nicht nur, was Sie bieten, sondern gleich auch die *emotionale Wirkung*. Dazu benutzen Sie unter anderem passende Adjektive. Zum Beispiel:

- *impulsive* Vorträge
- *motivierende* Lebendigkeit
- *mitreißende* Rhetorik
- *dynamischer* Auftritt
- *packende* Themen
- *lebendige* Beispiele
- *leidenschaftliches* Engagement

Achten Sie jedoch sorgfältig darauf, dass Sie nicht nur »heiße Luft« produzieren. Die Fakten dürfen nicht fehlen. In Ihre Rednermappe gehört also beispielsweise eine Liste der Themen Ihrer Vorträge. Wie Sie ja bereits wissen, sind Ihre Vortragsthemen stets Ableitungen und Variationen Ihres *einen* Expertenthemas. Folgende Gratwanderung sollten Sie hier hinbekommen: Sie bleiben »sauber« als Experte positioniert, bieten Ihren Kunden jedoch trotzdem das Gefühl, die Auswahl aus einem breiten Spektrum von Vortragsthemen zu haben.

Wenn Sie mögen, können Sie auch gleich fertige Vortragstitel vorschlagen, statt nur Themen zu benennen. Unsere fiktive Trainerin Sabine Renner könnte denselben Vortrag beispielsweise unter diese drei Überschriften stellen:

- Have fun! Spaß muss sein im Unternehmen
- Gesund und fit im Arbeitsalltag. So sorgen Sie für Wellness im Unternehmen
- Endlich wieder Montagmorgen! Begeisterte Mitarbeiter durch Fitness und Gesundheit

Wichtig ist hier allein die Wirkung: Sie sind flexibel und vielseitig. Sie sind in der Lage, den Nerv des Kunden zu treffen. Das sollte beim Leser der Rednermappe ankommen. Was die Inhalte betrifft, so gehen Sie hier keineswegs zu sehr ins Detail. Eine ausführliche Inhaltsangabe

Ihres Vortrags ist an dieser Stelle überflüssig. Ja, möglicherweise wäre sie sogar kontraproduktiv. Nehmen Sie Ihrem Auftritt nicht den Zauber, indem Sie ihn vorab schon zerreden. Bewahren Sie ein Moment der Überraschung. Ihr Kunde soll sicher sein, den Richtigen zu buchen. Aber er darf auch ein wenig gespannt sein auf Sie.

Was Sie erreicht haben: Testimonials und Referenzen

Sicherheit geben, Erwartung aufbauen, neugierig machen – das sind auch die wesentlichen Funktionen Ihrer Testimonials. Zu Testimonials haben Sie in diesem Buch schon etwas gelesen. Sie stammen entweder von zufriedenen Kunden oder von Leitmedien. Für die Rednermappe sind die Kunden-Testimonials wesentlich wichtiger und sollten den Großteil der von Ihnen zusammengestellten Empfehlungszitate ausmachen. Ihre potenziellen Kunden wollen lesen, was bestehende Kunden über Sie denken. Und nicht nur, was sie denken, sondern vor allem, wie sie Ihren Vortrag *erlebt* haben.

Achten Sie bei der Auswahl der Testimonials darauf, dass (zumindest teilweise) Vertreter *bekannter* Unternehmen zu Wort kommen und folgende Punkte angesprochen werden:

- Der Teilnehmer ist begeistert von Ihrem Vortrag.
- Es wurde gute Unterhaltung geboten, das Lachen kam nie zu kurz.
- Der Teilnehmer erklärt, seine Erwartungen seien übertroffen worden.
- Der Teilnehmer erwähnt die positive Resonanz bei vielen anderen Teilnehmern (seinen Mitarbeitern).
- Die Anerkennung des Werts, des Nutzens und des innovativen Charakters Ihres Vortrags ist präsent.
- Der Teilnehmer äußert sich positiv zur Umsetzbarkeit des Vortragsinhalts in seinem Unternehmensalltag.
- Der Nutzen der Veranstaltung und die Bedeutung für den Organisator und für die Organisation werden erwähnt.
- Eine Danksagung für den Vortrag erfolgt.
- Der Wunsch, Sie bald ein weiteres Mal erleben zu können, wird ausgesprochen.

Natürlich kann nicht jedes Testimonial jedes dieser Kriterien erfüllen. Bloß bei der Auswahl der Zitate sollten Sie darauf achten, dass möglichst alle diese Punkte mindestens einmal vorkommen.

Referenzen sind etwas einfacher zusammenzustellen als Testimonals. Das in Kapitel 6 über Ihre Website Gesagte gilt im Prinzip auch hier: Sie machen entweder eine Liste Ihrer Kunden oder legen eine Seite mit deren Logos an. In jedem Fall sollten bekannte Namen/Marken vertreten sein. Mit Ihren Referenzen zeigen Sie nicht nur, wie gefragt Sie sind, sondern Sie drücken immer auch aus, welche Kunden Ihnen am liebsten sind. Der Leser Ihrer Rednermappe wird die Referenzen nämlich unbewusst daraufhin überprüfen, ob er sich »in dieser Gesellschaft« wohlfühlt. Stellen Sie also per Logo-Sammlung oder Referenzliste DAX-Unternehmen stark in den Vordergrund. Damit signalisieren Sie, dass Sie für Konzerne auch sehr gerne reden und auf Ihre dortigen Auftritte stolz sind. Ein potenzieller Kunde aus dem Mittelstand könnte sich dann aber fragen, ob Sie ausreichend Erfahrung mit mittelständischen Unternehmen haben. Und einem Sparkassendirektor wird es sofort auffallen, wenn Sie keine Banken und Sparkassen als Referenzen angeben.

Denken Sie also bei der Referenzliste daran, wen Sie alles als Kunde wollen, und nennen Sie dann ähnliche Kunden als Referenzen. Auch mit Wertekonflikten müssen Sie manchmal rechnen. Eine Referenzliste voller Atomkraftwerksbetreiber, Rüstungsunternehmen und Fluggesellschaften wird Ihnen nicht unbedingt eine Einladung zu einem »grünen« Nachhaltigkeitskongress einbringen. Entscheiden Sie sich also bewusst, welche Signale Sie mit Ihren Referenzen aussenden möchten.

Ebenso wie Referenzen gehören Auszeichnungen in Ihre Rednermappe. Haben Sie beispielsweise einen »Speaker Award« gewonnen, dann erwähnen Sie das natürlich hier. Nehmen Sie sich aber ruhig die Freiheit, den Begriff »Auszeichnung« etwas weiter zu fassen. So ist es ja beispielsweise auch eine »Auszeichnung«, in einem Ranking einer (Fach-)Zeitschrift (etwa »Deutschlands beste Finanzexperten« oder dergleichen) weit oben vertreten gewesen zu sein. Es ist auch eine »Auszeichnung«, in ein exklusives Expertennetzwerk (zum Beispiel den Verkäuferclub »55 – European community of marketing and sales«) aufgenommen worden zu sein. Oder in einem Nachschlagewerk wie dem »Deutschen Rednerlexikon« stehen zu dürfen. Das alles können Sie unter »Auszeichnungen« erwähnen.

Bei der Liste Ihrer Veröffentlichungen seien Sie ebenfalls ruhig großzügig. Koautorschaften bei Artikeln und Büchern, Gastbeiträge in anderen Büchern, Neuauflagen und Übersetzungen in andere Sprachen – das alles zählen Sie mit.

EXPERTENTIPP

Leseproben aus Ihren Büchern sind nutzwertig, stärken Ihr Expertenimage und kurbeln auch noch Ihre Buchverkäufe an. Bauen Sie deshalb Leseproben in Ihre Rednermappe ein.

Haben Sie Lehraufträge an Hochschulen, so sollten diese in der Rednermappe ebenfalls Erwähnung finden. Auch hier entscheiden Sie selbst, wie eng oder weit Sie diesen Begriff fassen möchten. Haben Sie schon einmal einen Vortrag vor Studenten einer Hochschule gehalten? Nun, dann hat die Hochschule Sie beauftragt, den Studenten lehrreiche Inhalte zu vermitteln. Das ist nichts anderes als ein »Lehrauftrag«.

Was über Sie geschrieben wird: Medienecho

Der Pressespiegel wird breiten Raum in Ihrer Rednermappe einnehmen. Wenn Sie Zeitungs- und Zeitschriftenartikel über Sie und Ihre Auftritte im Original-Layout abdrucken, dann haben Sie auf die Gestaltung der einzelnen Texte keinen Einfluss. Umso wichtiger ist es, eine aussagekräftige Auswahl an Artikeln zu treffen und Ordnung in den Pressespiegel zu bringen. Ein Inhaltsverzeichnis gehört unbedingt dazu. Bei einem umfangreichen Pressespiegel ordnen Sie die Artikel am besten entweder nach Themen, Medien oder Erscheinungstermin.

Welche Artikel wählen Sie nun überhaupt für Ihren Pressespiegel aus? Einige Grundregeln lassen sich hier formulieren:

- Nutzwertige Artikel berücksichtigen
- Imagefördernde Artikel berücksichtigen
- Von Ihrer Zielgruppe bevorzugte Medien ebenfalls bevorzugen
- Wiederholungen und Redundanzen vermeiden
- Artikel bevorzugen, die auch ein Foto von Ihnen beinhalten
- Titelseiten von Magazinen mit Ihrem Foto besonders gut platzieren

Zunächst sollten Sie dafür sorgen, dass in Ihrem Pressespiegel Beiträge enthalten sind, die Ihre Zielgruppe wirklich mit Gewinn lesen kann. Das darf dann ruhig auch einmal ein etwas nüchterner Fachartikel sein, sofern der Leser hier umsetzbares Expertenwissen von Ihnen erhält. Der Pressespiegel ist immer auch Spiegel Ihres Wissens und Ihrer Expertise. Hier finden sich Kostproben dessen, was Sie an andere weitergeben. Genauso wichtig sind Artikel, die Ihren Anspruch und Ihr Image als Topexperte betonen. Hatten Sie einen gemeinsamen Auftritt mit Apple-Gründer Steve Jobs und hat die Presse darüber berichtet, so wird der Bericht darüber Ihren potenziellen Kunden zwar kein unmittelbar umsetzbares Wissen liefern. Aber den Aufmerksamkeitswert und den Imagegewinn lassen Sie sich dennoch nicht entgehen.

Wenn Sie die Auswahl aus einer ganzen Reihe von Medien haben, so stehen Leitmedien natürlich besonders im Fokus. Haben überregionale Tageszeitungen oder die großen Wirtschaftsmagazine, wie »Wirtschaftswoche«, »Capital« oder »brand eins«, über Sie berichtet, so gehören diese Berichte natürlich hierher. Schielen Sie aber nicht allein auf die großen Namen, sondern fragen Sie sich auch: »Welche Medien sind für die Zielgruppe wichtig?« Wenn Sie zum Beispiel häufig von Regionalzeitungen zu Veranstaltungen eingeladen werden, dann müssen die Berichte dieser Zeitungen selbstverständlich in den Pressespiegel. Auch wenn Sie persönlich den einen oder anderen davon als nicht sehr gelungen empfinden.

Ein anderes Beispiel: Angenommen, Ihr Kundenschwerpunkt liegt im Mittelstand. Dann gehören auch IHK-Zeitschriften und Branchenblätter in den Pressespiegel. Wenn Sie oft für eine bestimmte Branche reden, sollten Sie ohnehin wissen, was das »Leitmedium« dieser Branche ist und möglichst dort präsent sein. Bei Werbeagenturen ist es zum Beispiel die Zeitschrift »Werben & Verkaufen«. Für die Zielgruppe Sparkassen ist dieses Medium dann wiederum bedeutungslos.

Vermeiden Sie zu viele Wiederholungen. Selbst über Ihren gemeinsamen Auftritt mit Steve Jobs möchten Ihre Kunden vielleicht nicht 15 Artikel aus den unterschiedlichsten Zeitungen und Zeitschriften lesen. Suchen Sie in diesem Fall die besten Beiträge aus. Berücksichtigen Sie die für Ihre Zielgruppe wichtigsten Medien, und sorgen Sie dafür, dass die inhaltlichen Überschneidungen der Berichte sich in Grenzen halten.

Eindruck machen: Optische und haptische Gestaltung der Rednermappe

Manche Trainer präsentieren ihre Vita und ihre Referenzen in einem Schnellhefter aus Plastik. Andere orientieren sich an einer Bewerbungsmappe für offene Stellen in Unternehmen. Für einen Topspeaker dagegen ist das Beste gerade gut genug. Spiralbindung und ein hochwertiger Umschlag in Leinenoptik (oder vergleichbarem Material) bedeuten den Mindeststandard. Das Papier sollte sich angenehm anfassen und mindestens $100 \, g / m^2$ Stärke besitzen. Gedruckt wird das Ganze selbstverständlich in einer Druckerei, nicht am heimischen Tintenstrahldrucker. Und ganz wichtig: Die Artikel für Ihren Pressespiegel lassen Sie von einem Profi scannen und anschließend am Bildschirm bearbeiten. In Eigenregie werden Sie (oder Ihre Büromitarbeiter) hier kaum die nötige Qualität hinbekommen.

Beim Layout sollten Sie sowohl auf einen übersichtlichen Gesamteindruck als auch auf eine edle Anmutung achten. »Edel« muss dabei nicht gleichbedeutend mit »konservativ« sein. Sehen Sie sich zum Beispiel einmal die Websites und die Broschüren von Apple, BMW oder Porsche an: Sie wirken sehr modern und zugleich ausgesprochen edel. Ihr Grafiker macht Ihnen am besten ein zu Ihrem Image passendes Grundlayout, das Sie bei Bedarf immer wieder variieren können. Im Einzelnen hängt dann von Ihrer Positionierung ab, was zu Ihnen passt und was nicht. Besprechen Sie dies mit Ihrem Grafiker ebenso sorgfältig, wie Sie es im Hinblick auf Ihre Website (in Kapitel 6) schon getan haben.

Noch mehr als bei Ihrer Website spielen bei Ihren eigenen Printerzeugnissen die Farben eine wichtige Rolle für die Wirkung. Neben Ihrem persönlichen Geschmack und Ihrer Positionierung sollten für Ihre »CI« auch die allgemeinen Regeln der Farbpsychologie Beachtung finden. Dass Rot für Lebendigkeit steht und Blau für Kühle, weiß jedes Kind. Aber wussten Sie auch, dass Blau und Rot die beliebtesten Farben der Deutschen sind und von fast niemandem wirklich abgelehnt werden? Während Braun, Orange und Violett von bis zu knapp 20 Prozent der Befragten als unangenehm und abstoßend empfunden werden? Orange oder Braun bedeuten also hohes Risiko. Weiß hingegen hat wenig Fans, aber auch keine Gegner. Diese Farbe ist eher neutral.

Dunkelblau und Dunkelrot sind konservative »Business«-Farben und signalisieren Seriosität. Grün ist die Farbe des Sports und der Natur. Für den Businessbereich ist sie weniger angebracht. Auch an Gelb scheiden sich die Geister. Grau wirkt auf Männer oft angenehm, auf viele Frauen aber unangenehm. Schwarz wiederum ist traditionell die Farbe von Autorität und Macht. Als Farbe der Reichen und Mächtigen kann sie auch für Luxus stehen. Nicht umsonst ist die teuerste American-Express-Karte schwarz. Überlegen Sie also gut, in welchen Farben Sie sich präsentieren möchten.

Zum Schluss noch eine ausgefallene Idee für Ihre Rednermappe: Lassen Sie diese doch einfach als Buch binden! Was gibt es im Printbereich schließlich Wertvolleres als ein Buch? Die Kosten dafür müssen Ihnen nicht einmal über den Kopf wachsen. Print-on-Demand-Anbieter, wie BOD oder epubli, arbeiten zu erschwinglichen Preisen. Über diese Dienstleister könnten Sie Ihr Redner-»Buch« sogar über den Handel bestellbar machen. Daneben lohnt es sich, Angebote von Druckereien einzuholen. Für welches Format auch immer Sie sich entscheiden: Zusätzlich zur gedruckten Form sollten Sie die Rednermappe auch als digitales PDF auf Ihrer Website zum Download bereithalten. So erreichen Sie wirklich alle Ihre Interessenten.

KOMPAKT

- Weil Sie sich als Topspeaker wie ein Premiumprodukt vermarkten, gehört auch eine Rednermappe mit hoher Wertanmutung zu Ihren wichtigen Verkaufsinstrumenten. Machen Sie sich jedoch erst an die Erstellung einer Rednermappe, wenn Sie genügend Referenzen und Medienberichte über Ihre Vorträge vorliegen haben.

- In Ihrer Rednermappe finden Ihre potenziellen Kunden Informationen über Sie persönlich, Ihren Expertenstatus und Werdegang sowie über Ihre Vortragsinhalte und die Reaktionen von Zuhörern und Medien. Kundenliste, Auszeichnungen und Angaben zu Ihren Veröffentlichungen runden das positive Bild ab.

- Die Gestaltung Ihrer Rednermappe sollte Wertigkeit signalisieren. Sparen Sie hier weder am Papier noch am Grafiker noch an professionellen Scans. Farben und Formen hängen stark von Ihrer Positionierung ab. Machen Sie sich mit den Grundregeln der Typografie und der Farbpsychologie vertraut, um sich von Ihren Dienstleistern noch besser beraten lassen zu können.

KAPITEL 10

Dramaturgie: Der Fahrplan für Ihren perfekten Auftritt

In einem Restaurant im Chiemgau feiern Sabine Renner und Peter Reichelt gemeinsam mit Peters Ehefrau Annette den Vortrag von Sabine am Tag zuvor in München.
»Bist du zufrieden mit der Resonanz beim Publikum?«, fragt Wirtschaftsjournalistin Annette die langjährige Freundin des Ehepaars Reichelt. »Und wie!«, antwortet Sabine. »Ich habe nur positives Feedback bekommen.«
»Wir haben Grund zu feiern«, bemerkt Peter Reichelt. »Denn für den Anfang in diesem Geschäft war dein Auftritt sehr gut.« Dann legt er die Stirn in Falten. »Ihr kennt allerdings mein Motto: ›Was heute sehr gut ist, ist morgen schon nicht mehr gut genug.‹ Deshalb sollten wir jetzt an deiner Dramaturgie arbeiten, Sabine. Dein Vortrag ist gut improvisiert, aber du kannst da noch viel mehr herausholen. In Zukunft überlässt du auf der Bühne nichts mehr dem Zufall!«

Wie haben Sie bisher als Trainer gearbeitet? Angenommen, Sie hatten ein zweitägiges Seminar zu bestreiten. Dann haben Sie wahrscheinlich die Seminarinhalte in »Module« aufgeteilt und über die zwei Tage verteilt. Zwischen den einzelnen Modulen gab es jeweils längere Kaffee- und Mittagspausen. Während der 60- bis 90-minütigen Arbeitsphasen haben Sie, wenn Sie ein guter Trainer sind, intensiven Kontakt zu den Teilnehmern gehalten. Sie haben »Rapport« hergestellt, wie einige das auch nennen. Der Gleichklang mit der Gruppe, der »gute Draht« zu jedem Einzelnen im Seminar war immer wichtig für Ihren Erfolg. Dazu gehörte auch der geschickte Umgang mit negativ gestimmten und resistenten Seminarteilnehmern, die durch Unruhe, ständiges kritisches

Hinterfragen und dergleichen Ihre Veranstaltung zu sabotieren drohten. Mit allerlei Psychotricks haben Sie diese Teilnehmer immer wieder »eingefangen«. Dabei haben Sie sich bestimmt bemüht, nicht allzu autoritär aufzutreten. Sie wollten die Teilnehmer nicht dominieren, was nur noch mehr Widerstand erzeugt hätte, sondern der Gruppe Raum geben und ein offenes Lernklima schaffen. Deshalb durften die Teilnehmer Sie selbstverständlich auch jederzeit mit Fragen unterbrechen. Sie haben geduldig geantwortet, bis alles geklärt war.

Wenn Ihnen als Trainer diese Art des Umgangs mit Gruppen in Fleisch und Blut übergegangen ist, dann stehen Sie auf dem Weg zum Topspeaker vor einer großen Herausforderung. Denn das, was die besten Trainer wirklich erfolgreich macht, ist für Speaker eines der größten Hindernisse auf dem Weg zum Erfolg: Der persönliche menschliche Kontakt findet mit dem Speaker nicht statt. Punkt. Sie haben in diesem Buch zwar schon etwas über »good vibrations« im Saal gehört – und diese »Energie im Raum« ist tatsächlich sehr wichtig für den gelungenen Vortrag. Aber sie ist etwas vollkommen Unpersönliches.

Sie nehmen während Ihres Vortrags keinerlei persönlichen Kontakt zu einem einzelnen Zuhörer auf. Manchmal haben Sie nicht einmal Augenkontakt zu den Zuhörern in der ersten Reihe. Machen Sie sich bitte klar, wie groß Kongresshallen sind und wie stark Sie als Speaker oft von Scheinwerfern geblendet werden. Sie wissen dann buchstäblich nicht, wen Sie vor sich haben. Sie müssen eine Topperformance abliefern und bekommen außer Lachen und Applaus keine Feedbacks aus dem Publikum mit. Wenn Sie nun aus Ihrer Erfahrung als Trainer immer dann besonders gut sind, wenn Sie intensiven Kontakt mit der Gruppe halten, haben Sie vor großem Publikum ein Problem.

AUF DEN PUNKT

Trainer brauchen den intensiven Kontakt zur Gruppe und die Interaktion mit den Teilnehmern. Als Speaker liefern Sie auch dann eine Topperformance, wenn Sie Ihre Zuhörer nicht einmal sehen können.

Der Ausweg aus dem Dilemma ist klar: Sie müssen umlernen. Als Trainer im Weiterbildungssektor wissen Sie aus eigener Erfahrung mit Ihren Seminarteilnehmern, wie schwierig das Umlernen meistens ist.

Kaum etwas hält sich hartnäckiger als alte Gewohnheiten. Doch die Sache hat auch einen Vorteil: Haben Sie neue Gewohnheiten erfolgreich etabliert, können Sie bildlich gesprochen »mit Autopilot fliegen« und müssen nicht immer wieder neu überlegen. Das ist ja der Sinn menschlicher Gewohnheiten: Sie helfen uns, Energie zu sparen.

Sie gewöhnen sich am besten an den neuen Umgang mit großen Gruppen, indem Sie sich eine klare und unverrückbare Struktur schaffen. Wenn Sie 60 Minuten lang reden sollen, dann ist jede dieser 60 Minuten geplant. Das mag sich für Sie als Trainer ungewohnt anhören. Vielleicht finden Sie es übertrieben oder glauben, dadurch würden Sie sich unnötig einengen. Aber spätestens, wenn Sie vor 2.000 Zuhörern in einer Kongresshalle vollkommen selbstsicher und entspannt auf die Rednerbühne treten, werden Sie wissen, warum nur dies der Weg des Topspeakers sein kann. Ein Speaking ist kein Seminar, sondern eine »Show«. Wer das nicht beherzigt, wird beim Publikum durchfallen.

Vergessen Sie also Ihre bisherigen Seminare. Wenn Sie Vorbilder für Ihren Auftritt als Redner suchen, dann denken Sie lieber an eine Theateraufführung. Da sitzt der Text bei jedem Schauspieler. Jede Bewegung ist geprobt. Genauso ist es bei Konzerttourneen von Popstars. Es ist bei Broadway-Shows so. Und es wird auch bei Ihnen so sein. Ein Topspeaker weiß in jeder Sekunde seines Auftritts, was er sagt und tut und was als Nächstes kommt. Dieser exakte Ablauf ist die »Dramaturgie«. Im Theater würde man »Inszenierung« sagen und beim Open-Air-Konzert vielleicht »Choreografie«. Immer bedeutet es dasselbe: Vor dem Auftritt wird der Ablauf präzise festgelegt und dann einstudiert. Wie man so etwas macht und worauf zu achten ist, darum geht es in den weiteren Abschnitten dieses Kapitels.

Um eine exakte Dramaturgie für Ihren ersten Vortrag entwickeln zu können, sollten Sie zunächst noch einmal einen Blick auf das werfen, womit Sie sich im Rahmen Ihrer Positionierung beschäftigt haben. In Kapitel 5 haben Sie gelesen, wie wichtig es ist, dass Ihre Themen und Ihr Expertenanspruch als Speaker mit Ihrem Persönlichkeitstyp übereinstimmen. Nur so wirken Sie authentisch.

Es wird Sie kaum überraschen, dass dies ebenso sehr für Ihren Vortragsstil gilt. Eine Dramaturgie, die weder zu Ihrem Typ noch zu Ihren

Themen noch zu Ihrem Wunschpublikum passt, ist vollkommen unglaubwürdig. Deshalb lernen Sie jetzt zunächst einige typische Vortragsstile kennen. Wenn Sie sich entschieden haben, was Ihrem Typ und Ihren Themen am meisten entspricht, begeben Sie sich an die Dramaturgie und die Ausarbeitung der Details.

Guru oder Comedian? Wie Sie auftreten

Speaking bedeutet Show. Also denken Sie noch einmal einen Augenblick an das Showgeschäft. Von der Vermarktungsmaschine hinter Lady Gaga war in diesem Buch bereits die Rede. Was für eine Art Bühnenshow würden Sie von der schrillen Lady aus New York erwarten? Eines steht fest: sicherlich eine andere als von Mireille Mathieu. Die französische Chansonsängerin mit dem streng geheimen Privatleben wiederum tritt völlig anders auf, als es Rockstar Bruce Springsteen im Stadion des FC Bayern täte.

Beim Speaking ist es ganz genauso. Von der Positionierung und dem Image eines Speakers hängt der Vortragsstil ab. Im Folgenden finden Sie eine Auswahl einiger typischer Vortragsstile. Die Charakterisierungen sind bewusst etwas übertrieben, um die Unterschiede anschaulich zu machen. Überlegen Sie trotzdem einmal, was Ihrem Typ am nächsten kommt. Natürlich gibt es wie überall so auch hier mehr Mischtypen als Typen in ihrer reinen Form. Vergeben Sie deshalb am besten Prozentwerte: Zu wie viel Prozent finden Sie sich in den einzelnen Vortragsstilen wieder?

- **Der weise Häuptling spricht**
  Die amerikanischen Speaker nennen diesen Vortragsstil auch »Sage on the Stage«. Einsam auf der Bühne, in sich ruhend und mit fester Stimme verkündet der Speaker seine zeitlosen Wahrheiten. Hilfsmittel braucht er dazu wenige bis gar keine. Das Publikum lauscht auch so andächtig. Man könnte die sprichwörtliche Stecknadel fallen hören.
  Bewertung: Das ist der Stil von (internationalen) Businessgurus, Elder Statesmen (wie zum Beispiel Lothar Späth) oder ergrauten Unternehmerlegenden (wie zum Beispiel Hasso Plattner). Topstatus

und unangefochtene Autorität sind zwingende Voraussetzung für diese Art Auftritt.

- **Robinson Club**
Der Speaker vom Typ Animateur lässt gerne einmal alle aufstehen und Kniebeugen oder kinesiologische Tests machen. Er kennt etliche Partnerübungen, bei denen garantiert einige Zuhörer rot werden. Aber auch alleine auf der Bühne wirkt er stets etwas hyperaktiv. Hier agiert der Praktiker, dem Motivation nicht genügt. Er will Menschen bewegen. Und damit wird hier im Saal sofort angefangen!
Bewertung: So punkten Ex-Sportprofis, Fitnessexperten oder Erfolgstrainer beim Publikum. Für »Vordenker« oder Managementgurus eher ein No-Go. Einige Zuhörer sind von solchen Rednern genervt. Darin besteht das Risiko.

- **Vorlesung beim Professor**
Dieser Vortragstyp beeindruckt mit »ZDF« – Zahlen, Daten, Fakten. Jeder dritte Satz wird mit einer Studie belegt. PowerPoint ist ein gängiges Hilfsmittel, um die Zuhörer jederzeit mit ausreichend Diagrammen und Statistiken zu versorgen. Hin und wieder wird Witziges und Unterhaltsames eingestreut. Wie es auch ein guter Professor bei seinen Studenten macht.
Bewertung: Dieser Vortragstyp bedient das Bedürfnis nach Sicherheit und verlässlichen Fakten in unsicheren Zeiten. Der Redner muss die entsprechende »Deutungshoheit« ausstrahlen. Ein »echter« Professorentitel hilft dabei. Der Doktortitel sollte es mindestens sein. So oder so werden einige Zuhörer sagen: »Wie langweilig«.

- **Welcome to Las Vegas**
Vorträge dieses Typs sind ein Feuerwerk der Unterhaltung. Kommt PowerPoint zum Einsatz, jagt ein witziges Foto das andere. Gefolgt vom nächsten Videoclip. Schon wieder ein Brüller. Aber auch der Redner ist in ständiger Bewegung: Er setzt ausladende Gesten ein, zieht Grimassen, spielt kleine Szenen vor und macht Dialekte nach. Dann hechtet er zum Flipchart und zeichnet eine Karikatur. Zaubertricks gehören zu seinem Standardprogramm. Und bei Gesangseinlagen wird er erst richtig warm.
Bewertung: Solche Shows eignen sich besonders für betriebswirtschaftliche Themen wie Vertrieb, Verkauf, Marketing, Innovation und so weiter. Diese Themen sind eher »wertneutral« und deshalb gefahrlos als

maximales Infotainment zu präsentieren. Ein Vortrag über die Zukunft der Atomenergie in diesem Stil ist schwer vorstellbar.

■ **Hart, aber herzlich**

In Vorträgen dieses Typs wird provoziert, polarisiert und herausgefordert. In der einen Variante geht der Speaker das Publikum direkt an. »Bewegt eure Hintern, ihr faulen Säcke« ist dann noch eine der freundlichen Aufforderungen. In einer anderen Variante wird über irgendwen oder irgendwas hergezogen. Politische Bestsellerautoren füllen damit besonders in Deutschland die Säle. In den USA repräsentiert Larry Winget (»The Pitbull of Personal Development«) diesen Typ Speaker in Reinkultur. Aber auch bei dem deutschen Rhetorikexperten Rolf H. Ruhleder muss das Publikum auf einiges gefasst sein.

Bewertung: Provokation schafft Aufmerksamkeit, keine Frage. Allerdings kostet es viel Energie, die Rolle des Provokateurs durchzuhalten.

■ **Town-Hall-Meeting**

Vorträge dieses Typs sind so interaktiv und »demokratisch« wie möglich. Der Speaker will auf keinen Fall die ganze Zeit selbst reden. Und schon gar nicht von oben herab. Manchmal ignoriert er bereits die Bühne und stellt sich an einen Party-Stehtisch im Mittelgang neben Reihe zwei. In jedem Fall will er das Publikum einbeziehen. Er möchte Fragen ermöglichen und in den Dialog kommen. Gerne geht er dazu mitten durch die Reihen. Und er beteuert nach jedem seiner Vorträge, »selbst ganz viel gelernt« zu haben.

Bewertung: Dieser Stil kommt dem Zeitgeist entgegen, ist aber eine Gratwanderung. Der Speaker braucht viel Selbstsicherheit und »natürliche Autorität«, damit ihm der Vortrag nicht entgleitet und er für die Kunden sein Geld wert bleibt.

Haben Sie ein Bild, welcher Typ Vortrag Ihnen am nächsten kommt? Oder welche Mischung? Was auch immer es ist: Ein Profi wird bei jedem, wirklich jedem dieser Vortragsstile genau wissen, was er tut. Die erste Provokation des »Pitbulls« hat ihr exaktes Timing. Und auch der »Demokrat« weiß genau, wann andere reden sollen und wann es für ihn wieder an der Zeit ist, die Zügel fest in die Hand zu nehmen. Wie Sie eine genaue Dramaturgie erstellen, darum geht es im nächsten Abschnitt.

PowerPoint oder Regiebuch:
Tools für Ihre Dramaturgie

Um auf Dauer vom »Trainermodus« in den »Speakermodus« umschalten zu können, sollten Sie Ihrem ersten professionellen Vortrag bewusst ein strenges Korsett verleihen. Als Tool für Ihre Dramaturgie nutzen Sie entweder PowerPoint (beim Mac alternativ Keynote), oder Sie erstellen ein »Regiebuch«, ähnlich wie es beim Theater üblich ist. Wenn Sie ohnehin Ihren gesamten Vortrag mit PowerPoint unterstützen, dann ist es praktisch und effizient, gleich auch die Dramaturgie mit PowerPoint zu planen.

EXPERTENTIPP

Machen Sie PowerPoint zum Planungs- und Unterstützungs-Tool für Ihre Vorträge in einem. Indem Sie die PowerPoint-Präsentation erstellen, legen Sie gleichzeitig die Dramaturgie für Ihren Vortrag fest.

Setzen Sie PowerPoint richtig ein, dann ist während Ihres gesamten Vortrags für die Zuhörer immer eine Folie im Hintergrund zu sehen. Die Summe Ihrer Folien ist deshalb weitgehend identisch mit Ihrem Vortrag. Wenn Sie PowerPoint schon ein wenig kennen, dann ist Ihnen vielleicht auch das Notizen-Feld vertraut. Wenn Sie eine neue, leere Präsentation mit den Standardeinstellungen von PowerPoint starten, lesen Sie unten in einem schmalen, weißen Bereich: »Klicken Sie, um Notizen hinzuzufügen«. Zu jeder einzelnen Folie können Sie hier zusätzliche Texte einfügen.

Wenn Sie nun die Präsentation ablaufen lassen, sind die Notizen für Ihre Zuhörer unsichtbar. Das heißt, sie erscheinen nicht auf dem Bildschirm beziehungsweise der Leinwand, auf der die Folien dem Publikum angezeigt werden. Sie allein sehen diese Texte, und zwar auf dem Bildschirm des Computers, von dem aus Sie die Präsentation steuern. Dazu müssen Sie nur in PowerPoint mit einem Häkchen die sogenannte »Referentenansicht« aktivieren. Damit können Sie neben den Notizen auch gleich die kommende Folie sehen.

DRAMATURGIE: DER FAHRPLAN FÜR IHREN PERFEKTEN AUFTRITT **171**

Der Zweck der Notiz-Funktion ist klar: Sie können praktisch Ihr gesamtes Redemanuskript in PowerPoint integrieren, ohne dass die Zuhörer es merken. Auf der Leinwand erscheint zum Beispiel ein Foto von Henry Ford. Und in Ihren Notizen steht: »Ob du glaubst, du schaffst es, oder ob du glaubst, du schaffst es nicht – du hast auf jeden Fall recht.« Dies ist ein Zitat von Henry Ford, das Sie an dieser Stelle im Vortrag bringen wollen. Da es nur für Sie sichtbar in den PowerPoint-Notizen steht, wissen Sie sich auf der Bühne selbst dann zu helfen, wenn es Ihnen im entscheidenden Moment einmal nicht einfällt.

Die Notizfunktion von PowerPoint eignet sich hervorragend, um Ihre Vortragsdramaturgie schriftlich exakt festzuhalten. Alles ist dann genau am richtigen Platz. Und keiner Ihrer Zuhörer wird etwas davon sehen, wenn Sie Ihre Notizen beim Vortrag dabeihaben wollen. Fragen Sie sich einfach bei jeder Folie: »Was sage ich hier? Was mache ich hier? Was brauche ich dazu?« Solche Notizen können dann ungefähr so aussehen:

- Zum Flipchart gehen
- Erfolgskurve nach Gary Hamel zeichnen
- An Publikum: »Das ist eine Klapperschlange bei ihrem ersten Flugversuch«

Wie viele Notizen Sie benötigen und wie detailliert diese sein müssen, hängt ganz von Ihnen ab. Wenn Sie die Notizfunktion ausschließlich zur Planung verwenden und dann alles auswendig lernen, sind Sie in der Länge nicht beschränkt. Wenn Sie auch ein »Back-up« für den Fall möchten, dass Ihnen im Vortrag einmal etwas nicht mehr einfällt, achten Sie darauf, dass Ihre Notizen knapp sind und sie diese auch unter Stress schnell erfassen können. Achtung: Manchmal ist es schlichtweg technisch nicht möglich, dass Ihr Laptop auf der Bühne steht. Er steht dann hinten bei der Regie. Verlassen Sie sich also nie auf Ihr »Back-up«. Prüfen Sie am Veranstaltungsort, wo Sie Ihren Laptop platzieren können.

Vielleicht gehören Sie ja zu den Rednern, die ganz ohne PowerPoint sprechen. Einige »Weise Häuptlinge« oder »Animateure« zum Beispiel verzichten ganz bewusst auf dieses Tool. Eventuell setzen Sie auch nur sehr wenige Folien ein. In beiden Fällen kommt die Kommentarfunktion von PowerPoint nicht in Betracht, um Ihre Vortragsdramaturgie zu planen. Legen Sie stattdessen ein »Regiebuch« an. Beim Theater sind in einem Regiebuch die äußerlichen Vorgänge einer Theateraufführung (Schauspiel oder Oper) eingezeichnet, also Auftritte und Abgänge von Figuren, Stellungen der Figuren, Position der Requisiten, Einsätze für Beleuchtungsänderungen, Verwandlungen, Bühnenmusik und Bühnentechnik. Das Regiebuch dient als Gedächtnisstütze während der Proben, zur Betreuung einer Aufführungsserie und für Umbesetzungen und Wiederaufnahmen.

Für Ihren Vortrag wenden Sie einfach dasselbe Prinzip an. Schreiben Sie Ihre eigentlichen Redenotizen auf die linke Seite (oder in die linke Spalte). Fügen Sie auf der rechten Seite (oder in der rechten Spalte) alles hinzu, was Sie an einer bestimmten Stelle in Ihrem Redemanuskript sonst noch tun. Also beispielsweise: »Zum Flipchart gehen und Kurve anzeichnen«. Oder: »Hier Zaubertrick mit dem verschwundenen Wasser«. Am Ende haben Sie in Ihrem »Regiebuch« den kompletten Überblick über Ihren Vortrag.

EXPERTENTIPP

Planen Sie Ihren Vortrag nicht statisch, sondern lassen Sie Raum für kontinuierliche Verbesserungen. Durch Ausprobieren werden Sie an vielen Details noch feilen. Sorgen Sie dafür, dass Änderungen und Ergänzungen Ihrer Dramaturgie in Ihre Aufzeichnungen leicht integrierbar sind.

Sie haben nun Tools in der Hand, mit denen Sie jedes Detail Ihres Vortrags planen und weitere Ideen und Änderungen jederzeit integrieren können. Im nächsten Schritt geht es nun um einige Grundregeln bei der Entwicklung einer Vortragsdramaturgie.

Alles, außer Zufall: Der Bauplan Ihres Vortrags

Angenommen, Sie wollen ein Haus bauen. Da haben Sie einerseits große Freiheiten, Ihren persönlichen Geschmack walten zu lassen. Andererseits gibt es bestimmte Regeln und Vorschriften (etwa bezüglich der Statik), die sich bewährt haben und die Sie beherzigen sollten. Als »Architekt« Ihres Vortrags machen Sie es genauso. Seien Sie kreativ! Aber halten Sie sich auch an bewährte Regeln, damit Sie Ihren Kunden wirklich eine Zufriedenheitsgarantie geben können.

Der Einstieg

Der Einstieg in Ihren Vortrag bedeutet immer: sofort gute Gefühle! Überraschung und Tempo! Kein Konzert dieser Welt beginnt mit dem langsamsten Stück – egal, ob Klassik, Jazz, Pop oder Rock. Nein, am Anfang wird dem Publikum eingeheizt und die Stimmung angeheizt. Das gilt für Sie als Speaker umso mehr, als Sie kurz vor Ihrem Auftritt oft auf unprofessionelle Art und Weise eingeführt werden. Irgendein Manager, der Sie dem Publikum vorstellen wollte, hat mehr genuschelt und gestottert als etwas gesagt. Oder er wollte selbst noch witziger sein als der Speaker – und die Folge ist jetzt peinliches Schweigen in den Reihen. Besonders unter solchen »erschwerten Bedingungen« müssen Sie die Stimmung sofort ins Positive drehen.

Dazu können Sie einen »Knalleffekt« einsetzen, der die Aufmerksamkeit der Zuhörer sofort fesselt. Steigen Sie also direkt ins Thema ein. Leiten Sie auf keinen Fall umständlich her, was Sie in den nächsten 45 Minuten vortragen wollen. Sondern stellen Sie gleich eine provokative Frage in den Raum. Präsentieren Sie eine ungewohnte These. Oder ein verblüffendes Foto auf einer PowerPoint-Folie. Sorgen Sie dann dafür, dass die Zuhörer schnell das erste Mal lachen können. Und vor allem: Drücken Sie aufs Tempo! Nachdruck in der Stimme und Bewegung auf der Bühne sind angesagt.

> **EXPERTENTIPP**
>
> Wir sind es gewohnt, ein Publikum erst einmal zu begrüßen. Mit dem ersten Satz »Guten Tag, meine Damen und Herren« steigt die Stimmungskurve jedoch kein bisschen. War die Vorstellung schon langweilig, ist das schlecht. Eine Alternative: erst ins Thema einsteigen. Und nach ein paar Sätzen die Begrüßung folgen lassen. Oder Sie lassen sie ganz weg.

Wenn es Ihnen nicht so sehr liegt, sofort mit einem Knalleffekt zu starten, können Sie auch die Einstiegsvariante »Zuckerstückchen fürs Publikum« wählen. Schmeicheln Sie den Zuschauern ein wenig. Sagen Sie aber bitte nicht: »Magdeburg ist die schönste Stadt, in der ich je geredet habe«, sondern bleiben Sie glaubwürdig. Ein guter Trick ist es, nach Gemeinsamkeiten mit dem Publikum zu suchen und diese anzusprechen. Edgar K. Geffroy zum Beispiel hat einen Vortrag in Düsseldorf einmal so eingeleitet:

Wie Sie ja hören, ist es dieses Mal ein Heimspiel für mich. Manche halten mich für einen Düsseldorfer, aber ich bin ein Duisburger; ich bin in Duisburg geboren. Und ich habe in der Stahlindustrie sogar gelernt. Also, ich weiß wirklich noch, wie ein Hochofen funktioniert und wie aus diesem Schornstein da oben dieser Dreck rauskommt. Und das ist eine Welt, in der wir alle gelernt haben ...
(Hier beginnt der Standardtext des Vortrags.)

Dieser Einstieg schafft sofort gute Stimmung und gute Gefühle beim Publikum. In den Sitzreihen am Niederrhein denken die Leute: »Das ist einer von hier, einer von uns.« Das kommt vor allem beim Mittelstand gut an. Würde ein Redner dagegen während eines Vortrags bei einem Unternehmen wie SAP (mit seinen internationalen Teams und seiner Konzernsprache Englisch) die Herkunft aus der Region Walldorf-Wiesloch betonen, würde das wohl eher Befremden auslösen. Bei solchen Dingen ist immer Fingerspitzengefühl gefragt. Wichtig zu Beginn sind Aufmerksamkeit, gute Laune, gute Gefühle und »Drive«.

Das Erfolgsmuster

Auch als Speaker arbeiten Sie letztlich mit einer Art von »Modulen«. Allerdings vollkommen anders als beim Training. Ihre Vortrags-»Bausteine« sind die Botschaften Ihres Auftritts. Jedes Profi-Speaking ist nach einer bestimmten Anzahl von Botschaften gegliedert, die einfach nach und nach ablaufen. Die wirkungsvollsten Vorträge sind keine komplexen Gebilde mit Herleitungen und Exkursen, sondern einfach »in Reihe geschaltet«. Wählen Sie also als Grundgerüst für Ihren Vortrag fünf bis maximal zehn Botschaften (je nach gewünschter Länge) aus. Diese Botschaften »verdichten« Sie in Kernthesen. Diese können dann gleichzeitig Überschriften auf PowerPoint-Folien sein. Schauen wir uns einige typische verdichtete Botschaften von Speakern an:

- In der eigenen Branche findet man keine coolen Ideen. (Förster und Kreuz)
- Wer neun von zehn Stellen richtig besetzt, wird Marktführer. (Jörg Knoblauch)
- Es gibt keine richtigen Anreize. (Reinhard K. Sprenger)

Um Botschaften wie diese bauen Sie dann jeweils einen Vortragsabschnitt von mehreren Minuten Länge. Doch Vorsicht: Machen Sie es sich mit den Botschaften nicht zu leicht. Beim Erstellen eines Vortragskonzepts arbeitet ein Topspeaker bis zu 90 Prozent an der Relevanz seiner Botschaften. Erst dann kommt alles andere, wie zum Beispiel interessante Fotos und Videos dazu aussuchen.

Wie bringen Sie nun in wenigen Minuten eine Botschaft an die Zuhörer? Wichtigste Grundregel: »Problembewusstsein vor Lösungsimpuls!« Die besten Ideen verpuffen in der Luft und lösen bestenfalls Achselzucken aus, wenn dem Publikum das zugrunde liegende Problem nicht noch einmal vor Augen geführt wird. Vergleichen Sie selbst die folgenden zwei Aussagen:

- Zehn Minuten einfache Übungen jeden Tag können Rückenschmerzen dauerhaft vorbeugen.
- Über 70 Prozent der Deutschen leiden an Rückenschmerzen. Zehn Minuten einfache Übungen jeden Tag können Rückenschmerzen dauerhaft vorbeugen.

Welche Aussage wirkt motivierender? Natürlich die zweite. Denn Sie erfahren den Grund, warum Sie aktiv werden sollten: Die Chance ist groß, dass Sie sonst bald auch zu den 70 Prozent gehören. Kommen Sie also bei jeder Ihrer Botschaften vom Problem zur Lösung. Stellen Sie Ideen und Lösungen nie ohne Kontext in den Raum. So erzeugen Sie Betroffenheit. Gute Redner machen Beteiligte zu Betroffenen. Am Schluss steht idealerweise ein Aha-Effekt. Die Lösung ist ganz einfach, denkt Ihr Publikum. Ohne Sie wäre aber keiner darauf gekommen. Die idealtypische Zusammensetzung für eine einzelne Botschaft im Vortrag sieht so aus:

- Unterhaltsamer »Aufhänger«
- Betroffenheit
- Transfer
- Praxisbezug
- Wissenschaft und Studien
- Lösungsweg
- Aha-Effekt

»Transfer« bedeutet den Wechsel von einer Bild- oder Beispielebene zur Kernaussage. Diesen Kern Ihrer Botschaft setzen Sie dann in einen Bezug zur Praxis Ihrer Zuhörer. Sie erklären zum Beispiel, dass Apple mit iTunes die Musikindustrie revolutioniert hat. Dann fragen Sie die Zuhörer: »Wie könnten Sie Ihre Branche revolutionieren?« Der Lösungsweg ist dann genau das Prinzip, das auch Apple angewandt hat. So wie Sie dieses Prinzip auf den Punkt bringen, klingt es ganz einfach. Diese Einfachheit ist der Aha-Effekt.

Ihre in Serie ablaufenden Botschaften dürfen nun auf keinen Fall langweilig oder auch nur gleichförmig sein. Der Schlüssel dazu ist der »Methodenwechsel«. Mal richtet sich die Aufmerksamkeit der Zuhörer auf die gerade gezeigte PowerPoint-Folie. Mal stehen Sie am Flipchart und zeichnen. Mal lassen Sie einen kurzen Film ablaufen. (Dann haben Sie Pause und können einen Schluck Wasser trinken.) Hier sind einige der wichtigsten Methoden, die Sie zur Illustration Ihrer jeweiligen Botschaft einsetzen können:

- Fotos und Filme
- Audioaufzeichnungen

- Flipchart-Zeichnungen
- Demonstrationen, Vorführungen
- Storys und Anekdoten
- Zitate und Witze (im Internet zum Beispiel unter zitate.de oder witze.de)
- Spielzeug und Zaubertricks
- Szene spielen beziehungsweise jemanden parodieren
- Rätsel
- Positionswechsel (zum Beispiel durch die Reihen gehen)
- Singen und tanzen
- Kleine (Gedanken-)Übungen
- Wechsel im Vortragsstil (laut, leise, schnell, langsam)

Letztlich sind Ihrer Fantasie wenig Grenzen gesetzt. Aber Achtung: Nie den Positionierungs-Check vergessen! Was nicht zu Ihrem Image passt, geht nach hinten los. Wenn Sie Inspiration suchen, sei Ihnen hier noch einmal besonders empfohlen, sich US-Redner anzusehen. Die Amerikaner sind viel mutiger, was den Einsatz origineller Mittel und Methoden angeht, als wir Deutschen, Österreicher und Schweizer.

Schließlich und sehr wichtig: *Untermauern Sie Behauptungen mit Studien!* Davon sollten nicht zu viele, aber nicht auch nicht zu wenig verwendet werden. Das größte Verzeichnis von Studien ist wohl Google Scholar (www.scholar.google.com). Hier finden Sie wohl für jede Ihrer Behauptungen eine Studie, und es wäre nicht verwunderlich, wenn Sie auch gegen jede Ihrer Behauptungen eine finden würden. Begreifen Sie Studien einfach als gutes Stilmittel.

Der Ausklang

Nach durchschnittlich 45 bis 60 Minuten ist es Zeit für den krönenden Abschluss. Egal, was Ihr Expertenthema ist: Brechen Sie einen Vortrag nicht einfach irgendwo ab. Sondern geben Sie Ihren Zuhörern etwas »mit auf den Weg«. Das können zunächst einmal einfach nur Ihre fünf Botschaften im Überblick sein. Legen Sie aber noch etwas obendrauf – einen Extratipp, einen weiteren Aha-Effekt. Vergessen Sie vor allem nicht die Aufforderung zum Handeln. Wünschen Sie Ihrem Publikum Mut, Erfolg und Spaß bei der Umsetzung der Impulse.

Ganz zum Schluss denken Sie dann auch noch an Ihr Marketing und Ihre Nebengeschäfte. Der Büchertisch draußen, das DVD-Set, der Download des Vortrags auf der Website, der Newsletter – das alles darf noch einmal erwähnt werden. Am besten verbunden mit der positiven Botschaft: »Lassen Sie uns in Kontakt bleiben!«

Ist das jetzt Rhetorik?

Am Ende dieses Kapitels noch ein Wort zum Thema »Rhetorik«: Klassische Rhetorik bringt Sie als Speaker nicht weiter. Deshalb brauchen Sie auch keinen jener Rhetoriktrainer, die Seminare für Manager anbieten. Lernen Sie stattdessen, wie ein Schauspieler auf der Bühne zu agieren. Engagieren Sie einen Auftrittscoach. Machen Sie einen Workshop bei einem Theaterregisseur. Besuchen Sie einen Schauspielkurs. Gehen Sie zu einem Stimmtrainer. Lernen Sie Improvisationstheater. Oder nehmen Sie an einem Tanz-Workshop teil. Das alles stärkt Ihre Bühnenpräsenz.

KOMPAKT

- Ein Speaking folgt einem komplett anderen »Fahrplan« als ein Training. Als Trainer müssen Sie deshalb umlernen. Nicht der gute Kontakt zu den Teilnehmern ist das Erfolgsrezept, sondern die Show, die völlig unabhängig von den Reaktionen der Zuhörer funktioniert.

- Betrachten Sie noch einmal Ihre Positionierung und Ihr Image. Es gibt unterschiedliche Vortragsstile, die zu verschiedenen Persönlichkeitstypen passen oder nicht passen. Finden Sie heraus, welcher Vortragsstil für Sie der richtige ist.

- Entwickeln Sie eine Dramaturgie, bei der Sie in jeder Minute genau wissen, was Sie tun. Nutzen Sie PowerPoint dazu. Gliedern Sie Ihren Vortrag nach Ihren Botschaften. Verdichten Sie die Botschaften zu möglichst relevanten Kernaussagen. Arbeiten Sie mit häufigem Methodenwechsel. Machen Sie sich Gedanken über einen gelungenen Einstieg und Ausklang.

KAPITEL 11

PowerPoint: Die Entertainment-Zentrale für Ihr Publikum

*»Kommt Ihnen das bekannt vor?«, fragt Sabine Renner lächelnd
ins Publikum. Die 600 Zuhörer im »Shangrila Congress Hotel« in
der Nähe des Flughafens Zürich ahnen nicht, dass Sabine heute
zum ersten Mal ihren Vortrag nach der neuen Dramaturgie hält.
Es ist die Jahrestagung eines Schweizer Unternehmerverbands. Die
Rednerin wirkt auf der Bühne vollkommen selbstsicher. Sabine drückt
die Fernbedienung, und die aktuelle Folie auf der Leinwand hinter
ihr verschwindet mit einem Effekt, als würde sie in die untere rechte
Ecke eingesogen. Dann startet ein leinwandfüllendes Video. Es ist der
Werbespot für Red Bull »Büroschlaf ist heilbar«. Schallende Lacher
im Publikum über die Missgeschicke eingeschlafener Arbeitnehmer.
Am Ende des Spots klickt sie weiter zur nächsten Folie.*
*»Ist Koffein wirklich die Lösung? – Nein!«, ist in großen Buch-
staben auf der Leinwand zu lesen, während die letzten Zuhörer noch
mit den Lachtränen kämpfen.*

Den guten alten »Tageslichtprojektor« kennen viele noch aus der
Schule. Vielleicht ist er Ihnen ja sogar aus Ihren Anfängen als Trainer vertraut? Heute dürfte Werner »Tiki« Küstenmacher der einzige
Speaker sein, der vor seinen Zuhörern einen Tageslichtprojektor verwendet. Darauf zeichnet Küstenmacher zur Freude des Publikums live
seine Karikaturen. Der Standard unter den Präsentationstools heißt
dagegen seit Jahren PowerPoint. Die erste Version dieses Programms
wurde in den Achtzigerjahren von der Softwarefirma Forethought unter dem Namen »Presenter« herausgebracht und lief ausschließlich auf
dem Mac von Apple.

Erst nach dem Kauf von Forethought durch Microsoft im Jahr 1987 wurde das Tool als »PowerPoint« Teil des Bürosoftware-Pakets »Office«. Es gehört bis heute zu jedem Microsoft-Office-Paket, ist jedoch online im »Microsoft Store« auch einzeln erhältlich (189 Euro in Deutschland). Rund 95 Prozent aller Präsentationen sind heute Microsoft-PowerPoint-Präsentationen. Schätzungen zufolge werden in diesem Programm jährlich etwa 35 Millionen Präsentationen mit mehr als 10 Milliarden »Folien« erstellt. Die Bezeichnung »Folie« für eine einzelne Seite in PowerPoint ist dabei eine nette Reminiszenz an den klobigen Tageslichtprojektor verflossener Tage.

Auch Mac-Nutzer können PowerPoint verwenden. Das Tool ist Teil des Programmpakets »Office für Mac« von Microsoft. Den Einzelkauf erlaubt Microsoft jedoch nur für Windows. Die Alternative zu Power-Point bietet Apple selbst mit seinem Konkurrenzprodukt »Keynote«. Das in den wesentlichen Funktionen mit PowerPoint vergleichbare Präsentationsprogramm für den Mac steht im »App Store« für lediglich 15,99 Euro zum Download bereit. Wobei das komplette Bürosoftware-Paket »iWork« von Apple, inklusive Keynote, als DVD um die 80 Euro kostet. Während es PowerPoint auch für den Mac gibt, existiert umgekehrt keine Version von Keynote für Windows.

Neben dem günstigen Preis hat Keynote weitere Vorteile. So läuft dieses Programm mit dem Unix-basierten Betriebssystem OS X von Apple auf einem Mac stabiler als PowerPoint unter Windows. Wie wichtig Absturzsicherheit der Software für einen Speaker ist, braucht nicht eigens erklärt zu werden. Keynote bietet darüber hinaus eine Reihe von schönen und wirklich eleganten Effekten, die PowerPoint so nicht kennt. Insgesamt ist der Marktanteil des Mac von Apple zwar gering (laut Marktforscher Gartner 1,7 Prozent Anteil an sämtlichen Heim- und Firmenrechnern im Jahr 2010, im Vergleich zu 78,6 Prozent Marktanteil von Microsoft Windows). Doch bei Trainern und erst recht bei Rednern dürfte sich die Marke mit dem Apfel viel größerer Beliebtheit erfreuen.

Für Ihre Speakings sei Ihnen Apple Keynote statt PowerPoint empfohlen. Der Name »Keynote« sagt es ja schon! Doch zugegeben, letztlich ist die Frage »Windows oder Mac?« so wenig zu beantworten wie die alte Frage »Mercedes oder BMW?«. Abseits aller Vergleiche bleibt da vieles Geschmacksache. Bei Facebook im Silicon Valley zum Beispiel haben die Mitarbeiter die freie Wahl, mit welchem System sie arbeiten möchten. Das überraschende Ergebnis: Es herrscht ungefährer Gleichstand. Wobei die »Kreativen« tendenziell lieber mit dem Mac arbeiten und die »Techniker« lieber mit einem Windows-PC.

Da Microsoft PowerPoint (noch) rund 95 Prozent Marktanteil hat und der Name »PowerPoint« genauso der Inbegriff des Präsentationsprogramms ist wie »Tempo« der Inbegriff des Papiertaschentuchs, sprechen wir in diesem Kapitel durchgängig von PowerPoint. Das empfehlenswerte Keynote von Apple ist dabei immer mit gemeint.

PowerPoint und Ihr Vortragskonzept

Mit PowerPoint ist es wie mit allen Tools: Der Spieltrieb unseres »inneren Kindes« verführt (Männer mehr als Frauen) dazu, sich gleich auf all die technischen Möglichkeiten zu stürzen. Bei Licht betrachtet ist natürlich die umgekehrte Vorgehensweise die richtige: Im ersten Schritt machen Sie sich Gedanken, ob und wofür Sie PowerPoint in Ihrem Vortrag einsetzen wollen. Erst im zweiten Schritt suchen Sie dann nach der jeweils technisch besten Lösung gemäß Ihrer Vortragsdramaturgie. Ganz am Anfang steht also die Entscheidung, ob Sie Ihren Vortrag überhaupt mit PowerPoint unterstützen möchten.

PowerPoint polarisiert viel stärker als ein harmloses Flipchart auf der Bühne. Das Programm hat sowohl Fans als auch Gegner. Das wiederum sowohl unter den Rednern als auch bei den Zuhörern. Die Fans von PowerPoint (oder Keynote) schätzen das Programm als unschlagbare multimediale Entertainment-Zentrale. Sie setzen PowerPoint so ein, dass den Zuhörern nie langweilig wird. Die Gegner haben im Business meistens schon so viele langweilige und dilettantische PowerPoint-Präsentationen erlebt, dass sie eine regelrechte Aversion gegen das Programm entwickelt haben. Manche Speaker befürchten auch, dass zu viel Text und zu viele bunte Bilder auf der Leinwand von der Hauptsache ablenken: der eigenen Person und ihrem Charisma.

Ein allgemeiner Rat pro oder kontra PowerPoint ist kaum möglich. Wenn Sie das vorherige Kapitel gelesen haben, wissen Sie, dass ein hoher Gurufaktor bei einem Speaker (»Sage on the Stage«) eher gegen den Einsatz von Folien spricht. Der geborene Entertainer unter den Business-Rednern dagegen verschenkt viele Möglichkeiten, wenn er PowerPoint nicht nutzt. Neben Image und Positionierung spielen auch ganz persönliche Vorlieben eine Rolle. Gehen Sie gerne mit Computern um und besitzen Sie dabei Geschick? Oder stehen Sie mit Technik »auf Kriegsfuß«? Wenn Sie Technik schlicht nicht mögen, werden Sie auch im Umgang mit der Technik vor großem Publikum nie absolut souverän wirken.

AUF DEN PUNKT

Wer PowerPoint mag und geschickt damit umgeht, setzt es ein. Wer PowerPoint nicht mag oder ungeschickt damit umgeht, lässt es sein.

Wenn Sie sich schon gegen PowerPoint entschieden haben, dann lesen Sie jetzt einfach bei Kapitel 12 weiter. Wenn Sie PowerPoint mögen oder seine Möglichkeiten zunächst näher kennenlernen möchten, dann lesen Sie hier weiter.

Zu den wichtigsten konzeptionellen Überlegungen im Hinblick auf PowerPoint zählt, was Sie überhaupt mit PowerPoint darstellen und wie viel Raum die mit PowerPoint präsentierten Inhalte in Ihrem Vortrag einnehmen sollen.

Die Grundregel für den Einsatz von PowerPoint lautet: *PowerPoint soll Ihren Vortrag unterstützen, darf aber niemals davon ablenken.*

Die Wirkung von PowerPoint lässt sich gut mit dem Effekt von Filmmusik in Spielfilmen vergleichen. In einem Thriller beispielsweise sorgt die eingesetzte Musik dafür, dass der Zuschauer bestimmte Szenen als reinen Nervenkitzel empfindet. Ohne die Musik wären solche Szenen oft nur halb so spannend. Gute Filmmusik drängt sich nie in den Vordergrund. Der Zuschauer konzentriert sich ganz auf die Handlung und nimmt die Musik nur am Rande wahr. Umgekehrt war schon mancher enttäuscht, der sich die Musik zu einem Film auf CD gekauft hat. Ohne den Film dazu ist Filmmusik oft langweilig. Sie hat wenig eigene Konturen. Sie ist im Wortsinn »Begleitmusik«.

Die Folien zu Ihrem Vortrag haben also typischerweise die Wirkung einer guten Filmmusik. Niemand sollte nach Ihrem Auftritt sagen: »Das Beste an dem Vortrag war Folie 23.« Sie und Ihre gesprochenen Worte stehen im Mittelpunkt. Am Schluss sollen die Zuhörer den *Vortrag* als inspirierend und spannend bewerten, und nicht die Präsentation. Machen Sie also nicht den Fehler, eine PowerPoint-Präsentation zu erstellen, die die Aufmerksamkeit des Betrachters vollkommen fesselt. Lassen Sie Raum für das Wesentliche.

Folien folgen stets dem »Prinzip der zweiten Ebene«. Alles, was in Ihrem Vortrag wichtig ist (die »erste Ebene«), präsentieren Sie mündlich. Was Sie *sagen*, steht im Mittelpunkt. Was Sie *zeigen*, bildet den Hintergrund. Sie können jederzeit leicht überprüfen, ob dies der Fall ist: Eine Audio-Aufzeichnung Ihres Vortrags sollte schlüssig und für jeden verständlich sein – und zwar auch, wenn er nicht live dabei war. Dann stimmt die »erste Ebene«. Auf der »zweiten Ebene« (mit PowerPoint als Tool) unterstützen Sie den Kern Ihres Vortrags nun im Wesentlichen durch drei Elemente:

- **Struktur** (durch Überschriften in PowerPoint)
- **Emotion** (durch Bilder in PowerPoint)
- **Substanz** (durch Zahlen, Daten, Fakten in PowerPoint)

Struktur abbilden

PowerPoint eignet sich sehr gut dazu, den Zuhörern den »roten Faden« des Vortrags zu verdeutlichen. Der Effekt ist, dass die Zuhörer entspannter sind, da sie jederzeit wissen, wo der Referent in seinem Vortrag gerade steht. Oder es zu wissen glauben. Denn mit PowerPoint lässt sich auch leicht die Illusion eines roten Fadens erzeugen, wo in Wirklichkeit gar nicht viel Struktur vorhanden ist.

Zeigen Sie also zum Beispiel in den ersten Minuten Ihres Vortrags eine Folie mit fünf Punkten. Sagen Sie dazu etwas wie »Über diese fünf Punkte möchte ich heute mit Ihnen sprechen« und tragen Sie dann die Punkte einzeln vor. Diese Folie taucht insgesamt fünfmal auf, wobei der Punkt, über den Sie jeweils als Nächstes sprechen werden, hervorgehoben ist. Die Zuhörer bekommen so den Eindruck einer einprägsamen Struktur, der sie leicht folgen können. Der Clou: Niemand wird darüber nachdenken, dass der Referent diese fünf Punkte möglicherweise völlig willkürlich gewählt hat und sie – objektiv betrachtet – keinen tieferen Sinn ergeben. Gute Folien können also Mängel im Aufbau Ihres Vortrags beheben. Ist Ihr Vortrag jedoch sehr gut strukturiert, machen Sie das mit PowerPoint auch allen deutlich.

Emotionen wecken

Noch wichtiger als Struktur sind Emotionen für Ihren Vortrag. Mittels PowerPoint machen Sie sich hier die Tatsache zunutze, dass unser Unterbewusstsein ausschließlich über Bilder funktioniert. Mit einem Foto, das Sie mit PowerPoint zeigen, haben Sie blitzschnell eine Emotion ausgelöst. Sie müssten minutenlang reden, um allein mit Ihrer Sprache bei den Zuhörern ein auch nur halb so starkes »mentales Bild« hervorzurufen. Zeigen Sie ein lustiges Foto, lacht der Saal sofort. So einfach ist das. Setzen Sie deshalb mit PowerPoint Bilder ein, die genau jene Emotionen verstärken, die Sie an der jeweiligen Stelle in Ihrem Vortrag wecken wollen. Wenn Sie hier dazulernen möchten, unterhalten Sie sich einmal mit Werbeprofis. Oder studieren Sie bei Werbeanzeigen, wie Text und Bild aufeinander abgestimmt sind.

In PowerPoint eingebundene Filme sind in mehrfacher Hinsicht ein Spezialfall. Sie wecken zwar auch Emotionen, doch meistens geht es hier um eine Art Aha-Effekt, die der Film in eine kleine Geschichte packt. Oder Sie machen per Video einen kleinen Test mit dem Publikum. Etwa, indem Sie die Leute bitten, in dem Film auf eine bestimmte Sache besonders zu achten. Es gibt zum Beispiel ein Video, auf dem viele Personen durcheinanderlaufen und ein Mann in einem schwarzen Gorillakostüm kurz ins Bild kommt. Geben Sie dem Publikum die Aufgabe, die Menschen in dem Video zu zählen, nehmen die meisten den »Gorilla« gar nicht wahr.

Der wesentliche Unterschied zwischen Bild und Film ist dieser: Der Film beansprucht die gesamte Aufmerksamkeit des Publikums. Versuchen Sie gar nicht erst, gleichzeitig etwas zu sagen. Lassen Sie das Publikum den Film anschauen und sagen Sie *danach*, was immer Sie zu dem Film zu sagen haben.

Substanz vermitteln

»Wissensfolien« in PowerPoint sind ein sehr gutes Mittel, um Ihren Expertenstatus zu unterstreichen und bei den Zuhörern den Eindruck von Substanz zu verstärken. Die Botschaft ans Publikum lautet: »Alles, was ich Ihnen sage, lässt sich durch Zahlen, Daten, Fakten belegen.« Das demonstrieren Sie immer wieder eindrucksvoll. Dazu ein Beispiel: Sie könnten in Ihrem Vortrag sagen: »Google war 2010 die wertvollste Marke der Welt. 2006 war Google noch auf Platz 7 und bis 2005 unter den Top Ten überhaupt nicht vertreten.« So weit, so gut.

Jetzt kommt PowerPoint ins Spiel. Bevor Sie genau dieselben zwei Sätze sprechen, zeigen Sie eine Folie mit folgenden Zahlen und Fakten: die Liste der zehn wertvollsten Marken der Welt nach dem Institut Millward Brown, jeweils für die Jahre 2005 bis 2010 und unter Angabe des geschätzten Markenwerts. Ihre Folie verknüpft dann also 60 Mal einen Markennamen mit einem Rang von 1 bis 10 und einer Summe in Milliarden US-Dollar. Jede Menge Informationen also – und viel mehr, als Ihr Publikum auf die Schnelle erfassen kann.

Doch Verwirrung lassen Sie gar nicht erst aufkommen. Denn *sofort* nachdem die Folie für alle sichtbar ist, sprechen Sie Ihre Sätze: »Google war 2010 die wertvollste Marke der Welt. 2006 war Google noch auf Platz 7 und bis 2005 unter den Top Ten überhaupt nicht vertreten.« Damit haben Sie jetzt aus einer Fülle von Zahlen und Fakten gekonnt die wichtigen herausgegriffen. Mehr sollen Ihre Zuhörer aus dieser Statistik gar nicht lernen. Da Sie aber der Einzige im Saal sind, der mit einem Blick erfasst, was bei diesen vielen Zahlen auffällt (und danach noch ergänzen, wie das zu interpretieren ist), sind Sie unmissverständlich der Experte. Das Publikum könnte anhand der Angaben auf der Folie Ihre Aussage überprüfen. Es wird sich aber kaum die Mühe machen.

Bauen Sie also mit PowerPoint Studien und Statistiken ein, wenn Sie Ihrem Vortrag »Substanz« verleihen wollen. Achten Sie dabei darauf, dass niemals das Publikum Ihre Zahlen, Daten und Fakten deuten muss. Sondern liefern Sie Ihre Interpretation immer *sofort* dazu. So beanspruchen Sie die »Deutungshoheit« über die Fakten und zeigen sich ganz als Experte.

EXPERTENTIPP

Sind während Ihres Vortrags viele Folien nur kurz zu sehen, so kann das sogar Ihre Buchverkäufe ankurbeln. Weil die Zuhörer das Gefühl beschleicht, nicht alles mitzubekommen, kaufen sie nach dem Vortrag das Buch. Kurze Hinweise während des Vortrags (»Die vollständigen Ergebnisse der Studie finden Sie in meinem Buch«) verstärken diesen Effekt.

Vorsicht jedoch mit zu viel Wissenschaft! Wenn Sie Ihr Publikum unterhalten möchten, dann setzen Sie »Wissensfolien« sparsam ein. Geben Sie Ihren Zuhörern durch behutsam eingestreute Zahlen, Daten und Fakten das gute Gefühl, dass Ihr Vortrag nicht »nur« Unterhaltung ist, sondern *auch* Substanz hat. Behalten Sie aber stets im Auge, dass Emotionen für Ihren Erfolg als Redner wichtiger sind als Wissen. Es gilt die 60-40-Regel (Unterhaltung / Fakten), die Sie bereits kennen.

Der professionelle Einsatz von PowerPoint

PowerPoint hat nicht umsonst bei einigen einen schlechten Ruf. Nach Jahren im Geschäft haben Businesspeople mit PowerPoint-Präsentationen meistens schon eine Menge erlebt: Folienhintergründe in der Farbe von Werbe-Flyern für Nagelstudios. Wild durcheinandergemischte Schriftarten. Überschriften, die fett *und* kursiv *und* unterstrichen sind. Mit Zahlen und Text in kaum lesbarer Schriftgröße überladene Folien. Oder 3-D-Effekte im Stil von »World of Warcraft«. Für alle diese Beleidigungen der Teilnehmer von Meetings und Konferenzen sind weder Microsoft noch Apple verantwortlich. Sondern es ist schlicht so, dass PowerPoint und Keynote dem Anwender eine riesige Fülle von Gestaltungsmöglichkeiten an die Hand geben. Und jeder selbst dafür verantwortlich ist, wie er damit umgeht.

Für die Gestaltung Ihrer PowerPoint- beziehungsweise Keynote-Folien gilt deshalb dasselbe wie für Ihre Website, Ihre Rednermappe oder Ihr Buch: Lassen Sie Profis ran! Wenn Sie im Umgang mit Bürosoftware selbst recht geschickt sind, kann dabei folgendes Vorgehen sinn-

AUF DEN PUNKT

Professionelle Grafiker sollten Ihre Folien erstellen oder zumindest veredeln. Hier gibt es inzwischen Spezialisten für PowerPoint und Keynote.

voll sein: Sie erstellen Ihre Präsentation zunächst, so gut Sie es können. Dabei achten Sie mehr auf die Struktur und die Inhalte als auf das Design. Dann geben Sie die Präsentation an einen Grafiker zum »Veredeln«. Ihr Dienstleister sollte in jedem Fall PowerPoint- / Keynote-Spezialist sein und auch von Vortragsdramaturgie etwas verstehen. Tatsächlich gibt es inzwischen Grafikbüros, die sich auf das »Veredeln« von PowerPoint-Präsentationen im Auftrag von Unternehmen oder Selbstständigen spezialisiert haben.

Auf diese Punkte sollten Sie bei der Gestaltung Ihrer Präsentation (gemeinsam mit Ihrem Dienstleister) besonders achten:

- Ansprechende Typografie
- Angenehme Hintergründe und Folienränder
- Pfiffige Animationen
- Perfekte Einbindung von Foto, Audio und Video

Beim gesamten Erscheinungsbild der Folien spielt natürlich Ihre »CI« eine große Rolle. In welchen Farben und mit welchen Schriftarten haben Sie Ihre Website, Ihre Rednermappe oder Ihre Visitenkarte gestaltet? Daraus ergeben sich klare Anhaltspunkte für die Folien. Hüten Sie sich aber davor, Dinge »eins zu eins« zu übernehmen. Jedes Medium hat seine eigenen Regeln, so auch PowerPoint.

Typografie

»Serifenschriften« eignen sich gut für Ihre Rednermappe, sind jedoch für PowerPoint absolut ungeeignet. »Serifen«, auch »Füßchen« genannt, sind feine Linien, die einen Buchstabenstrich abschließen und die waagerechte Linie betonen. Die bekanntesten Serifenschriften sind »Times« und »Garamond«. Auch die recht modern wirkende »Cambria« ist eine Serifenschrift. Solche typischen Buchschriften erleichtern das Lesen von gedruckten Texten, erschweren jedoch die Lesbarkeit von Texten auf Bildschirmen und Leinwänden.

Eine für PowerPoint gut geeignete Schrift ist beispielsweise »Arial«. Diese Schrift wurde Ende der Achtzigerjahre eigens für optimale Lesbarkeit am Bildschirm entwickelt. Sie basiert auf der älteren »Helvetica«, die sich ebenfalls gut eignet. »Frutiger« und »Verdana« sind weitere für Folien gut geeignete, moderne und serifenfreie Schriften. Es ist allgemein üblich, für Überschriften und fließenden Text zwei unterschiedliche, miteinander harmonierende Schriftarten zu verwenden. Dieses Prinzip lässt sich auch auf PowerPoint übertragen. Was geeignete Schriftgrößen betrifft, so macht PowerPoint in der Grundeinstellung bereits sinnvolle Vorschläge. Lassen Sie sich hier von Ihrem Grafiker beraten.

Die Abbildung zeigt den grundlegenden Unterschied zwischen Serifenschrift und serifenfreier Schrift:

Buchstabe »n« der »Arial« (ohne Serifen)   Buchstabe »n« der »Times« (mit Serifen)

Folienhintergründe und Ränder

Folienhintergründe in PowerPoint werden von ungeübten Nutzern oft unsachgemäß eingesetzt. Das Programm ermöglicht alle Farben des Regenbogens. Da ist Zurückhaltung angesagt. Die wichtigste Grundregel für Sie als Speaker lautet jedoch: Verwenden Sie niemals ein vom Programm vorgeschlagenes, fertiges Folienlayout. Das gilt für PowerPoint noch mehr als für Keynote. Die mitgelieferten Layoutvorlagen von Microsoft besitzen längst traurige Berühmtheit wegen ihrer Hässlichkeit. Zugegeben, über Geschmack lässt sich nicht streiten. Deshalb bedenken Sie ein zweites Argument: Von den geschätzten 10 Milliarden PowerPoint-Folien, die weltweit jedes Jahr erstellt werden, basiert der weitaus größte Teil auf den mitgelieferten Layoutvorlagen. Mit

AUF DEN PUNKT
Fertige Folienlayouts von Microsoft oder Apple sind für Sie als Speaker nicht geeignet. Ihr Foliendesign sollte so einzigartig sein wie Ihr gesamter Auftritt.

anderen Worten: Im Business kennt fast jeder diese typischen Vorlagen. Oder er kennt zumindest den typischen Microsoft-Stil. Bei Keynote sieht es etwas besser aus, weil das Programm nicht so verbreitet ist. Doch auch Apple bedient hier den Massengeschmack mit mäßig anspruchsvollen Layoutideen. Als Topspeaker sollten Sie sich Ihrem Publikum so nicht präsentieren.

Neben dem Folienhintergrund spielt der Rand einer Folie für die Wahrnehmung eine wichtige Rolle. In Unternehmen werden oft der obere und der untere Rand einer Folie gemäß der Firmen-CI gestaltet. Für einen Speaker spricht nichts dagegen, es ähnlich zu handhaben. Ein Spezialfall ist in diesem Zusammenhang das Sponsoring. Ja, Sie haben richtig gelesen: Es gibt Speaker, die sich ihre Folien von einem Werbepartner sponsern lassen. Die Erfolgstrainerin und ehemalige Skirennläuferin Christa Kinshofer zum Beispiel hat einmal Präsentationsfolien erstellen lassen, deren Ränder nicht zufällig an das blau-weiße Design des Telekommunikationsanbieters O_2 erinnerten. Tatsächlich machte Kinshofer in ihrem Vortrag auf diese Art Werbung für O_2. So etwas muss natürlich zu Ihrer Positionierung passen. Und es kann auch mal heikel werden. Ein Vortrag bei der Telekom mit Folien im Stil von O_2 könnte bei einigen Zuhörern für Verwirrung sorgen.

Animationen

Animationen sorgen für Lebendigkeit in Ihrer Präsentation. »Animieren« bedeutet wörtlich übersetzt schließlich nichts anderes als »zum Leben erwecken«. Die bloße Abfolge der Folien würde doch sehr an den berüchtigten Dia-Abend mit Bier und Salzstangen erinnern. Nicht von ungefähr heißen die »Folien« von PowerPoint im Englischen »Slides«, also wörtlich »Dias«. Etwas spannender und pfiffiger als bei einem Dia-Abend darf es während Ihres Vortrags schon zugehen. Doch Vorsicht: Bei Animationseffekten ist es auch schnell des Guten zu viel. Wenn Ihre Folie blitzt, blinkt und zuckt wie der »Strip« in Las Vegas bei Nacht, bekommt Ihr Publikum von den Inhalten einer Folie kaum noch etwas mit. Hier ist das richtige Maß angesagt.

In Ihrer Präsentation können Sie im Wesentlichen folgende Elemente animieren:

- Folienübergänge
- Textelemente
- Grafiken

In PowerPoint 2010 finden Sie in einem eigenen Menübereich 35 vordefinierte Folienübergänge: von »Verblassen«, »Schieben« oder »Wischen« über »Jalousie« und »Türen« bis hin zu »Riesenrad« oder »Förderband«. Mit den »Effektoptionen« können Sie diese Effekte weiter verfeinern. Und für einen Profi-Grafiker und PowerPoint-Spezialisten ist auch hier noch nicht Schluss. Eine Grundregel sollten Sie jedoch beachten: Wählen Sie nicht für jede einzelne Folie einen neuen Übergangseffekt, sondern entscheiden Sie sich für eine Art des Folienübergangs für die gesamte Präsentation. So erzielen Sie bei aller Lebendigkeit einen harmonischen Gesamteindruck.

Einzelne Textelemente werden beispielsweise dann animiert, wenn Sie verschiedene Gliederungspunkte einer Aufzählung nach und nach erscheinen lassen wollen. Diese bei Fachvorträgen beliebte Einstellung eignet sich jedoch für Speaker nur bedingt. Besser zeigen Sie für jede Aussage eine eigene Folie und dann zwischendurch bei Bedarf noch eine Folie, die mehrere Aussagen im Überblick zusammenfasst. Grafiken sind dagegen stets leichter zu erfassen, wenn sie sich Schritt für Schritt aufbauen. Nicht umsonst werden Wahlergebnisse im Fernsehen seit Jahrzehnten so präsentiert, dass sich hintereinander für jede Partei eine Säule aufbaut und erst dann das komplette Säulendiagramm erscheint. So sind die Fakten einfacher zu erfassen – und diese Darstellungsweise macht es zudem noch spannend.

Einbindung von Foto, Audio und Video

Enthalten Ihre Folien Fotos, Sounds und Filme, so sollten Sie diese besonders sorgfältig einbinden. Ein Video, das nicht starten will oder erst mit umständlichen Mausklicks aktiviert werden muss, lässt Sie auf der Bühne nicht unbedingt souverän wirken. Fotos können die gesamte Folie einnehmen oder einen Teil davon. In letzterem Fall sollte der Übergang ansprechend gestaltet sein, etwa mit einem dezenten Schatten. Das Wichtigste ist jedoch die Bildqualität. Was auf Ihrem Computerbildschirm gut wirkt, muss auf einer Großleinwand noch lange keinen ähnlich guten Eindruck hinterlassen. Beraten Sie sich mit Ihrem Grafiker hinsichtlich Auflösung, Kontrast und Helligkeit. Unnötig hohe Auflösungen erhöhen nur die Datenmenge Ihrer Präsentation. Je »schlanker« die Datei, desto einfacher ist sie zu handhaben. Und sie ist absturzsicherer.

Audiodateien im Format MP3 können jeder Folie unterlegt werden. So können Sie zum Beispiel ein Foto einer bekannten Persönlichkeit zeigen und sie mit einem Audio-Clip »zum Sprechen bringen«. Das ist eine interessante Alternative zu einem kurzen Video. Wenn Sie Videos einbinden möchten, dann steht Ihnen dazu in PowerPoint ein Videofenster zur Verfügung, das Sie in jede Folie integrieren können. Das Programm macht das Videofenster automatisch so groß, dass es die Folie optimal ausfüllt. Zum Start des Videos klicken Sie auf das »Play«-Symbol am unteren linken Rand des Videofensters.

Einsatz vor Publikum

In Kapitel 10 haben Sie bereits etwas darüber gelesen, wie Sie beim Einsatz von PowerPoint auf der Bühne von der Notizfunktion profitieren können. Auf dem Bildschirm des Computers, von dem aus PowerPoint gesteuert wird, sehen Sie Ihre Notizen, während diese für Ihr Publikum unsichtbar sind. Bei Keynote können Sie Notizen in Form von kleinen »gelben Zetteln« auf jeder Folie verteilen. Auch diese »Post-it«-Notizen sind in der Ansicht fürs Publikum unsichtbar. Da ein Topspeaker seinen Vortrag auswendig beherrscht, ist dies im Wesentlichen ein Back-up für alle Fälle.

Wichtiger ist die Frage, wie Sie PowerPoint auf der Bühne bedienen. Die wesentlichen Alternativen lauten:

- Tastatur
- Maus
- Fernbedienung
- Mitarbeiter

Tastatur und Maus zwingen Sie dazu, bei jedem Folienwechseln an den Computer zu gehen, von dem aus Sie die Präsentation steuern.

Das ist nur bei sehr wenigen Folien pro Vortrag überhaupt praktikabel. Ideal ist deshalb eine Fernbedienung. Sie sollte möglichst klein sein, um während Ihres Vortrags dezent in Ihrer (bei Rechtshändern) linken Hand zu »verschwinden«. Die rechte Hand haben Sie immer frei, um zum Beispiel am Flipchart zu zeichnen. Brauchen Sie beide Hände, etwa für einen kleinen Zaubertrick, »parken« Sie die Fernbedienung für einen Augenblick in der Jacketttasche.

Wenn Sie mit PowerPoint unterstützte Vorträge von Topmanagern kennen, wissen Sie, dass Chefs ihre Folien aus Statusgründen gerne von einem Assistenten durchklicken lassen. Typische Szene: Der Chef wirft dem Assistenten einen bohrenden Blick zu, aber nichts geschieht. Erst nach einem schneidigen »Die nächste Folie bitte« erwacht der Gehilfe aus seiner Trance und lässt die nächste Folie erscheinen. Es sei denn, er klickt vor Schreck doppelt und landet bei der übernächsten Folie. Fazit: Sie und Ihre Assistenz müssen schon ein *sehr* eingespieltes Team sein, wenn Sie die Bedienung von PowerPoint delegieren wollen. Halten Sie sich lieber an das Motto: »An die Schubhebel darf nur der Kapitän!« Behalten Sie alles unter Kontrolle. Denn es ist Ihr Vortrag und Sie allein tragen die Verantwortung für das Gelingen.

POWERPOINT: DIE ENTERTAINMENT-ZENTRALE FÜR IHR PUBLIKUM **193**

KOMPAKT

- Entscheiden Sie, ob und wofür Sie in Ihrem Vortrag Folien einsetzen möchten. Je mehr »Gurustatus« Sie sich selbst verleihen wollen, desto sparsamer setzen Sie Folien ein. Manche Speaker verzichten ganz darauf. Diese verschenken dann allerdings auch die Chance, immer wieder ein multimediales Entertainment-Feuerwerk für das Publikum abzubrennen.

- Microsoft PowerPoint und die empfehlenswerte Alternative Keynote von Apple sollen ihren Vortrag unterstützen und dürfen deshalb niemals mehr Aufmerksamkeit auf sich lenken, als dem Redner zukommt. Die Ausnahme sind Filme. Richtig eingesetzt verstärken Folien die Wirkung Ihres Vortrags durch mehr Struktur, mehr Emotion und mehr Substanz.

- Überlassen Sie die Ausarbeitung Ihres Foliensatzes den Profis. Wenn Sie selbst ein geschickter Computeranwender sind, dann lassen Sie Ihren Entwurf trotzdem von einem Grafiker »veredeln«. Verwenden Sie keine Standardvorlagen der Software, sondern verleihen Sie Ihren Folien Exklusivität. Steuern Sie die Präsentation auf der Bühne selbst. Am besten mit einer Fernbedienung.

KAPITEL 12

Give-aways, Gimmicks und Gadgets:
Das gewisse Etwas bei Ihrem Vortrag

Die Unternehmer in dem Kongresshotel bei Zürich staunen nicht schlecht. Während einige noch über den Werbespot von Red Bull lachten, ist Sabine Renner plötzlich auf ein Minitrampolin gesprungen. Das kleine Sportgerät war dank der Lichtregie für das Publikum zunächst unsichtbar. Jetzt hüpft Sabine darauf auf und ab. Sie redet weiter, als wäre Trampolinspringen während einer Keynote das Selbstverständlichste auf der Welt.

»Also, meine Damen und Herren«, fragt Sabine ins Publikum, »was könnte die Alternative zu Koffein gegen den Büroschlaf Ihrer Mitarbeiter sein? Vorschläge bitte!« Sabine hüpft ein wenig schneller. »Höre ich da ›Bewegung‹?« Sabine strahlt. »Ja, richtig: Bewegung! Ich buchstabiere gerne: B-E-W-E-G-U-N-G.« Sabine nennt die Buchstaben im Takt ihrer Trampolinsprünge. »Wie steht es denn bei Ihnen so mit der Bewegung? Schauen Sie doch alle mal unter Ihre Stühle, was Sie dort finden …«

Waren Sie schon einmal im Fanshop eines erfolgreichen Fußballvereins? Da gibt es alles Mögliche und Unmögliche: Bälle, Schals, T-Shirts, Feuerzeuge, Stifte, Stofftiere, Biergläser, Basecaps, Schirme, Geldbörsen, Socken, Krawatten, Uhren, Bademäntel, Bettwäsche, Handtücher, Unterwäsche, Schlüsselanhänger, Badelatschen, Toaster, Flaschenöffner, Zahnputzbecher, Strandmatten und, und, und. Alles das gibt es anderswo auch. Sogar viel günstiger. Doch hier trägt alles, wirklich alles (auch die Unterwäsche) die Farben und das Logo des jeweiligen Fußballvereins. In den mittelalterlichen Wallfahrtsorten bezeichnete man solche Mitbringsel mit »heiligen« Symbolen als »Devotionalien«.

Und heute »pilgern« wir nun mal ins Stadion. Das Prinzip ist immer dasselbe: Der Käufer möchte ein Stück von dem, was ihm »heilig« ist, das heißt, wovon er ein Fan und so richtig begeistert ist, anfassen können, mit nach Hause nehmen und besitzen. Fragen Sie Anthropologen, wenn Sie wissen wollen, warum um alles in der Welt das so ist. Aber machen Sie sich als Speaker dieses Prinzip zunutze. Menschen haben gerne etwas zum Anfassen.

In diesem Kapitel geht es also um Handgreifliches. Es geht um Sachen, die Sie Ihrem Publikum schenken. Und es geht um Dinge, mit denen Sie selbst während Ihres Vortrags hantieren. Manchmal sind dies stets dieselben Sachen, manchmal nicht. Sabine Renner wird ihr Mini-trampolin nach dem Vortrag kaum verschenken. Aber später in diesem Kapitel werden Sie noch erfahren, was sich bei Sabines Zuhörern unter den Stühlen verbirgt.

Ausgeklammert sind in diesem Kapitel lediglich CDs und DVDs, weil Sie über diese mächtigen (und umsatzträchtigen) Instrumente des Speakermarketings bereits ein eigenes Kapitel gelesen haben. Auf Bücher werden wir dagegen eingehen. Während Sie in Kapitel 7 gelesen haben, wie der Buchmarkt aussieht, was Ihnen Bücher nützen und wie Sie zum eigenen Buch kommen, geht es in diesem Kapitel um das Buch als Geschenk bei Ihrem Vortrag. In Kapitel 19 wird es dann noch darum gehen, wie Sie Ihre Buchverkäufe ankurbeln.

Gedrucktes zum Mitnehmen: Bücher, Mini-Books, Karten & Co.

Stellen Sie sich einmal folgende Szene vor: Ein großer und erfolgreicher Mittelständler hat zum 50-jährigen Firmenjubiläum in ein Hotel der Spitzenklasse irgendwo in einer Ferienregion eingeladen. Im Ballsaal gibt es für die Manager und besten Kunden ein Galadiner. Die runden Tische sind festlich geschmückt. Nach dem Begrüßungschampagner gibt es zuallererst geistiges Futter. Erst spricht der Chef ein paar Worte, dann soll Topspeaker Peter Reichelt die Gäste 30 bis 40 Minuten lang inspirieren und unterhalten. Wie immer legt der Redner einen perfekten Auftritt hin. Beiläufig erwähnt er sein neues Buch.

Nach dem Applaus beginnt das Essen. Und was erwartet die Gäste auf ihren Zimmern, wenn sie spät in der Nacht nach langen, heiteren Gesprächen an der Bar endlich dort eintreffen? Natürlich: das neue Buch von Peter Reichelt. Für jeden Gast liegt ein signiertes Exemplar auf dem Nachttisch. Die Signatur befindet sich auf einer vorn eingeklebten Karte mit dem Logo des seit 50 Jahren bestehenden Unternehmens.

So wird aus einem Buchgeschenk ein echter Wow-Effekt für Ihre Zuhörer und potenziellen Multiplikatoren. Und eine Reihe von Rednern der ersten Garnitur macht es auch exakt so. Was musste Peter Reichelt dazu tun? Die Idee liefern. Eventuell seine Assistenz die Bücher bestellen und per Paketdienst an das Hotel schicken lassen. Und natürlich signieren. Mehr aber nicht. Der Veranstalter bezahlt die Bücher und sorgt für die Verteilung. Er kann seine Veranstaltung mit einem hoch attraktiven Kundengeschenk krönen.

Peter Reichelt macht damit natürlich gern ein Zusatzgeschäft. Angenommen, sein Buch kostet im Handel 20 Euro (netto) und an dem Diner nehmen 200 Personen teil. Peter gibt dem Veranstalter 20 Prozent Mengenrabatt. Also kommen zu Peters üblichem Honorar und seinen Reisespesen für den Veranstalter noch einmal 3.200 Euro Kosten für das Buch hinzu. Angesichts der Gesamtkosten für eine so hochkarätige Veranstaltung ist das nicht unbedingt viel. Peter Reichelt wiederum hat die Bücher beim Verlag mit 40 Prozent Rabatt gekauft. Er freut sich deshalb über weitere 800 Euro, die an diesem Abend seine Kasse füllen.

> *AUF DEN PUNKT*
>
> **Ihr Buch als Geschenk an alle Zuhörer Ihres Vortrags ist die Topvariante eines Give-aways. Der Veranstalter muss Kosten und Logistik übernehmen und darf den Wert der Bücher keinesfalls mit Ihrem Honorar verrechnen.**

Die Geschichte mit dem Buch auf dem Nachttisch ist authentisch, beschreibt jedoch zugegebenermaßen den Idealfall. Sie werden nicht jeden Veranstalter dazu bringen, für jeden Zuhörer Ihr Buch zu kaufen. Schließlich steigen die Kosten dafür bei hohen Teilnehmerzahlen schnell in den fünfstelligen Bereich. Aber als Buchautor sollten Sie diese Möglichkeit immer im Auge behalten. Überzeugen Sie den Veranstalter, mit einem solchen Geschenk die

Wirkung der Veranstaltung nachhaltig zu verlängern. Je exklusiver die Veranstaltung, desto größer sind Ihre Chancen.

Mini-Books

Muss es immer ein klassisches Buch mit mindestens 200 Seiten und festem Einband sein? Die Antwort lautet seit einigen Jahren: Nein. Denn der Fortschritt bei den digitalen Druckverfahren hat ein innovatives Format hervorgebracht, das Ihre »richtigen« Bücher als Speaker zwar nicht ersetzen, jedoch perfekt ergänzen kann: Die Rede ist vom Mini-Book, das manchmal auch »Booklet« oder »Impulsheft« genannt wird. Diese kleinen Bücher sind typischerweise zwischen zehn cm und maximal 15 cm breit und oft quadratisch. Sie umfassen ungefähr 30 bis 40 Seiten. Bei den gelungenen Exemplaren dieser Gattung wird die mangelnde »Größe« kompensiert durch ein modernes Layout und Design, erstklassige Fotos und haptisch sehr ansprechendes Papier. Diese »Minis« sind genau wie die Autos gleichen Namens: klein, aber trotzdem premium und irgendwie cool. Ein schickes Mini-Book nimmt jeder gern in die Hand und blättert sofort darin.

Als Speaker kennen Sie die typische Szene in den Minuten vor Beginn Ihres Vortrags: Die Sitzreihen füllen sich langsam. Und denjenigen, die bereits sitzen, ist irgendwie langweilig. Hat ein Magazin wie »Focus« die Veranstaltung unterstützt und liegen Exemplare des aktuellen Hefts aus, werden diese dankbar gelesen. Nun stellen Sie sich vor, statt irgendeines Magazins läge ein Exemplar Ihres Mini-Books auf jedem Platz. Es macht den Leuten schon Lust auf Ihren Vortrag. Genauso gut können Sie die Mini-Books nach dem Vortrag verschenken. Hauptsache, der Veranstalter hat dafür gezahlt. Und das sollte ihm angesichts der geringen Kosten nicht schwerfallen.

Ein solches Mini-Book mit Inhalt zu füllen, sollte Sie kaum mehr als ein, zwei Tage kosten. Abhängig von Ihrer Positionierung können Sie das Mini-Book als Praxis-Ratgeber, als kleines »Manifest« mit Ihren provokantesten Thesen oder auch als Unterhaltungslektüre, etwa mit Zitaten und Sprüchen, zuschneiden. Neben der Auswahl des Inhalts müssen Sie sich beim Mini-Book für eines von drei möglichen Geschäftsmodellen entscheiden:

- Selbstverlag, nicht käuflich, ausschließlich Geschenk
- Selbstverlag, festgesetzter Preis (in Deutschland und Österreich greift die Buchpreisbindung), inklusive Mehrwertsteuer
- Erscheint bei einem Verlag, eigene ISBN, bestellbar in jeder Buchhandlung und im Onlinebuchhandel

Im Selbstverlag haben Sie natürlich die volle Gestaltungsfreiheit. Sie müssen allerdings auch Grafiker, Setzer und Druckerei selbst auswählen und bezahlen. Ist das Mini-Book für Endkunden offiziell nicht käuflich, können Sie Veranstaltern einen beliebigen Preis berechnen. Legen Sie einen Endkundenpreis fest und beantragen Sie eine ISBN (Internationale Standardbuchnummer), greift in Deutschland und Österreich die Buchpreisbindung inklusive ihrer Rabattvorschriften. (In der Schweiz wurde die Buchpreisbindung 2007 abgeschafft. Im März 2012 fand eine Volksabstimmung statt, ob die Buchpreisbindung in der Schweiz wieder eingeführt wird oder nicht. Das Ergebnis lag bei Drucklegung dieses Buches noch nicht vor.)

Bei einem Verlag, der solche Formate produziert, muss das Mini-Book ins Programm passen und den genauen Vorgaben des Verlags entsprechen. Die Vorteile hier: Der Verlag übernimmt Gestaltung und Produktion; Sie zahlen nichts, sondern bekommen sogar noch ein (kleines) Autorenhonorar. Für den Eigenbedarf beziehen Sie die Minis mit 40 Prozent Rabatt auf den Ladenpreis. Der Ladenpreis liegt bei Mini-Books üblicherweise zwischen zwei und vier Euro (in der Schweiz 3,00 bis 6,50 CHF).

Hier drei konkrete Beispiele für Mini-Books von Rednern beziehungsweise Beratern:

- »99 Zitate für Business Querdenker« (28 Seiten, 10 x 14,5 cm) der Speaker Anja Förster und Peter Kreuz ist selbst produziert, nicht käuflich und wird in größeren Mengen verschenkt.
- »9 Mythen der Nachhaltigkeit« (32 Seiten, 12 x 12 cm) der Berater und Nachhaltigkeitsexperten Richard Häusler und Claudia Kerns ist im Selbstverlag erschienen und kostet 9,99 Euro.
- »Kreativität entwickeln« (38 Seiten, 14,5 x 14,5 cm) des Kommunikationsberaters Torsten Huith ist im Verlag Down

to Earth erschienen und kostet vier Euro (gebundener Ladenpreis in Deutschland).

Entscheiden Sie selbst, welches Mini-Book am besten zu Ihnen passt. Wichtig ist immer nur eines: verbreiten, verbreiten, verbreiten! Nur so macht die Sache Sinn. Setzen Sie deshalb auch keine hohen Preise an – alles jenseits vier bis fünf Euro ist viel zu viel. Sorgen Sie am besten auch dafür, dass Leser (anders als Veranstalter) das Mini-Book immer geschenkt bekommen und nicht erst kaufen müssen.

Karten

Noch einfacher und ungleich preiswerter als Mini-Books lassen sich Karten produzieren, die Sie ebenfalls in Ihrem Vortrag einsetzen können. Der Speaker und Erfolgstrainer Antony Fedrigotti zum Beispiel verteilt während seiner Vorträge die von ihm entwickelte (und markenrechtlich geschützte) »PGH-Card«. Es handelt sich um ein Kärtchen aus Pappe mit der ungefähren Größe und Haptik einer Visitenkarte. Auf der Vorderseite stehen (eingerahmt von Logo und Kontaktdaten des Redners) die Buchstaben »PGH«. Das steht für »Positive GrundHaltung«, eine Mentaltechnik, die Fedrigotti in seinen Vorträgen vermittelt. Das Kärtchen sollen die Zuhörer nach dem Vortrag auf ihren Schreibtisch legen und in den nächsten Tagen so oft wie möglich anschauen, um sich immer wieder an ihre »positive Grundhaltung« zu erinnern. (Die »Memo Card« ist ursprünglich eine NLP-Technik.)

Klar, dass so nicht nur die »positive Grundhaltung«, sondern auch der Redner länger in Erinnerung bleibt! Auf den Rückseiten der Kärtchen gibt es dann noch einen motivierenden Spruch. Diesen Spruch variiert Fedrigotti monatlich und lädt auf seiner Website sogar dazu ein, seine Karten zu »abonnieren«. Natürlich lassen sich Karten mit inspirierenden Sprüchen auch von vornherein zu Kartensets bündeln. Louise L. Hay, amerikanische Bestsellerautorin und Topspeaker auf dem Gebiet des »positiven Denkens«, zählte zu den Pionieren auf diesem Gebiet und hat bis heute weltweit etliche Millionen Kartensets verkauft.

Ihre Karten brauchen nichts mit Mentaltechniken und persönlicher Veränderung zu tun zu haben, um bei Ihrem Publikum gut anzukommen. Wenn Sie eher der Speaker vom Typ Vordenker sind und Ihren »Gurufaktor« stärken möchten, bieten sich beispielsweise auch edel gestaltete Postkarten mit Ihren besten Sprüchen und provokantesten Zitaten an. Es ist erstaunlich, welch anhaltender Beliebtheit sich Postkarten im Zeitalter der E-Mail erfreuen. Der Grund dürfte die Haptik sein. Menschen haben nun einmal gerne etwas zum Anfassen – siehe oben.

Heute werden sicherlich die allerwenigsten Karten noch tatsächlich als Postkarten mit der »Schneckenpost« verschickt. Aber sie werden auf den Schreibtisch gestellt, an Pinnwände in Großraumbüros und an Kühlschränke in Teeküchen geheftet, Kollegen geschenkt oder Briefen und Päckchen mit einem handschriftlichen Gruß beigelegt. Es muss auch gar nicht das typische Postkartenformat nach »DIN« sein. Karten im Format 10 x 10 cm zum Beispiel, guter Karton, vorne das Motiv mit Ihrem Zitat, hinten Raum zum Schreiben, eingerahmt von Ihrem Logo und Ihren Kontaktdaten, fallen auf und machen Freude. Ebenso beliebt wie originell gestaltbar und mit prägnanten Aussprüchen zu versehen sind schließlich auch Lesezeichen. Und die machen sogar noch Lust auf Ihr Buch, für das Sie auf der Rückseite des Lesezeichens natürlich Werbung machen.

Alles zum Anfassen: Nützliche und unnütze Geschenke

Unruhe im Saal. Sabine Renners Zuhörer suchen unter ihren Stühlen. »Ratsch!« macht es da plötzlich. Der erste Zuhörer hat das Sprungseil entdeckt, das mit Klebeband unter seinem Stuhl befestigt war.

Auf der Bühne schwingt Sabine inzwischen selbst ein Sprungseil und springt lässig im Takt darüber.

»Also, meine Damen und Herren, wer traut sich zu mir auf die Bühne und macht mit?« Nach einer Pause fügt Sabine in beruhigendem Ton hinzu: »Sie können das Seil auch nur mitnehmen und in Ihrem Büro an die Wand hängen. Hauptsache, es erinnert Sie daran, dass Sie und Ihre Mitarbeiter in Bewegung bleiben!«

Wenn Menschen gerne etwas anfassen, die Haptik also so wichtig ist, können Sie dieses Bedürfnis natürlich nicht nur mit Druckerzeugnissen befriedigen. Grundsätzlich eignen sich alle möglichen Dinge als kleines Geschenk für Ihre Zuhörer und Kunden. Besonders schön ist es, wenn Sie auf diese Weise einen sinnvollen Bezug zu Ihrer Botschaft als Speaker herstellen können. Ein kleines Geschenk, das oft nur einen geringen monetären Wert hat, macht Ihre Botschaft buchstäblich »greifbar« für Ihr Publikum. Ein solcher sinnlich erfahrbarer »Anker« schafft positive Gefühle und verstärkt Ihre Aussage.

Die Psychologin und Referentin Ilona Bürgel zum Beispiel verschenkt liebend gern Schokolade. Das passt zu ihrem Motto: »Haben Sie heute schon an sich gedacht?« Mit Schokolade tun sich Menschen »selbst etwas Gutes«. Und genau das ist eine der Botschaften der Rednerin an Leistungsträger im »Hamsterrad«: Sie sollen genug an sich selbst denken, mit sich selbst gut umgehen. An diesem Beispiel wird deutlich, dass Give-aways nicht unbedingt etwas »Besonderes« sein müssen. Schokolade gibt es überall. Wichtiger ist der Bezug zum Speaker und seiner Botschaft.

Manche Gegenstände sind auch gar nicht zum Mitnehmen bestimmt, sondern mehr ein Gag für den Augenblick. Da spielt ein Speaker zum Beispiel ein bekanntes klassisches Musikstück ein und lässt die Zuhörer aufstehen und mit zuvor verteilten Holzstäbchen dirigieren. Der Fantasie sind hier kaum Grenzen gesetzt. Wichtig ist aber immer, dass es nicht beim bloßen Gag bleibt, sondern Sie geschickt die Brücke zu Ihrem Vortragsthema schlagen können.

AUF DEN PUNKT

Kleine Geschenke, die Ihre Botschaft buchstäblich greifbar machen, verstärken die Wirkung Ihres Vortrags.

Besonders reizvoll kann es sein, Dinge anfassbar zu machen, die sich normalerweise nicht anfassen lassen. Zum Beispiel Ihren Vortrag als solchen. In Kapitel 8 haben Sie bereits gelesen, wie Sie Ihre Vortragsinhalte auf CDs und DVDs zu einem äußerst attraktiven Zusatzgeschäft ausbauen können. Am Beispiel der CD-Boxen von Gregor Staub haben Sie gesehen, wie sehr dabei eine ansprechende Verpackung die Wertanmutung in die Höhe treibt. Diese »Verpackungskunst« können Sie sich noch häufiger zunutze machen. »Packen« Sie doch zum Beispiel einmal Ihre Vortragsfolien auf einen USB-Stick und »verpacken« Sie diesen wiederum in eine schöne und hochwertig wirkende Geschenk-schachtel!

Es ist ja üblich, dass die Teilnehmer eines Vortrags die Vortragsfolien anschließend auf der Website des Referenten kostenlos herunterladen können. Das ist ein Geschenk des Redners an das Publikum. Aber es fühlt sich leider gar nicht so sehr wie ein Geschenk an. Weil man es nicht anfassen kann. Und auch, weil im Internet die in diesem Buch schon beschriebene Kostenlos-Kultur herrscht. Einen schnellen Download empfindet da niemand als besonders wertvoll. Falls sich die Leute überhaupt die Mühe machen, sich auf einer Website einzuloggen.

Ganz anders sieht das aus, wenn der Zuhörer einen USB-Stick in einer schön aufgemachten Verpackung geschenkt bekommt. So etwas erhalten Sie bei Werbeartikel-Anbietern. Hier finden Sie auch Sticks mit edel wirkenden Metallbügeln zum Aufklappen, Sticks aus Edelholz und andere Modelle, die es nicht in jedem Elektronikmarkt gibt. Mit einer Gravur lassen sich die Sticks personalisieren. So können Sie zum Beispiel Ihren Claim oder Ihre Signatur unterbringen. Je nach Ausführung, Speicherplatz und Bestellmenge kostet solch ein USB-Stick ungefähr drei bis sechs Euro. Die Sticks lassen Sie natürlich wieder vom Veranstalter für alle Zuhörer kaufen.

Da Ihre Folien selten den gesamten Speicherplatz auf dem USB-Stick belegen werden, kann der Beschenkte den Stick auch für andere Zwecke nutzen. Das wiederum erhöht die Chance, dass Ihre Folien überhaupt noch einmal angesehen werden. Tauchen sie einmal im Dateimanager auf, werden sie auch angeklickt. Doch wie kommen Sie jetzt an die E-Mail-Adresse Ihres Zuhörers, wenn dieser sich für die Folien nicht mehr auf Ihrer Website einloggen muss? Ganz einfach: Sie locken ihn mit einem weiteren Zusatzangebot auf Ihre Website. Und davon erfährt er natürlich auf dem USB-Stick! Wenn Sie dem nicht trauen, haben Sie noch die Alternative, die USB-Sticks nicht zum Vortrag mitzubringen, sondern die Visitenkarten der Zuhörer einzusammeln und jedem anschließend einen Stick an seine Adresse zu schicken. Die Visitenkarten scannen Sie ein und importieren diese in Ihre Adressdatenbank.

Requisiten für Redner: Was Sie (oder Ihre Zuhörer) anfassen

Neben den Sachen, die Sie an alle Zuhörer verschenken, gibt es auch Gegenstände, mit denen Sie auf der Bühne hantieren, ohne sie zu verschenken. Zumindest schenken Sie diese Dinge nicht allen. Kommen Sie zum Beispiel mit einem Strauß Rosen vom Podium und verteilen Sie diese Rosen im Publikum, haben nicht alle etwas davon. Vielleicht haben Sie auch das Bedürfnis, einem Zuhörer, den Sie zu sich auf die Bühne gebeten haben, beim Abtreten als Dank etwas zu schenken. Dann bleiben immer noch Sachen übrig, die nur der Verstärkung des Effekts Ihres Vortrags dienen. Sie zu verschenken, ist weder nötig noch sinnvoll. Ein Beispiel sind Utensilien für Zaubertricks, die Sie auf der Bühne vorführen.

Grundsätzlich gilt für Ihre Requisiten auf der Bühne noch mehr als für Ihre Geschenke, dass diese Ihre jeweilige Botschaft verstärken können und sollen. Ähnlich wie schon bei Ihren PowerPoint-Folien verwenden Sie hier eine zweite Ebene, um etwas greifbar und anschaulich zu machen. Ein drastisches Beispiel: Der Kriminologieprofessor und Buchautor Jens Weidner hantierte auf der Bühne einmal mit einem Schlagstock, den er als Leiter eines Gefängnis-Modellversuchs einem jugendlichen Intensivtäter abgenommen hatte. Das Thema seines Vortrags: »So nutzen Sie Ihr Aggressionspotenzial konstruktiv«.

Zaubertricks

Wie viel charmanter als das Hantieren mit Waffen ist doch der gute alte Zaubertrick! Ein wenig Magie macht praktisch jedem Publikum Spaß – egal, ob Landfrauen oder Topmanager. Das Beste daran: Sie müssen weder David Copperfield sein noch die paranormalen Kräfte eines Uri Geller besitzen, um auf der Bühne zu zaubern. Es gibt ganz einfache Tricks, für die nicht einmal besondere Geschicklichkeit erforderlich ist. Dazu ein Beispiel: Sie stellen zwei undurchsichtige Becher und eine Karaffe mit Leitungswasser vor sich hin. Vor den Augen aller Zuschauer schütten Sie zunächst Wasser in den ersten Becher, bis dieser ungefähr halb voll ist. Sie nehmen nun den zweiten Becher und schütten das Wasser aus dem ersten Becher in den zweiten um. Danach drehen

Sie den zweiten Becher sofort auf den Kopf. Alle erwarten jetzt, dass das Wasser sich auf den Boden ergießt. Doch nichts geschieht. Sie haben das Wasser »verschwinden« lassen.

Die Auflösung des Tricks: In dem zweiten Becher war Industrie-Gelatine in Form von Pulver oder Granulat. Die Substanz reagiert in Sekundenbruchteilen vollständig mit dem Wasser. Die aufgequollene Gelatine klebt dann fest am Innenrand des Bechers, sodass sie diesen umdrehen können, ohne dass etwas austreten wird. Nüchtern beschrieben wie in diesem Buch, kommt Ihnen der Trick vielleicht banal vor. Auf der Bühne effektvoll vorgeführt, wirkt er jedoch verblüffend!

Was brauchen Sie für Tricks wie diesen? Natürlich erstens das Wissen, wie es funktioniert. Zweitens die richtigen Utensilien. In diesem Fall das »magische« weiße Pulver. Wissen über Zaubertricks erhalten Sie in entsprechenden Büchern oder auch in Foren im Internet, wie zum Beispiel »zaubertricks.de«. Für die Utensilien gibt es selbstverständlich Spezialanbieter. Den legendären Zauberladen »Zauber Bartl« in Hamburg gibt es leider nicht mehr. Dafür aber jede Menge Onlineshops. Eine einfache Google-Suche nach »Zauberladen« führt Sie umgehend zu einer ganzen Reihe von Adressen. Ihren Zaubertrick wählen Sie natürlich auch so aus, dass er einen inhaltlichen Aspekt Ihres Vortrags veranschaulicht.

Gimmicks und Gadgets – Spielzeug und Spiele

Der Psychologie zufolge haben wir alle ein »inneres Kind«, das bis ins hohe Alter hinein immer wieder gerne spielt. Warum also nicht Gimmicks und Gadgets in Ihren Vortrag integrieren, also kleine Spielereien oder auch Schnickschnack.

Unternehmen sind nun nicht gerade als Spielwiesen bekannt. Umso mehr freut sich gerade ein Businesspublikum, wenn ein Redner ein wenig Spielzeug mitbringt oder ein paar Spiele mit dem Publikum macht. Als Trainer wissen Sie wahrscheinlich längst, warum der Einsatz von Spielen im Weiterbildungsbereich fast immer sinnvoll ist. Sowohl in Seminaren als auch in Ihrem Vortrag müssen die Teilnehmer in kurzer Zeit viele Informationen aufnehmen und integrieren. Das kostet nicht nur Energie, sondern strengt auch *einseitig* an. Die sogenannte »linke Gehirnhälfte«, das logische und abstrakte Denken, wird voll beansprucht. Bildhaftes Vorstellungsvermögen, Fantasie, Emotionen und das »Be-Greifen« mit allen Sinnen kommen da schnell zu kurz.

Über Spielzeuge und Spiele bringen Sie Ihre Zuhörer in Kontakt mit der »rechten Gehirnhälfte«. Die Effekte sind überzeugend:

- Die Zuhörer bekommen neue Energie, werden frischer.
- Die Botschaft des Vortrags wird »gehirn-gerecht« (Vera F. Birkenbihl) aufgenommen, kann leichter integriert werden.
- Im Raum breitet sich »positive Energie« (»good vibrations«) aus.
- Die Zuhörer »öffnen sich«, werden locker und veränderungsbereit.

Wenn Sie Spiele schon als Trainer kennen, seien Sie jedoch vorsichtig. Die typischen »Trainerspiele« sind oft (durchschaubar) didaktisch und wollen auf das Sozialverhalten der Teilnehmer direkten Einfluss nehmen. Da sollen der Teamgeist gestärkt und die Kooperationsbereitschaft entwickelt werden. Bei den Spielen, die ein Speaker entweder auf der Bühne vorführt oder alle im Saal machen lässt, geht es neben der »erfrischenden« und »öffnenden« Wirkung immer um einen Aha-Effekt. Jedes Spielzeug und jedes Spiel hat eine Pointe, die in direktem Zusammenhang mit Ihrem Vortragsthema respektive dem gerade angesprochenen Aspekt dieses Themas steht. Es ist also dasselbe Prinzip, über das Sie schon unter dem Stichwort »Zaubertricks« gelesen haben.

Das Sprungseil von Sabine Renner ist zugegebenermaßen eine etwas verwegene Idee. Seilspringen muss man üben, sonst blamiert man sich. Und als Redner wollen Sie Ihre Zuhörer ja nicht bloßstellen. Das Beispiel veranschaulicht aber, dass hier Ihre Fantasie gefragt ist. Und es macht deutlich, dass die »Brücke« zu Ihrem Vortragsthema bei allen Gimmicks, Gadgets und Give-aways leicht erkennbar sein muss.

KOMPAKT

- Noch lieber als nur zuhören und zuschauen möchten Menschen etwas anfassen. Haptik ist enorm wichtig. Bedienen Sie dieses Bedürfnis, indem Sie Ihre Botschaft »greifbar« machen. Verteilen Sie Mini-Books, Karten oder USB-Sticks. Zaubern Sie auf der Bühne oder machen Sie Spiele.

- Stellen Sie bei allen Gegenständen, die Sie einsetzen oder verteilen, einen klaren Bezug zu Ihrer Botschaft her. Einiges transportiert Ihre Botschaften direkt (wie zum Beispiel Mini-Book, Präsentation auf dem USB-Stick, Zitate von Ihnen auf Karten oder Lesezeichen). Anderes unterstreicht Ihre Botschaften indirekt, indem es einen Aha-Effekt ermöglicht.

- Setzen Sie Spiele nicht so didaktisch ein, wie es Trainer in Seminaren tun, sondern lassen Sie die Zuhörer genug Spaß haben. Sorgen Sie für Auflockerung und einen hohen Energielevel.

KAPITEL 13

Interviews und Medienpräsenz:
Der Beweis, dass Ihre Meinung zählt

Wirtschaftsjournalistin Annette Reichelt, die Ehefrau des Topspeakers
Peter, trifft Sabine Renner in einer Coffee-Bar am Odeonsplatz in
München.

»Normalerweise mache ich solche Interviews telefonisch«, klärt
Annette ihre Freundin auf. »Aber so verbinden wir das Nützliche
mit dem Angenehmen und können gleich noch gemeinsam shoppen
gehen.«

»Ich freue mich riesig über das Interview«, gesteht Sabine. »Seite 1
von ›Beruf und Karriere‹ in der größten Tageszeitung ist wirklich
klasse. Und ›Deutschland rostet ein‹ – das ist genau mein Thema!
Hast du dein Diktiergerät bereit?«

Annette Reichelt schmunzelt. »Also, ich werde mit dir kein
O-Ton-Interview machen. Das wäre völlig ungewöhnlich. Ich stelle
dir einfach ein paar Fragen und mache mir Notizen dazu. Dann
arbeite ich den Beitrag aus und maile ihn dir zur Kontrolle und
Freigabe. Anschließend geht er noch in die Redaktion. Kann sein,
dass die kürzen. Darauf habe ich keinen großen Einfluss mehr.«

Als Fernsehzuschauer kennen Sie das: Irgendwo auf der Welt passiert
etwas. Anlass für eine Sondersendung. So wie unsere Medien nun einmal funktionieren, geht es meistens um ein negatives Ereignis. Doch
egal, ob Börsencrash, Bürgerkrieg oder Bombenanschlag – im Laufe
der Sendung nimmt dann fast unvermeidlich ein Experte Stellung.
Entweder im Studio oder live zugeschaltet. Und dieser Börsenguru,
Friedensforscher oder Nahostexperte erklärt den Zuschauern dann,
wie schlimm es wirklich ist. Und was noch alles auf sie zukommen

könnte. Manchmal wirken Experten auch beruhigend auf das Publikum. Allein schon wegen der sachlichen Art, mit der sie ein Thema betrachten. Bekanntes Beispiel ist Professor Ferdinand Dudenhöffer, der in den Medien gerne als »Automobilexperte« oder »Autopapst« bezeichnet wird.

Dieses Beispiel verdeutlicht: Mit Ihrer Positionierung als Experte sind Sie ein natürlicher Partner der Medien. Diesen Zugang zur großen Öffentlichkeit hat der Normalbürger nicht. Nutzen Sie deshalb Ihren Expertenstatus, um Präsenz in den Medien aufzubauen. Das Format »Experte nimmt Stellung« ist dabei nur eine der zahlreichen Möglichkeiten. Dabei sollte Ihnen klar sein, dass Sie über Ihre Medienauftritte möglicherweise keinen einzigen Vortrag *direkt* verkaufen. Es gibt jedoch *indirekte* Wirkungen, die Medienpräsenz für Speaker wirklich lohnend macht. Sie sammeln weitere »Beweise« für Ihren Rang als Experte. Diese können Sie auf Ihrer Website und in Ihrer Rednermappe sehr gut verwerten. Außerdem halten Sie sich bei Ihren Kunden und Interessenten in Erinnerung. Je häufiger ein (potenzieller) Kunde Ihren Namen in den Medien wahrnimmt, desto größer die Wahrscheinlichkeit, dass er auf Sie zu(-rück-)kommt.

AUF DEN PUNKT

Interviews, Artikel und Liveauftritte in den Medien festigen Ihren Expertenstatus, liefern Material für Ihr Marketing, steigern längerfristig Ihren Marktwert und halten Sie bei Ihren Kunden im Gespräch.

Doch Vorsicht Falle! In den Medien können Sie sich nur allzu leicht »verzetteln«. Sie wissen inzwischen, dass das Grundmodell des Speakers *Konzentration* und nicht Diversifikation ist. So wie Sie sich als Experte auf Ihre Kernthemen konzentrieren und Ihre Vorträge eindeutig positionieren, so gestalten Sie auch Ihren Umgang mit den Medien. Am Anfang ist die Hürde sicherlich hoch, überhaupt in die Medien zu kommen. Sobald Sie aber erste Erfolge haben, werden Sie erkennen: Nicht alles, was Sie machen könnten, bringt Ihnen auch etwas. Das klingt trivial, doch manche Trainer lassen sich nach ihren ersten Erfolgen als Experte und Speaker nur allzu leicht von der oft schillernden Welt der Medien verlocken.

Dazu ein Beispiel. Angenommen, Sie sind Managementexperte und bekommen eine Einladung in eine Fernsehsendung des MDR. Ausgestrahlt wird sie am Nachmittag. Denken Sie: »Hurra, mein erster Fernsehauftritt!«, und gehen hin – oder sagen Sie ab? Zur Entscheidungsfindung sollten Sie vielleicht bedenken, dass wahrscheinlich niemand aus Ihrer Zielgruppe und unter Ihren (potenziellen) Kunden diese Sendung sehen wird. Es sei denn, er liegt mit Fieber im Bett. Gut, sagen Sie sich, macht nichts, ich stelle die Sendung später als Video auf meine Website.

Bedenken Sie jedoch auch, was es für Sie bedeutet, wenn eine Sendung auf eine ganz andere Zielgruppe als Ihre zugeschnitten ist. Sie sitzen vielleicht in einem knallbunt dekorierten Studio, das vage an einen Kindergeburtstag erinnert. Der Moderator wird Sie, den Managementexperten, wie einen »Exoten« aus einer anderen Welt behandeln. Er wird Ihnen rührend naive Fragen stellen, hinter denen sich nicht der Hauch von Kenntnis wirtschaftlicher Zusammenhänge verbirgt. Wenn Sie jetzt als »Experte« mit Fachwissen punkten wollen, erreichen Sie genau das Gegenteil: Sie werden dumm dastehen. Der Moderator wird Sie nämlich genüsslich als »abgehobenen Besserwisser« vorführen. Wollen Sie sich so gegenüber Ihren Kunden präsentieren?

In einer solchen Situation lautet der einzige mögliche Ausweg: Sie spielen das Spiel mit! Das heißt, Sie setzen als »distanzierter« Experte plötzlich gezielt »Nähe« ein und geben sich volkstümlich. So lassen Sie zum Beispiel ein paar ebenso schlichte wie deftige Aussagen zum Thema Managergehälter vom Stapel. Denn Sie wissen, dass es im Fernsehen »krachen« muss. Zumindest rhetorisch. Auf diese Weise können Sie durchaus souverän und charismatisch wirken. Und damit auch gegenüber Ihren Kunden mehr als präsentabel.

Fazit dieses Beispiels: Bei Medienpräsenz sollten Sie genau wissen, was Sie wollen. Egal, ob Fernsehen, Radio, Zeitung oder Onlinemagazin: Oft sind Sie (wörtlich oder im übertragenen Sinn) »zu Gast« in einem Medium. Das Medium sieht für seine »Gäste« immer eine bestimmte Rolle vor. Entweder Sie begreifen diese Rolle und spielen Sie gekonnt (manchmal mit einem Augenzwinkern). Oder Sie halten sich von einem bestimmten Medium oder »Format« fern, da es Ihnen mehr schaden als nützen würde.

EXPERTENTIPP

Überlassen Sie Medienpräsenz nicht dem Zufall. Und lassen Sie sich nicht von Emotionen (»Ich möchte ins Fernsehen«) leiten. Prüfen Sie vielmehr in jedem Einzelfall, welchen Charakter ein Medium oder Medienformat hat, was für einen Beitrag man Ihnen zugesteht und ob das alles zu Ihrem Image passt.

Wenn Sie Ihre Medienpräsenz nicht dem Zufall überlassen wollen, dann erarbeiten Sie am besten zunächst eine *Medienstrategie*. Im folgenden Abschnitt dieses Kapitels erfahren Sie, worauf es dabei ankommt. Halten Sie dann den strategischen Kompass in der Hand, können Sie verschiedene Formen von Medienpräsenz anstreben. In diesem Kapitel werden wir unterscheiden zwischen Medienauftritten, in denen Sie eher Akteur oder »Gesprächspartner« sind (Interviews und Fernsehauftritte), und solchen, in denen Sie die Inhalte selbst gestalten (eigene Artikel und Kolumnen sowie eigene Fernsehsendungen).

Die Unterscheidung nach dem Ausmaß der »Hoheit« über Ihre Inhalte ist entscheidender als die Unterscheidung zwischen Printmedien (Zeitungen, Fachzeitschriften, Magazine) und elektronischen beziehungsweise digitalen Medien (Radio, Fernsehen, Internet). Wir werden auf alle wichtigen gedruckten wie elektronischen / digitalen Medien jeweils kurz eingehen.

Ausgeklammert bleiben in diesem Kapitel lediglich »Social Media« (wie Xing, Facebook oder Twitter). Da Social Media für Trainer und Speaker den direkten Austausch mit anderen bedeuten, passen sie zum Thema Networking und werden deshalb in Kapitel 14 behandelt. Wenn in diesem Kapitel von »Medien« die Rede ist, sind also immer solche gemeint, die von *Redaktionen* verantwortet werden.

INTERVIEWS UND MEDIENPRÄSENZ: DER BEWEIS, DASS IHRE MEINUNG ZÄHLT **211**

Ihr Kompass für die Medienwelt: Die Medienstrategie

Wenn Ihre Medienpräsenz kein Zufallsprodukt sein soll, dann stellen Sie die Medienarbeit auf die Grundlage einer Strategie, die Sie von Ihren Zielen als Speaker herleiten. Maßgeblich von Ihrer Positionierung hängt zunächst ab, wie viel Medienresonanz Sie für ein funktionierendes Geschäftsmodell als Speaker überhaupt benötigen. Das heißt, Sie fragen sich anhand Ihrer Ziele, welche Priorität Medienpräsenz für Sie überhaupt hat. Als Faustregel kann dabei gelten: Je größer Ihre Zielgruppe, je allgemeiner Ihre Botschaften und je höher Ihr angestrebter »Gurufaktor«, desto wichtiger werden Medien für Sie.

Ein »Guru« wie Tony Robbins ist selbstverständlich regelmäßiger Gast in Talksendungen im US-Fernsehen wie »David Letterman« oder »Conan O'Brien«. Haben Sie dagegen eine kleine Zielgruppe und eher spezielle Botschaften für diese Gruppe, dann werden Sie geringere, aber sehr zielgerichtete Medienpräsenz anstreben. Halten Sie zum Beispiel Vorträge zu Führungsfragen ausschließlich vor Topmanagern, dann wird Ihnen ein eigener Beitrag im »Harvard Business Manager« wesentlich mehr bringen, als in der Talkrunde bei »Anne Will« zu sitzen, wo auf niedrigem Niveau über allgemeine Wirtschaftsthemen geplaudert wird.

Stellen Sie sich für Ihre Medienstrategie folgende Leitfragen:

- »Wen will ich regelmäßig erreichen?«
- »Welche Medien beachtet diese Zielgruppe?«
- »Was sind meine Botschaften für diese Medien?«
- »Wie kann ich mein Image und meinen Status transportieren?«

Sabine Renner hat sich zum Beispiel klargemacht, dass Personalmanager sowie Unternehmer und Geschäftsführer ihre Kernzielgruppe sind. Diese Entscheider will sie motivieren, mehr für die Lebendigkeit und Fitness der Belegschaft zu tun und damit die Effektivität des Unternehmens zu erhöhen. Sabine hat sich informiert, dass ihre Zielgruppe unter den Lesern der führenden überregionalen Tageszeitungen (zum Beispiel Süddeutsche Zeitung, Frankfurter Allgemeine, Neue Zürcher Zeitung) stark vertreten ist. Besonders der Wirtschaftsteil und die wöchentlichen Karriereseiten werden von ihrer Zielgruppe beachtet. Ein Interview auf der ersten Seite des Karriereteils scheint ihr deshalb eine gute Chance. Zumal es sie außer einem kurzen Gespräch mit einer Journalistin wenig Mühe kostet. Ihre Botschaften formuliert sie etwas »seriöser« und weniger »verspielt« als auf der Bühne, damit sie ins Umfeld dieser Zeitung passen. Schließlich achtet sie bei ihren Antworten im Interview darauf, dass sie immer als gefragte Topexpertin spricht. Sie streut dazu gezielt Formulierungen ein, wie zum Beispiel »Aus meiner langjährigen Praxis in Unternehmen weiß ich« oder »Neulich wurde ich zu einem DAX-Unternehmen gerufen und erlebte dort …«.

In vielen (nicht allen) Fällen zählen Sie als Experte selbst zu der Zielgruppe, vor der Sie sprechen. Managementexperten waren oder sind (wenn sie glaubwürdig sein wollen) eigentlich immer selbst Manager. Fitnessexperten halten sich selbstverständlich selbst fit. Trifft das auf Sie zu, dann beobachten Sie als Erstes Ihren eigenen Medienkonsum. Welche Medien interessieren Sie? Erstellen Sie dazu eine Liste.

Wenn Sie ein sehr großes Publikum ansprechen (zum Beispiel als Gesundheitsexperte), dann sind Medien mit hohem Verbreitungsgrad für Sie interessant. Die am stärksten verbreiteten Medien sind dabei manchmal solche, an die Sie vielleicht nicht als Erstes denken würden. Ein Beispiel dafür ist die »Apotheken Umschau«. Sie wird von deutschen Apotheken zweimal monatlich als kostenloses Kundenmagazin verbreitet. Ihre 9,6 Millionen verteilten Exemplare erreichen sage und schreibe 20 Millionen Leser. Das ist so viel, wie Dänemark, Norwegen und Schweden zusammen an Einwohnern haben. Zum Vergleich: »Der Spiegel« erreicht mit 986.000 verkauften Exemplaren »nur« 5,9 Millionen Leser.

Ein erfahrener Medienberater kann Ihnen helfen, eine Medienstrategie zu erstellen und die für Ihre Zielgruppe wichtigen Medien herauszuarbeiten.

> **EXPERTENTIPP**
>
> Lassen Sie sich von einem erfahrenen Medienberater dabei unterstützen, eine Strategie für Ihre Medien- und Öffentlichkeitsarbeit zu entwickeln. Eines der Ergebnisse sollte eine priorisierte Liste der für Sie relevanten Medien sein.

Bei der Auswahl der Medien denken Sie immer auch an Ihr Image. Im Nachhinein bereute beispielsweise die deutsche Politikerin Heide Simonis, an der RTL-Tanzshow »Let's Dance« teilgenommen zu haben: »An einer Show wie ›Let's Dance‹ würde ich mich nicht mehr beteiligen«, gestand die ehemalige Ministerpräsidentin von Schleswig-Holstein in einem Interview. Die Sendung brachte ihr zwar die Aufmerksamkeit eines Millionenpublikums, aber auch viel Häme ein. Eine Politikerin muss nun einmal Autorität ausstrahlen. Stellt sie sich mit ihren eher laienhaften Fähigkeiten dem strengen Urteil einer Fachjury, sind Autorität und Status schnell dahin.

Sobald Ihre Medienstrategie steht und Sie wissen, *wen* Sie regelmäßig über *welche* Medien erreichen wollen, sollten Sie an Ihren Botschaften für die Medien arbeiten.

Aktuell und auf den Punkt: Ihre Botschaften für die Medien

Ihre Botschaften für die Medien müssen sowohl *zielgruppengerecht* als auch *mediengerecht* sein. Die Zielgruppengerechtigkeit sicherzustellen, dürfte Ihnen dabei in der Regel leichter fallen. Als Speaker kennen Sie Ihre Kunden und Zuhörer. Sie wissen, welche Botschaften »ankommen«. Die Mediengerechtigkeit ist für Einsteiger in regelmäßige Medienarbeit meist die größere Hürde. Hier müssen Sie die Spielregeln einzelner Medien kennen und beherrschen. Als Grundregel kann gelten, dass die Botschaften Ihrer Vorträge und Bücher selten automatisch mediengerechte Botschaften sind. Bei Fachmedien können Sie noch nahe an Ihren gewohnten Inhalten bleiben. Je populärer jedoch das angestrebte Medium, desto mehr müssen aus Ihren Botschaften »Storys« mit Neuigkeitswert werden.

Storys für Medien lassen sich aus Ihren bestehenden Botschaften ableiten – oder Sie können eigens für die Medien Ereignisse »inszenieren«. Sie schaffen dann bewusst »Aufhänger«, damit über Sie berichtet wird. Oder damit Sie die Chance bekommen, selbst einen Beitrag zu verfassen. Die Übergänge zwischen den unterschiedlichen Herangehensweisen sind oft fließend.

AUF DEN PUNKT

Erst durch Umformung in Storys mit Neuigkeitswert werden die Botschaften Ihrer Vorträge mediengerecht.

Hier einige konkrete Möglichkeiten, wie Sie Anlässe schaffen, damit Medien über Sie berichten oder Ihnen Raum für eigene Beiträge geben:

- Die Botschaft Ihres Buchs zuspitzen
- »Alarm schlagen« (sogenannte Klägerstrategie)
- Wissen auf Alltagssituationen anwenden
- Umfragen durchführen und Ergebnisse veröffentlichen
- Spektakuläre Aktionen machen
- Initiativen gründen (Klubs, Vereine, Charity-Organisationen)

Manche Trainer veröffentlichen ihr erstes Buch und glauben, diese Tatsache allein sei bereits ein Ereignis für die Medien. Sicher sind Buchbesprechungen fester Bestandteil vieler Zeitungen, Zeitschriften und Magazine. Doch ein Buch wird meist nur dann rezensiert, wenn der Inhalt von der betreffenden Redaktion als interessant, relevant und aktuell wahrgenommen wird. Greifen Sie also aus Ihrem aktuellen Buch den Aspekt heraus, der gerade am stärksten an das anknüpft, was in den Medien ohnehin breit diskutiert wird.

Reinhard K. Sprenger zum Beispiel hat das im Frühjahr 2011 in den Medien kursierende Thema »Frauenquote für Führungsposten in Unternehmen« aufgegriffen und dazu einen Artikel in der überregionalen Tageszeitung »Die Welt« lanciert. In diesem Artikel vertritt Sprenger dieselben Grundüberzeugungen, die sich auch in seinen Büchern finden. Er spitzt diese lediglich zu und wendet sie auf die aktuelle Debatte an. Das ist im Sinne der Medien bereits eine »Story«. In der zur Schlagzeile verkürzten Form lautet sie: »Managementexperte: Vergesst die Quote!« (Achtung: Als Managementexperte und Befürworter der »Quote« würden Sie auf Sprenger sofort reagieren und in einem anderen Leitmedium einen Artikel veröffentlichen, in dem Sie die genaue Gegenposition vertreten.)

Wenn es eine Mediendebatte zu Ihrem Thema noch nicht gibt, kann es Teil Ihrer Publikationsstrategie sein, solche Diskussionen regelmäßig anzustoßen. Eine Erfolg versprechende Methode dazu lautet »Alarm schlagen«. Aufmerksamkeit für das Negative wirkt in den Medien nun mal am stärksten, getreu dem drastischen amerikanischen Motto: »Good news is no news at all.« Sie machen also zunächst (möglichst dramatisch) auf einen Missstand aufmerksam. Im zweiten Schritt präsentieren Sie sich dann als Experte für die Lösung.

Dazu ein Beispiel: Ihre Pressemitteilung trägt die Überschrift »Bürokratie kostet Unternehmen Milliarden«. Und wer sind Sie, um das zu behaupten? Natürlich Experte für Prozessmanagement und Effizienz. Ihre drei besten Tipps, wie Unternehmen sich »verschlanken«, liefern Sie zusammen mit Ihrer düsteren Diagnose. Das zugrunde liegende Prinzip haben Sie ja schon im Zusammenhang mit dem Thema Vortragsdramaturgie in Kapitel 10 kennengelernt: Nur wer das Ausmaß des Problems kennt, weiß die Lösung zu schätzen. Nutzen Sie dieses Prinzip auch für Ihre Medienarbeit.

> **AUF DEN PUNKT**
>
> **Wo es noch keine Mediendebatte gibt, erzeugen Sie eine. Wer heiße Eisen anpackt und »Alarm schlägt«, findet leicht Gehör.**

Nun wäre es allerdings falsch, zu glauben, nur mit maximaler Dramatisierung bekämen Sie Medienaufmerksamkeit. Vor allem für populäre Medien genügt es oft, wenn Sie Ihr Fachwissen einfach auf Alltagssituationen anwenden, die jeder kennt. Monika Matschnig, Speaker und Expertin für Charisma und Körpersprache, hatte dazu einmal eine treffende Idee: »Woran erkennt man, dass einem Beschenkten das Geschenk gefällt?«, stellte sie als Frage in den Raum. Damit wurde sie prompt als Gast ins Fernsehen eingeladen.

Denn wen würde die Antwort nicht brennend interessieren? An diesem Beispiel sehen Sie sehr schön, dass Ihr Expertenstatus als solcher für die Medien uninteressant ist. Erst wenn Sie Ihr Wissen auf konkrete Fragestellungen anwenden, wird es für die Medien greifbar und für deren Publikum spannend. Und natürlich hat man den Medien vorher diese »Idee« zugespielt.

Oft brauchen Sie dazu noch einen aktuellen Anlass. Wenn Sie warten wollen, bis sich dieser von selbst ergibt, können Sie manchmal lange warten. Zum Glück gibt es verschiedene weitere Möglichkeiten, Anlässe für Medienberichterstattung selbst zu generieren. Machen Sie doch zum Beispiel einmal eine kleine Umfrage und gehen Sie mit dem (verblüffenden oder schockierenden) Ergebnis an die Öffentlichkeit.

Für allgemeine Aussagen wie »Xy Prozent der befragten Unternehmen gaben an« brauchen Sie nicht gleich ein Meinungsforschungsinstitut. Sie entscheiden einfach selbst, welchen Unternehmen Sie Ihre Frage schicken, und werten dann die Rückläufer aus. Wenn Sie ohnehin immer wieder einmal Studenten als Praktikanten beschäftigen, dann ist das für diese sicher eine spannende Aufgabe. »Umfrageergebnisse« nach dem Muster »69 Prozent der Angestellten im Mittelstand wünschen sich von ihren Chefs mehr Durchsetzungsfähigkeit« sind dann ein schöner Türöffner für einen Artikel oder ein Interview.

Es gibt natürlich noch Spektakuläreres als eine Umfrage, um in die Medien zu kommen. Bill Clinton für einen Vortrag nach Deutschland holen zum Beispiel. Oder einen Rekord aufstellen. Rhetoriktrainer und Speaker Matthias Pöhm schaffte es beispielsweise in einen Artikel der »Frankfurter Allgemeinen Zeitung«, indem er »Europas teuerstes Rhetorik-Seminar« (so die FAZ wörtlich in ihrem Bericht) anbot. Die Teilnahme an dem Seminar kostete 6.000 Euro. Zu den Besonderheiten des Seminars zählte, dass die Teilnehmer ihre Redekunst live vor 100 Zuhörern unter Beweis stellen mussten, die Pöhm eigens zu diesem Zweck engagiert hatte. Dieses Beispiel zeigt, dass kaum etwas zu trivial ist (auch ein Rhetorikseminar nicht), um einen Superlativ daraus zu machen. Sie müssen lediglich eine Idee haben, wo Sie am besten ansetzen.

Nachhaltiger für Ihre Medienarbeit als einmalige spektakuläre Aktionen sind Initiativen, Klubs oder Vereine, die Sie mehr oder weniger zu dem alleinigen Zweck der Medienaufmerksamkeit gründen. »Mehr oder weniger« bedeutet, dass Sie nebenbei natürlich auch Gutes tun können (durch Charity-Initiativen) und jeder Verein, den Sie selbst gründen, auch Ihrem Networking sehr zugutekommt. An dieser Stelle soll es nur um die Wirkung solcher Initiativen auf die Medien gehen.

Sabine Renner zum Beispiel könnte sich mit Ärzten, Betriebskrankenkassen und einem Sportartikelhersteller zusammentun und eine »Initiative Bewegung im Büro« ins Leben rufen. Gegenüber den Medien tritt sie danach stets als »Gründerin der Initiative Bewegung im Büro« auf. Anders als der bloße Expertenstatus macht das Journalisten neugierig: Um was für eine Initiative handelt es sich da? Wer macht mit? Was sind die Gründe? Was hat die Initiative bisher erreicht? Je vielfältiger und langfristiger die Aktivitäten von Initiativen, Klubs oder Vereinen, desto öfter lassen sich daraus Storys für die Medien ableiten und entsprechende Kontakte knüpfen.

Die klassische Printwerbung versagt ohnehin immer mehr. Auch Public Relations wird immer schwieriger. Empfehlenswert im Umgang mit den Medien ist deshalb die sogenannte Drei-Punkt-Strategie, die die frühere Zwei-Punkt-Strategie ersetzt. An einem Beispiel aus der Medizin lässt sich das Gemeinte besonders gut verdeutlichen: Stellen Sie sich einmal vor, Sie sind Arzt und haben einem Patienten einen schlechten Befund per Röntgenbild zu überbringen. Dann wäre die klassische Zwei-Punkt-Kommunikation, dass der Sender dem Empfänger – also der Arzt mit dem Röntgenbild in der Hand seinem Patienten – die schlechte Nachricht überbringt und gleichzeitig Hilfe anbietet. Im Altertum wurden die Überbringer einer schlechten Nachricht angeblich geköpft. Inzwischen haben sich die Sitten etwas gebessert, dennoch ist es für den Patienten enorm schwer, vom Arzt auf der einen Seite einen Schock wie »Krebs« übermittelt zu bekommen und gleichzeitig von derselben Person Hilfe anzunehmen.

Die Drei-Punkt-Kommunikation – beziehungsweise Drei-Punkt-Strategie – rückt deshalb das Problem vom Sender weg. In unserem Beispiel könnte der Arzt das Röntgenbild an die Leuchtwand hängen, sich neben den Patienten setzen, ihn sogar in den Arm nehmen und dann sagen: »Das an der Wand ist der Befund Krebs. Jetzt lassen Sie uns beide mal anschauen, was wir gemeinsam dagegen unternehmen können.« Hiermit wird die Kommunikation in drei Punkte aufgegliedert. Der Sender (1) verbündet sich mit dem Empfänger (2) gegen die Krankheit (3). Natürlich ist die Situation immer noch die gleiche, aber die Art der Vermittlung hat sich geändert.

Was bedeutet das in der Pressearbeit? Es bedeutet, sich als Experte (1) mit dem Leser (2) angesichts eines ihn betreffenden Problems (3) zu solidarisieren. Die Pressearbeit wird also nicht mehr so gemacht, dass der Redner seine Leistungen den Lesern anpreist, sondern vielmehr so, dass der Redner sich mit der Zielgruppe solidarisiert, indem er über die Probleme schreibt, die die Zielgruppe hat, und gleichzeitig erklärt, wie man diesen gemeinsam begegnen kann. Nehmen wir also einmal an, dass Sie sich als Speaker auf die Themen Zeitmanagement und Effizienz spezialisiert haben. Eine Pressemitteilung mit der Überschrift »Ihr Experte zum Zeitsparen« oder »So sparen Sie Zeit« wird kaum einen Redakteur vom Hocker reißen, sondern ihn im Gegenteil nur platte Eigenwerbung vermuten lassen.

Wenn Sie mit der Drei-Punkt-Strategie, die gern auch »Klägerstrategie« genannt wird, arbeiten, schaffen Sie einen konkreten Anlass für einen Bericht. Die Überschrift lautet dann etwa: »So verschwenden Arbeitnehmer Zeit« oder »Wir verschenken Jahre unserer Lebenszeit«. Unterzeile: »Der durchschnittliche deutsche Arbeitnehmer verschwendet 123.428 Minuten seiner Zeit«. Die Zahl haben Sie anhand einer Studie (gefunden mit Google Scholar) errechnet. Nach dem Schock zeigen Sie jetzt den Ausweg. Zum Beispiel geben Sie als Zeitsparexperte jetzt fünf Tipps zum Zeitsparen. Dann können Sie noch auf eine eigens eingerichtete Website nach dem Muster www.zeitsparen.de verweisen. Wählen Sie hier als Webadresse ein allgemeines Bedürfnis und verlinken Sie die Seite mit Ihrer Website. So machen Sie auf Ihre Produkte aufmerksam, ohne dass es nach offensiver Eigen-PR aussieht.

Als Redner sollten Sie außerdem für Journalisten immer einen »Waschzettel« parat haben. Was ist das? Häufig werden Sie auf Veranstaltungen von Journalisten oder freien Mitarbeitern einer Zeitung angesprochen, die in einer Lokalzeitung, einem Magazin oder der Verbandszeitschrift einen Bericht über Sie und über Ihren Vortrag bringen wollen. Dabei kann es sein, dass Sie nur einer von vielen Höhepunkten der Veranstaltung sind, über die berichtet werden könnte. Manchmal nehmen sich Journalisten schlichtweg nicht die Zeit und haben auch gar keine Lust, Ihren ganzen Vortrag zu hören. Vielleicht tippen sie bereits den Artikel, wollen noch einen Kaffee trinken oder die Veranstaltung frühzeitig verlassen, weil sie noch andere Termine haben. Aber es wäre ja schade, wenn dadurch Ihr Vortrag in der Berichterstattung nicht oder nur am Rande vorkäme.

Um das zu vermeiden, haben Sie eben Ihren »Waschzettel«. Natürlich wird Sie kaum ein Journalist mit diesem Insiderbegriff danach fragen. Typischerweise lautet die Frage eher: »Haben Sie etwas dabei?« Gemeint ist dann genau dieser »Waschzettel«, der für den Journalisten schon fix und fertig formuliert, was er über Sie und Ihren Vortrag schreiben könnte. Diesen Text haben Sie am besten sowohl auf Papier als auch digital (USB-Stick oder CD) dabei, Sie können ihn jederzeit schnell per Smartphone verschicken und Sie bieten ihn zusätzlich noch auf Ihrer Website zum Download an.

AUF DEN PUNKT

Journalisten lieben Vorlagen. Vorbereitete Texte verbessern Ihre Chance auf ausführliche und positive Berichterstattung enorm.

Mit dem digitalen Text machen Sie dem Journalisten die Arbeit natürlich am einfachsten. Das Zauberwort heißt »Copy and Paste« und ist in diesem Gewerbe mehr als üblich. Der zusätzliche Vorteil für Sie: Ihre Chance auf eine tiefer gehende Berichterstattung steigt, während gleichzeitig Ihr Risiko, missverstanden oder falsch zitiert zu werden, sinkt. Aber Achtung: Lassen Sie sich beim »Waschzettel« von einem Profi mit journalistischer Erfahrung unterstützen, damit der Text für Medienleute auch wirklich genau das richtige »Futter« ist.

Kolumnist oder Talkshowgast? Unterschiedliche Formen der Medienpräsenz

Zeitungen, Zeitschriften, Onlinemagazine, Fernsehtalkshows, Hörfunksendungen, Onlineportale, Fernsehmagazine – die Welt der redaktionell gestalteten Medien ist breit und vielfältig. Wenn Sie eine Medienstrategie entwickeln, legen Sie fest, welche Medien für Sie interessant und relevant sind. So entsteht Ihr eigener »Medienmix«. Ist Ihre Zielgruppe beispielsweise tendenziell jung und internetaffin, werden Sie den Bereich Online mehr im Blick haben als die Printmedien. Vorbild sind hier einmal mehr große Unternehmen, die sowohl für die Einführung neuer Produkte als auch generell für ihre Markenführung von Werbeagenturen den richtigen »Medienmix« finden lassen, um zielgruppengerecht Anzeigen zu schalten. Für Sie als Experte gilt etwas ganz Ähnliches. Mit dem wesentlichen Unterschied, dass Sie keine Anzeigen schalten, sondern Beiträge für die Medien liefern.

Grundsätzlich lassen sich zwei unterschiedliche Formen von Medienbeiträgen unterscheiden:

- Die Redaktion behält die inhaltliche Kontrolle; Sie sind Akteur beziehungsweise Gesprächspartner.
- Die Redaktion überlässt Ihnen einen abgegrenzten Raum (Magazinseite, Sendeplatz usw.), über den Sie inhaltlich die Kontrolle bekommen.

Keine der beiden Formen von Medienbeiträgen ist grundsätzlich besser oder schlechter als die andere. Es hängt von Ihrer Expertenpositionierung, Ihrer Medienstrategie und vom einzelnen Medium ab, was für Sie jeweils sinnvoll ist. Allerdings gehen Sie tendenziell ein höheres Risiko ein, wenn eine Redaktion inhaltlich die Kontrolle behält und Sie als Akteur beziehungsweise Gesprächspartner lediglich einbindet. Die wichtigsten Arten dieser Form von Beitrag sind:

- Interview in Printmedien oder Onlinemedien
- Streitgespräch in Printmedien oder Onlinemedien
- Experte, der in Printmedien oder Onlinemedien zitiert wird
- Gastexperte in einer moderierten Radio- oder Fernsehsendung
- Talkgast (einzeln oder in einer Runde) in Radio oder Fernsehen

Interviews in Printmedien sind nicht zuletzt deshalb beliebt, weil sie dem Redakteur des Mediums wenig Arbeit machen. Er stellt Ihnen am Telefon ein paar Fragen und macht aus dem Frage-und-Antwort-Spiel einen Beitrag. Auf den roten Faden kommt es nicht so sehr an. Bereiten Sie sich auf ein Interview trotzdem gut vor. Klären Sie vor dem Gespräch, wer die Leser des Mediums sind, was genau das Thema sein soll und in welchem Kontext (zum Beispiel Wirtschaftsteil oder Karrierebeilage) das Interview erscheinen soll.

Seien Sie auf freche und provokante Fragen gefasst. Der Redakteur hat nichts gegen Sie persönlich, er will Sie nur etwas aus der Reserve locken, damit das Interview lebendig und interessant wird. Reagieren Sie so humorvoll und entspannt wie möglich. Antworten Sie fundiert, aber nicht nur auf der reinen Sachebene, sondern auch mit kleinen Anekdoten und Beispielen. Vermeiden Sie belehrende Aussagen und reden Sie nicht schlecht über andere. Sie bekommen die »falschen« Fragen gestellt? Dann sagen Sie einfach trotzdem das, was Sie sagen möchten. Politiker machen das in jedem Interview so. Ein anderer »Politikertrick«: Wenn Sie vermeiden wollen, ständig mit weiteren Fragen unterbrochen zu werden, dann machen Sie Ihre Atempausen nicht zwischen den Sätzen, sondern immer mitten im Satz.

Recht beliebt in Medien sind Streitgespräche zwischen zwei (oder mehr) Experten, die von Redakteuren moderiert werden. Dieses Format ist riskant. Es widerspricht einem der wichtigsten Prinzipien des Topspeakers, nämlich dem »Du sollst keine anderen Götter neben mir haben«, sich mit weiteren Experten um die Deutungshoheit zu streiten. Die Leser werden am Ende immer einen der Experten zum Sieger der Debatte küren. Wenn Sie Pech haben, dann haben Sie zwar die besseren Argumente, stehen aber trotzdem als Verlierer dar, weil die Redaktion die andere Position bevorzugt und sie deshalb in der redaktionellen Bearbeitung ins bessere Licht rückt.

Es lohnt sich für Experten immer, gute persönliche Kontakte zu einflussreichen Journalisten im jeweiligen Sachgebiet aufzubauen. Haben Sie einmal einen solchen »guten Draht« zu einem Redakteur, dann wird er immer wieder einmal bei Ihnen anrufen, wenn er zu einem bestimmten Thema recherchiert. Geben Sie dann bereitwillig Auskunft, aber bitten Sie darum, in dem Beitrag namentlich genannt zu werden. In einem längeren Artikel in einem Wirtschaftsmagazin zum Thema Gesundheit am Arbeitsplatz könnte es dann beispielsweise heißen: »›An deutschen Büroarbeitsplätzen wird sich einfach zu wenig bewegt‹, sagt Büro-Fitnessexpertin Sabine Renner. Die 42-jährige Hamburgerin …«

Medienpräsenz bedeutet auch, als Experte möglichst oft zitiert zu werden. Persönliche Kontakte zu Journalisten und schnelle Erreichbarkeit für deren Fragen begünstigen das.

Mehr Raum bekommen Sie, wenn Sie in elektronischen Medien als Gastexperte auftreten. Unterschätzen Sie dabei keinesfalls das Radio! Sehr viele Menschen aller sozialen Schichten hören regelmäßig Radio. Einige bei jeder Autofahrt. Viele Redaktionen sind ständig auf der Suche nach interessanten Experten. Teilweise sollen diese auch auf Fragen von Zuhörern antworten. Natürlich sollte der Sender, bei dem Sie Experte sind, zu Ihrem Image passen. Der (öffentliche und private) Radiomarkt im deutschsprachigen Raum ist zum Glück entsprechend breit und reicht vom »Kulturradio« bis hin zu den zahllosen Sendern nach dem Muster »Hits der Achtziger, Neunziger, Zweitausender und das Beste von heute«.

Gute Kontakte aufzubauen, zahlt sich auch hier langfristig aus. Die Chancen stehen nicht schlecht, dass Sie als Experte zu einem Thema immer wieder zu Wort kommen. Viele Sender haben ihren angestammten »Börsenexperten« oder »Lebenshilfeexperten«, der bei Bedarf auf Sendung geht. Noch ein Pluspunkt: Selten müssen Sie persönlich ins Studio. Meistens werden Sie per Telefon zugeschaltet. Und im Radio dürfen Sie sehr spontan sein. Das bedeutet: null Vorbereitung. Ihr Aufwand ist also minimal.

Mit gewisser Vorsicht sind dagegen Talkrunden zu genießen. Fernsehformate wie »Anne Will« wirken wegen ihres Millionenpublikums oft verlockend für Experten. In einer großen Runde von Experten kommen Sie jedoch nur eingeschränkt zu Wort und erhalten typischerweise eher wenig Aufmerksamkeit. Wer auf seine Teilnahme an solchen Sendungen große Resonanz erwartet, wird oft enttäuscht. Das Publikum will schließlich unterhalten werden. Da konzentriert man sich auf den bekannten Moderator und auf die ein, zwei prominenten Gäste. Da war noch ein Experte für irgendwas? Der ist anschließend schnell vergessen. Erwarten Sie also von Talkrunden nicht zu viel. Verwenden Sie die besten Ausschnitte mit Ihren Statements als Videoclip auf Ihrer Website und in Ihrem YouTube-Channel.

Weniger Risiken als Gastauftritte bergen die Medienbeiträge, bei denen eine Redaktion Ihnen in einem abgegrenzten Raum die volle Gestaltungsfreiheit bei den Inhalten überlässt. Die wichtigsten Arten dieser Form von Beitrag sind:

- Fachartikel in Fachzeitschrift oder Onlinefachforum
- Namensbeitrag im Leitmedium (auch online)
- Eigene Kolumne (Print oder online)
- Eigene Radiosendung
- Eigene Fernsehsendung

Fachartikel haben Sie vielleicht auch als Trainer schon hin und wieder veröffentlicht. Für einen Speaker ist dies meist eine Routinetätigkeit im Medienbereich, für die nicht zu viel Zeit verwendet werden sollte. Sie können es auch weitgehend an Mitarbeiter delegieren, Fachmedien Ihrer Richtung regelmäßig mit Beiträgen zu beliefern. Von Ihrer genauen Positionierung ist abhängig, ob Sie regelmäßige Fachpublikationen für Ihren nachhaltigen Expertenstatus überhaupt brauchen. Viele Speaker können getrost darauf verzichten. Ihr Renommee steigt allein durch die Präsenz in populären Medien. Samy Molcho zum Beispiel käme kaum auf die Idee, in wissenschaftlichen Fachzeitschriften für Psychologie über Körpersprache zu publizieren.

Interessanter sind da sogenannte »Namensbeiträge« (das bedeutet, unter Ihrem Namen als Autor, nicht im Namen der Redaktion veröffentlichte Beiträge) in großen Tages- und Wochenzeitungen sowie Magazinen. Wenn Sie als Experte auf einer halben Seite in einer Wochenzeitung wie der »Zeit« oder »Weltwoche« aufsatzartig Ihre Meinung schreiben »dürfen«, bedeutet das enormes Renommee. Denn dies ist das Format der Politiker, Intellektuellen und gesellschaftlichen Vordenker. Es dauert meist lange, bis sich dazu die Türen öffnen. Ein Medienberater kann Sie hier unterstützen. Fast noch interessanter sind regelmäßige Kolumnen in Printmedien oder online. Voraussetzung: Als Experte haben Sie immer wieder interessante Ansichten zu einer Reihe von aktuellen Themen.

Gar nicht so unerreichbar, wie es auf den ersten Blick scheint, ist die eigene Fernsehsendung. Schließlich gibt es inzwischen auch im deutschsprachigen Raum eine Fülle von kleinen (Privat-)Sendern. Diese machen oft mit relativ geringem Budget Programm und sind offen für neue Formate. Der Schweizer Motivationstrainer Martin Betschart gehört zu den Rednern, die diese Chance genutzt haben. Insgesamt 50-mal moderierte er seine eigene Talkshow »Betschart Talk« bei dem Privatsender »Schweiz 5« (ehemals U1 TV). Passend zu seiner Positionierung plauderte Betschart mit seinen Gästen über die Themenbereiche »Motivation, Erfolg und Kommunikation«. Da Betschart nicht Journalist, sondern selbst Experte zu diesem Thema ist, konnte er sich während der Sendungen immer stark mit seiner eigenen Meinung einbringen. Ein Glücksfall für einen Speaker. Seine heutige Bekanntheit in der gesamten Eidgenossenschaft als »Motivator Nr. 1 der Schweiz« verdankt Betschart nicht zuletzt seiner eigenen Fernsehsendung.

Auch der Kommunikationsexperte Wolfgang Hünnekens setzte 2004 und 2005 auf eine eigene Fernsehsendung, um seine Bekanntheit zu steigern. Er schuf die »einzige Talkshow zum Thema Werbung und Kommunikation« in Deutschland. Sie wurde regelmäßig von dem Privatsender »TV Berlin« ausgestrahlt. Ein weiterer Topspeaker mit einer eigenen Talkshow war zwischen 1997 und 2008 der ehemalige Politiker und Spitzenmanager Lothar Späth. Seine wöchentliche Sendung »Späth am Abend« lief erfolgreich bei dem bekannten privaten Nachrichtensender N-TV. Gerade Nachrichtensender mit einem 24-Stunden-Programm brauchen immer wieder gute »Lückenfüller«. Denn es wäre zu uninteressant (und zu teuer), tatsächlich nichts als Nachrichten zu senden.

Wie kommen Sie an Ihre eigene Fernsehsendung? Bestimmt nicht, indem Sie den Programmdirektor spontan anrufen und einfach mal fragen. Hier brauchen Sie ein ausgearbeitetes Konzept. Besser noch: einen vollständigen Businessplan, der Aussagen über Produktionskosten, Partnerunternehmen, Zielgruppen und mögliche Werbeeinnahmen enthält.

KOMPAKT

- Medienpräsenz ist für Topspeaker wichtig. Denn Interviews, eigene Artikel und Liveauftritte festigen Ihren Expertenstatus, liefern Material für Ihre Rednermappe, steigern längerfristig Ihren Marktwert und halten Sie bei Ihren Kunden im Gespräch.

- Entwickeln Sie zu Beginn eine Gesamtstrategie für Medien und Öffentlichkeit. Ein Medienberater mit ausreichender journalistischer Erfahrung sollte Sie dabei unterstützen. Konzentrieren Sie sich auf die Medien, die für Ihre Zielgruppe relevant sind und zu Ihrem Image passen.

- Machen Sie aus Ihren Botschaften als Experte mediengerechte »Storys«. Beachten Sie dabei stets die »Spielregeln« eines bestimmten Mediums oder Formats. Grundsätzlich gibt es zwei Wege in die Medien. Entweder Sie tragen zu einem bestehenden Format bei, wobei die Redaktion die inhaltliche Kontrolle behält. Oder Sie erhalten Freiraum für Ihren eigenen Text beziehungsweise Ihre eigene Sendung.

KAPITEL 14

Networking & Social Media: Das passende Umfeld für Topexperten

Das diesjährige »Alpentreffen« in Innsbruck ist wie immer hoch-
karätig besetzt. Der ehemalige französische Staatspräsident Jacques
Larouge wird in seiner Keynote über die Zukunft Europas sprechen.
Anschließend redet der eigens aus dem Silicon Valley eingeflogene CEO
des Technologiekonzerns Pear. Sabine Renner hat es noch nicht auf
die Rednerliste geschafft. Aber vielleicht wird es ja im nächsten Jahr
was, denkt sie. Zwischen zwei Vorträgen trinkt sie einen Kaffee in der
Lobby des Kongresszentrums.
»Hallo, Frau Renner, was für eine freudige Überraschung!« Mit
diesen Worten gesellt sich Martin Sturmbrecher, Geschäftsführer des
aufstrebenden Stuttgarter Technologieunternehmens iMS, mit seinem
Kaffee zu Sabine. Die beiden kennen sich aus früheren Gesprächen.
Nach einer freundlichen Begrüßung fragt Sabine ihren Gesprächs-
partner, wie es mit seiner Firma weitergegangen sei. Martin Sturm-
brecher erzählt. Und Sabine hört aufmerksam zu.
»Und was machen Sie inzwischen Spannendes?«, fragt der Mana-
ger Sabine nach einer Weile. Sabine erzählt kurz von ihrem aktuellen
Vortrag und macht dann eine Sprechpause. »Das ist ja interessant«,
meint Martin Sturmbrecher. Er scheint nachzudenken …

»Networking« hat einen modischen Klang. Es ist aber in Wirklichkeit so alt wie unsere Kultur. Schon in der Antike trafen sich Adelige,
Politiker und Philosophen zum »Symposion«, einem fröhlichen Trink-
gelage. Bei Unmengen von Wein wurden Kontakte vertieft und politische Entscheidungen vorbereitet. Glaubt man Platon und seinem
berühmten Dialog »Symposion«, könnte es dabei manchmal sogar zu

erhellenden Erkenntnissen gekommen sein. Später in der Geschichte taten sich die Kaufleute zu Zünften und Gilden, die Studenten zu Studentenverbindungen und die Arbeiter zu Gewerkschaften zusammen. Das alles ist nichts anderes als »Networking«. Unserer komplexen Welt entsprechend gibt es heute eine kaum noch überschaubare Fülle von Netzwerken: Gemeinnützige Vereine und Businessclubs, Rotary und Lions Club, Unternehmerverbände wie BDU, BVMW und Wirtschaftsjunioren, Trainer- und Beraternetzwerke, Marketingklubs oder Alumni-Netzwerke der Business-Schools seien als Beispiele genannt.

Als ob das nicht reichen würde, sind in den letzten Jahren »Social Media« als neue Möglichkeit des Netzwerkens im Internet zu etwas geworden, das die Amerikaner gern »Real Big Thing« nennen. An einer Mitgliedschaft in dem 2003 zunächst als »openBC« gegründeten Onlinenetzwerk Xing kommt im Business kaum noch jemand vorbei. Xing ermöglicht unkomplizierte Kontaktaufnahme und hält die eigenen gesammelten »Kontakte« über Aktivitäten auf dem Laufenden. Doch was ist mit Facebook? Braucht man auch noch LinkedIn? Lohnt es sich zu »twittern«? Wird Google+ wichtig? Diese Fragen stellen sich viele Trainer. Und wissen nicht immer Rat.

Auch in der Welt des Networkings und der Social Media gilt für angehende Topspeaker das Gebot der Konzentration. Wer planlos überall mitmischt, wird damit genauso wenig erreichen wie mit einem unausgegorenen Geschäftsmodell. Auch wer beim Networking kurzfristige Erfolge »erzwingen« will, geht meist leer aus. Netzwerke (egal ob klassisch oder online) sind keine Auftragsmaschinen. Wer anderen Menschen nichts zu geben bereit ist, nur auf den kurzfristigen Nutzen schielt und mit seinem Expertenwissen hinterm Berg hält (weil er es ja teuer verkaufen könnte), wird von den anderen auch nicht viel zurückbekommen. Networking heißt Geben und Nehmen. Geschickte Networker wissen, dass persönliche Beziehungen das Rückgrat des Business sind. Und dass Beziehungen wachsen müssen.

> **AUF DEN PUNKT**
>
> **Erfolgreiches Business läuft über persönliche Beziehungen. Gute Kontakte wollen gepflegt sein. Das kostet Zeit und Geduld. Nur wer am Anfang mehr gibt, als er nimmt, bekommt am Ende viel zurück.**

Für Trainer auf dem Weg zum Topspeaker kann erfolgreiches Networking zunächst bedeuten, sich von lieb gewonnenen Gewohnheiten zu trennen. In Kapitel 4 haben Sie bereits gelesen, warum Sie zu Ihren bisherigen Trainerkollegen eher auf Distanz gehen sollten. Die üblichen Trainernetzwerke und Supervisionsrunden nutzen Ihnen als Speaker nichts. Im Gegenteil, diese schaden Ihnen. Aber nicht einmal in ausgewiesenen Speaker-Netzwerken, wie zum Beispiel der German Speakers Association (GSA), sind wirkliche Topspeaker immer Mitglied. Die besten und teuersten Speaker meiden oft sogar die Speaker-Organisationen. Sie gehen konsequent ihren eigenen Weg.

Ausnahmen bestätigen wie immer die Regel. So gibt es in der amerikanischen NSA, der National Speakers Association (deren Angebote Sie als Mitglied der deutschen GSA, der German Speakers Association, durchaus nutzen können), die hochkarätige »One Million Dollar Group«. Mitglied sind hier Redner, die nachweislich mindestens eine Million Dollar pro Jahr an Umsatz durch Vorträge inklusive Zusatzprodukte generieren. Man trifft sich alljährlich im kleinen Kreis, und jeder hat nur drei bis fünf Minuten Zeit, um seine beste Idee des letzten Jahres mit den anderen zu teilen. Sie können sich vorstellen, dass die besten Ideen in solch elitären Zirkeln außergewöhnlich sind. Ein Beispiel dazu: Einer der Redner ließ sich vertraglich nicht nur sein Honorar und seine Reisekosten zusichern, sondern er ließ sich – Zufriedenheit des Kunden vorausgesetzt – auch schriftlich garantieren, dass dieser Kunde ihm zwei aktive Empfehlungen aussprechen wird, um neues Geschäft zu generieren.

Sie sehen: Netzwerk ist nicht gleich Netzwerk. In den folgenden Abschnitten erhalten Sie Anhaltspunkte, worauf es für einen Speaker beim Networking ankommt.

Immer in bester Gesellschaft: Spielregeln fürs Networking

Wenn in diesem Buch von »Networking« die Rede ist, dann sind immer sowohl die »formellen« als auch die »informellen« Netzwerke gemeint. Formelle Netzwerke sind leichter greifbar. Das sind beispielsweise alle

Mitglieder des Rotary Clubs (beziehungsweise eines »Distrikts« der Rotarier) oder sämtliche Angehörige einer örtlichen Handelskammer. Informelle Netzwerke haben oft überhaupt keinen Namen. Es können zehn Manager eines Konzerns sein, die sich regelmäßig zum Golfspielen treffen und auf dem Rasen »off the record« wichtige Dinge besprechen. Oder es sind innerhalb eines Unternehmerverbands die Befürworter einer partnerschaftlichen und arbeitnehmerfreundlichen Politik. Ihr persönliches informelles Netzwerk besteht aus der Summe aller Ihrer businessrelevanten Kontakte. Bei diesem Netzwerk werden Sie meistens drei Ziele haben:

- Personenkreis erweitern
- »Qualität« des Netzwerks (Einfluss und Nützlichkeit der Personen) verbessern
- Beziehungen zu besonders nützlichen Personen intensivieren

Um diese Ziele zu erreichen, kann es sinnvoll sein, verschiedenen formalen Netzwerken beizutreten. Der Dreiklang der genannten Ziele ist dabei immer ein Prüfstein. Es nützt Ihnen nichts, wenn die Mitgliedschaft in einem formalen Netzwerk den Personenkreis, mit dem Sie »vernetzt« sind, zwar schlagartig erweitert, sich daraus aber weder qualitativ bessere noch intensivere Beziehungen ergeben als diejenigen, die Sie ohnehin schon pflegen.

Hier sind die wichtigsten »Dos & Don'ts« sowohl für informelles Netzwerken als auch für die Mitgliedschaft in formellen Netzwerken:

- Klären Sie Ihre Erwartungen und haben Sie Geduld.
- Seien Sie neugierig und interessieren Sie sich für Menschen.
- Bewegen Sie sich nie in »schlechterer« Gesellschaft.
- Seien Sie jederzeit offen und ansprechbar.
- Hören Sie zu und lassen Sie andere ausreden.
- Geben Sie mehr, als Sie nehmen.
- Üben Sie keinen Druck aus und »erzwingen« Sie nichts.
- Reden Sie nicht zu viel über Ihr Geschäft und »verkaufen« Sie nicht.
- Reden Sie niemals schlecht über andere.
- Sammeln Sie Visitenkarten und pflegen Sie Ihre Adressdatenbank.

- Bringen Sie sich bei »eingeschlafenen« Kontakten aktiv in Erinnerung.

Erwartungen

Ungeduld und übertriebene Erwartungen gehören sicherlich zu den größten Erfolgshindernissen beim Networking. Angenommen, Sie lernen auf einer Party den Vorstandsvorsitzenden eines DAX-Konzerns kennen. Das Gespräch hat kaum begonnen, schon »rotiert« parallel in Ihrem Hinterkopf, wie gerne Sie bei diesem Konzern einen Vortrag halten würden und was Sie dabei verdienen könnten. Sie sehen sich schon in einem Saal vor 2.000 Mitarbeitern. Die Folge: Sie konzentrieren sich nicht mehr zu 100 Prozent auf den Gesprächspartner und das Gespräch.

Dummerweise wird Ihr Gesprächspartner genau das auf der nonverbalen Ebene wahrnehmen. Sie hinterlassen deshalb keinen allzu starken Eindruck. Und werden so schnell nicht zu einem Vortrag eingeladen. Wenn Sie bei jedem Kontakt sofort überlegen, welches Geschäft Sie machen können, stimmt Ihre Einstellung nicht. Beim Networking begegnen Sie Menschen und tauschen sich mit ihnen aus. Das Geschäft folgt im Anschluss.

AUF DEN PUNKT

Networking erhöht Ihre Chancen auf gute Geschäfte. Die Verwirklichung der Chancen ist der nächste Schritt – und nicht mehr Networking.

Lassen Sie sich also auf Menschen ein, ohne bei jedem Menschen gleich zu wissen, wie dieser Ihnen nützen könnte. Das ist das Geheimnis guten Networkings. Erinnern Sie sich an Steve Jobs und sein Erfolgsrezept, das »Verbinden der Punkte«? Manchmal zeigt sich erst nach Jahren, was der Kontakt zu einer Person wirklich wert ist. Da erhalten Sie vielleicht plötzlich eine Einladung nach China und sind froh, schon seit Langem einen Chinesen zu kennen, dem Sie jetzt ein paar Fragen über das Land stellen können. Haben Sie also Geduld und lassen Sie die Dinge wachsen.

Neugier

Es gibt nichts Langweiligeres, als immer wieder den gleichen Menschen zu begegnen. Nutzen Sie deshalb Networking für den Blick über den Tellerrand. Wenn Sie Finanzexperte sind, unterhalten Sie sich mit Künstlern. Wenn Sie »Kreativitätsexperte« sind, dann versuchen Sie, »Zahlenmenschen« besser zu verstehen. Hüten Sie sich aber davor, andere vorschnell in Schubladen zu stecken. Auch Menschen, die Sie zu kennen glauben, haben oft noch ganz andere Seiten, die es zu entdecken gibt.

Wenn Sie sich nicht wirklich für andere Menschen interessieren, dann wirken Ihre Networking-Bemühungen schnell aufgesetzt und unglaubwürdig. Nutzen Sie die Chance, Ihre Kunden und Ihr Publikum besser kennenzulernen. Als Speaker leben Sie davon, Resonanz mit anderen Menschen herzustellen. Egal, ob auf der Bühne oder im Verkaufsgespräch. Je mehr Sie über andere wissen und je weiter Sie Ihre Menschenkenntnis vertiefen, desto besser wird Ihnen das gelingen. Schaffen Sie ein Gegengewicht zur Distanz zwischen Ihnen auf der Bühne und Ihren Zuhörern, indem Sie sich beim Networking intensiv mit einzelnen Personen beschäftigen.

Niveau

Topspeaker bewegen sich ausschließlich in Netzwerken, die ihrem Niveau entsprechen. Das ist keine Arroganz, sondern folgt einer einfachen Logik. Der bekannte Spruch »Sage mir, wer deine Freunde sind, und ich sage dir, wer du bist«, bringt diese Logik auf den Punkt. Networking hat immer auch eine Außenwirkung. Ihr Status als Speaker wird nicht zuletzt daran gemessen, in welchen Kreisen Sie sich bewegen. Werden Sie auf Trainertreffen gesehen, wo Coachs mit Tagessätzen um die 600 Euro miteinander Kaffee trinken, wirkt sich das natürlich auf Ihr Image aus.

Sabine Renner mischt sich deshalb bewusst unter die Staatspräsidenten und CEOs auf dem »Alpentreffen«. Schauen Sie sich einmal das reale »Alpensymposium« an, das als Vorbild für die Beispielstory diente. Hier findet Networking auf hohem Niveau statt. Neben der Außenwirkung zählt aber genauso die Innenwirkung. Ihre Umgebung prägt auch Sie selbst! Darüber haben Sie in Kapitel 4 schon einiges gelesen. Fragen Sie sich deshalb: »Wo möchte ich in fünf Jahren ›dazugehören‹? Und wo treffe ich heute schon den entsprechenden Personenkreis?«

Offenheit

Charisma ist das Spiel mit Nähe und Distanz. Auf der Bühne, aber auch als Buchautor oder als Gast in einer Fernsehtalkshow rücken Sie von anderen Menschen weg. Sie werden ein Stück »unnahbar«. Umso wichtiger ist es, fürs Networking wieder erreichbar zu sein. Wer glaubt, mit zunehmendem Erfolg könne er sein Mobiltelefon ausgeschaltet lassen, brauche auf E-Mails nicht mehr unbedingt zu antworten und sich zur Reaktion auf Xing-Kontaktanfragen erst recht nicht herabzulassen, verschenkt unzählige Chancen, durch Networking seinen Erfolg zu steigern. Sie sind Speaker und kein Rockstar.

Überraschen Sie lieber Ihre potenziellen Kunden und Partner dadurch, dass Sie sofort zurückrufen. Beantworten Sie als Topspeaker einmal eine E-Mail innerhalb von wenigen Minuten, und Sie werden staunen, wie begeistert der Empfänger oft ist. Mit einem kurzen Satz *sofort* zu antworten, macht einen besseren Eindruck, als eine lange E-Mail voller Höflichkeitsfloskeln zu senden, nachdem schon eine Woche vergangen ist.

Dank iPhone und BlackBerry sollte es Ihnen nicht schwerfallen, Wartezeiten an Flughäfen und in Hotels oder Taxifahrten für die Kontaktpflege zu nutzen. Auch nach Ihren Vorträgen nehmen Sie sich selbstverständlich genügend Zeit, damit jeder, der noch mit Ihnen sprechen möchte, dazu Gelegenheit bekommt. Ein Profi wird selbst wenige Minuten vor einem Auftritt niemanden nervös abwimmeln, der noch kurz eine Frage stellen möchte.

Großzügigkeit

Beim Networking lautet die Devise: Mehr geben als nehmen. Das gilt vor allem zu Beginn einer Kontaktanbahnung, fällt aber einer Reihe von Menschen leider schwer. Irgendwann kommt alles, was Sie anderen geben, als Erfolg zu Ihnen zurück. Doch wenn Sie geizig sind, dann sind es andere Ihnen gegenüber auch. Dieses Phänomen läuft vollkommen auf der unbewussten Ebene ab und wird auch »Resonanz« genannt. Jener »Geiz« muss sich dabei gar nicht aufs Geld beziehen, sondern kann auch Ihr Expertenwissen betreffen.

Geben Sie immer Ihr gesamtes Wissen preis, wenn Sie jemand danach fragt. Was haben Sie zu verlieren? Ihr Expertenwissen macht ohnehin nur den kleineren Teil Ihres Marktwerts als Speaker aus. Image und Performance auf der Bühne kommen noch hinzu. Und da macht Ihnen so schnell keiner was vor. Geben Sie davon abgesehen beim Networking auch ruhig mehr Geld, als Sie nehmen. Spenden Sie und engagieren Sie sich für wohltätige Zwecke. Wenn Sie großzügig mit anderen sind, dann sind es andere auch mit Ihnen. Vertrauen Sie auf dieses Phänomen.

Gelassenheit

Versuchen Sie beim Networking nie, irgendetwas zu erzwingen. Wenn Sie sich Dinge vornehmen wie »Ich gehe jetzt in diesen Verein, damit ich endlich mal Vorstandschef xy näher kennenlerne« oder »Bei diesem Messebesuch will ich mindestens zwei Vorträge verkaufen«, dann stellen Sie sich meistens selbst ein Bein. Sie setzen sich selbst unter Druck. Ohne dass Sie es wollen oder überhaupt merken, überträgt sich dieser Druck auf Ihre Gesprächspartner. Haben Sie schon einmal beobachtet, welche Messestände oft besonders leer sind? Es sind diejenigen, wo drei Leute von der Vereinsmannschaft schon auf den Gängen Messebesucher »anhauen« und in ein Verkaufsgespräch verwickeln wollen.

Beliebt sind dagegen oft Messestände, auf denen man sich in aller Ruhe umschauen kann, vielleicht von einer sympathischen Hostess einen Kaffee angeboten bekommt und nur dann in Gespräche verwickelt wird, wenn man zuvor Interesse signalisiert hat. Setzen Sie Ihre Gesprächspartner deshalb nicht unter Druck. Wer spürt, dass Sie es permanent »nötig haben«, sich selbst oder Ihren Vortrag zu verkaufen, wird schnell misstrauisch. Bleiben Sie also gelassen. Generell ist es ratsam, beim Networking nicht zu viel über das eigene Geschäft zu sprechen. Das wirkt schnell aufdringlich. Suchen Sie immer auch gemeinsame Gesprächsthemen außerhalb des Business, zum Beispiel Sport oder Kunst.

Kontaktverwaltung

Egal, ob Sie sich von einem Sekretariat unterstützen lassen oder die meisten Büroarbeiten allein erledigen: Professionelle Kontaktverwaltung ist ein Muss. Tauschen Sie beim Netzwerken, so oft es geht, Visitenkarten aus. Visitenkartenscanner gibt es auch als App für Smartphones. Damit haben Sie jede Visitenkarte sofort (mit hoher Genauigkeit) digitalisiert und können Sie bei der nächsten Synchronisation in das Adressbuch auf Ihrem Computer übernehmen. In der Adressdatenbank legen Sie am besten unterschiedliche »Gruppen« oder »Ordner« an.

So sehen Sie mit einem Mausklick Ihre bestehenden und / oder potenziellen Kunden, in einer anderen Ansicht Ihre Partner und Dienstleister und in einer weiteren Ansicht dann vielleicht Ihr »erweitertes Netzwerk«, also alle Personen von Interesse, die Sie einmal kennengelernt und mit denen Sie Visitenkarten ausgetauscht haben. Im Feld »Notizen« bei Outlook (ebenso beim Adressbuch in Mac OS X von Apple) können Sie bei jeder Person stichwortartig festhalten, wann Sie den letzten direkten Kontakt hatten. Also zum Beispiel: »21.04.2011: neues Buch mit Widmung zugeschickt«.

Das Online-Netzwerk Xing bietet Ihnen ein nützliches Tool, mit dem Sie regelmäßig den Bestand Ihres Adressbuchs in Outlook mit sämtlichen vorhandenen Xing-Profilen abgleichen können. So können Sie dann Personen, die Sie kennen, mit denen Sie aber noch nicht bei Xing »verkontaktet« sind, eine Kontaktanfrage zukommen lassen.

Reaktivieren

Machen Sie es sich zur Angewohnheit, regelmäßig in Ihrer Kontaktdatenbank zu stöbern. Zu wem hatten Sie lange keinen direkten Kontakt? Welcher Kontakt könnte wieder einmal ein wenig »Pflege« gebrauchen? Echte »Power-Netzwerker« nehmen sich für jede Woche fest vor, eine bestimmte Anzahl von Kontakten zu pflegen beziehungsweise zu reaktivieren. Überlegen Sie sich immer einen passenden Anlass, den Kontakt wieder aufzunehmen.

Auch beim Networking gilt der alte Spruch: »Kleine Geschenke erhalten die Freundschaft.« Schicken Sie einem interessanten Kontakt, von dem Sie länger nichts gehört haben, doch einfach Ihr neues Buch oder Mini-Book oder Ihre neue CD oder DVD. Da Sie normalerweise CD- oder DVD-Boxen herausbringen, können Sie auch eine Sonderauflage mit einer einzelnen CD oder DVD (in einem schön gestalteten Kartonschuber) machen, die Sie ausschließlich als Geschenk verwenden.

Und: Warten Sie mit dem Schenken nicht immer bis Weihnachten. Gerade »zwischendurch« freuen sich Ihre Kontakte erst recht über ein Geschenk. Angenehmer Nebeneffekt solcher Aktionen: Sie erfahren, ob die Adressen in Ihrem Adressbuch noch aktuell sind.

Xing, Facebook & Co.: Die Welt wird »social«

»The future will be social« – dieses Zitat von Facebook-Gründer Mark Zuckerberg beschreibt die Vision der »Social Media«. »Social« bedeutet in diesem Zusammenhang etwas anderes als das deutsche Wort »sozial«, bei dem wir eher an »Sozialpolitik« oder »Sozialwohnung« denken. Mit »social« sind *interaktive* und *kollaborative* Kommunikationsstrukturen im Zusammenhang der globalen Vernetzung über Internet und mobile Datendienste gemeint. »Interaktivität« bedeutet hier lebendigen Austausch (beinahe) in Echtzeit. Kaum hat jemand auf Facebook etwas »gepostet«, schreibt ein anderer schon einen Kommentar dazu. Dieser zieht weitere Reaktionen nach sich und so weiter. »Kollaborativ« wird der Prozess, wenn auf diese Weise ein Arbeitsergebnis entsteht, an dem viele Leute mitarbeiten, die sich zu diesem Zweck persönlich nie begegnen müssen. Das bekannteste Beispiel unter den »Collaborative Social Media« ist das Onlinelexikon Wikipedia, an dem sich jedermann als Autor und Redakteur beteiligen kann.

Topspeaker gehen mit den neuen Möglichkeiten der Social Media bisher höchst unterschiedlich um. Das Spektrum reicht von totaler Abstinenz auf Xing, Facebook, Twitter & Co. bis hin zu täglicher Aktivität in allen möglichen Onlinenetzwerken. Unter den aktiven Nutzern gibt es wiederum diejenigen, die Social Media als einen weiteren Verbreitungskanal für ihr Marketing nutzen (ohne ihre Marketingaktivitäten den Besonderheiten der Social Media anzupassen), und diejenigen, die sich aktiv auf die »Diskussionskultur« der Online-Netzwerke einlassen. Hierzu drei Beispiele.

- Reinhard K. Sprenger hat weder bei Xing noch bei Facebook ein Profil. Er hat bei Facebook keine »Seite« angelegt und verbreitet seine Ansichten auch nicht über Twitter. Dafür ist dem Management-Vordenker ein ausführlicher Artikel im Onlinelexikon Wikipedia gewidmet. Darin werden sowohl sein Lebenslauf als auch seine Managementtheorien und seine Veröffentlichungen ausführlich dokumentiert. Links verweisen auf seine eigene Website, die seines Verlags sowie verschiedene Veröffentlichungen von ihm.
- Martin Betschart hat eine Facebook-»Seite« als »Person des öffentlichen Lebens« angelegt. Andere Facebook-Mitglieder können den »Gefällt mir«-Button klicken und sehen dann die Posts des Speakers in ihren »Neuigkeiten«. Diskussionen mit anderen Facebook-Mitgliedern führt Betschart jedoch nicht. Er ist dafür Mitglied bei Xing und dort für jedes Mitglied ansprechbar. Über Twitter verbreitet er (fast) täglich einen motivierenden Spruch oder eine Meldung zu seinen Aktivitäten. Rund 22.500 andere Twitter-Mitglieder »folgen« seinen Aktivitäten. Betscharts Wikipedia-Eintrag ist kurz und nicht besonders aussagekräftig.
- Anja Förster und Peter Kreuz haben eine Facebook-Seite, die rund 1.700 Nutzern »gefällt«. Sie posten hier sehr regelmäßig sowohl kleine, lehrreiche Geschichten fürs Business als auch spontan Persönliches wie Urlaubserlebnisse, witzige Schnappschüsse und so weiter. Auf Kommentare von Nutzern reagieren die beiden Speaker ebenso schnell (manchmal innerhalb von Minuten) wie schlagfertig. Auf Twitter weisen Förster und Kreuz mit Kurzlinks auf neue Beiträge der eigenen Website oder aktuelle Termine hin. Persönliches findet sich unter den »Tweets« eher

nicht. Auf Xing ist weder Anja Förster noch Peter Kreuz vertreten. Einen Wikipedia-Eintrag haben die beiden Speaker nicht.

Die drei unterschiedlichen Beispiele haben vielleicht schon gezeigt: Es gibt für Sie als Speaker nicht »den« richtigen Umgang mit Social Media. Vieles, wenn nicht alles, hängt von Ihrem Image und Ihren persönlichen Vorlieben ab. Schauen Sie also auf Ihre Positionierung und machen Sie nicht blind alles mit. Schon gar nicht alles, was PR-Agenturen oder selbst ernannte »Social Media Marketing«-Berater Ihnen nahelegen. Genau wie schon beim Thema PowerPoint gilt: Tun Sie das, worin Sie gut sind, was Ihnen Freude macht und was zu Ihnen passt. Letztlich spielen Sie auch hier das Spiel von »Nähe und Distanz« mit Ihrem Publikum. Sie entscheiden selbst, wie viel Offenheit, Nähe und Diskussionsbereitschaft Ihnen und Ihrem Image guttun.

In den folgenden Abschnitten erhalten Sie einige grundlegende Hinweise zu den wichtigsten Social Media.

Xing

Der Marktführer bei Businessnetzwerken in Deutschland, der Schweiz und Österreich (international liegt LinkedIn mit weitem Abstand an der Spitze) ist für Speaker ein »Kann«, aber kein »Muss«. Ratsam ist hier jedoch, den Grundsatz »Wenn schon, denn schon« zu beherzigen. Ein einmal angelegtes und dann nie wieder aufgerufenes Profil wird Ihrem Image großen Schaden zufügen. Wenn Sie also bei Xing sind, dann bedeutet das für Sie: »Premium-Mitgliedschaft«, professionelles Profilfoto, sorgfältig und ansprechend gestaltete Profiltexte sowie mindestens einmal täglich ein Check nach neuen Nachrichten oder Kontaktanfragen, die Ihre Reaktion erfordern.

Ratsam für Speaker ist es, bei Xing-Kontakten nicht wählerisch zu sein. Akzeptieren Sie am besten jeden, der Kontakt zu Ihnen wünscht, egal, wie gut oder schlecht Sie diese Person kennen. Wer weiß, wozu ein Kontakt noch einmal gut sein kann. In Ihren Vorträgen können Sie Ihre Zuhörer gezielt dazu einladen, Ihre Xing-Kontakte zu werden. Zeigen Sie dazu zum Beispiel eine Folie mit Ihrem Profil. Ihre neuen Xing-Kontakte machen Sie dann natürlich auch gleich zu Ihren Newsletter-Abonnenten. Persönliche Nachrichten von Xing-Mitgliedern sollten Sie immer kurz beantworten.

Dazu können Sie kleine Textbausteine parat haben, die Sie per »Copy & Paste« verwenden. Hier ein Beispiel:

> *»Danke für das nette Feedback! Freut mich, dass Ihnen mein Vortrag gefallen hat. Ich wünsche Ihnen viel Spaß bei der Umsetzung der Impulse. Ihre Sabine Renner.«*

Auf längere Diskussionen sollten Sie sich jedoch nicht einlassen. Eine ganze Reihe von Xing-Mitgliedern nutzt das Businessnetzwerk auch zum Chatten aus Langeweile oder als Flirtforum. Gehen Sie darauf am besten nicht ein.

EXPERTENTIPP

Wie können Sie bei persönlichen Nachrichten auf Xing (und in anderen Onlinemedien) eine Diskussion beenden, ohne den anderen zu brüskieren? Die Lösung: Schicken Sie einfach nur noch einen Smiley :-) als Antwort. Das ist immer noch charmant. Und danach ist Schluss. Probieren Sie es aus!

Abzuraten ist Ihnen als Speaker von den sogenannten »Gruppen« (ehemals »Foren«) auf Xing. In diesen themenorientierten Diskussionsgemeinschaften ist das Niveau im Vergleich zu den Anfangstagen des Netzwerks stark gesunken. Oft werden nur noch Belanglosigkeiten ausgetauscht. Nach 22 Uhr wird auch viel geflirtet. Für einen Topexperten ist das absolut nicht das passende Umfeld. Nützlich sind dagegen die »Statusmeldungen«. Hier können Sie Ihr Netzwerk regelmäßig auf Ihre Aktivitäten aufmerksam machen. So bleiben Sie in Erinnerung.

Selbstverständlich ist Xing nicht nur ein Instrument zur Kommunikation mit Ihrem Publikum. Auch Ihre potenziellen Kunden, also die Veranstalter, können Sie unter Umständen hier erreichen. Eine Kontaktaufnahme über Xing ist immer weniger formell als eine E-Mail oder gar ein Brief. Nutzen Sie diesen »kurzen Draht« zu potenziellen

Kunden. Beachten Sie dabei aber die in diesem Kapitel beschriebenen allgemeinen »Spielregeln« fürs Networking, die auch für Xing gelten. Also: Nicht verkaufen, keinen Druck ausüben, sondern Kontakte knüpfen.

Facebook

Facebook ist das weltgrößte »Social Network« und Marktführer in den meisten Industrieländern (außer Japan). Seit Ende 2010 ist Facebook die zweitbeliebteste Website in Deutschland, gleich nach der Suchmaschine Google. Im Gegensatz zu Xing bewegen Sie sich als Speaker hier nicht in einem Businesskontext. Auf Facebook wird hauptsächlich Privates ausgetauscht. Daneben gibt es aber die (Fan-)»Seiten« für »Personen des öffentlichen Lebens«. Hier kann jedes Mitglied den »Gefällt mir«-Button klicken. (Zunächst hieß das »Fan werden«, was jedoch für einige »Personen des öffentlichen Lebens«, zum Beispiel Politiker, als unpassend empfunden wurde.) Eine solche »Seite« ist der geeignete Platz für einen Experten und Speaker.

Rechnen Sie bei Facebook damit, dass es hier Mitglieder gibt, die diese Website ausschließlich privat nutzen und vom Business »ihre Ruhe haben« möchten. Privatsphäre gilt es hier viel mehr zu respektieren als auf Xing, wo sich jeder in seiner beruflichen Rolle präsentiert. Vermeiden Sie es am besten, Personen, denen Ihre »Seite« gefällt, und »Freunde« zu vermischen.

EXPERTENTIPP

Trennen Sie auf Facebook deutlich zwischen Business- und Privatleben. Auf Ihrer »Fan-Page« sind Sie »Person des öffentlichen Lebens« und kommunizieren auch so. Wenn Sie (zusätzlich) ein persönliches Facebook-Profil haben möchten, dann bestätigen Sie dort nur »Freunde«, die auch im »realen Leben« solche sind. Stellen Sie die »Privatsphäre-Einstellungen« Ihres persönlichen Profils unbedingt so ein, dass niemand außer Ihnen und Ihren bestätigten »Freunden« die Inhalte Ihrer Seite sehen kann. (Aber Achtung: Dies ist *nicht* die Standardeinstellung!)

Auch wenn Sie über eine »Seite« mit den Mitgliedern kommunizieren, denen die Seite »gefällt«, bleibt zu beachten, dass hier der private Kontext dominiert. Zu Facebook passen Anekdotisches und Persönliches weitaus besser als Geschäftsmäßiges. Wer zu »verkäuferisch« postet, wird von anderen Mitgliedern schnell als aufdringlich empfunden. Und wen Sie mit Ihren Beiträgen nerven, der klickt entweder »Gefällt mir nicht mehr« auf Ihrer »Seite« (darüber werden Sie *nicht* benachrichtigt) oder blendet Ihre Beiträge in seinen Neuigkeiten aus.

Facebook lohnt sich dann am meisten, wenn Sie ein echtes Interesse haben, mit anderen in den Dialog zu treten. So wie es Anja Förster und Peter Kreuz tun.

Twitter

Der Kurznachrichtendienst Twitter ist weit weniger auf interaktive Kommunikation hin ausgelegt als Xing oder Facebook. Zwar ist der Dialog in Form von »Retweets« (das heißt Reaktionen auf ursprüngliche Nachrichten, die »Tweets« heißen) möglich. Es geht bei Twitter jedoch eher darum, möglichst vielen Personen (»Follower«) in möglichst knapper Form (erlaubt sind maximal 140 Zeichen) Neuigkeiten mitzuteilen. Erfolgreiche Twitterer haben Hunderttausende oder gar Millionen »Follower«, die ihre Kurzmitteilungen abonniert haben.

Tweets werden typischerweise mit sogenannten Short-URLs beendet. Diese eigens gekürzten Weblinks verweisen dann auf Internetseiten mit näheren Informationen. Auf speziellen Seiten wie Bitly (Adresse: http://bit.ly) lassen sich Internetadressen kostenlos so stark kürzen, dass sie möglichst wenig Platz in einem »Tweet« beanspruchen.

AUF DEN PUNKT

Xing und Facebook dienen der Kommunikation mit Bekannten, Twitter der Kommunikation mit (weitgehend) Fremden. Sie versenden hier Ihre Kurzbotschaften wie Ihre »eigene Nachrichtenagentur«.

Tweets auf Twitter sollten immer einen gewissen Neuigkeitswert haben. Es ist nun einmal ein Kurz-*Nachrichten*-Dienst. Sie weisen also zum Beispiel auf Veranstaltungen hin.

Oder Sie geben Ihre Kommentare zum aktuellen »Weltgeschehen« ab. Insofern hängt es von Ihrem Sachgebiet und Ihrer Positionierung ab, wie sehr Twitter Ihnen überhaupt nützt. Einem Börsenguru, der jede wichtige Entscheidung der EZB innerhalb von Minuten per Twitter treffend kommentiert, werden mehr Leute »folgen« als einem Rhetoriktrainer, der hier nur seine Vortragstermine mitteilt.

Wikipedia

Das Internetlexikon Wikipedia ist heute für viele *das* Rechercheinstrument überhaupt. Gut für den, der dort zu finden ist. Insbesondere auch deshalb, weil Ihr Eintrag immer auch auf Ihre Website verlinken darf. Grundsätzlich kann sich jeder selbst eintragen. Jedoch wird offensive Eigenwerbung extrem schnell von den »Power-Usern« wieder gelöscht. Dabei berufen sie sich auf eine Richtlinie von Wikipedia, die Artikel mit »fehlender enzyklopädischer Relevanz« zur Löschung vorsieht. Im Klartext heißt das, hier sollen idealerweise nur Personen der Zeitgeschichte erscheinen, deren Lebensleistung »lexikonwert« erscheint. Erfolgreiche und bekannte Sportler, Autoren oder Unternehmer gehören selbstverständlich dazu. Und Speaker? Da hängt viel davon ab, wie sie sich präsentieren.

Je ausgeprägter Ihr Expertenstatus, desto größer sind Ihre Chancen, dass Ihr Wikipedia-Eintrag allen Löschanträgen von kritischen Nutzern standhält. Als Autor mehrerer Bücher sind Sie schon auf der sicheren Seite. Buchautoren sind eigentlich immer »lexikalisch relevant«. Sorgen Sie auf jeden Fall dafür, dass Ihr Eintrag allen formalen Anforderungen entspricht. Lesen Sie also die Richtlinien! Weisen Sie dann sämtliche zentralen Aussagen Ihres Lexikonartikels mit Fußnoten nach. Und fügen Sie eine möglichst umfangreiche Liste Ihrer Veröffentlichungen bei.

Es gibt übrigens noch eine andere Möglichkeit, in die Wikipedia zu kommen, als mit Ihrem Namen. Nämlich indem Sie ein neues Wort erfinden, das mit Ihrer Methode oder Ihrer Dienstleistung verknüpft ist. Der Speaker Edgar K. Geffroy schaffte es so gleich doppelt in die Wikipedia. Zunächst mit einem Eintrag zu seiner Person. Dann unter dem Stichwort »Clienting«. Dort heißt es: »Clienting des Unter-

242   TEIL 2: UMKREMPELN: WAS SIE ALS TOPSPEAKER ANDERS MACHEN ALS BISHER

nehmensberaters Edgar K. Geffroy beschreibt eine konkrete Form der Managementlehre zur Kundenorientierung im Marketing.« Geffroy hat das Wort »Clienting« in den Achtzigerjahren erfunden und sich schützen lassen. Und was Geffroy kann, können Sie natürlich auch.

In dem Moment, wo Sie Ihr eigenes Wort haben, können Sie dieses Wort (oder eine neu benannte Methode) in Wikipedia eintragen und laufen wesentlich weniger Gefahr, jemals wieder gelöscht zu werden. Denn Sie haben diese Wortmarke natürlich auch beim Deutschen Patent- und Markenamt DPMA beziehungsweise den entsprechenden Stellen in der Schweiz oder in Österreich eintragen lassen. Infos dazu finden Sie unter www.dpma.de.

Wenn Sie also ein dreistufiges Verfahren entwickelt haben, das aus den Bereichen Analyse, Problemlösung und Überprüfung besteht, dann könnten Sie aus diesen drei Worten – Analyse, Problemlösung, Überprüfung – ein neues Wort kreieren, das zum Beispiel »Anaprüb« heißt. Das mag jetzt nicht besonders intelligent klingen, aber bei einer Flasche Rotwein fällt einem sicherlich bis zum Morgengrauen etwas Besseres ein.

Der Markenschutz kann auch über einen Patentanwalt beantragt werden. Die Kosten liegen dann grob bei 3.000 Euro. Oder Sie gehen über das DPMA direkt, dann liegen Sie bei circa 300 Euro, abhängig davon, für wie viele »Klassen« Sie die Marke schützen lassen. »Vorträge und Seminare« sind zum Beispiel eine andere »Klasse« als »Unternehmensberatung«. Für 300 Euro bekommen Sie in der Regel die drei für Sie wichtigsten »Klassen«. Mit Ihrer eigenen Wortmarke sind Sie also besonders geschickt in Wikipedia vertreten. Außerdem können Sie natürlich Ihr neu geschaffenes Wort in Ihrem Profil unterbringen und haben gleichzeitig eine wunderbare Verlinkung von Wikipedia auf Ihre Seite. Das erhöht übrigens auch Ihren Google-»Rank« deutlich.

KOMPAKT

- Pflegen Sie persönliche Beziehungen. Diese sind auch im Speakerbusiness der Dreh- und Angelpunkt. Wählen Sie Ihre Netzwerke jedoch sorgfältig aus. Seien Sie dort Mitglied, wo die Mitgliedschaft zu Ihrem Image und Ihrem Expertenstatus passt. Orientieren Sie sich gesellschaftlich »nach oben«, wenn Sie weiterkommen wollen.

- Beachten Sie die Spielregeln des Networkings. Es geht nicht ums Verkaufen, sondern darum, Ihre Chancen zu erhöhen. Was ein Kontakt Ihnen letztlich bringen wird, wissen Sie oft anfangs nicht. Seien Sie deshalb bereit zu geben. Und zeigen Sie echtes Interesse am Menschen.

- Onlinenetzwerke, sogenannte »Social Media«, sind ein starker Trend. Speaker gehen unterschiedlich mit diesen neuen Medien um. Probieren Sie Dinge aus, und entscheiden Sie, wo Sie mitmachen und wo nicht. In Social Media sind Sie nur glaubwürdig, wenn Sie sich auf die Spielregeln dieser neuen Kommunikationsformen einlassen können und auch Spaß daran haben.

KAPITEL 15

Agenturen und Dienstleister: Die Profis, die Sie für Ihren Erfolg brauchen

Montagmorgen in Hamburg. Sabine Renner sitzt in ihrem Homeoffice am Schreibtisch. Sie sieht die Post durch, die während ihrer Vortragstour in den letzten Tagen eingetroffen ist. Die Rechnungen hat sie schon abgearbeitet. Sabine überweist alles sofort per Onlinebanking. So fühlt sie sich am wohlsten. Da ihr Konto jetzt ein großes Plus aufweist, kann sie es jederzeit so machen.

Da klingelt Sabines Telefon. Es ist die Münchner Redneragentin Ursula Perlinger. Sie meldet sich mit einem herzlichen »Grüß Gott« und fragt Sabine, ob sie ihr einmal ihre Leistungen vorstellen darf.

»Das ist aber ein sehr freundliches Angebot, Frau Perlinger«, entgegnet die gefragte Expertin ironisch. »Zumal ich vor einem Jahr schon einige Male in Ihrem Büro angerufen habe. Sie waren ja damals persönlich nicht zu sprechen, aber Ihre Mitarbeiterin hat mir netterweise Ihren Fragebogen gemailt. Schön, dass Sie sich daraufhin jetzt einmal melden …«

Der Erfolg unserer gesamten Wirtschaft basiert auf Arbeitsteilung. Die Selbstversorger mit ihrer kleinen Landwirtschaft gehören einer vergangenen Zeit an. Heute ist die Wertschöpfung dort am höchsten, wo auch der größte Grad an Spezialisierung erreicht ist. Spezialisten arbeiten mit anderen Spezialisten in hoch effektiven Teams. Das Paradoxe an dieser Entwicklung: Der hohe Spezialisierungsgrad, bei dem jeder auf jeden angewiesen ist, bringt am Ende wieder jede Menge »Einzelkämpfer« hervor. Zu den Spezialisten, die allein unterwegs sind, zählen auch Speaker. Ihre einzige Aufgabe ist es, Impulse zur Entwicklung zu geben. Solche Spezialisten sind nicht mehr in eine Organisation eingebunden, wie es in der klassischen Industriegesellschaft fast alle waren. Sie sind aber auch keine »Selbstversorger«, die es sich leisten könnten, alles allein zu erledigen. Experten sind vielmehr selbst dafür verantwortlich, sich das passende »punktuelle« Team zu schaffen und dieses zu führen.

Trainer auf dem Weg zum Speaker geraten hier schnell in eine Falle. Weil sie es gewohnt sind, »alles selbst zu machen«. Die Kapitel 5 bis 14 sollten jedoch zeigen: Wer auf allen Ebenen seiner Arbeit »top« sein will, schafft das nur, indem er Topspezialisten engagiert, die ihn unterstützen. Der amerikanische Autor Timothy Ferriss, von dem bereits die Rede war, zeigt in seinem Buch »Die 4-Stunden-Woche« augenzwinkernd, wie vielfältig heute die Möglichkeiten sind, mehr oder weniger lästige Arbeiten an andere »auszulagern«.

Doch Vorsicht! Neben der Versuchung, aus Gewohnheit »alles selbst zu machen«, gibt es auch die Gefahr des anderen Extrems. Dieses Extrem besteht darin, zu glauben, *Erfolg* ließe sich delegieren. Das kann nicht funktionieren. Unterstützer bleiben Unterstützer. Nicht mehr und nicht weniger. Die richtigen Partner auszuwählen und mit Aufgaben zu betrauen, ist entscheidend für Ihren Erfolg. Doch die Verantwortung für Ihre Speakerkarriere bleibt bei Ihnen. Wenn Sie aufhören, genügend *eigene* Energie in Ihre Karriere zu investieren, werden Ihnen auch die besten Partner wenig nützen.

AUF DEN PUNKT

Topspeaker lassen sich in allen für ihr Geschäft wichtigen Bereichen von Profis unterstützen. Die erfolgsentscheidenden Weichenstellungen sowie die Kommunikation mit ihren wichtigsten Kunden und Partnern delegieren sie jedoch niemals vollständig an andere.

Angenommen, Sie erwarten von einer PR-Agentur, dass diese Sie »in die Medien« bringt. Sie sind aber selbst nicht bereit, sich mit dem Thema Medien zu beschäftigen und Kontakte zu Journalisten aufzubauen. Dann kann es sein, dass die PR-Agentur lange Zeit auf Ihre Kosten Pressemitteilungen verschickt, ohne dass etwas dabei herauskommt. Oder angenommen, Sie wollen zwar eine fantastische Website, haben aber »keine Zeit« (oder vielmehr keine Lust), dem Webdesigner viel über sich, Ihren Geschmack und Ihr Profil zu erzählen. Dann bleibt ein herausragendes Ergebnis Glückssache. Noch fahrlässiger ist es, die Kommunikation mit Ihren wichtigsten Partnern, wie etwa dem Programmleiter Ihres Buchverlags, vollständig anderen zu überlassen. In der Folge wird man sich auch in dem Verlag wenig für Sie interessieren. Und im Extremfall sogar vermuten, dass Sie für die Vermarktung Ihres Buchs selbst keinen Finger rühren werden.

Machen Sie sich also nicht nur darüber Gedanken, *wer* Sie am besten unterstützen kann, sondern entscheiden Sie auch, *wie weit* diese Unterstützung jeweils gehen soll. Idealerweise haben Sie diese Entscheidung bereits vor der ersten Kontaktaufnahme mit einem potenziellen Dienstleister getroffen und kommunizieren dies von Anfang an entsprechend.

In diesem Kapitel geht es um Agenturen, Berater und sonstige Dienstleister für Speaker. Hier sind die wichtigsten:

- Redneragenturen
- Medienberater und PR-Agenturen
- Strategieberater und Business-Consultants
- Stil- und Imageberater
- Auftrittscoachs
- Webdesigner und IT-Administratoren
- Fotografen, Filmer, Audio- und Videoprofis
- Grafiker und Layouter
- Textbüros und Ghostwriter
- Finanz- und Steuerberater
- Multiplikatoren

Diese Profis brauchen Sie für Ihren Erfolg. Nicht alle davon ständig, aber fast jeden von Zeit zu Zeit. In den folgenden Abschnitten erfahren Sie sowohl, nach welchen Kriterien Sie die Besten davon auswählen, als auch, wie viel Sie an einzelne Spezialisten delegieren sollten.

Wo der Markt sehr klein ist und nur wenige Profis im deutschsprachigen Raum den Anforderungen der Topspeaker gerecht werden, erhalten Sie in diesem Buch auch Empfehlungen mitsamt Adressen. Dort, wo Sie keine Empfehlungen vorfinden (etwa bei Steuerberatern), ist der Markt sehr groß. Recherchieren Sie hier am besten in Ruhe nach Profis, die zu Ihrem Image passen und mit denen Sie persönlich gut zusammenarbeiten können. Empfehlungen von Kollegen aus Ihrem Netzwerk können dabei hilfreich sein. Verlassen Sie sich aber immer am meisten auf Ihr eigenes Gespür. Die »Chemie« zwischen Ihnen und Ihren Dienstleistern ist wichtiger, als es die Erfahrungen anderer sind.

Viel Lärm um (fast) nichts: Redneragenturen

Viele Speaker machen mit Redneragenturen eine paradoxe Erfahrung: Am Anfang der Karriere, wenn man sie am meisten gebrauchen könnte, wollen sie einen nicht. Und später, wenn man sie nicht mehr braucht, reißen sie sich um einen. Um das zu verstehen, sollten Sie sich einmal Folgendes klarmachen: Anders als der Name »Redneragentur« nahelegt, arbeiten diese Unternehmen nicht für Redner. Sondern sie arbeiten (wie jedes Unternehmen) für ihre Auftraggeber. Und das sind die Veranstalter. Diese brauchen Redner für ihre Veranstaltungen und wenden sich deshalb an die Agenturen. Sie zahlen am Ende die Rechnungen der Redneragenturen. Im Umkehrschluss bedeutet das: Speaker sind nicht die Kunden, sondern die »Ware«, die von der Agentur angepriesen wird.

Jede Redneragentur wird also versuchen, möglichst gute und bewährte Redner zu möglichst hohen Preisen (mit großer Gewinnmarge) zu vermitteln. Deshalb haben Redner, die noch wenig bekannt sind, so geringe Chancen. Das Risiko, den Kunden zu enttäuschen und damit Folgeaufträge zu gefährden, ist hoch. Zusätzlich ist wegen des geringeren Marktwerts der Neulinge auch noch der Verdienst niedrig. Wenn Newcomer trotzdem eine Chance bekommen (und diese Chance sollten sie nutzen), dann im Wesentlichen aus zwei Gründen:

- Erstens sind Speaker, wie bereits erwähnt, bestimmten Moden unterworfen. Die Cashcow von heute kann morgen out sein. Da ist es klug, sich rechtzeitig um Nachwuchs zu kümmern.
- Zweitens gibt es manchmal Auftraggeber mit geringem Budget, denen die Agentur trotzdem etwas bieten will. Dann schlägt sie eben einen Newcomer vor.

Reduzieren Sie also (vor allem am Anfang) Ihre Erwartungen an Redneragenturen. Es gibt ungefähr 80 bis 90 Redneragenturen im deutschsprachigen Raum. Die allermeisten davon werden Ihnen wahrscheinlich nie einen Auftritt verschaffen. Nehmen Sie trotzdem mit möglichst vielen Kontakt auf. Nutzen Sie zumindest die Chance, bekannter zu werden, indem Ihr Name via Agentur gegenüber Veranstaltern immer öfter fällt.

EXPERTENTIPP

Der Markt der Redneragenturen ist in Bewegung geraten. Zu den klassischen Vermittlern werden in den nächsten Jahren innovativere Angebote hinzukommen. Halten Sie also die Augen offen. Es wird sich lohnen!

Das Geschäftsmodell der klassischen Redneragenturen ist immer ähnlich. Sie bieten den Veranstaltern ein Servicepaket. Das kann bis hin zum Bestücken ganzer Kongresse mit Rednern reichen. Mit den Veranstaltern werden die Rahmenbedingungen abgesprochen. Die Agentur schlägt dann Redner vor und der Kunde sucht aus. Um diese Vorschläge machen zu können, hat sich die Agentur mit den Rednern meist auf Standardkonditionen geeinigt.

Hier gibt es mehrere Möglichkeiten. Als Speaker verlangen Sie entweder Ihr übliches Honorar auch über die Agentur. Diese erhebt dann einen Zuschlag. Ihr Honorar plus Zuschlag ergibt den Marktpreis für die Veranstalter. Sie sagen also beispielsweise: »Unter 4.000 Euro rede ich nicht.« Die Redneragentur kommuniziert dann einen Preis von zum Beispiel 5.000 Euro an ihren Kunden. Kommt es zum Auftritt, verdienen Sie 4.000 Euro und die Agentur 1.000 Euro.

Die Alternative: Um die Vermittlungschancen zu erhöhen, gewähren Sie der Agentur eine Provision auf Ihr »übliches« Honorar. In diesem Beispiel hieße das: Die Agentur vermarktet Sie für Ihre üblichen 4.000 Euro Minimum. Im Erfolgsfall erhalten Sie davon jedoch nur 3.000 Euro ausgezahlt, während 1.000 Euro wiederum an die Agentur gehen. 25 Prozent Provision sind hier durchaus üblich. Manchmal kann es erheblich mehr sein, manchmal weniger.

AGENTUREN UND DIENSTLEISTER: DIE PROFIS, DIE SIE FÜR IHREN ERFOLG BRAUCHEN **249**

Einen Ausnahmefall bildet die führende Redneragentur »Speakers Excellence«. Hier zahlen Sie zunächst jährlich einen mittleren vierstelligen Eurobetrag »Eintritt«, um überhaupt aufgenommen zu werden. In den Katalog »Top 100 Excellent Speakers«, für den diese Agentur bekannt ist, kommen Sie damit aber noch nicht unbedingt. Denn hier gibt es genügend Redner, die seit Jahren ihre Stammplätze verteidigen. Insgesamt bietet Ihnen Speakers Excellence keine besonders attraktiven Konditionen. Trotzdem ist es unter den »klassischen« Redneragenturen wahrscheinlich die erfolgreichste und für Sie als Speaker deshalb die lohnendste. Hier können Sie wirklich mit Vermittlungen rechnen.

Der Kontakt: *Speakers Excellence, Inhaber: Gerd Kulhavy. Adlerstr. 41, D-70199 Stuttgart. Website: www.speakers-excellence.de, E-Mail: info@speakers-excellence.de, Telefon: +49 (0)700/77 11 99 11.*
Aber Achtung: Als Speaker gehören Sie in den Katalog »Speakers Excellence«, nicht in »Trainers Excellence«.

Klappern gehört zum Handwerk: Medienberater und PR-Agenturen

Agenturen im Bereich Public Relations haben mit Redneragenturen gemeinsam, dass sie die Erwartungen von Rednern oft enttäuschen. Doch auch hier gilt der Rat, mit einem angemessenen Investment in Zeit und Geld die sich ergebenden Chancen zu nutzen. Dabei sollten Sie zunächst zwischen (strategischen) Medienberatern und PR-Agenturen unterscheiden. Medienberater machen Sie fit im Umgang mit Medien und Öffentlichkeit. Diese Profis entwickeln mit Ihnen gemeinsam eine Strategie, die Sie dann in weiten Teilen selbst umsetzen. In Workshops und Coachings lernen Sie so vor allem die »Spielregeln« der Medien kennen. Das kann Gold wert sein, zumal Sie diese (ungeschriebenen) Regeln als Trainer mit wenig Wirkung in die Öffentlichkeit bisher wahrscheinlich nicht kennen. Suchen Sie gezielt nach Beratern, die »Strategien für Medien und Öffentlichkeit« anbieten. Machen Sie einen Workshop und lassen Sie sich coachen.

Agenturen im Bereich »klassischer« Public Relations (PR) arbeiten anders. Sie machen vor allem regelmäßige (schriftliche) »Pressearbeit«.

Das heißt, es werden für die Kunden Pressemitteilungen (PM) erstellt und über den sogenannten Verteiler an ausgewählte Redaktionen geschickt. Je besser ein PR-Agent ist, desto mehr persönliche Kontakte zu den Medien wird er pflegen und umso geschickter wird er seine Kunden gegenüber Medienvertretern ins Spiel bringen. Leider haben PR-Agenten bei vielen Journalisten einen schlechten Ruf. Dafür verantwortlich ist nicht zuletzt die PR der Industrie, die in den letzten Jahrzehnten oft einseitige, oberflächliche und wenig glaubwürdige Informationen (»heiße Luft«) verbreitet hat. PR-Agenturen, die sich auf Redner spezialisiert haben, sind oft nicht besser als andere. Investieren Sie also nicht zu viel in diese regelmäßige Pressearbeit. Einige Hundert Euro im Monat genügen fast immer.

Lotsen an Bord: Strategieberater und Business-Consultants

Ihre Positionierung und Ihre Unterscheidungsmerkmale bilden die Basis für Ihren Erfolg, wie Sie in Kapitel 5 gelesen haben. Aus Ihrer Einzigartigkeit und der Relevanz Ihrer Impulse leiten Sie Ihren Marktwert ab. Die »DNA« Ihres Geschäfts als Speaker muss dynamisch bleiben und sich ständig weiterentwickeln können, um den ständig wechselnden Anforderungen des Markts immer wieder gerecht zu werden. Aber auch die konkrete Umsetzung Ihrer »DNA« in ein jederzeit stimmiges Geschäftsmodell als professioneller Redner bleibt im Grunde eine ständige »Baustelle«. Professionelle Berater und Unterstützer können Ihnen hier helfen.

Am Beginn Ihrer Speakerkarriere ist ein Tagesworkshop mit einem Marketingexperten, der den Markt für Speakings kennt und idealerweise selbst Erfahrung und Erfolg als Speaker hat, geradezu Pflichtprogramm. Sprechen Sie über Ihre Positionierung, Ihr angestrebtes Image und Ihre geplante Vorgehensweise. Lassen Sie sich auf den Zahn fühlen, und seien Sie auch bereit, Schwachstellen Ihres bisherigen Konzepts zu erkennen und Kurskorrekturen vorzunehmen. Ein guter Berater im Bereich Positionierung wird es verstehen, die »richtigen Fragen« zu stellen. Gleichzeitig sollte er aber kein bloßer Coach sein, sondern Ihnen auch ganz konkrete Insidertipps geben können. Sprechen Sie doch einfach einen erfolgreichen Speaker an, ob er bereit ist, Sie zu beraten. Spätestens alle paar Jahre sollten Sie solche Workshops wiederholen und sich anschauen, inwieweit Sie noch »gut aufgestellt« sind.

Für Ihr Geschäftsmodell im engeren Sinn sowie für alle heiklen Fragen des Tagesgeschäfts empfiehlt es sich, einen weiteren guten Berater zu haben. Wo liegen Sie mit Ihren Honoraren? Wann ist es Zeit, diese anzuheben, und wie stark sollte die Anhebung ausfallen? Wo investieren Sie zuerst? Was hat Priorität, was nicht? Wie organisieren Sie sich am besten? Wann ist es Zeit, Mitarbeiter einzustellen? Welche Mitarbeiter benötigen Sie und welche Qualifikationen sollten diese mitbringen? Alle diese Dinge alleine zu entscheiden, ist mühsam und oft nicht besonders klug. Besser ist es, sich regelmäßig mit einem Berater auszutauschen. Denn als Speaker sind Sie Ihr eigenes Unternehmen und müssen unternehmerisch denken und handeln.

Für den letzten Schliff: Stil- und Imageberater

Beratung im Bereich Stil und Image braucht ein Speaker sicher nicht regelmäßig. Doch vor allem am Anfang der Karriere kann es hilfreich sein, dem eigenen Auftreten von einem Profi den letzten Schliff geben zu lassen. Im Trainerberuf ist beispielsweise die Kleidung oft nicht so wichtig. An einem Wochenendseminar im Waldhotel gibt man sich »casual«. Da können Sie als Trainer selbst Topmanagern in Jeans und T-Shirt gegenübertreten. Auf der Bühne vor 2.000 Kongressteilnehmern sieht das jedoch ganz anders aus. Wissen Sie, was für ein Typ Sie sind und wie Sie sich typgerecht kleiden?

Nachweislich hat die Kleidung großen Einfluss auf die persönliche Wirkung. Das gilt für Frauen noch mehr als für Männer. Doch auch nicht jeder Mann ist zum Beispiel ein »Anzugtyp«. Und wenn er es nicht ist, sollte er sich auch auf der Bühne nicht in einen Streifenanzug zwängen. Eine Stilberatung weist Ihnen hier den Weg. Viele Stilberater arbeiten mit Typensystemen. Das ist okay, achten Sie aber darauf, dass der Berater auch auf Ihre ganz individuellen Anforderungen eingeht. Sprechen Sie mit ihm über Ihre Zielgruppe, deren mutmaßliche Erwartungen und das, was Sie als Redner erreichen wollen.

Stil- und Imageberatung erschöpft sich nicht mit den Themen Kleidung, Frisur und (bei Frauen) Make-up. Auch der Business-Knigge gehört zu den Aktionsfeldern der einschlägigen Berater. Sagen Sie bitte nicht vorschnell, Sie hätten das »nicht nötig«. Die »Dos & Don'ts« sind in unseren Zeiten einem raschen Wandel unterworfen. Manches, was gestern noch korrekt war, gilt heute schon als altmodisch; zum Beispiel die Dame immer zuerst begrüßen. Andererseits kann es sein, dass Sie als Speaker im Umgang mit Konzernvorständen und anderen Topkunden ein paar Regeln beherzigen sollten, die Sie als Trainer nie gebraucht haben. Hier können Ihnen Profis Sicherheit geben. Denn es gilt die Devise: »Regeln brechen können Sie immer. Aber dazu sollten Sie die Regeln kennen.«

Das alles gilt umso mehr, wenn Sie auf der Bühne eine Topperformance abliefern. Wären dann Ihre Umgangsformen abseits der Bühne ganz anders, könnte dies schnell negativ auffallen. Investieren Sie also ein wenig in Ihr Erscheinungsbild und in Ihr Auftreten. Am besten engagieren Sie einen Stilberater, der Ihnen auch zwischendurch einmal kleine Tipps geben kann. Übrigens, es gibt einen sehr erfolgreichen Redner, der sich immer vor seinen Auftritten Augentropfen einträufelt, damit auch in der letzten Reihe das Leuchten seiner Augen wahrgenommen wird.

Ihre persönlichen Regisseure: Auftrittscoachs

Bereits in Kapitel 10 über die Vortragsdramaturgie haben Sie gelesen, dass Topspeaker kein Rhetoriktraining, sondern Auftrittscoaching brauchen. Wenn Sie auf der Bühne stehen, sehen Sie bestenfalls das Publikum. Manchmal sehen Sie nur blendende Scheinwerfer. Sich selbst sehen Sie nie. Ihren eigenen Auftritt von außen zu betrachten und immer wieder zu optimieren, ist jedoch sehr wichtig. Nur so werden Sie wirklich top. Ein erfahrener Auftrittscoach gibt Ihnen Feedback zu allem, was Ihre eigentliche Performance ausmacht: Bewegungen auf der Bühne, Gestik, Mimik, Stimme, Sprechweise und so weiter.

Oft wird ein Auftrittscoach Ihren Auftritt mit einer Videokamera aufzeichnen, dann gemeinsam mit Ihnen analysieren und Ihnen konkrete

Tipps geben. Nehmen Sie sich vor allem am Anfang genügend Zeit für solche Analysen und Verbesserungsvorschläge. Wichtig ist auch, dass der Coach sowohl alleine mit Ihnen trainiert als auch bei Ihren Auftritten unter realen Bedingungen zumindest einmal mit dabei ist.

»Auftrittscoaching« ist ein seit Längerem am Markt etabliertes Angebot. Sie werden hier eine Reihe von Anbietern finden. Dabei müssen die im Businessbereich tätigen Coachs nicht immer auch die besten Impulsgeber sein. Manchmal kann es sich zum Beispiel lohnen, sich von einem Theaterregisseur coachen zu lassen. Zumal dann, wenn er die üblichen »Businessklischees« überhaupt nicht näher kennt. Er wird sich ganz auf Ihre persönliche Wirkung konzentrieren und kann Ihnen möglicherweise sehr originelle und kreative Tipps geben.

Für die Bits und Bytes: Webdesigner und IT-Administratoren

Ihre Website zählt zu Ihren wichtigsten Verkaufsinstrumenten als Speaker. Deren Gestaltung und Verwaltung gehört deshalb nicht in die Hand von Studenten oder Hobbyprogrammierern. Auf der anderen Seite sind Internetagenturen, die für die Industrie arbeiten und dort »Mondpreise« durchsetzen, selten der richtige Partner für Sie. Ein guter Tipp sind meist erfahrene Freiberufler, die regelmäßig für Businesskunden arbeiten, auf deren Wünsche sie sich flexibel einstellen. Neben Empfehlungen ist es eine gute Möglichkeit, an einen geeigneten Webdesigner zu kommen, sich einfach eine Weile mit gelungenen Websites zu beschäftigen. Im Impressum steht oft, wer für das Design verantwortlich war. Wenn nicht, dann fragen Sie doch einfach den Besitzer der Website.

Oft bieten Ihnen Webdesigner an, gleichzeitig die Verwaltung Ihrer Website (Administration) zu übernehmen. Das hat Vorteile, doch können Sie die Administration genauso gut jemand anderen machen lassen. Wenn Sie technisch versiert sind, werden Sie kleinere Änderungen an den Inhalten Ihrer Website auch gern selbst zwischendurch vornehmen. Lassen Sie sich dazu bei Bedarf von Ihrem Dienstleister in das Content-Management-System (CMS) einweisen. Kurz ein, zwei

Termine zu aktualisieren, während Sie mit Ihrem Notebook am Flughafen warten, kann schneller gehen und effizienter sein, als dafür eigens den Administrator zu briefen. Bei der Einbindung von Medien (wie zum Beispiel Videocasts, Fotos oder Presseartikeln) oder dem Bereitstellen von Downloads sollte Sie jedoch Ihr Administrator unterstützen.

Lassen Sie sich von Ihrem Dienstleister auch ein gutes Tool für den Versand und die Verwaltung Ihres regelmäßigen Newsletters empfehlen. Am besten übernimmt der Administrator dann gleich auch die Bedienung. Über Ihr Textbüro kommt regelmäßig der Text für den Newsletter, den Sie gegenlesen und dann an den Administrator weiterreichen. Ein bekanntes und bewährtes Tool für den Newsletter-Versand ist »AWeber« (www.aweber.com). Diese amerikanische Software-Lösung gibt es ab 19 US-Dollar im Monat. Den Newsletter-Versand können Sie alternativ auch komplett einem eigenen, darauf spezialisierten Dienstleister übertragen. Ein solcher Anbieter ist beispielsweise die deutsche Firma w3work mit ihrer Software »mailingwork« (www.mailingwork.de).

Bitte lächeln: Fotografen, Filmer, Audio- und Videoprofis

Stellen Sie sich vor, Ihr Fotograf sagt »Bitte lächeln!« – und genau das fällt Ihnen schwer. Weil der Mann (oder die Frau) Ihnen einfach nicht sympathisch ist. Mehr noch als bei vielen anderen Dienstleistern sollte zwischen Ihrem Fotografen und Ihnen die »Chemie« beim direkten persönlichen Umgang stimmen. Denn nur dann sind Sie wirklich locker und entspannt und können mit dem Fotografen optimal zusammenarbeiten. Das Ergebnis werden sehr gute Bilder sein. Natürlich achten Sie nicht nur auf Sympathie, sondern auch auf Leistung und entsprechende Referenzen. Ein Fotograf, der mit einem Speaker regelmäßig zusammenarbeitet, sollte im Studio genauso versiert sein wie bei einem Livetermin, wo es darauf ankommt, den entscheidenden Moment einzufangen. Zu empfehlen ist die Münchner Fotografin Anja Wechsler (www.anjawechsler.de).

Besonders wichtig in der heutigen Zeit ist der geschickte Umgang mit Bildbearbeitungsprogrammen wie »Photoshop«. Einmal, weil Fotos fürs Internet anders optimiert werden müssen als für Printmedien. Und dann, weil sich mit Photoshop einiges »wegzaubern« lässt. Zum Beispiel ein störender Gegenstand, der bei Aufnahmen während Ihres Vortrags mit ins Bild gekommen ist. Für Ihre Videocasts und Podcasts brauchen Sie dann noch einmal eigene Spezialisten. Sie sollten über die neueste Technik verfügen, aber auch kreative Ideen einbringen. Zahlen Sie hier aber keine Fantasiepreise, sondern vergleichen Sie.

Futter für die Augen: Grafiker und Layouter

Einen Grafiker und Layout-Spezialisten werden Sie als Speaker hin und wieder brauchen. Am Anfang kommt es vor allem darauf an, ein stimmiges »Corporate Design« für Ihr »Ich-Unternehmen« zu entwickeln. Was Ihre Kunden auf Ihrer Website und Ihren PowerPoint-Folien, in Ihrer Rednermappe und bei Ihren Give-aways sehen, sollte aus einem Guss sein. Das bedeutet meist, sich mit einem Grafiker auf bestimmte Farben und Formen zu einigen. Wie die meisten Unternehmen haben auch viele Speaker eine bestimmte Grundfarbe, die ihren visuellen Auftritt prägt. Sonnengelb ist zum Beispiel die Hausfarbe der Commerzbank, Zinnoberrot die des Speakers Lothar J. Seiwert.

Empfehlenswert ist es, in Absprache mit einem Grafiker zwei Schriftarten (eine Serifenschrift und eine serifenlose Schrift, wie in Kapitel 9 erläutert) auszuwählen, die Sie immer wieder verwenden. Wenn Sie mit mehreren Grafikern arbeiten, etwa einem Webdesigner, einem Spezialisten für PowerPoint und wiederum einen anderen Profi für Rednermappe und Geschäftsausstattung, sollten Sie ein »Style-Sheet« anlegen lassen, das die Prinzipien Ihres »Corporate Design« dokumentiert.

Eine häufig gestellte Frage lautet, ob ein Speaker ein Logo braucht. Die Antwort ist ein klares Nein. Ein Logo ist kein Muss, sondern lediglich eine Option, über die Sie anhand Ihrer Positionierung und Ihres Image entscheiden sollten. Die meisten Speaker werden ohne ein Logo besser ankommen. Ein Mittelweg besteht darin, zwar kein klassisches Logo entwerfen zu lassen, jedoch Ihren Namensschriftzug immer in einer bestimmten Farbe und Typografie ausführen zu lassen. Dieser Schriftzug erscheint dann auf Ihrer Website, auf Ihren Folien und Ihrer Visitenkarte, auf Ihrem Briefpapier oder als Signatur unter Ihren (HTML-) E-Mails immer gleich.

Verleihen Ihren Worten Flügel: Textbüros und Ghostwriter

Auf dem Weg vom Trainer zum Topspeaker werden Sie viel veröffentlichen. Ein erstes Buch früh in Ihrer Karriere ist geradezu Pflicht. Dann bringen Sie am besten alle zwei bis drei Jahre ein neues Buch heraus. Manche Topspeaker »schaffen« noch viel mehr. Neben Ihren Büchern veröffentlichen Sie regelmäßig (Fach-)Artikel. Dann will Ihr monatlicher Newsletter getextet sein. Auch Ihre Website, gegebenenfalls Ihr Blog sowie Ihre Rednermappe sind auf professionelle Texte angewiesen. Sogar das »Twittern« überlassen Promis oft anderen. Denn eine Botschaft auf 140 Zeichen zu »verdichten«, ist oft gar nicht so einfach.

Selbst wenn Sie genauso viel Talent als Autor wie als Redner hätten (was bei den allerwenigsten der Fall ist, umgekehrt gilt dasselbe), würden Sie dieses Schreibpensum niemals schaffen. Arbeiten Sie deshalb regelmäßig mit Textern beziehungsweise Ghostwritern zusammen. Liefern Sie die Ideen und Inhalte (die ja bei jeder Veröffentlichung das Wesentliche sind), und überlassen Sie es anderen, »in die Tasten zu greifen«.

Ghostwriter für Bücher sowie Texter für Newsletter & Co. sollten immer sowohl über *Sachkompetenz* als auch über *Methodenkompetenz* verfügen. Ein Wirtschaftsjournalist, der nie mit Buchverlagen zu tun hatte und nicht weiß, wie man ein Buch schreibt, wird einem Marketingexperten als Ghostwriter für ein Buch nicht viel nützen. Aber auch mit einem erfahrenen Ghostwriter wird er hadern, wenn dieser zwar flüssig Manuskripte verfasst, aber bisher nur Promi-Biografien betreut hat und deshalb beim Thema Marketing nicht einmal die Hälfte von dem versteht, was der Speaker ihm erzählt.

Grundsätzlich sollte ein Ghostwriter Ihnen so viel Arbeit wie möglich abnehmen. Aber er muss auch genau wissen, was Sie wollen. Rechnen Sie also bei einem Buch mit mindestens 20 Stunden »Input«, den der »Ghost« von Ihnen im Rahmen gemeinsamer Treffen und Telefonate benötigt. Geben Sie dem Ghostwriter auch unbedingt die Möglichkeit, Sie persönlich kennenzulernen. Denn er muss ja einen Text schreiben, der auch zu Ihnen passt. Ihre persönlichen Vorlieben und Abneigungen spielen da etwa bei der Auswahl der Beispiele eine Rolle.

Hier sind einige Autorenberater, Ghostwriter, Texter und Lektoren, an die Sie sich wenden können, wenn Sie ein Buch veröffentlichen und / oder regelmäßig publizieren wollen. Alle genannten Experten verfügen über Erfahrung mit Speakern und können sich auf deren Bedürfnisse einrichten.

Name / Firma	Angebotsschwerpunkte	Webadresse / E-Mail
Dr. Petra Begemann Bücher für Wirtschaft + Management	Ghostwriting	www.petrabegemann.de ghostwriting@petrabegemann.de
Ralf Bolay Häusler & Bolay Marketing GmbH	Marketing, Ghostwriting	www.haeuslerundbolay.de bolay@haeuslerundbolay.de
Hans-Jochen Fröhlich Fröhlich PR	Kommunikation, Ghostwriting	www.froehlich-pr.de info@froehlich-pr.de
Oliver Gorus Agentur Gorus	Literaturagent, Autorenberatung, Positionierung, Abklären der Erfolgsaussichten für ein Buch, Eingrenzen des Themas und Erstellung des Buchkonzepts, Workshops, Ghostwriting, Lektorat, Presse- und Medienarbeit, Newsletter, Webtexte, Social Media	www.gorus.de info@gorus.de
Ulrike Hensel Ko-aktiv	Textcoaching, Lektorat, Korrekturlesen, Texten, Textüberarbeitung, Textberatung, Textzusammenfassungen	www.ko-aktiv.de hensel@ko-aktiv.de
Anne Jacoby	Journalistische Texte, Ghostwriting	www.anne-jacoby.de kontakt@anne-jacoby.de

Name / Firma	Angebotsschwerpunkte	Webadresse / E-Mail
Dr. Sonja Ulrike Klug Buchbetreuung Klug Buchagentur Netzwerk	Abklären der Erfolgsaussichten für ein Buch, Eingrenzen des Themas und Erstellung des Buchkonzepts, Workshop, Ghostwriting, Lektorat, Presse- und Medienarbeit	www.buchbetreuung-klug.com www.buchagentur-netzwerk.de kontakt@buchbetreuung-klug. com
Dorothee Köhler Redaktionsbüro Scriptics	PR- und Marketing-Texte, Ghostwriting, journalistische Texte, Redaktion und Lektorat, Korrekturlesen	www.scriptics.de d.koehler@scriptics.de
Dr. Michael Madel, Redaktions- und Kommunikationsbüro	Buchkonzept, Ghostwriting, Verlagssuche, Lektorat und Redaktion, Textcoaching, Pressearbeit	michaelmadel@winterscheid. net
Katrin Müller	Ghostwriting	katrin.mueller.bt@t-online.de
Frank-Michael Rommert Rommert Medienbüro	Konzeption und Erstellung von Büchern, Lektorat	www.rommert.de medienbuero@rommert.de
Jörg Achim Zoll jaz consulting + coaching	Strategische Publikationsberatung, Abklären der Erfolgsaussichten für ein Buch, Eingrenzen des Themas und Erstellung des Buchkonzepts, Workshops, Ghostwriting, Schreibcoaching	www.joergachimzoll.com mail@joergachimzoll.com

Eine spannende Frage: Was »darf« ein Ghostwriter kosten? Bei Profis, deren Manuskripte bei Topverlagen erscheinen, zahlen Sie (fast) immer im fünfstelligen Bereich für ein Buch. Rund 20.000 Euro (25.000 CHF) netto sind ein durchaus üblicher Marktpreis, den Ghostwriter mit besten Referenzen verlangen können. Manche liegen noch erheblich darüber, einige auch deutlich darunter. Für den genauen Preis kommt es dabei nicht allein auf den Umfang des Buchs an, sondern auch darauf, welchen mutmaßlichen Erfolg das Buch haben wird. »Freundschaftspreise« bekommen Sie am ehesten dann, wenn sich für den Ghostwriter eine Perspektive auf eine regelmäßige Zusammenarbeit (über mehrere Jahre) ergibt.

Wenn's um Geld geht: Finanz- und Steuerberater

Guten Rat in Finanzfragen sowie einen guten Steuerberater braucht im Grunde jeder Selbstständige. Auf dem Weg zum Topspeaker machen Sie sich hier am besten rechtzeitig Gedanken. Wenn der Erfolg plötzlich größer wird, haben Sie vielleicht nicht mehr genügend Zeit. Die besondere Situation des Speakers bringt es mit sich, dass Sie in kurzer Zeit viel Geld verdienen können. Doch möchten Sie sicher ab und zu eine Auszeit nehmen, um Ihre »Batterien« wieder aufzuladen. Ein Finanzberater (am besten ein unabhängiger Honorarberater, der nicht auf Provisionsbasis arbeitet) sollte dafür ein Konzept haben.

Das Gleiche gilt für das Thema Steuern. Sie wollen von Ihren Honoraren so viel wie möglich behalten. Das ist in Deutschland am schwierigsten, in Österreich schon etwas einfacher und in der Schweiz am leichtesten. Wenn Sie also in Deutschland wohnen bleiben, brauchen Sie zumindest einen »kreativen« Steuerberater. Derjenige, den Sie bisher als Trainer hatten, ist dafür möglicherweise nicht mehr gut genug. Betreiben Sie am besten Networking und hören Sie sich um.

KOMPAKT

- Delegieren Sie alles an Profis, was diese besser können. Treffen Sie aber weiter alle wesentlichen Entscheidungen. Ihren Erfolg können Sie nicht delegieren. Lernen Sie, Ihr punktuelles Team zu führen.

- Ihre wichtigsten Partner und Dienstleister sind Redneragenturen, Medienberater und PR-Agenturen, Strategieberater und Business-Consultants, Stil- und Imageberater, Auftrittscoachs, Webdesigner und IT-Administratoren, Fotografen, Filmer, Audio- und Videoprofis, Grafiker und Layouter, Textbüros und Ghostwriter sowie Finanz- und Steuerberater.

- Bei einigen Dienstleistungen ist der Markt groß, anderswo gibt es nur wenige Spezialisten, die für Topspeaker infrage kommen. Entsprechend sind die Marktpreise. Fotografen sind günstig, Ghostwriter teuer.

TEIL 3:

Umschalten:

Wie Sie als Topspeaker täglich agieren und verhandeln

KAPITEL 16

Der perfekte Umgang mit Ihren Kunden

Nadine Neumann, die frisch eingestellte Assistentin von Expertin Sabine Renner, atmet gegen Mittag zum ersten Mal tief durch. Das kleine, aber lichtdurchflutete Büro in der Hamburger Hafencity ist mit Kisten und Kartons vollgestellt. Gerade verpackt Nadine zum dritten Mal am heutigen Tag ein Exemplar von Sabine Renners aktueller Rednermappe in eine strahlend weiße Versandtasche und legt sie auf den Postausgangsstapel. Anschließend nimmt sie ein signiertes Exemplar von Sabines neuem Buch aus einem Karton und macht es ebenfalls für den Versand fertig.

Da klingelt schon wieder das Telefon. »Büro Sabine Renner, Sie sprechen mit Nadine Neumann, wie kann ich Ihnen helfen?«, meldet sich die fröhliche 27-Jährige. »Ach, Sabine, du bist es. Hier geht es am dritten Tag schon unglaublich ab. Ich komme nicht einmal dazu, die Umzugskisten auszupacken. Der Kunde geht eben immer vor. Wie wir es besprochen haben.«

Wie stellen Sie sich Ihr Leben als Topspeaker vor? Bestimmt denken Sie da als Erstes an Ihre perfekt eingeübten und erfolgreichen Auftritte. Es macht Ihnen Spaß, so oft wie möglich auf der Bühne zu stehen. Sie sind mehr oder weniger ausgebucht und deshalb viel unterwegs. Durch Ihre immer höheren Auftrittshonorare steigt auch Ihr privater Lebensstandard. Vielleicht kaufen Sie sich den Porsche, den Sie schon immer fahren wollten, oder erwerben ein Haus in Südfrankreich. Woran Sie vielleicht nicht als Erstes denken, wenn Sie sich Ihr Leben als Topspeaker vorstellen, sind Fragen der Büroorganisation und des Umgangs mit Ihren Kunden. Doch gerade daran erkennt man erfolgreiche Menschen vielleicht am besten: Der tägliche Umgang mit ihren Kunden ist genauso top wie die Performance im Kerngeschäft. Denn eines ist sicher: Je mehr Ihre Kunden Ihnen zahlen, desto mehr werden sie auch von Ihnen erwarten.

Warten Sie nicht, bis die ersten Kundenbeschwerden über träge Reaktionszeiten oder nicht eingelöste Versprechen auf Ihrem Schreibtisch landen. Dann hat Ihr Image bereits Schaden genommen. »Außen hui, innen pfui«, werden einige möglicherweise denken. Dieses Stigma werden Sie dann so schnell nicht mehr los. Machen Sie es besser! Setzen Sie ein Topoffice und den perfekten Umgang mit Ihren Kunden von Anfang an ganz oben auf Ihre Agenda. Investieren Sie in gute Organisation, sobald Sie es sich leisten können. Das wird sich auszahlen. Denn solange Ihr Business noch überschaubar ist, können Sie Strukturen schaffen und Prozesse etablieren, die dann später bei weiter zunehmendem Erfolg »mitwachsen«. Dabei kommt es nicht so sehr darauf an, ob Sie Mitarbeiter fest einstellen und Büroräume mieten oder mit Freiberuflern oder Office-Centern zusammenarbeiten. Entscheidend ist, wie Ihre bestehenden und potenziellen Kunden »bedient« werden und wie gut Sie das Thema »Service« jederzeit im Griff haben.

> **AUF DEN PUNKT**
>
> **Das Topoffice ist ein wichtiges Unterscheidungsmerkmal der erfolgreichen Speaker. Ihren anspruchsvollen und zahlungskräftigen Kunden bieten sie besten Service. Das zahlt sich aus.**

In diesem Kapitel erhalten Sie einige praktische Hinweise und Tipps, wie Sie Ihr Business als Speaker organisieren und mit Ihren Kunden perfekt umgehen. Beim Thema Organisation und Kundenservice haben sich für Speaker-Büros vor allem drei Erfolgsfaktoren herauskristallisiert:

- Schnelligkeit
- Standardisierung
- Augen für das Detail

Was das konkret bedeutet, erfahren Sie in den folgenden Abschnitten. Zu Beginn soll es um einige allgemeine Fragen des Organisationsgrads sowie der Mitarbeiter- und Standortwahl gehen.

So sieht Ihr Office aus

Augen für das Detail zu haben, beginnt bereits bei der Postadresse, die auf Ihrer Visitenkarte, in Ihrer Rednermappe und auf der Kontakt-Seite Ihrer Website steht. Ein Straßenname wie »Am Dorfanger« oder »Zur alten Mühle« wirkt anders auf Ihre Kunden als eine »Bahnhof-straße« in Zürich oder die »Elbchaussee« in Hamburg. Im Zeitalter von Google Maps und Google Street View schauen zudem viele Kunden einmal schnell nach, wo genau Ihr Büro denn liegt. Innenstadtlagen oder Airport-Center signalisieren da Big Business und Weltläufigkeit, ein Häuschen in einem unbekannten kleinen Dorf demonstriert eher das Gegenteil. Anbieter von Bürocentern wie Regus Office wissen das und achten sehr genau darauf, dass ihre Center Adressen wie »Kö-nigstraße« oder »Kurfürstendamm« haben. Natürlich ist das mit den »besseren« Adressen so eine Sache. Letztlich hängt wieder alles von Ihrer Positionierung ab. Der Experte für Naturheilkunde kann sein Büro selbstverständlich in einem alten Bauernhof haben. Wichtig ist nur, sich selbst für solche Details zu sensibilisieren. Und dann die Prioritäten bewusst zu setzen.

Die meisten Trainer richten sich ein Homeoffice ein. Für den persönlichen Bedarf des Speakers ist das auch weiterhin völlig in Ordnung. Bloß wird das allein mit wachsendem Erfolg nicht mehr genügen, denn Sie sind zum Beispiel viel unterwegs. Wer beantwortet dann Anfragen? Wer verschickt Rednermappen? Wer DVD-Boxen? Wer macht Ihre Termine? Die einfachste Lösung ist für viele Speaker am Anfang der Karriere die Zusammenarbeit mit einem Bürodienstleister. Für einen festen monatlichen Betrag gehen die Mitarbeiter von Anbietern wie zum Beispiel »ebuero« (www.ebuero.de) für Sie ans Telefon, geben Auskunft und leiten Anliegen Ihrer Kunden an Sie weiter. Auf Wunsch bekommen Sie auch eine Büroadresse. Ihre Post wird von dort regelmäßig an Sie weitergeleitet.

Solche Dienstleister zu beauftragen ist besser, als überhaupt nicht erreichbar zu sein. Es gibt aber auch einige Nachteile. Erstens meldet sich in dem Callcenter des Dienstleisters in Regel bei jedem Anruf ein anderer Mitarbeiter. Dieser kann wenig Auskünfte geben, da er nur die ihm vorliegenden Informationen weitergibt. Wann genau Sie wieder erreichbar sind, weiß er in der Regel nicht. Ihre Kunden merken das

DER PERFEKTE UMGANG MIT IHREN KUNDEN **265**

natürlich. Einige empfinden es bald als verschwendete Zeit, sich mit einem Callcenter-Mitarbeiter zu unterhalten, und reagieren ungeduldig.

Besser sind da freiberufliche Bürodienstleister, die eine überschaubare Anzahl von Kunden (oft maximal zehn) persönlich betreuen. Sie kennen ihre einzelnen Kunden viel genauer, wissen meist auch, wo sich diese gerade aufhalten, und können Informationen geben. Telefondienst und Terminplanung sind bei solchen Einzelunternehmern oft in guten Händen. In begrenztem Umfang können diese freien Mitarbeiter auch den Versand von Unterlagen und Produkten erledigen. Hier brauchen Sie aber mit wachsendem Erfolg eine zusätzliche Lösung. Logistiker wie zum Beispiel »Kuehne + Nagel« (www.kn-portal. com) versenden in Ihrem Auftrag Ihre Bücher, DVD-Boxen und sonstigen Materialien. Eventuell können Sie aber auch jemandem einen »400-Euro-Job« anbieten, der dann Ihre Waren und Materialien bei sich lagert und an die von Ihnen übermittelten Adressen versendet.

Der Königsweg ist und bleibt die Einstellung eigener Mitarbeiter Ihres Vertrauens. Es muss ja am Anfang nicht unbedingt eine Vollzeitkraft sein, sondern Sie können beispielsweise zunächst 20 Stunden pro Woche anbieten. Das hält die Kosten überschaubar. Auch kann Ihr Mitarbeiter vielleicht zunächst von zu Hause aus arbeiten. Telefon, E-Mail und etwas Platz für Ihre Materialien und Produkte sind schließlich alles, was ein Mitarbeiter braucht. Suchen Sie dann irgendwann ein »richtiges« Büro, so denken Sie daran, dass Sie als Topspeaker die meiste Zeit unterwegs sind. Einen repräsentativen Chef-Schreibtisch brauchen Sie für sich nicht. Der kostet nur Platz und damit Geld.

EXPERTENTIPP

Richten Sie ein Büro ausschließlich für Ihre Mitarbeiter und nach deren Erfordernissen ein. Ein Speaker braucht kein Chefbüro und muss nicht repräsentieren. Für Ihre Anwesenheit im Büro genügt eine Besprechungsecke.

Die Auswahl geeigneter Mitarbeiter ist viel schwieriger, als eine passende Bürofläche zu finden. Wenn Sie zunächst nur eine begrenzte Stundenzahl oder Heimarbeit anbieten wollen, schauen Sie sich doch einmal nach Müttern kleiner Kinder um, die einen schrittweisen Wiedereinstieg in den Job suchen. So kann eine Win-win-Situation entstehen. Wenn die Kinder größer geworden sind und Ihre Mitarbeiterin wieder Vollzeit arbeiten will, sind auch Sie ein Stück »gewachsen« und können sich jetzt die Vollzeitstelle leisten.

Bei den Qualifikationen Ihrer Mitarbeiter steht naturgemäß die Erfahrung im Bereich Office-Management im Vordergrund. Formfehler oder Rechtschreibfehler in der E-Mail und bei Briefen oder Unsicherheit am Telefon sind ein No-Go für Ihr Office. Achten Sie aber auch darauf, dass Ihre Mitarbeiter nachvollziehen können, für was Sie Experte sind. Idealerweise interessieren sich Ihre Mitarbeiter für »Ihre« Themen. Das wird Ihren Kunden im Gespräch positiv auffallen, das Gegenteil negativ. Würde sich Sabine Renners Assistentin Nadine Neumann für die Themen Gesundheit und Sport überhaupt nicht interessieren, wären viele Kunden schnell befremdet. Ihre Büromitarbeiter und Sie müssen immer auch einen gemeinsamen »Spirit« haben. Gehen die Interessen zu weit auseinander, können die fachlichen Qualifikationen noch so gut sein: Es wird trotzdem nie ganz rund laufen.

So gehen Ihre Mitarbeiter mit Kunden um

Die Kundenanfrage ist in Ihrem Büro das, was auf der Feuerwache der Alarm ist: Sie löst sofortige Tätigkeit aus. Darin unterscheidet sich ein echtes Topoffice von einem Büro, in dem die Arbeit mehr verwaltet als getan wird. Trifft die Buchungsanfrage eines Kunden am Vormittag ein, so sollte er spätestens gegen Mittag eine erste Antwort haben. Ist Rücksprache mit Ihnen erforderlich, so stellt Ihr Mitarbeiter das klar, antwortet aber trotzdem sofort und dann nach der Rücksprache ein zweites Mal mit weiteren Details. Neukunden und Interessenten haben selbstverständlich die höchste Priorität. Lassen Sie hier sofort Ihre Rednermappe, eine DVD oder was Sie sonst an Give-aways haben, verschicken. Liegt dies dem Entscheider am Tag nach seiner Anfrage auf dem Schreibtisch, ist Ihnen ein »Wow-Effekt« sicher.

Überhaupt lautet die Devise: Schnelligkeit. Konnte ein Anruf einmal nicht sofort entgegengenommen werden, ist die Rückrufgeschwindigkeit ein wichtiges Unterscheidungsmerkmal. Bitten Sie Ihre Mitarbeiter, *immer* zurückzurufen, wenn eine Rufnummer übertragen und gespeichert wurde, und nicht nur, wenn der Kunde oder Interessent eine Nachricht hinterlassen und um Rückruf gebeten hat. Genauso benötigen Sie einen Rückruf-Button auf Ihrer Website. Auch das gibt Extrapunkte auf Kundenseite. Das Auge fürs Detail zeigt sich dann wieder daran, wie Ihre Mitarbeiter Ihre Rednermappe und andere Postsendungen verpacken und verschicken. Natronbraune Versandtasche und Standardbriefmarke? Das muss nicht sein. Eine weiße Versandtasche mit einer schönen Sondermarke macht da schon einen ganz anderen Eindruck. Wenn der Karton dann auch noch mit Ihrem Namensschriftzug oder Ihrem Logo »gebrandet« ist, wird die Sache rund.

EXPERTENTIPP

Verschicken Sie mit jeder (möglichst umgehenden) Antwort auf eine E-Mail-Anfrage einen Link zu einem ca. 90 Sekunden langen Videocast auf Ihrer Website. Ein Video dieser Länge schaut sich jeder an. Und hat damit schon einen authentischen Eindruck von Ihrer Performance, bevor andere Speaker-Büros die Mail mit der Anfrage überhaupt geöffnet haben!

Das größte Zauberwort im Speaker-Büro lautet: Standardisierung. Hier müssen sich viele Trainer umstellen. Deren Angebote sind hoch individuell und werden je nach den Anforderungen des Kunden immer wieder neu erstellt. Dazu muss eine Reihe von Informationen eingeholt und verarbeitet werden. Und das eigentliche Angebot auszuarbeiten, kostet erst recht Zeit. Speaker-Angebote sind standardisiert. Als Speaker halten Sie im Grunde immer wieder denselben Vortrag. Auch wenn Sie ihn auf Ihrer Website unter zehn möglichen Überschriften anbieten.

Alle Informationen zum Vortrag haben Ihre Mitarbeiter parat. Vorbereitete »Textbausteine« geben bei Anfragen per E-Mail Antworten zu den wichtigsten Punkten, die Veranstalter wissen wollen. Die Preise stehen fest und sind nur sehr begrenzt verhandelbar. (Nur in Ausnahmefällen durch Sie selbst, ansonsten ausschließlich im Gespräch mit Ihren Mitarbeitern.) Und auch für die Verträge, die Sie mit den Veranstaltern machen, haben Sie Standards erarbeitet. So signalisieren Sie dem Kunden: Er kauft ein »fertiges« Produkt und das ist verlässlich top. Wie die Amerikaner sagen: »Take it or leave it.« Auf zu viele Extrawünsche einzugehen, verwässert jedes Premiumprodukt. Auch der Porschekunde darf sich zwar die Farben von Lackierung und Leder aussuchen, einen Motor von Peugeot oder eine andere Hinterachse wird er aber nicht bekommen. Übrigens auch keinen großen Rabatt!

Da die Reaktion auf Kundenanfragen zu den wichtigsten Tätigkeiten Ihrer Mitarbeiter zählt, sollte hier ein Standardprozess definiert sein. Er besteht aus folgenden Hauptschritten:

1. Eintreffen der Anfrage per Telefon oder E-Mail
2. Abklären von Vortragsinhalten, Preis und Verfügbarkeit
3. Versenden einer 90-Sekunden-Präsentation
4. Versand Angebot per E-Mail
5. Versand eines Infopakets (Rednermappe usw.)
6. Nachfassen per Telefon oder E-Mail (einige Tage später)

Wichtig ist, dass Ihre Mitarbeiter schon am Telefon alle wichtigen Fragen zu Inhalten, Preis und Verfügbarkeit beantworten können. Selbstverständlich kennen Ihre Mitarbeiter Ihren aktuellen Vortrag auch live. Das Infopaket sollte nicht nur auf dem Postweg versendet werden, sondern sich im vollen Umfang auch auf Ihrer Website befinden. Ihre Mitarbeiter senden dann eine E-Mail mit allen Informationen und Ihrer Rednermappe. Zusätzlich erhält der Kunde das Infopaket immer auch per Post, auch wenn er sagt, das sei nicht nötig.

Es gibt Speaker, die diese Schritte in seitenlange Checklisten gekleidet haben, um auch in jedem erdenklichen Fall höchste Professionalität und Schnelligkeit zu beweisen. Machen Sie sich einmal den Spaß und fragen Sie an einem Sonntagabend zehn Speaker an. Im größten Teil der Fälle korreliert die Geschwindigkeit und Professionalität der Antworten mit dem Erfolg der jeweiligen Redner.

Je besser Ihre Mitarbeiter eingearbeitet sind, desto eher werden Sie diese beauftragen können, nicht nur auf Kundenanfragen zu reagieren (was immer höchste Priorität hat), sondern auch proaktiv tätig zu werden, um das Kundeninteresse weiter zu steigern. So erhalten beispielsweise Kunden, bei denen Sie vor zwei Jahren einen Vortrag gehalten und die sich seitdem nicht mehr gemeldet haben, Ihr aktuelles Buch oder Ihre aktuelle Rednermappe. Ihre Mitarbeiter weisen dann eventuell darauf hin, dass Sie nun auch zu einem noch aktuelleren Thema reden.

Probieren Sie außerdem aus, immer wieder Studenten oder Praktikanten (für unter zehn Euro pro Stunde) zu beschäftigen, die einzig und allein neue Kontakte und Chancen für Sie erschließen sollen. Etwa indem sie Kongressveranstalter oder Verbände recherchieren, zu denen Sie noch keinen Kontakt haben. Zu jedem Ihrer Suchbegriffe gibt es gute Internetseiten, auf denen die gesamten Informationen – mit Adressen – gebündelt sind. So finden Sie beispielsweise die dankbare Zielgruppe der Verbände unter www.verbaende.de.

Neben Kundenservice und Marketing wird die Termin- und Reiseplanung einen Großteil der Tätigkeit Ihrer Mitarbeiter ausmachen. Wer nicht nur Topspeaker ist, sondern auch Topmitarbeiter hat, weiß oft gar nicht, wo er am nächsten Tag reden wird. Das Office schickt ihm punktgenau alle Infos aufs Smartphone und lotst ihn zum Flughafen, zum Hotel und schließlich zum Veranstaltungsort. Entweder der Mietwagen steht bereit, oder es geht ins Taxi, weil der Mitarbeiter errechnet hat, dass dies günstiger ist. Wer als Topspeaker bis zu 250 Auftritte pro Jahr im deutschsprachigen Raum und darüber hinaus hat, kann in enormem Ausmaß Kosten sparen, wenn die Mitarbeiter sich mit dem Thema Reisen und Buchung wirklich auskennen. Reisen werden dann optimal geplant und Vielfliegerprogramme oder Punktesysteme in Hotels maximal ausgenutzt. Sparen Sie hier keinesfalls an einer gründlichen Schulung und Weiterbildung der Mitarbeiter. Es wird sich auszahlen.

So gehen Sie selbst mit Kunden um

In jedem Unternehmen ist definiert, was »Chefsache« bleibt. Das gilt auch für das Speaker-Business. Wer dauerhaft großen Erfolg haben will, kann sich weder völlig unerreichbar machen (siehe Kapitel 14) noch alles außer den Vorträgen an andere delegieren (siehe Kapitel 15). Als Speaker stehen Sie nach Ihren Vorträgen für kurze Gespräche zur Verfügung, antworten knapp, aber freundlich auf Xing-Nachrichten und pflegen den persönlichen Kontakt zu Ihren besten Kunden und hilfreichsten Multiplikatoren. Doch was genau ist im Alltag »Chefsache« – und was nicht?

Zunächst einmal sind Sie mit fortschreitender Karriere damit konfrontiert, dass viele Menschen Ihre Nähe suchen. Man möchte Sie persönlich kennen und unterhält sich gerne mit Ihnen. Es muss Ihnen klar sein, dass Sie auf die wenigsten dieser Wünsche eingehen können. Am besten verfolgen Sie hier von Anfang an eine klare Linie. Vielen Trainern fällt auch hier das Umschalten im Businessalltag nicht leicht. Denn zum Trainergeschäft gehört immer auch viel »Kaffeetrinken«. Entscheider aus Unternehmen wollen sich nur zu gern mit Ihnen »auf einen Kaffee« treffen, um sich einmal »kennenzulernen« und über »Perspektiven« oder »Synergien« zu sprechen. Manchmal kommt es nach solchen Kaffeekränzchen zu einem Auftrag. Meistens aber nicht. Das Problem ist immer: Die angestellte Führungskraft verdient auch beim Kaffeetrinken Geld. Deren Monatsgehalt bleibt immer gleich, egal, ob die Arbeitszeit mit Kaffeetrinken oder anderen Tätigkeiten verbracht wurde. Sie als Selbstständiger gehen dagegen leer aus, wenn es zu keinem Auftrag kommt.

Für den Speaker verschärft sich dieses Problem noch. Jetzt wollen noch mehr Leute mit Ihnen Kaffee trinken. Einerseits, um Sie kennenzulernen und zu entscheiden, ob ein Vortrag von Ihnen passen würde. Andererseits aber häufig auch nur, um sich ein wenig im Glanz Ihres Erfolgs zu sonnen und den einen oder anderen kostenlosen Tipp von einem Experten zu bekommen. Ihr Verdienstausfall ist jetzt als Speaker aber noch erheblich größer, da Sie zur selben Zeit auch für viel Geld auf der Bühne reden könnten. Hinzu kommt noch eine regelrechte Falle: Ihre Leistung auf der Bühne ist eine einstudierte Performance. Wenn ein potenzieller Kunde beim Kaffeetrinken herausfinden will, wie gut Sie auf der Bühne sind, kann das nur schiefgehen. Es gibt sogar Speaker, die auf der Bühne ein Feuerwerk des Entertainments entfachen, denen jedoch für Small Talk jedes Talent fehlt. Beim Kaffeetrinken bekämen diese Speaker keinen einzigen Auftrag!

Machen Sie es sich als Speaker am besten konsequent zur Devise, Gespräche zum Kaffeetrinken abzulehnen. Alle Informationen über Sie gibt es in dem Infopaket, das Ihre Mitarbeiter dem Interessenten zuschicken. Außerdem sind Ihre Mitarbeiter gerne behilflich, wenn ein potenzieller Kunde Sie gerne einmal live auf der Bühne erleben möchte. Je nach Relevanz des Kunden sollte er eventuell sogar an eigentlich geschlossenen Veranstaltungen als Gast teilnehmen können. So etwas ist durchaus üblich.

Persönlich stehen Sie Ihren Auftraggebern am besten erst nach einer Buchung für kurze Telefonate zur Verfügung. In diesen klären Sie wesentliche Punkte. Wenn Ihre Mitarbeiter schon alles geklärt haben, dann machen Sie nur ein wenig Small Talk. Bringen Sie zum Ausdruck, wie sehr Sie sich auf den Vortrag freuen, und fragen Sie, ob es noch etwas zu beachten gibt. Auf Details gehen Sie nicht ein. Auch bestimmte Etiketteregeln, die für Trainer gelten, können Sie als Speaker getrost vergessen – beispielsweise, dass es unhöflich ist, während der Autofahrt oder auf der Straße mit dem Kunden zu telefonieren. Sie sind stark gefragt und ständig unterwegs. Deshalb ist es selbstverständlich, dass Sie Autofahrten, Taxifahrten, Laufwege am Flughafen oder Aufenthalte in Lounges und an Gates für kurze Kundentelefonate nutzen.

AUF DEN PUNKT
Topspeaker führen mit Kunden keine langen Diskussionen und treffen sich nicht zu unverbindlichen Akquisegesprächen. Sie klären die wichtigsten Fragen kurz und freundlich am Telefon und überlassen die restliche Organisation ihrem Office.

Doch was, wenn ein Kunde darauf besteht, Sie zu einem Akquise- oder Vorgespräch persönlich zu treffen, und einfach nicht lockerlässt? Ganz einfach: Sie stellen dieses Gespräch in Rechnung, sofern Sie sich das leisten können. Natürlich erwähnen Sie das schon bei der ersten Kontaktaufnahme im Rahmen Ihrer Konditionen. Mindestens

1.000 Euro netto sollten Sie hierfür veranschlagen. Zuzüglich sämtlicher Reisespesen, wenn das Gespräch beim Kunden stattfinden soll. Wenn der Kunde Sie dann immer noch sprechen will, gehen Sie hin und erzählen ihm genau das, was auch in Ihrer Rednermappe steht.

Noch einmal: Speakerangebote sind Standardangebote. Ihr Vortrag ist immer derselbe. Er verändert sich auch durch ein einstündiges Vorgespräch mit dem Kunden kein bisschen. Gerne können Sie dem Kunden noch einmal versprechen, dass der Vortrag wirklich das Richtige für ihn sein wird. Aber das wird er ohnehin sein. Sie wissen, wie stark Ihre Impulse wirken. Der potenzielle Kunde weiß es (noch) nicht oder glaubt es (noch) nicht und will Sicherheit. Geben Sie ihm diese Sicherheit, ohne an Ihren Inhalten etwas zu verändern. Irgendwann sind Sie so erfolgreich, dass Sie es sich »leisten« können, zu sagen: »Kundenkontakt erst nach Vertragsschluss.«

Viel wichtiger als jede Diskussion über inhaltliche Fragen ist, dass Sie die Chance nutzen, bei Ihrem Kunden gute Stimmung zu erzeugen. Merken Sie sich möglichst viele Namen und sprechen Sie Ihre Kunden und Interessenten häufig mit Namen an. Seien Sie humorvoll und erzählen Sie ruhig mal eine Anekdote. Gute Stimmung ist schließlich das, was der Kunde in erster Linie bei Ihnen kauft. Also geben Sie ihm eine Kostprobe. Allerdings: Wenn Sie dazu abseits der Bühne wenig Talent haben, dann erzwingen Sie die gute Laune auch nicht. Seien Sie sachlich und verbindlich, hören Sie aktiv zu und interessieren Sie sich für Ihr Gegenüber.

KOMPAKT

- Beim Topspeaker ist der tägliche Umgang mit Kunden genauso top wie die Performance. Werden Sie den steigenden Erwartungen Ihrer Kunden gerecht. Warten Sie nicht, bis Kundenbeschwerden Sie dazu zwingen. Setzen Sie vielmehr ein Topoffice und den perfekten Kundenservice von Anfang an ganz oben auf Ihre Prioritätenliste. Investieren Sie in gute Organisation und hervorragende Mitarbeiter.

- Entscheiden Sie je nach Ihrem Erfolg und Ihren finanziellen Möglichkeiten, ob Sie mit Dienstleistern zusammenarbeiten oder Mitarbeiter einstellen. Ein Standard-Büroservice ist besser als nichts. Besser sind Freiberufler, die nur wenige Kunden haben, sowie eigene Mitarbeiter. Wählen Sie Ihren Bürostandort sorgfältig, und stellen Sie nur Mitarbeiter ein, die sowohl qualifiziert sind als auch zu Ihrem »Spirit« passen.

- Standardisieren Sie Aufgaben und Prozesse und lassen Sie das meiste davon Ihre Mitarbeiter erledigen. Bei Reaktionen auf Kundenanfragen punktet Ihr Office mit Schnelligkeit. Sorgen Sie auch für effiziente Termin- und Reiseplanung (häufig Ursache von Geldverschwendung) und übertragen Sie Marketingaufgaben an entsprechend eingearbeitete Mitarbeiter. Treffen Sie sich mit Kunden nie unverbindlich und konzentrieren Sie sich bei Ihrer eigenen Kommunikation mit Kunden auf das Wesentliche.

KAPITEL 17

Sich durchsetzen und verdienen, was Sie erwarten

Sabine Renner sitzt entspannt auf der Terrasse ihres Hauses mit Blick auf die Elbe. Über das Headset ihres iPhone telefoniert sie mit Bernd Hartmann, dem Leiter der Personalabteilung eines großen Mittelständlers in Ostwestfalen. Die Sonne scheint. Sabine lässt Bernd Hartmann erst einmal ausreden.

»Herzlichen Dank für das Kompliment«, sagt Sabine dann. »Es freut mich, dass Ihnen mein Infopaket so gut gefallen hat. Zu Ihrer Frage: Mein Vortrag kostet 8.500 Euro.«

Eine Pause entsteht. Sabine nimmt noch einen Schluck Ayurveda-Tee. Sie hört Bernd Hartmann dann wieder zu.

»Das verstehe ich voll und ganz, Herr Hartmann«, meint Sabine nach ein paar Minuten. »Aber mal ehrlich: Ist Ihr Budget mein Problem oder Ihres? Da liegen wir einfach noch weit auseinander. Aber es ist nicht so, dass ich mich nicht bewegen könnte. Lassen Sie mich mal überlegen …«

Eine Viertelstunde später hat Sabine ihren Vortrag verkauft. Wie üblich zum Preis von 7.000 Euro. Zufrieden lehnt sie sich zurück.

Grundsätzlich haben Sie im Speakerbusiness drei Möglichkeiten, Ihr Einkommen zu steigern: Sie setzen höhere Honorare durch. Das ist die erste Möglichkeit. Oder Sie generieren mehr Aufträge (sowohl Neugeschäft als auch Folgeaufträge). Das ist die zweite Möglichkeit. Oder Sie senken Ihre Kosten. Das ist Möglichkeit drei. Ihre Kosten sollten Sie stets im Blick haben und permanent nach Möglichkeiten suchen, diese zu optimieren. Als Speaker bewegen Sie sich oft in einer etwas glamourösen Welt. Das ist okay, solange Ihre Kunden den Glamour

SICH DURCHSETZEN UND VERDIENEN, WAS SIE ERWARTEN **275**

bestellen und bezahlen. Es sollte Sie jedoch nicht zu ständigen überflüssigen Ausgaben verführen.

Den Hinweis, wie wichtig ein effizientes Reisemanagement für Ihr Budget ist, haben Sie bereits erhalten. Als Speaker brauchen Sie auch keine gigantische Garderobe, weil Sie nie kurz hintereinander vor demselben Publikum auftreten. Wenn Sie einen Business-Consultant beziehungsweise Coach haben, dann lassen Sie ihn ein Auge auf den Kosten behalten. Um mehr Aufträge als Mittel der Einkommenssteigerung, sprich: die Akquise, wird es in Kapitel 18 gehen.

In diesem Kapitel geht es darum, wie Sie den hohen Marktwert als Speaker im Tagesgeschäft tatsächlich zuverlässig realisieren. Mit anderen Worten: Es geht ums Verhandeln. Im Business kennt jeder den Unterschied zwischen dem Marktwert, also dem »im gewöhnlichen Geschäftsverkehr« erzielbaren Preis, und dem Verhandlungsergebnis, also dem in einer Einzeltransaktion tatsächlich erzielten Preis. Was ist die schönste Villa »wert«, wenn sich kein Käufer findet, der den vom Gutachter festgestellten »Verkehrswert« zu zahlen bereit ist?

Der Nudelriese Barilla machte eine besonders schmerzhafte Erfahrung mit dem Unterschied zwischen Marktwert und Verhandlungsergebnis. Das italienische Unternehmen kaufte die deutsche Bäckereikette »Kamps« im Jahr 2002 für 1,8 Milliarden Euro und konnte Medienberichten zufolge beim Wiederverkauf acht Jahre später lediglich einen zweistelligen Millionenbetrag erzielen.

AUF DEN PUNKT

Sie bekommen nicht, was Sie verdienen, sondern was Sie verhandeln. Die Höhe Ihres Einkommens als Speaker hängt maßgeblich von Ihnen selbst und Ihrem Office ab.

Für Sie als Speaker gilt das Gleiche wie für alle anderen im Business: Ihr Marktwert ist das eine. Was Sie an Honorar verhandeln, ist das andere.

Unter den drei Möglichkeiten der Einkommenssteigerung ist geschicktes Verhandeln die simpelste und am schnellsten wirksame. Eine Viertelstunde am Telefon kann genügen und Sie sind reicher. Doch wie sagen die Amerikaner so schön: »It may be simple but it is not easy.« Gerade mit dem Verhandeln tun sich viele Trainer auf dem Weg zum Topspeaker schwer. Der Grund ist die menschliche Psyche. Da gibt es oft verborgene Selbstzweifel. Oder in der Erziehung übernommene Glaubenssätze zum Thema Geld, wie zum Beispiel: »So viel zu verlangen, ist doch unanständig.« Frauen tun sich hier oft noch schwerer als Männer. Sie fragen sich: Bin ich das überhaupt wert? Doch das ist eben die falsche Frage, denn um den Wert geht es gar nicht. Sondern um das, was Sie bekommen. Möchten Sie mehr bekommen? Dann sorgen Sie dafür. Gerade Frauen müssen sich hier endlich mehr trauen.

Dies sind die drei wichtigsten Erfolgsfaktoren der Topspeaker, die immer wieder hohe Honorare aushandeln:

- Selbstsicherheit (innere Stärke)
- Klare Strategie
- Souveräne Gesprächsführung (äußere Stärke)

Auf alle diese Punkte werden wir in den folgenden Abschnitten eingehen. Sie werden sehen: Es ist gar nicht so schwierig, immer das Honorar zu bekommen, das Sie erwarten. Sofern Sie ein paar einfache Regeln beachten.

Innere Stärke: Ihre Selbstsicherheit gegenüber dem Kunden

Ist Ihnen klar, warum Menschen, die Angst vor Hunden haben, häufig von Hunden angebellt oder gar angegriffen werden? Die Lösung ist einfach: Mit seinen Instinkten nimmt der Hund die Angst dieses Menschen wahr. Ein unsicheres Gegenüber verheißt dem Tier nichts Gutes. Zu Recht, denn wovor Menschen Angst haben, das bekämpfen sie oder wollen sie sogar vernichten. Die Instinkte eines Tieres haben wir Menschen auch. Das heißt, in der Verhandlung wird Ihr Kunde merken, wenn Sie unsicher sind oder sogar Angst vor dem Verlust des Auftrags haben. Nicht nur Ihre Körpersprache verrät Sie, sondern bereits der Klang Ihrer Stimme am Telefon. Was wird Ihr Kunde tun, wenn er merkt, dass Sie nicht einmal selbst glauben, Ihren Preis »wert« zu sein? Richtig: Er wird überhaupt nicht daran denken, Ihnen viel Geld zu bezahlen. Selbstsicherheit aufbauen ist also unverzichtbar für erfolgreiches Verhandeln. Die beste Taktik nützt Ihnen nichts, wenn Sie unsicher sind.

Die gute Nachricht: Mehr Selbstsicherheit können Sie ganz einfach gewinnen, indem Sie sich die »Werttreiber« für Ihre Leistung genau vor Augen führen und das betriebswirtschaftliche Umfeld betrachten. Das Problem vieler Experten ist, dass sie ihre Leistung für selbstverständlich halten und sich deren Wert für andere viel zu selten bewusst machen. Führen Sie sich die folgenden Punkte einmal in aller Ruhe vor Augen, bevor Sie das nächste Mal über Ihren Preis verhandeln:

- Sie sind Experte. Sie haben eine glänzende Reputation und Topreferenzen. Dafür haben Sie viel investiert und darauf können Sie stolz sein. Der Markt honoriert Ihre Exzellenz.
- Der Speakermarkt ist ein »blauer Ozean«, auf dem die Nachfrage das Angebot übersteigt. Die Situation fällt also zu Ihren Gunsten aus, und wenn Sie daraus kein Kapital schlagen, tun es andere.
- Ihre Leistung hat für Ihren Kunden einen hohen Wert. Ohne neue Impulse von Experten gäbe es überall nur noch Stillstand. Und auf Stillstand folgt Niedergang.
- Ihr Honorar ist in Relation zu sehen. Für einen Arbeitnehmer sind 7.000 Euro Verdienst an einem Tag eine Riesensumme. Kongresse oder Jahrestagungen kosten jedoch oft 500.000 bis 1.000.000 Euro am Tag. Da sind 7.000 Euro für den Redner wenig.
- Die Gefahr für einen Veranstalter, mit einem schlechten Schlussredner die ganze Veranstaltung zu zerstören, ist so groß, dass er dabei keine Experimente machen wird. Ein schlechter Vortrag am Ende kann die gesamte Veranstaltung infrage stellen – dagegen sind einige Tausend Euro mehr für einen guten Redner eine sinnvolle und sichere Investition.
- Ihr Kunde darf sich freuen, wenn Sie zu ihm kommen und bei ihm Ihren Vortrag halten. Nicht der Kunde belohnt Sie mit seinem Auftrag, sondern Sie belohnen ihn mit Ihrem Auftritt.

Hüten Sie sich in jedem Fall davor, gegenüber potenziellen Kunden als Bittsteller aufzutreten. Das haben Sie überhaupt nicht nötig! Sprechen Sie mit Ihren Kunden stets mit dem Selbstbewusstsein eines Experten.

Zeigen Sie, wer Sie sind. Aber bleiben Sie dabei immer entspannt und souverän. Trumpfen Sie nicht arrogant auf. An dieser ruhigen Balance erkennt Ihr Gegenüber, dass Sie selbstsicher sind. Hektische Momente sind deshalb überhaupt nicht gut für Verhandlungen. Verschieben Sie eine Verhandlung lieber, wenn Sie gerade gestresst sind.

Überhaupt ist Zeitdruck in Verhandlungen immer ein Nachteil. Sorgen Sie dafür, dass für jedes Gespräch über Ihr Honorar ausreichend Zeit zur Verfügung steht. Versuchen Sie keinesfalls, Ihren Gesprächspartner schnell zu einer Entscheidung zu drängen. Das wirkt wenig souverän und wird fast immer das Gegenteil bewirken. Selbstsichere Verhandler nehmen sich Zeit und haben Geduld. Und beides signalisieren sie dem anderen auch.

Ein weiterer Punkt, der Ihnen innere Stärke verleiht, ist Ihr Kenntnisstand. Nicht umsonst heißt es: »Wissen ist Macht.« Ihr Expertenwissen haben Sie sowieso. Doch wenn Sie auch Kenntnisse über die aktuelle wirtschaftliche Gesamtsituation, die Branche Ihres Verhandlungspartners oder sein Unternehmen besitzen, ist das umso besser. Sie können dann hin und wieder eine Bemerkung fallen lassen, die signalisiert, dass Sie Bescheid wissen. Ihre Botschaft lautet: Ich bin Profi, ich kenne mich aus in Unternehmen, mir macht man nichts vor. Die dahinterliegende Botschaft lautet: »Ich bin mein Geld wert.«

Es gibt eine Reihe von Tugenden, die erfolgreiche Verhandler verinnerlicht haben. Das ist die »gesunde« Einstellung, auf deren Basis auch Sie Ihre Verhandlungen führen sollten. Wenn Sie Mitarbeiter beschäftigen, die in Ihrem Auftrag verhandeln, dann sorgen Sie dafür, dass auch Ihre Mitarbeiter diese Tugenden verinnerlichen. Die wichtigsten Tugenden sind:

- Haben Sie Vertrauen. Das menschliche Miteinander basiert auf Vertrauen. Das Vertrauen in Ihr Gegenüber wird honoriert werden.
- Denken Sie stets positiv. Eine Win-win-Situation ist jederzeit möglich. Oft ist nur etwas Kreativität nötig.
- Seien Sie mutig. Stellen Sie Dogmen infrage (»So viel haben wir noch nie einem Redner gezahlt«), verlangen Sie mehr, als Sie erwarten.

SICH DURCHSETZEN UND VERDIENEN, WAS SIE ERWARTEN **279**

- Seien Sie geduldig. Unbarmherzige Trickser, die Leute für den schnellen Erfolg »über den Tisch ziehen«, bekommen irgendwann die Quittung und werden von anderen hereingelegt.
- Haben Sie Verständnis. Interessieren Sie sich für Ihr Gegenüber, hören Sie ihm zu und versetzen Sie sich auch in seine Lage.
- Bleiben Sie locker. Verhandlungen sind immer auch ein Spiel. Nehmen Sie die Sache sportlich. Stellen Sie sich vor, Sie gehen auf den Tennisplatz und wollen gewinnen, aber auch Spaß haben.
- Lassen Sie sich nicht locken. Insbesondere nicht von angeblichen Folgeaufträtten, die dann meist doch nicht stattfinden.

Wenn Sie die Tipps und Hinweise dieses Abschnitts umsetzen und an Ihrer inneren Stärke arbeiten, haben Sie die wichtigste Grundlage für höhere Honorare bereits gelegt. Als Nächstes brauchen Sie die richtige Strategie.

Entscheidung: Ihre Strategie gegenüber dem Kunden

Jeder Kunde ist anders und jede Verhandlung ist anders. Trotzdem entscheiden sich erfolgreiche Verhandler für eine Strategie, nach der sie immer wieder vorgehen. Das hat gleich mehrere Vorteile:

- Erstens macht es Sie innerlich stark, zu wissen, was Sie tun.
- Zweitens müssen Sie nie lange überlegen, wie Sie vorgehen. Ihr Kunde kann Sie oder Ihr Office jederzeit anrufen und mit Ihnen über Geld sprechen. Sie und gegebenenfalls Ihre Mitarbeiter wissen genau, was die »Linie« bei dem Thema ist.
- Schließlich tragen Sie drittens dem Umstand Rechnung, dass Ihre Kunden sich auch untereinander kennen und austauschen könnten. Wenn Sie mit jedem Kunden gleich verfahren, brauchen Sie keine Sorge zu haben, dass ein Kunde dem anderen von viel besseren Konditionen erzählt, die er bei Ihnen bekommen hat.

Bewährt haben sich zwei gleich gute Strategien. Es bleibt Ihnen überlassen, für welche dieser beiden Vorgehensweisen Sie sich entscheiden:

- Fixpreisstrategie
  oder
- Scheinrabattstrategie

Fixpreisstrategie

Bei der Fixpreisstrategie legen Sie einen fixen Preis für Ihre Redeleistung fest, den Sie oder Ihr Office jederzeit auf Anfrage kommunizieren. Dieser Preis ist nicht verhandelbar. Für niemanden. Punkt. Der Kunde hat also die Wahl, Sie zu diesem Preis zu buchen oder sich einen billigeren Redner zu suchen. Wenn Sie Ihrem Kunden entgegenkommen wollen, damit er sich mit dem Verhandlungsergebnis wohlfühlt, dann mit kleinen Extras oder Geschenken. Aber niemals beim Preis. Für diese Strategie müssen Sie Ihren aktuellen Marktwert sehr genau kennen, das heißt, über eine gewisse Erfahrung verfügen. Der Nachteil: Sie bekommen, was Sie erwarten, aber niemals mehr. Der Vorteil: Eine Fixpreisstrategie wirkt sehr selbstbewusst. Sie wissen, was Ihre Leistung wert ist, und lassen es den anderen spüren. Nicht von ungefähr gewähren Opelhändler hohe Rabatte, Porschehändler fast gar keine.

Bei der Festsetzung von (Fix-)Preisen sollten Ihnen drei Prinzipien des Pricings von Redeleistungen bewusst sein:

- Speaker haben keine Stundensätze.
- Speaker haben ein einfaches Preissystem.
- Speaker setzen nicht 100 Prozent der Anfragen in Buchungen um.

Als Speaker sind Sie nicht mit Trainern, Beratern und Coachs vergleichbar und haben deshalb auch keinen Stundensatz. Sie verkaufen eine Performance. Ob diese eine halbe Stunde dauert oder anderthalb, spielt für Niveau und Wirkung keine Rolle. Am besten verkaufen Sie Ihre Leistung immer zum gleichen Preis. Ihr Auftritt bei einem Galadiner kostet dann zum Beispiel 5.000 Euro. Eine Keynote auf einem Kongress kostet ebenfalls 5.000 Euro. Und wenn ein Manager sich für einen Tagesworkshop mit Ihnen treffen will, kostet das dann auch 5.000 Euro. Der dritte wichtige Aspekt: Am Anfang werden Sie vielleicht jede Gelegenheit für einen Auftritt nutzen wollen. Doch wenn

80 Prozent der Anfragen zu Aufträgen werden, sind Sie zu billig. Dann wissen Sie, dass Ihr Preis nicht stimmt.

Scheinrabattstrategie

Sabine Renner in unserem Beispiel hat sich gegen die Fixpreis- und für die Scheinrabattstrategie entschieden. »Scheinrabatt« bedeutet, dass Sie *jedem* Kunden das Gefühl geben, die Leistung günstiger zu bekommen als andere. In Wirklichkeit entspricht der günstigere Preis Ihrer eigentlichen Erwartung. Sie kalkulieren von vornherein damit. Ein Unternehmen, das den Scheinrabatt geradezu perfekt beherrscht, ist die Autovermietung Sixt. Bereits bei nur fünf Anmietungen pro Jahr erhalten die Kunden »Goldstatus« und damit Rabatt. Einen Rabatt bekommen aber auch Firmenkunden, ADAC-Mitglieder, Bahn-Card-Inhaber und so weiter. Letztlich findet praktisch jeder Sixt-Kunde irgendeine Möglichkeit, Anspruch auf einen Rabatt geltend zu machen. Und das ist die Strategie. Jeder Kunde glaubt, bessere Konditionen zu bekommen als die anderen, und zahlt deshalb gern den Preis.

Als Speaker kommunizieren Sie bei der Scheinrabattstrategie zunächst einen »Mondpreis«. Sabine Renner weiß, dass ihr Marktwert (noch) nicht bei 8.500 Euro liegt. Ihre Honorarerwartung liegt bei 7.000 Euro. Sie erwartet also nicht, 8.500 Euro zu bekommen, wirft aber diese Summe in den Ring und macht bewusst eine Pause. Mit an Sicherheit grenzender Wahrscheinlichkeit wird der Kunde protestieren. Sabine hat sich nun einen Grund überlegt, warum ihr gerade bei diesem Kunden auch 7.000 Euro genügen würden. Der Kunde ist erleichtert. Und Sabine bekommt die Zusage.

Dabei kommt Sabine ein psychologisches Prinzip zu Hilfe: die Schwierigkeit des doppelten Nein. Es fällt uns Menschen generell schwer, Nein zu sagen, also den anderen zu enttäuschen und zurückzuweisen. (Nur gestörte Menschen spüren diese Hemmung überhaupt nicht.) Noch schwerer bis fast unmöglich ist es, zweimal hintereinander Nein zu sagen, das heißt, den anderen schon wieder zurückzuweisen. Sabines Kunde wird also, nachdem er zu den 8.500 Euro Nein sagen »musste«, zu den 7.000 Euro gerne Ja sagen, weil ihn das innerlich erleichtert.

Das Schöne an der Scheinrabattstrategie: Es kann ja durchaus passieren, dass ein Kunde schon bei der höheren Summe zustimmt. Dann verdienen Sie mehr, als Sie erwartet haben. Der Nachteil: Sie müssen ziemlich cool auftreten, damit Ihre Absicht nicht durchschaut wird. Und selbst wenn Sie das schaffen, kann in Ihrem Kundenkreis über kurz oder lang bekannt werden, was Ihr »eigentlicher« Wert ist.

Geld-zurück-Garantie

Eine ergänzende Strategie, die der amerikanische Speaker-Coach Mike Rounds empfiehlt, ist die uneingeschränkte Geld-zurück-Garantie für Ihre Kunden. Sie sagen während der Verhandlung zum Kunden: »Wenn Sie mit meiner Redeleistung nicht zu 100 Prozent zufrieden sind, brauchen Sie meine Rechnung nicht zu bezahlen.« Damit geben Sie dem Kunden maximale Sicherheit. Drei Argumente sprechen für eine Geld-zurück-Garantie:

- De facto garantieren Sie sowieso. Wenn bei einem Vortrag alles schiefgeht, wird Ihr Kunde sich weigern zu zahlen oder wegen der Rechnung zumindest große Schwierigkeiten machen. Mit Ihrer Garantie machen Sie aus dieser Tatsache einen Vorteil für sich.
- Sie erbringen einen kaum schlagbaren Qualitätsbeweis. Ihr Kunde wird denken: Nur wer von der Qualität seiner Performance absolut überzeugt ist, kann sich solche Garantien »leisten«.
- Geld-zurück-Garantien werden so gut wie nie in Anspruch genommen. Das haben zahlreiche Studien belegt. Einer der Gründe: Die Leistung wurde erbracht. Der Kunde würde sich schlecht dabei fühlen, Ihnen den »gerechten Lohn« zu verweigern.

Überlegen Sie also, ob Sie mit einer Geld-zurück-Garantie arbeiten wollen. Das wird am Anfang Ihrer Karriere, wenn Sie noch nicht so bekannt sind, sicher sinnvoller sein als mit einem Status als absoluter Topspeaker.

Auftritte ohne Honorar

Auch für den Umgang mit Angeboten, ohne Honorar aufzutreten, sollten Sie eine klare Strategie haben. Solche Angebote werden Sie während Ihrer Karriere als Speaker immer wieder bekommen. Einen wichtigen Grundsatz für Speaker bezeichnen die Amerikaner als »Fee or free«. Das heißt, Sie treten entweder gegen Honorar (»fee«) oder kostenlos auf. Sie lassen sich also niemals auf einen Spottpreis herunterhandeln. Wenn ein angemessenes Honorar für Sie nicht drin ist, haben Sie demnach nur die Wahl, abzusagen oder ohne Honorar aufzutreten.

Bei Angeboten, ohne Honorar aufzutreten, sind zwei Varianten zu unterscheiden:

- Der Veranstalter möchte Sie mit Marketing und Werbung über seine Kanäle »bezahlen«.
- Der Veranstalter appelliert an Ihren Idealismus (zum Beispiel Charity-Veranstaltungen oder Nachwuchsförderung).

Angebote, bei denen Sie mit Marketing bezahlt werden sollen, sind mit größter Vorsicht zu genießen. Die Erwähnungen in Newslettern oder Kundenmagazinen, die Ihnen versprochen werden, bringen selten das, was man Ihnen zu hoffen gibt. Machen Sie sich bewusst, dass Ihre Rede das »Produkt« ist, das Sie verkaufen. Sie machen selbst Werbung. Ein Kunde, der Sie lediglich mit weiterer (und zudem meist wirkungsloser) Werbung bezahlen will, sollte sich lieber eingestehen, dass er sich Ihr »Produkt« nicht leisten kann. Auch das Versprechen möglicher Folgeaufträge sollte kritisch betrachtet werden.

Ein Trick heißt hier »Free for TV«: Sie kommen kostenlos und können dennoch einen Nutzen daraus erzielen, dass Sie in die Medien kommen. Für einen Redner ist es manchmal schwierig oder zumindest schwieriger als für Veranstalter, aktiv Pressearbeit zu machen. Sie können durchaus den Veranstalter bitten, wenn er schon nicht Ihr (volles) Honorar zahlen kann, dann wenigstens die Presse einzuladen und für Berichterstattung zu sorgen. So können Sie zumindest noch einen werbetechnischen Vorteil aus der Veranstaltung ziehen.

284   TEIL 3: UMSCHALTEN: WIE SIE ALS TOPSPEAKER TÄGLICH AGIEREN UND VERHANDELN

Noch etwas anders sieht es aus, wenn bei der Veranstaltung Ziele ideeller Natur im Spiel sind. Eine Dinner-Speech bei einer Wohltätigkeitsgala, bei der Sie auf Ihr Honorar verzichten, kann Ihnen gute Kontakte und auch gute Presse einbringen. Nicht zu unterschätzen ist auch das gute Gefühl, das Sie selbst haben, wenn Sie großzügig sind und Ihre Leistung auch einmal verschenken. Auch eine von Studenten organisierte Karrieremesse für Absolventen könnte ein Anlass für einen kostenlosen Auftritt sein. Hier kommen Sie möglicherweise mit Leuten in Kontakt, die in ein paar Jahren Ihre Kunden sein könnten. Passen Sie jedoch immer auf, dass man Sie nicht hereinlegt. Lassen Sie sich zusichern, dass auch alle anderen Redner ohne Honorar auftreten – und nicht Sie allein.

Äußere Stärke: Kundengespräche souverän führen

Ob und wie Sie Verkaufsgespräche führen, hängt zunächst davon ab, ob Sie Mitarbeiter haben oder nicht. Haben Sie ein Office, dann sollte über das Thema Geld in Absprache mit Ihnen immer die Assistenz sprechen. Zu schnell sind Sie selbst mit Kunden auf der »Freundschaftsschiene« – und diese Kunden erinnern Sie nur zu gern an all das Gute, das sie für Sie getan haben. Die meisten Speaker werden dabei sehr schnell weich und versprechen Rabatte, die ein normaler Mitarbeiter zu keinem Zeitpunkt gegeben hätte. Mitarbeitern fällt es schon deshalb leichter, cool zu bleiben, weil sie die Redeleistung nicht selbst erbringen und den Veranstalter in der Regel gar nicht kennenlernen werden.

Ein Abschnitt über Kundengespräche im Speakerbusiness kommt nicht ohne den Hinweis aus, wie oft Sie als Redner von Interessenten belogen werden, weil diese den Preis drücken oder gar nichts bezahlen wollen. Lassen Sie sich davon nicht aus der Ruhe bringen, sondern wappnen Sie sich dagegen und bleiben Sie sachlich und kooperativ. Wenn Sie Mitarbeiter haben, dann schulen Sie diese entsprechend. Natürlich ist es unverschämt, Ihre Leistung (fast) geschenkt haben zu wollen. Aber es nützt nichts, wenn Sie sich darüber aufregen. So bekommen Sie keinen einzigen zusätzlichen Auftrag. Wappnen Sie sich lieber und nehmen Sie die Dinge auch hier sportlich.

Hier sind einige der »Lieblingslügen« von Veranstaltern:

- »Wir zahlen grundsätzlich kein Honorar für Vorträge.«
- »So viel hat bei uns noch nie ein Redner bekommen.«
- »Dafür haben wir überhaupt kein Budget.«
- »Wir werden ein wahres Marketingfeuerwerk für Sie entfachen.«
- »Mehr als 2.000 Euro dürfen wir nicht ausgeben.«
- »Wir haben danach noch weitere Aufträge für Sie.«

Bleiben Sie bei solchen Aussagen gelassen. Versuchen Sie auf keinen Fall, Ihr Gegenüber der Lüge zu überführen, indem Sie beispielsweise sagen: »Sie zahlen grundsätzlich kein Honorar für Vorträge? Ein Kollege und guter Freund von mir hat letzten Monat bei Ihnen doch 4.000 Euro Honorar bekommen.« Das bricht die Brücke ab, bevor sie beschritten werden kann. Haben Sie lieber etwas Geduld. Sie werden sehen: Wenn Sie sich unbeeindruckt zeigen und auf Ihrem Honorar bestehen, werden Sie manchmal doch noch gebucht. Und manchmal auch nicht.

Ein guter Trick, um herauszufinden, ob eine Verhandlung überhaupt zu dem von Ihnen gewünschten Ziel führen kann, ist die Frage ganz am Anfang, wer denn bei dem Veranstalter schon alles zu Gast war. Fallen jetzt einige Namen von Toprednern, sieht es gut aus. Sie können davon ausgehen, dass sich nicht alle diese Kollegen unter Wert verkauft haben. Werden dagegen Namen von unbekannten Professoren genannt, könnte es schwierig werden. Fragen Sie Ihr Gegenüber dann vielleicht einmal: »Wo ist denn Ihre Grenze?« Wenn der andere seine Schmerzgrenze definieren muss, liegt der Ball bei ihm und er muss Farbe bekennen.

Ein sehr gutes Instrument, um eine Verhandlung am »toten Punkt« wieder in Schwung zu bringen, sind Ihre Bücher sowie CD- und DVD-Boxen. Bieten Sie dem Veranstalter zum Beispiel 100 Bücher kostenlos an, die er an die Zuhörer weiterreichen kann. Angenommen, Ihr Buch hat einen Ladenpreis von 39,90 Euro. Damit werfen Sie einen Wert von 3.990 Euro in den Ring. Sie stellen also Ihrem Verhandlungspartner eine Frage wie: »Ich bekomme 5.000 Euro Honorar, Sie bekommen für 4.000 Euro Bücher – wie klingt das für Sie?« Beim Verlag kaufen Sie die Bücher natürlich sehr günstig ein. Sagen wir, für 10 Euro pro

Buch. Dann geben Sie 1.000 Euro aus, erhalten 5.000 Euro Honorar und haben 4.000 Euro verdient. Damit können Sie gut leben.

Doch was ist, wenn Ihr Kunde Sie wirklich eisern herunterhandeln will? Bewährt hat sich ein simpler Trick: Spielen Sie ruhig ein wenig Theater und geben Sie sich völlig überrascht und erschrocken. Seien Sie baff. (Jedoch nicht empört, siehe oben.) Ihr Kunde soll merken: Auf die Idee, Ihnen so wenig (oder gar kein) Geld bezahlen zu wollen, ist bisher noch niemand gekommen. Die Botschaft für Ihren Kunden: Er ist chancenlos. Er ist mit seinem »erschreckenden« Angebot zu weit gegangen und braucht sich gar keine Hoffnungen zu machen, damit durchzukommen. Umgekehrt gilt: Wenn Sie ungerührt bleiben und signalisieren, dass Sie mit einem solchen Vorschlag gerechnet haben, macht Ihr Gegenüber sich Hoffnungen, seine Position durchsetzen zu können.

Nachdem Sie sich von Ihrem »Schreck« erholt haben, bleiben Sie freundlich und konstruktiv. Rücken Sie aber nicht zu schnell mit einem Lösungsvorschlag heraus. Bitten Sie vielmehr immer Ihr Gegenüber, dass er sich »etwas einfallen lässt«. Wenn er an Ihrem Vortrag wirklich interessiert ist, wird er das auch tun. Und wenn nicht? Dann wenden Sie sich anderen Dingen zu. Knüpfen Sie niemals Ihr Selbstwertgefühl an ein positives Verhandlungsergebnis. Nicht jeder muss Sie buchen. Im Gegenteil, es ist Zeichen Ihres wachsenden Erfolgs, dass viele Veranstalter sich Ihren Vortrag nicht leisten können.

KOMPAKT

- Die einfachste Möglichkeit für einen Speaker, sein Einkommen zu steigern, besteht darin, höhere Honorare zu erzielen. Dazu ist selbstsicheres Auftreten unverzichtbar. Machen Sie sich bewusst, was Ihren Wert als Experte ausmacht. Berücksichtigen Sie den Markt und betrachten Sie Ihr Honorar relativ. Bei Verhandlungen zahlen sich Vertrauen, positives Denken, Mut, Geduld, Verständnis für die andere Seite sowie Gelassenheit langfristig immer aus.

- Entscheiden Sie sich für klare Prinzipien. Vereinfachen Sie Ihr Preissystem und schaffen Sie Ihre Stundensätze ab. Kommunizieren Sie entweder nicht verhandelbare Festpreise, oder rechnen Sie einen Rabatt mit ein, den Sie jedem gewähren. Denken Sie über eine Geld-zurück-Garantie nach, und entscheiden Sie klar, wie Sie mit Angeboten ohne Honorar umgehen.

- Bleiben Sie souverän im Kundengespräch. Lassen Sie sich nicht von Behauptungen zu Ihren Ungunsten täuschen. Wenn Sie konsequent bleiben, bucht Sie auch ein kritischer Kunde häufig doch noch. Zugaben, wie beispielsweise Buchgeschenke, sind besser als Rabatte, die Ihr Honorar unter Ihren Marktwert drücken.

KAPITEL 18

Kunden akquirieren und zeitgemäß für sich werben

Sabine Renner und ihre Mitarbeiterin Nadine Neumann sitzen an dem kleinen Besprechungstisch im »Büro Sabine Renner« in der Hamburger Hafencity. Beide haben ihre Laptops aufgeklappt und eine Menge Unterlagen auf dem Tisch ausgebreitet.

»Wo stehen wir mit der Akquise?«, fragt Sabine, nachdem sie mit ihrer Mitarbeiterin zunächst das Thema Finanzen im aktuellen Quartal besprochen hat.

»Es ist manchmal schwierig, wirklich jeden Tag Zeit zu reservieren«, antwortet Nadine. »Aber ich komme gut voran. Mit über 50 Verbänden bin ich jetzt im Kontakt. Deine Idee mit dem PDF ›10 Power-Tipps, wie Sie Ihre Organisation in Schwung bringen‹ war übrigens super. Das wollen bis jetzt alle geschenkt haben.«

»Noch besser, wenn auch alle den neunten Tipp beherzigen und motivierende Veranstaltungen machen«, meint Sabine lächelnd. »Am besten natürlich mit uns.«

Wer sich als Experte selbstständig macht, bekommt es mit zwei Seiten des Geschäfts zu tun: Erstens muss er seine Arbeit machen. Und zweitens muss er an seine Arbeit kommen. Erfahrungsgemäß beschäftigen sich die meisten Experten lieber damit, die Arbeit zu machen als an die Arbeit zu kommen. Das ist nur allzu verständlich. Das Expertenthema ist für den erfolgreichen Redner immer auch ein Herzensthema. So mancher Experte hat sein Hobby zum Beruf gemacht. Wer über die Dinge spricht, die ihm wichtig sind, und damit andere begeistert, der ist in seinem Element. Weit weniger begeistert sind viele Experten vom Thema Akquise. Und das ist noch vorsichtig ausgedrückt.

Dabei ist eigentlich logisch, dass es sogar noch wichtiger ist, an die Arbeit zu kommen als die Arbeit zu machen. Jemanden, der arbeiten möchte, aber nicht an Arbeit kommt, nennen wir arbeitslos. Arbeitslosigkeit ist kein besonders erstrebenswerter Zustand. Doch auch Experten, die meinen, »ganz gut im Geschäft« zu sein, könnten oft viel mehr erreichen. Sie verpassen viele Chancen, weil sie um die Akquise einen Bogen machen. »Werbung machen« oder »sich verkaufen« sind Themen, bei denen viele Trainer auf dem Weg zum Speaker sich zunächst wenig zutrauen. Hier sind die wichtigsten Gründe für diese Zurückhaltung:

- Der Trainer hat zu wenig Erfahrung im Bereich Marketing und Vertrieb.
- Er scheut sich, seine Leistung zu verkaufen (aus Stolz, Angst vor Ablehnung oder weil es lästig ist).
- Er unterschätzt den Zeitaufwand für die Akquise.
- Das unfokussierte Vorgehen bei der Akquise (»Gießkannenprinzip«) reduziert motivierende Erfolgserlebnisse.
- Falsche Strategien oder ungeschicktes Vorgehen haben zu negativen Erlebnissen geführt.

Marketingexperten oder Verkaufstrainer sollten das hier beschriebene Problem naturgemäß am wenigsten kennen – was übrigens kaum so ist. Aber auch alle, die keine Ausbildung im Bereich Marketing oder Vertrieb genossen und nie in diesen Bereichen gearbeitet haben, brauchen keine Hemmungen zu haben. Denn Akquise ist vor allem »Kleinarbeit«. Auf die Beharrlichkeit kommt es an. Die nötigen Kenntnisse in diesem Bereich kann sich jeder mit ein wenig Ratgeberliteratur an ein, zwei Wochenenden aneignen. Wichtig ist, das Thema überhaupt anzugehen und dranzubleiben. »Steter Tropfen höhlt den Stein«, weiß der Volksmund. Das gilt im Speakerbusiness für nichts so sehr wie für die Akquise.

Wenn Ihnen das Thema trotzdem lästig ist, hilft nur, feste Zeiten einzuplanen und diese dann auch einzuhalten. Wahrscheinlich halten Sie es mit anderen Dingen, die lästig sind, wie etwa Buchhaltung oder Steuerangelegenheiten, ganz genauso. Irgendwann wird dann auch das Lästige zur Routine und Sie denken nicht mehr darüber nach. »Eine Stunde täglich« ist ein guter Richtwert für die Akquise – sagen die meisten Ratgeber. Solange Sie nichts Besseres zu tun haben, dürfen es aber auch gerne acht Stunden sein.

Verabschieden sollten Sie sich vorher von der Vorstellung, Sie hätten Akquise doch gar nicht nötig. Die Leute würden schon merken, wie gut Sie sind. Das wird definitiv niemand merken, wenn Sie nicht selbst dafür sorgen. Beobachten Sie nur einmal Ihr eigenes Konsumverhalten: Wie viele Produkte kaufen Sie, die Sie weder aus Werbung oder Medien kennen noch von anderen empfohlen bekommen haben? Es dürften die allerwenigsten Produkte sein, von denen Sie »einfach so« wussten, wie gut sie sind. Auch im Rednergeschäft ist es der Bekanntheitsgrad, der zu Buchungen führt. Je häufiger man über Ihren Namen stolpert, desto größer ist die Chance, gebucht zu werden. Auch wenn es unlogisch ist: Der Bekanntheitsgrad steigert die Nutzenvermutung.

Wenn Sie das Gefühl haben, bei der Akquise in der Vergangenheit selten den gewünschten Erfolg gehabt zu haben, so kann das an einem unfokussierten Vorgehen und der falschen Strategie ebenso liegen wie an einem möglicherweise verbesserungswürdigen Auftreten. Die Richtschnur der Fokussierung lautet: Nähe zum »Kapitalstock«. Sie können nur dort viel Geld verdienen, wo bereits viel Geld ist. Akquisebemühungen bei Universitäten, Kleinunternehmen oder Wohltätigkeitsorganisationen werden deshalb kaum von großem Erfolg gekrönt sein. Banken und Sparkassen, Industrieverbände oder DAX-Unternehmen werden dagegen auch in der Lage sein, hohe Honorare zu bezahlen.

AUF DEN PUNKT

Topspeaker richten ihre Akquise nach den Kapitalströmen aus. Wo bereits viel Geld fließt, ist auch viel Geld zu verdienen.

Ebenso wichtig wie die Nähe zum Kapitalstock ist die richtige Strategie. Egal, ob Sie allein, mit freien Mitarbeitern oder mit festen Mitarbeitern Akquise betreiben und Werbung für sich machen: Klar strukturierte Prozesse und stets wiederholbare Vorgehensweisen sind hier ebenso der Schlüssel zum Erfolg wie im Bereich Organisation und Kundenservice. In den folgenden Abschnitten dieses Kapitels bekommen Sie dazu einige Anregungen und Tipps. Noch einmal: Was immer Sie im Bereich der Akquise tun: Wichtig ist, es immer wieder zu tun.

Gegen die eine oder andere Ungeschicklichkeit am Anfang helfen dann erstens Training und Coaching und zweitens Erfahrung. Wenn die erste Reaktion auf Ihre erste E-Mail-Aktion darin besteht, dass irgendein Verbandssekretär bei Ihnen anruft und Ihnen mit einer Abmahnung droht, dann haben Sie eben Pech gehabt. Fehler sind unvermeidlich. Analysieren Sie Ihre Fehler und lernen Sie daraus. Zum Beispiel, dass eine Akquise-E-Mail immer einen konkreten Anlass und Bezug braucht. Dann ist es keine unzulässige Werbung. Lassen Sie sich hier bei Bedarf coachen oder nehmen Sie an einem Verkaufstraining teil, das Ihnen oder Ihren Mitarbeitern beispielsweise die zeitgemäßen Grundlagen des Telefon- und E-Mail-Marketings vermittelt.

Um Kunden zu akquirieren und zeitgemäß für sich zu werben, werden Sie vor allem drei Handlungsfelder immer wieder in den Blick nehmen:

- Online- und E-Mail-Marketing
- Telefonakquise
- Medienarbeit und PR

Die folgenden Abschnitte widmen sich diesen drei Handlungsfeldern. Ausgeklammert bleibt lediglich der persönliche Kontakt zu Ihren potenziellen Kunden und Multiplikatoren. Denn wenn Sie als Experte Menschen persönlich begegnen, betreiben Sie eher Networking als Akquise im engeren Sinn. Wie Sie in Kapitel 14 bereits gelesen haben, ist zu »verkäuferisches« Auftreten beim Networking sogar schädlich.

Routine per Mausklick: Online- und E-Mail-Marketing

Akquise über Website und E-Mail hat den unschlagbaren Vorteil, dass Sie innerhalb kürzester Zeit eine maximale Anzahl potenzieller Kunden erreichen können. Dass darin auch Gefahren liegen, weiß mittlerweile jeder. Unpersönliche Massen-E-Mails, sogenannte Spams (benannt nach einem der ersten Fleischprodukte für den Massenmarkt), sind für viele Internetnutzer eine Plage, der sie mit aufwendigen Filtersystemen Herr zu werden versuchen. Es versteht sich von selbst, dass im Speakermarketing nur E-Mails eingesetzt werden, die neben

Textbausteinen auch individuelle Formulierungen enthalten und auf einen konkreten Anlass Bezug nehmen. Doch bevor wir uns den E-Mails widmen, richten wir den Blick noch einmal auf Ihre Website.

Suchmaschinenmarketing und Suchmaschinenoptimierung

Ihre Website dient selbstverständlich nicht nur der Information potenzieller Kunden, die Sie bereits angesprochen haben, sondern ist auch selbst ein Akquise-Instrument. Wenn ein Kunde Sie aufgrund Ihrer Internetdarstellung buchen soll, so muss er Sie zunächst einmal gefunden haben. Da können Sie nachhelfen. Die Stichworte lauten Suchmaschinenmarketing und Suchmaschinenoptimierung (englisch: SEM, für Search Engine Marketing, beziehungsweise SEO, für Search Engine Optimizing). Suchmaschinenmarketing bedeutet, dass Sie gezielt Tools verwenden, um Internetnutzer von Google (und anderen Suchmaschinen) auf Ihre Website zu lenken. Suchmaschinenoptimierung bedeutet demgegenüber, die Inhalte Ihrer Website so zu gestalten und zu formulieren, dass diese bei möglichst vielen Suchanfragen in Google möglichst weit oben angezeigt werden.

Zum Suchmaschinenmarketing bietet Google ein eigenes, kostenpflichtiges Tool. Mit »Google AdWords« fährt der Internetriese aus dem Silicon Valley einen bedeutenden Teil seines Umsatzes ein. Für Speaker ist AdWords sehr empfehlenswert. Das Grundprinzip ist simpel: Sie »kaufen« bei Google Suchworte, wie beispielsweise »Redner«, »Rede«, »Keynote« oder »Speaker«. Gibt jemand dieses Suchwort ein, erscheint Ihre Anzeige gemeinsam mit den vom Such-Algorithmus generierten Treffern auf der ersten Trefferseite. Dabei ist Ihre Anzeige von den »normalen« Treffern optisch kaum zu unterscheiden. Sie wird lediglich oberhalb der sonstigen Treffer blassrosa unterlegt beziehungsweise rechts davon mit einer feinen hellblauen Linie abgetrennt. Diese Bereiche sind zusätzlich in kleiner, hellgrauer Schrift mit der Überschrift »Anzeigen« gekennzeichnet. Die Verwechselbarkeit mit den »normalen« Suchtreffern ist natürlich Absicht.

Klickt nun ein Internetnutzer auf Ihre Anzeige statt auf einen normalen Treffer, kassiert Google von Ihnen eine Provision. Das bloße Einblenden der Anzeige kostet also noch kein Geld. Lediglich eine einmalige Einrichtungsgebühr für Ihre »Kampagne« von rund 5 Euro wird berechnet. Erst die Klicks stellt Google Ihnen dann in Rechnung. Abgerechnet wird monatlich über Ihre Kreditkarte. Wegen des großen Erfolgs von Google AdWords sind die genauen Konditionen dieses simplen Prinzips über die Jahre immer komplizierter geworden. Beschäftigen Sie sich am besten einmal in Ruhe mit den Erklärungsseiten, die Sie bei Google finden, oder lassen Sie sich diese von Ihrem Webadministrator erklären. Um zu den Erklärungsseiten zu gelangen, klicken Sie auf der Google-Startseite zunächst auf »Unternehmensangebote« und dann auf »Weitere Informationen« zu Google AdWords.

Hier nur das Wichtigste in Kürze: Den genauen Preis pro Klick können Sie selbst nicht festlegen. Sie geben vielmehr ein Höchstgebot ab, was Ihnen ein Klick maximal wert ist. Gleichzeitig können Sie ein maximales monatliches Budget festlegen, beispielsweise 200 Euro. Der Algorithmus von Google AdWords sorgt automatisch dafür, dass Google stets maximal verdient. Je höher das Gebot pro Klick und je häufiger eine Anzeige bereits geklickt wurde, desto höher die Wahrscheinlichkeit, dass Google sie einblendet. Anzeigen, die nie geklickt werden, erscheinen bereits nach kurzer Zeit überhaupt nicht mehr. Die komplette Auswertung Ihrer »Kampagne« können Sie jederzeit online abrufen.

Gibt es bei einem Suchwort viel Konkurrenz unter Nutzern, die alle zu diesem Suchwort Anzeigen schalten möchten, erscheinen in der Praxis letztlich nur die Anzeigen mit den höchsten Geboten. Die Anzeigen mit den niedrigsten Geboten für einen Klick erscheinen überhaupt nicht. Stichworte wie »Redner«, »Rede«, »Keynote« und so weiter sind definitiv sehr beliebt, weshalb Sie Google hier pro Klick buchstäblich einiges bieten müssen. Eine Möglichkeit, die Kosten zu begrenzen und die Chancen zu erhöhen, besteht in weniger naheliegenden Keywords, nach denen Ihre Kunden suchen könnten.

Die ganz hohe Kunst besteht bei Keywords schließlich im »Um-die-Ecke-Denken«. Sie kennen das von Amazon: »Kunden, die dieses kauften, kauften auch jenes.« Hier werden Produkte nach Interessengebieten sortiert. Überlegen Sie also: Wonach suchen Ihre potenziellen Kunden noch den ganzen Tag im Internet? Was sind die Interessengebiete Ihrer Kunden? Sie richten dann entsprechende Keywords ein, die auf Ihren Vortrag verweisen. Ein simples Beispiel: Zum Keyword »Personalfachbuch« erscheint eine Anzeige zu Ihrem Vortrag. Nicht, weil Ihr Vortrag von Personalentwicklung handelt. Sondern weil die Kunden, von denen Sie gebucht werden, häufig Personalentwickler sind. Logik: Wer sich für »Personalfachbücher« interessiert, könnte sich auch für einen Keynote-Speaker interessieren. Hier ist ein wenig Fantasie gefragt. An welche Worte Menschen denken, die gerade an andere bestimmte Worte denken, sagt Ihnen das Keywordtool »external« von Google. Da können Sie sich zeigen lassen, an was Menschen denken, die an Personalfachbücher denken. Oder an was Menschen denken, die an Redner denken.

Bei der Suchmaschinenoptimierung (SEO) wiederum verdient Google nicht mit. Hier sorgen Sie selbst für genügend relevante Keywords in den Texten und »Metatexten« (wie zum Beispiel Titelzeile) Ihrer Website, um von der Suchmaschine regulär gefunden zu werden. Wollen Sie beispielsweise als Redner gefunden werden, dann sollten sich Keywords wie »Redner«, »Rede«, »Keynote« und so weiter möglichst oft auf Ihrer Website finden. Natürlich nicht auf Kosten der Lesbarkeit der Texte. Hier erfordert Suchmaschinenoptimierung immer Kompromisse. Da für Google jede Unterseite Ihrer Website fast eine eigene Seite ist, ist es durchaus sinnvoll, einen Satz, der alle die für Sie als wichtig identifizierten Schlüsselwörter enthält (Keywordtool external), auf jeder einzelnen Unterseite Ihrer Website zu platzieren.

Die schönsten Keywords nützen Ihnen jedoch nichts, wenn Google Ihre Website als nicht besonders relevant einstuft. Ein Hauptfaktor für die Relevanz besteht darin, wie viele andere Websites auf Ihre Site verlinken und als wie relevant diese wiederum eingestuft sind. Das ist der Kern des »Page Rank«-Prinzips, dem Google seinen großen Erfolg verdankt. Sorgen Sie also für Links von »großen« Websites auf Ihre Seiten. Ein Wikipedia-Eintrag wirkt hier wahre Wunder.

Veranstaltungsfibel

Wenn man die Chronologie betrachtet, in der Veranstaltungen entstehen, ist es meistens so, dass etwa ein Geschäftsführer oder ein Verbandspräsident seine Assistenz bittet, eine Veranstaltung (zum Beispiel einen Kongress) zu planen. Oftmals wird, wenn etwa Kongresse geplant werden, zunächst noch kein Augenmerk auf einen externen Redner gerichtet. Erst wesentlich später, meistens wenn Termin, Ort und viele andere Rahmenbedingungen schon feststehen, stellt sich auch die Frage, welchen externen Redner man gegebenenfalls dazu einlädt.

Um frühzeitiger ins Spiel zu kommen, hatte ein erfolgreicher Redner einmal eine sehr pfiffige Idee: Er ließ sich von einem Ghostwriter eine kleine Fibel, circa zehn Seiten, mit dem Titel »Tipps zur erfolgreichen Veranstaltung« schreiben. Diese Fibel stellte er als PDF auf seine Homepage. Jeder konnte sich gegen Angabe seiner E-Mail-Adresse dieses PDF downloaden. Das Besondere war nun, dass oftmals Assistenten schon zu Planungsbeginn einer Veranstaltung einfach mal »gegoogelt« haben, ob es Tipps oder Tricks zur erfolgreichen Veranstaltung gibt, und dabei dann auf diese Fibel gestoßen sind. Somit wurde zweierlei erreicht: Dem Suchenden konnte geholfen werden (und er konnte sich in den Newsletterverteiler eintragen) – und gleichzeitig wurde ein Redner schon zu einem Zeitpunkt präsentiert, zu dem der Suchende möglicherweise noch gar nicht an einen Redner gedacht hatte.

E-Mail-Marketing

Seriöses E-Mail-Marketing verschickt niemals E-Mails ohne Anlass und konkreten Bezug an unbekannte Adressaten. Das bedeutet jedoch nicht, dass Sie jede einzelne E-Mail, mit der Sie für Ihre Vorträge werben, komplett individuell formulieren müssen. Für die Beschreibung Ihrer Vortragleistung, eine Einladung zur Kontaktaufnahme oder Hinweise und Links, wo der Empfänger der E-Mail Demo-Videos und andere Informationen abrufen kann, verwenden Sie selbstverständlich fertige Textbausteine. Diese Textbausteine können Sie bei Bedarf individualisieren, indem Sie kleinere Veränderungen vornehmen. Tauschen Sie dann beispielsweise in einem längeren Absatz einmal die persönliche Anrede mit »Sie« gegen ein »Sie, sehr geehrter Herr Müller« oder dergleichen aus. Übrigens gibt es eine ganze Reihe von Software, die Sie günstig oder als Freeware downloaden können, um Textbausteine zu verwalten und in kürzester Zeit Briefe, Mails oder auch Antworten über Social-Network-Plattformen zu formulieren.

Individuell und anlassbezogen sind immer der erste und der letzte Absatz Ihrer E-Mail. Im ersten Absatz stellen Sie den aktuellen Bezug her. Im letzten Absatz formulieren Sie individuelle Wünsche und Grüße und appellieren zur Kontaktaufnahme mit Ihnen. E-Mail-Adressen sammeln Sie als Speaker ohnehin ständig. Sei es über Visitenkarten am Rande Ihrer Vorträge oder über Ihre Website. Von allen Ihren Newsletter-Abonnenten besitzen Sie auch die E-Mail-Adresse. Machen Sie sich hin und wieder die Mühe, zu recherchieren, wer sich hinter einer E-Mail-Adresse verbirgt. Ist es ein Entscheider, der auch potenzieller Vortragskunde ist? Finden Sie es heraus, etwa indem Sie seine Website besuchen. (Ist »max.mueller@firma.com« Topmanager, so werden Sie unter »www.firma.com« fast immer etwas über ihn finden. Zusätzlich »googlen« Sie »max müller firma«.)

E-Mail-Adressen, die Sie bereits besitzen, sind das eine. Genauso wichtig ist es, neue potenzielle Kunden zu recherchieren und per E-Mail (und Telefon, siehe unten) anzusprechen. Suchen Sie per Google nach Ansprechpartnern. Für Speaker besonders interessant sind:

- Verbände, insbesondere Spitzenverbände der Wirtschaft, aber auch Berufs- und Fachverbände (alle machen Jahresversammlungen),
- Unternehmer- beziehungsweise Unternehmensvereinigungen,
- Konzerne und größere Mittelständler,
- Businessclubs, Marketingclubs,
- wirtschaftsnahe Organisationen im Charity-Bereich,
- kommerzielle Kongress- und Tagungsveranstalter,
- Regionalzeitungen und regionale Wirtschaftsmedien und
- Multiplikatoren.

Nehmen wir an, Sie haben einen Berufsverband recherchiert. Den Berichten auf der Website des Verbands entnehmen Sie, dass ein Speaker-»Kollege« erst vor wenigen Wochen bei der Jahresversammlung geredet hat. Ihr Ziel ist eine Einladung zur nächsten Jahresversammlung. Finden Sie nun zunächst heraus, wer der Organisator dieser Veranstaltungen ist. Hilft Ihnen die Internetseite allein nicht, rufen Sie an und fragen nach. Hilft Ihnen die Telefonzentrale nicht, kontaktieren Sie die Presseabteilung.

Sobald Sie einen Ansprechpartner haben, brauchen Sie noch einen Anlass, um mit ihm Kontakt aufzunehmen. Das gilt sowohl für bisher unbekannte Ansprechpartner als auch für bestehende Kunden oder potenzielle Kunden, von denen Sie bisher Absagen bekommen haben. Ihre E-Mail braucht einen Grund. Es gibt keinen? Dann schaffen Sie einfach einen. Hier sind ein paar Vorschläge:

- Sie haben von der gelungenen Veranstaltung des Ansprechpartners gehört. Sie gratulieren ihm dazu – und lassen anklingen, dass es schön wäre, wenn Sie selbst einmal zu einer solchen Veranstaltung beitragen könnten.
- Sie bedauern, dieses Mal als Redner nicht dabei gewesen zu sein. Sie fragen nach, wie die Veranstaltung gelaufen ist.
- Sie haben von Veranstaltungen des Ansprechpartners gehört und bieten als Profi auf diesem Gebiet Ihre Hilfe an. Ihre »10 Tipps für eine perfekte Veranstaltung« schicken Sie gern kostenlos zu.
- Sie sind begeistert von der diesjährigen Veranstaltung, bei der Sie leider nicht mitwirken konnten. Sie haben da ein tolles Thema oder eine verrückte Idee für das nächste Mal.
- Sie haben nach dem Versand Ihrer Rednermappe nichts mehr gehört. Hatte der Ansprechpartner schon Gelegenheit, sich die Unterlagen anzusehen? Wünscht er weitere Infos?

Einen Anlass für eine Kontaktaufnahme zu finden, wird Ihnen umso leichter fallen, je mehr Sie die »Szene« der Kongresse, Tagungen und Unternehmensveranstaltungen regelmäßig beobachten. Dabei hilft Ihnen ein weiteres Online-Tool: Mit »Google Alerts« richten Sie in der Suchmaschine einen »Themenalarm« (Englisch: »Content Monitoring Service«) ein. Google benachrichtigt Sie dann automatisch per E-Mail, wenn zu von Ihnen festgelegten Themen neue Inhalte ins Netz gestellt werden.

Sie können »Alerts« zu jedem beliebigen Suchbegriff erstellen, also zum Beispiel zu »Jahreskongress« oder »Jahrestagung«. Auch Such-»Strings« aus mehreren Wörtern (setzen Sie diese dann in Anführungszeichen!) sind möglich. Mit diesem Tool lassen Sie sich täglich die aktuellen Kongresse und Jahresveranstaltungen anzeigen und nehmen dann mit vorgefertigten E-Mails Kontakt zu dem Veranstalter

298 TEIL 3: UMSCHALTEN: WIE SIE ALS TOPSPEAKER TÄGLICH AGIEREN UND VERHANDELN auf, gratulieren zu dem gelungenen Programm und schlagen sich für den kommenden Kongress als Redner vor. So einfach dieser Tipp auch sein mag, so erfolgversprechend ist er, die Zielgruppe der Veranstalter zu erreichen.

Die Zukunft des E-Mail-Marketings ist offen. Noch erreichen Sie Ihre Ansprechpartner im Business am zuverlässigsten per E-Mail. Mobile Applikationen (»Apps«) sowie die Messaging-Funktionen von Social Media wie Xing oder LinkedIn gewinnen rapide an Bedeutung. Behalten Sie diese Entwicklung im Auge. Zunächst gilt für eine persönliche Nachricht auf Xing oder LinkedIn grundsätzlich dasselbe, was Sie hier über E-Mails gelesen haben. Nachrichten über Social Media sind tendenziell kürzer und weniger förmlich. Die Anrede mit »Hallo« statt »Sehr geehrte/r« zum Beispiel finden die meisten in Ordnung.

Eine weitere Möglichkeit, neue Ansprechpartner zu generieren, besteht darin, Multiplikatoren zu nutzen, etwa Veranstalter, Institutionen und Organisationen – die Tabelle listet die wichtigsten auf.

Name	Ziele/Aktivitäten	Web-Adresse/Link
Bringmann Management-entwicklung	Seminare und Konferenzen für Führungspersönlichkeiten; Themengebiete: Unternehmensführung, Marketing, Kommunikation	www.bringmann.de
Business Circle Management Fortbildungs GmbH	Mit über 500 Veranstaltungen im Jahr Österreichs größtes Konferenzunternehmen	www.businesscircle.at
Computas	Planung, Konzeption und Realisierung von Veranstaltungen	www.computas.de
Congress & Seminar Management	Planung und Durchführung von Kongressen und Seminaren	www.csm-congress.de
Conventure – Messe Frankfurt GmbH	Full-Service-Kongressorganisator der Messe Frankfurt	www.conventure.messefrankfurt.com
deGut – Deutsche Gründer- und UnternehmerTage	Veranstalter einer Kongressmesse, die einmal im Jahr in Berlin stattfindet; Themen der Veranstaltung: Existenzgründung, Selbstständigkeit, Unternehmertum	www.degut.de

Name	Ziele / Aktivitäten	Web-Adresse / Link
Eisberg-Seminare	Das Unternehmen entwickelt im Kunden-auftrag Weiterqualifizierungsangebote: Managementtrainings, Coaching, Beratung in den Bereichen Teamentwicklung, Projekt-management, Führung, Marketing / Vertrieb etc.	www.eisberg-seminare.de
EUROFORUM Deutschland GmbH	Unabhängiger Konferenz- und Seminar-anbieter; organisierte 2006 1.000 Veranstal-tungen mit rund 45.000 Teilnehmern. Bietet Foren für Wissenstransfer und Meinungsaustausch	www.euroforum.de
GCB German Convention Bureau	Interessenvertretung und Marketing-organisation für den Kongressstandort Deutschland. Schnittstelle zwischen Veranstaltern von Tagungen, Kongressen und den Anbietern auf dem deutschen Tagungsmarkt	www.gcb.de
GfA Gesellschaft für Arbeits-methodik	Methodenforum für alle, die ihr Leben selbst-bestimmt gestalten wollen. Gemeinnützige Gesellschaft im deutschsprachigen Raum, die sich anbieterneutral mit bewährten und neuen Arbeitsmethoden beschäftigt	www.g-f-a.de
GWI Veranstal-tungen	Vermittlung von Fachinformationen rund um die tägliche Arbeit. Jährliches Deutsches Management-Symposium	www.gwi.de
Haufe Akademie, Rudolf Haufe Verlag GmbH & Co. KG	Umfangreiches, offenes Programm zur fach-lichen und persönlichen Weiterqualifizierung; Akademie erarbeitet auch individuelle Quali-fizierungsmaßnahmen für den unternehmens-spezifischen Bedarf	www.haufe.de
Hernstein International Management Institute	Österreichischer Anbieter für Management-trainings und Führungskräfteentwicklung im deutschsprachigen Raum. Seminare, Lehr-gänge sowie Inhouse-Trainings und Beratung	www.hernstein.at
Hinte GmbH	Planung und Durchführung von Messen, Kongressen, Ausstellungen, Events	www.hinte-messe.de
Institute for International Research GmbH I.I.R.	Österreichischer Organisator von Konferen-zen, Kongressen, Trainings (auch inhouse) und Workshops	www.iir.at

Name	Ziele / Aktivitäten	Web-Adresse / Link
Management Circle AG	Organisation von Seminaren, Konferenzen und Kongressmessen, auch von Inhouse-Konzepten	www.management-circle.de
Management Forum Starnberg	Veranstalter von Fachkonferenzen und Seminaren zu aktuellen Themen für Führungs-kräfte in der Wirtschaft	www.management-forum-starnberg.de
market & more Forum für Wissen in Marketing und Vertrieb GmbH	Konzeption und Organisation von Seminaren, Konferenzen und anderen Weiterbildungs-maßnahmen für Führungskräfte aus Marke-ting und Vertrieb	www.market-and-more.de
Medientage München GmbH	Veranstalter der Medientage München, Organisation des Medienkongresses und verschiedener Medienevents	www.medientage-muenchen.de
pcma Professional Congress & Marke-ting Agency	Spezialisiert auf Planung, Beratung und Budgetierung von Kongressen und Incentives	www.pcma.de
PZG Organisation Zietemann GmbH	Full-Service-Dienstleister für Seminare, Tagungen, Veranstaltungen und Kongresse	www.pzg-organisation.de
Schmidt Colleg & Co. KG	Organisator von Seminaren für alle Ebenen des Unternehmens (Unternehmer, Führungs-kräfte, Mitarbeiter), Schwerpunkt des Auf-gabengebietes ist der Mittelstand	www.schmidt colleg.de
Spring Messe Management GmbH	Aufspüren von Innovationen, Überwinden von Hindernissen, Umsetzen von Utopien	www.messe.org
Unternehmen Erfolg	Veranstalter von Seminarreihen bundesweit, Herausgeber von Büchern in den Themen-bereichen Erfolg, Führung, Marketing, Per-sönlichkeitsentwicklung. 160.000 Teilnehmer pro Jahr	www.unternehmen-erfolg.de

Der Griff zum Hörer: Telefonakquise

Vor telefonischen Akquisegesprächen haben viele Trainer eine gewisse Scheu. Das ist durchaus verständlich. Während man sich bei der E-Mail jeden Satz gut überlegen kann, ist die Gefahr, sich zu verrennen, am Telefon ungleich größer. Wenn Sie aber, wie in Kapitel 17 beschrieben, an Ihrer Selbstsicherheit arbeiten und Kundentelefonate »sportlich« sehen, ist das Telefon eine große Chance, auf die individuellen Bedürfnisse Ihres Ansprechpartners einzugehen und direkt zu konkreten Abmachungen zu gelangen. Während eine E-Mail gern einmal »liegen bleibt« und Sie lange oder sogar vergeblich auf eine Antwort warten, lassen sich am Telefon »Nägel mit Köpfen« machen.

Es bleibt dem eigenen Geschmack und Temperament überlassen, ob Sie oder Ihre Mitarbeiter »Kaltakquise« per Telefon betreiben wollen. Den Erstkontakt per E-Mail herzustellen, ist vollkommen okay. Beim Nachfassen kommen Sie jedoch am Telefon nicht mehr vorbei. Sonst verpufft ein Großteil Ihres E-Mail-Marketings wirkungslos. Am Telefon können Sie nachfragen, konkret werden und zusätzliche Angebote unterbreiten. Hinzu kommt ein weiterer wichtiger Aspekt: Vor allem in Großunternehmen (aber nicht nur dort) sind viele Mitarbeiter mit Äußerungen per E-Mail vorsichtig. Schriftliches kann immer in die falschen Hände geraten oder aus dem Zusammenhang gerissen zitiert werden. Jeder kennt Anekdoten über E-Mails, in denen sich jemand über Kollegen oder Kunden lustig machte und die dann bei genau jenen Kollegen oder Kunden landeten. Am Telefon sind die meisten viel offener und direkter. Wer geschickt fragt, erfährt hier zum Beispiel oft den »eigentlichen« Grund für eine Absage, der aus der E-Mail nicht ersichtlich war.

Machen Sie es zur Routine, dass Sie oder Ihre Mitarbeiter in folgenden Fällen telefonisch nachfassen:

- Versand der Rednermappe auf Kundenanfrage
- Versand von Büchern und Geschenken
- E-Mail-Marketing (Versand von Infos zu Ihrem Angebot)
- Auftritte: War der Kunde mit Ihrer Performance zufrieden?
- Absagen: Was können Sie fürs nächste Mal bieten?

Die Scheu vor Akquisetelefonaten ist schnell verflogen, wenn eine tägliche Routine daraus wird. Besorgen Sie sich am besten Ratgeberliteratur und lassen Sie sich und gegebenenfalls Ihre Mitarbeiter trainieren und coachen. Klare Verhaltensregeln und ein verlässlicher Leitfaden geben Sicherheit am Telefon. Das lässt sich schnell erlernen. Mit zunehmendem Erfolg als Experte und Speaker sollten Sie allerdings am Telefon Ihren Status im Auge behalten. Ein Topspeaker, der sich durch Vorzimmer telefoniert und in jeder Warteschleife geduldig ausharrt, macht nicht den allerbesten Eindruck. Hier lohnt sich einmal mehr die Investition, um gute Mitarbeiter einzustellen.

Apropos Mitarbeiter: Um auch verlorene Aufträge langfristig in gewonnene umzuwandeln, hat sich (meine Mitarbeiterin) Yvonn Rebling einmal etwas ganz Besonderes ausgedacht. Immer wenn eine Anfrage an das »Büro Hermann Scherer« gestartet wurde, hatte sie natürlich auch die Termine notiert und versucht, den »Redner Hermann Scherer« anzubieten. Wenn dann doch eine Absage kam, war sie trotzdem im Vorteil, denn sie wusste ja schon um das Datum der Veranstaltung. Konnte man daraus nicht Kapital schlagen? Und ob!

Nehmen wir beispielsweise an, Yvonn Rebling hat als engagierte Büroleiterin eine Anfrage für den 10. Januar des kommenden Jahres bekommen. Nach langen Verhandlungen ist es Yvonn dennoch nicht möglich, den Auftrag abzuschließen. Was macht sie? Sie hat sich den Termin notiert, wissend, dass wohl ein anderer Speaker zu diesem Event engagiert wird. Am 11. Januar des kommenden Jahres ruft Yvonn Rebling den Auftraggeber an und fragt, wie denn die Veranstaltung war. Sie hoffe, dass alles ein großer Erfolg war.

Sie können sich vorstellen, wie verblüfft ein Auftraggeber ist, wenn ausgerechnet die Mitarbeiterin eines nicht engagierten Referenten wissen will, wie die Veranstaltung gelaufen ist – während sich möglicherweise der Referent, der für den Tag zuvor engagiert war, noch gar nicht gemeldet hat, um nach der Zufriedenheit zu fragen. Ein glänzender Einstieg, um dann im nächsten Jahr den eigenen Chef unterzubringen!

Wissensvorsprung hilft Ihnen bei der Akquise auch noch auf eine andere Weise. Beobachten Sie regelmäßig die Rubrik »Personalien« in den Wirtschaftsmedien – oder lassen Sie einen Mitarbeiter dies tun. IHK-Zeitschriften zum Beispiel berichten ständig darüber, wer gerade welche Auszeichnung bekommen hat. Bei Vorstandsvorsitzenden von DAX-Unternehmen stehen solche Personalien dann sogar im Handelsblatt oder in der Financial Times Deutschland.

Was machen Sie aus diesen Infos? Ein Beispiel: Angenommen, ein Vorstandsvorsitzender bekommt einen Preis, eine Auszeichnung oder wird sonst in irgendeiner Art und Weise gelobt, weil er etwas Gutes getan hat. Sie lesen davon im Internet oder in der Presse. Dann schicken Sie diesem Topmanager doch einfach ein Gratulationsschreiben, in dem Sie die Leistungen der Person würdigen und hervorheben. Ohne dabei irgendetwas anzupreisen!

In den meisten Fällen werden Vorstandsvorsitzende auch antworten, weil man es sich heute kaum noch erlauben kann, Post unbeantwortet zu lassen. Meistens ist die Antwort dann ein Dankeschön für das Schreiben, manchmal sogar mit einer kleinen Aufmerksamkeit versehen. Und jetzt können Sie sich im nächsten Schritt wiederum auf dieses Antwortschreiben beziehen und sich und Ihr Angebot vorstellen. Mit anderen Worten: Sie schaffen dadurch Begehrlichkeit, dass Sie den ersten Verkaufsschritt wagen. So ist man in Kontakt mit dem Vorstand, der das möglicherweise nicht selbst bearbeiten, aber vielleicht an die richtige Abteilung weitergeben wird.

Was gibt's Neues? Regelmäßige Medienarbeit und PR

Was können Sie noch für die Akquise neuer Kunden tun? Werbefernsehen und Printanzeigen scheiden für Experten aus. Ihr Vortrag lässt sich nicht anpreisen wie ein neuer Nassrasierer. Für Speaker gilt einmal mehr der Satz: »PR ist die bessere Werbung.« Die besten Pressekontakte nützen Ihnen jedoch nichts, wenn Sie Ihre Ansprechpartner nicht regelmäßig mit interessanten Inhalten versorgen. Bringen Sie sich immer wieder als Experte ins Spiel, der den Redaktionen Impulse liefert und ihnen damit die Arbeit erleichtert. Dabei sollten Sie zwei Versuchungen widerstehen: erstens, Medienvertreter mit Inhalten zu überschütten. Zweitens, alles Ihre PR-Agentur machen zu lassen.

Journalisten sind oft empfindlich, manche sind eitel und alle sind mehr oder weniger gestresst und stehen unter Zeitdruck. Wenn Sie dann alle drei Wochen eine Pressemitteilung verschicken (lassen), in der Sie letztlich nichts Neues mitzuteilen haben, werden viele Medienvertreter Sie schnell als »Nervensäge« abtun. Noch schlimmer, als von den Medien nicht beachtet zu werden, ist es jedoch, sich die Medien zum Feind zu machen. Diese Gefahr besteht auch dann, wenn Sie oder Ihr Büro für die Medien nie zu sprechen sind und alles über eine PR-Agentur läuft. Abgesehen davon, dass PR-Agenturen bei Journalisten nicht den allerbesten Ruf haben, machen Sie sich mit so viel Distanz gegenüber einem Berufsstand, der es gewohnt ist, auch bei Spitzenpolitikern immer einen Termin zu bekommen, schnell unbeliebt.

> **AUF DEN PUNKT**
>
> **Für die regelmäßige Medienarbeit gilt: lieber weniger und dafür persönlich als ständig und über PR-Agenturen.**

Eine neue Veröffentlichung ermöglicht Ihnen über Monate einen guten Einstieg in der Medienarbeit. Sie haben gerade ein Sachbuch zu einem aktuellen Thema herausgebracht? Das ist der Idealfall. Bieten Sie Interviews zu diesem Thema an. Oder regen Sie bei der Redaktion an, dieses Thema aufzugreifen, und stellen Sie sich als Experte zur Verfügung. Sie verschicken Ihr Buch natürlich auch an die Redaktionen. Verlassen Sie sich darauf aber nicht allein. Die wenigsten Journalisten werden sich die Zeit nehmen, Ihr Buch zu lesen. Lassen Sie der Redaktion deshalb auch per E-Mail eine Kurzzusammenfassung der wichtigsten Buchinhalte und prägnantesten Aussagen zukommen, aus der per »Copy & Paste« zitiert werden kann. Solche »Copy & Paste«-Vorlagen, aus denen von Zeitdruck geplagte Journalisten mit wenigen Mausklicks und ein paar ergänzenden Sätzen einen Artikel erstellen können, steigern Ihre Chancen auf einen Beitrag um ein Vielfaches.

Wenn Sie gerade kein neues Buch haben, dann schaffen Sie eben einen anderen Anlass, damit über Sie berichtet wird. In Kapitel 13 haben Sie dazu bereits Anregungen erhalten. Auf die Drei-Punkt-Methode beziehungsweise »Klägerstrategie«, bei der Sie zunächst auf einen Missstand aufmerksam machen, sich mit den Betroffenen verbünden und dann (aufgrund Ihres Expertenwissens) eine Lösung anbieten, sei hier nochmals ausdrücklich verwiesen.

KUNDEN AKQUIRIEREN UND ZEITGEMÄSS FÜR SICH WERBEN **305**

Zum Abschluss sei erwähnt, dass Medienhäuser nicht nur Partner für Ihre Öffentlichkeitsarbeit als Redner sind, sondern auch selbst als Kunden akquiriert werden können. Regionale und überregionale Tages- und Wochenzeitungen, Wirtschafts- und Fachmagazine veranstalten regelmäßig Tagungen, Kongresse, Podiumsgespräche, Kaminrunden und nicht zuletzt Vortragsreihen. Diese Veranstaltungen sind ein wichtiges Instrument der Leserbindung. Überall werden hier Experten und Redner gesucht.

Ihr Augenmerk sei besonders auf die Regionalzeitungen beziehungsweise regionalen Verlagshäuser gelenkt, da diese häufig unterschätzt werden. Sicher ist es gut für Ihr Renommee, bei einem Kongress des »Handelsblatts« oder in einer Vortragsreihe des »Focus« dabei zu sein. Doch die Praxis hat gezeigt: Es sind die regionalen Verlagshäuser, die die Hallen füllen. Es ist vorgekommen, dass zu einem Vortrag eines Redners in Berlin kaum 100 Leute kamen, derselbe Vortrag desselben Redners aber in der Stadthalle Chemnitz Hunderte anzog, weil die Regionalzeitung wochenlang in Vorberichten und Anzeigen dafür geworben hatte. Profitieren Sie also von der regionalen Marktstellung der Zeitungsverlage: Gehen Sie diese gezielt an.

KOMPAKT

- Marketing und Akquise werden schnell vernachlässigt, wenn nicht ausreichend Zeit dafür reserviert ist. Nehmen Sie sich (oder geben Sie Ihren Mitarbeitern) am besten täglich eine Stunde Zeit für Akquise, einschließlich Nachfassaktivität. Fokussieren Sie sich auf potenziell umsatzträchtige Kunden. Nur wo schon viel Geld ist, kann auch viel Geld verdient werden.

- Beim Online-Marketing, per E-Mail und Telefon erleichtern Routinen vieles. Arbeiten Sie mit Textbausteinen für Mails sowie mit Gesprächsleitfäden für die Telefonakquise. Sorgen Sie jedoch bei einer Kontaktaufnahme immer für einen konkreten Anlass. Fassen Sie nach Erstkontakten, Auftritten aber auch Absagen noch einmal nach. Tools wie Google Ad-Words oder Alerts erleichtern Ihnen die Akquise beziehungsweise die Recherche nach neuen Kunden.

- Auch regelmäßige Medienarbeit dient der Akquise. Halten Sie die Aussendung von Pressemitteilungen in Grenzen und verschanzen Sie sich nicht hinter einer PR-Agentur. Seien Sie als Experte Partner der Medien. Und erschließen Sie auch Medienhäuser (insbesondere Regionalverlage) als Kunden für Ihre Vorträge.

KAPITEL 19

Cross-Selling, Merchandising und Zusatzgeschäfte

»Bevor ich mich gleich von Ihnen verabschiede, habe ich noch ein ganz besonderes Angebot für Sie«, kündigt Sabine Renner ihren Zuhörern an. Die Stimmung in den Reihen ist glänzend. In der voll besetzten Halle im Stuttgarter »Neckarpark« hält Sabine ihren aktuellen Vortrag heute zum einhundertsten Mal. Aber das verrät sie nicht auf der Bühne. Stattdessen zeigt sie eine Apple-Keynote-Folie mit dem Foto ihres 2er-DVD-Sets »Corporate Energy Boost«. Begeistert erzählt die Rednerin, was es mit diesen DVDs auf sich hat.

»Dieses DVD-Set«, erklärt Sabine schließlich, »erhalten Sie ausschließlich hier nach meinem Vortrag für nur 69 Euro statt regulär 169 Euro. Ja, da haben Sie richtig gehört!« Sabine wechselt zu einer Folie mit dem Sonderpreis.

»Und das Beste kommt noch: Sie können das DVD-Set am Ausgang gleich mitnehmen und zahlen erst später. Geben Sie einfach meinen Mitarbeiterinnen Ihre Visitenkarte und wir schicken Ihnen eine Rechnung.«

In diesem Kapitel geht es abschließend noch einmal um alles, womit Sie als Speaker auch dann Geld verdienen, wenn Sie nicht auf der Bühne stehen und reden. Je besser Sie bei Cross-Selling, Merchandising und Zusatzgeschäften sind, desto größer ist der Anteil Ihres Einkommens, den Sie abseits der Podien erwirtschaften. Bei einigen Rednern können das irgendwann 50 Prozent oder sogar noch mehr sein. Zugegebenermaßen hängt das auch ein wenig davon ab, wie sehr sich Ihr Expertenthema für Merchandising und Nebengeschäfte eignet.

Je populärer und praktischer das Thema, desto einfacher ist es. Gedächtnistraining, Gesundheitsthemen oder Fitness beispielsweise lassen sich beinahe unbegrenzt in Produkte umsetzen. Aber auch als Topmanagementexperte müssen Sie nicht allein mit Vorträgen Geld verdienen. Sie können etwa ein exklusives Seminar veranstalten. Oder Ihre Methode schützen lassen und Lizenzen an junge Coachs vergeben, die dann als von Ihnen »geprüfte« Experten gegenüber Kunden auftreten.

Unterschiedliche Anregungen für Nebengeschäfte haben Sie schon in den Kapiteln 7, 8 und 12 bekommen. In diesem Kapitel soll der Schwerpunkt mehr auf der praktischen Umsetzung liegen. Es geht also nicht darum, warum Sie eine DVD-Box produzieren sollten und wer dafür die passenden Partner sind, sondern wie konkret Sie damit Umsatz machen.

Folgende Möglichkeiten, abseits der Bühne Einkommen zu generieren, wollen wir in diesem Kapitel näher betrachten:

- Verkäufe am Rande des Vortrags
- »Verdeckte Verkaufsveranstaltungen«
- Seminare, Beratungstage, Einzelcoachings
- Lizenzen und Provisionen
- Schenken gegen Spendenquittung
- Online-Premiumservice

Wie immer kommt es auf Ihre Positionierung, Ihr Image und Ihre persönlichen Vorlieben an, was Sie davon umsetzen können und wollen. Entscheidend ist, dass Sie sich über Zusatzgeschäfte Gedanken machen, kreativ sind und aktiv werden. Sonst kann es Ihnen passieren, dass Sie viel Geld verschenken.

Verkäufe am Rande des Vortrags

Am Rande eines Vortrags Bücher, CDs, DVDs und weitere Produkte zu verkaufen, ist für einen Speaker geradezu Pflichtprogramm. Einige belassen es dabei, einen Tapeziertisch mit der Ware im Foyer aufzustellen und mehr oder weniger freundlich blickende Mitarbeiter die ganze Sache beaufsichtigen zu lassen. Vor und nach dem Vortrag kaufen dann tatsächlich einige ein Buch oder eine CD-Box. Wenn Sie aber wollen, dass von 300 Zuhörern 150 Ihr Buch oder Ihre CD-Box kaufen, müssen Sie schon etwas mehr tun. Machen Sie die Zuhörer heiß auf Ihre Produkte!

Wie Sie schon an anderer Stelle gelesen haben, sollten Sie Ihr Buch oder Ihre CDs und DVDs immer in Ihren Vortrag einbauen. Zeigen Sie Folien mit dem Cover, hantieren Sie auf der Bühne mit den Produkten, erwähnen Sie an passender Stelle, dass man Details in Ihrem Buch nachlesen oder auf Ihren CDs nachhören kann. Ein schöner Effekt ist es auch, einigen Zuhörern in den ersten Reihen von der Bühne aus Bücher, CDs oder DVDs zu schenken. Die anderen Zuhörer werden dann denken: Das, was die da vorne gerade bekommen, möchte ich auch haben. Dazu sollen sie Gelegenheit haben, allerdings gegen Bezahlung.

Der nächste Schritt besteht darin, von der Bühne aus aktiv Werbung für Ihre Produkte zu machen und die Zuhörer zum Kauf aufzufordern. Das tun Sie am besten gegen Ende Ihres Vortrags, weil die Stimmung dann am besten ist. Auch würden die Zuhörer es sonst vielleicht beim Rausgehen wieder vergessen haben. Für die Abwicklung des Verkaufs sollten Sie unbedingt an die Visitenkarten der Käufer kommen. Die Adressdaten scannen Sie dann in Ihre Adressdatenbank ein. Sämtliche Käufer erhalten automatisch Ihren Newsletter und werden über weitere Aktionen und Termine per E-Mail informiert.

Grundsätzlich haben Sie zwei Möglichkeiten, Produkte im Austausch gegen Visitenkarten zu verkaufen:

■ Möglichkeit 1: Sie sammeln die Visitenkarten am Rande des Vortrags lediglich ein. Der Versand der Waren und Rechnungen erfolgt dann in den nächsten Tagen durch Ihren Logistiker und / oder Ihr Büro. Zum Einsammeln der Visitenkarten können Sie Sammelboxen an den Ausgängen aufstellen. Oder Sie bitten die Zuhörer einfach, bei Bedarf deren Visitenkarte auf den Tisch zu legen. Das kann je nach Pausensituation auch funktionieren. Charmante Mitarbeiter sind natürlich noch besser. Diese Variante hält den logistischen Aufwand schlank, da die Ware beim Vortrag nicht präsent sein muss.

- Möglichkeit 2: Sie händigen gegen die Visitenkarte gleich die Ware aus. Bezahlt wird später. Hier ist der logistische Aufwand höher. Allerdings ist auch der Anreiz, zuzugreifen, unvergleichlich größer. Rechnen Sie bei beiden Methoden mit ungefähr drei Prozent Kunden, die Ihre Rechnung nicht bezahlen. Da ist angesichts Ihrer Gewinnmargen (siehe Kapitel 8) wenig. Sparen Sie sich also aufwendige und nervende Mahnverfahren.

So richtig Schwung ins Geschäft kommt erst mit dem Zauberwort »Rabatt«. Die meisten von uns sind nun einmal Schnäppchenjäger und lieben das Gefühl, günstiger einzukaufen als andere. Alles, was Sie während eines Vortrags verkaufen, sollte immer wesentlich günstiger zu haben sein als zu dem auf Ihrer Website oder bei Amazon ausgewiesenen »regulären« Preis. Der eigentliche Preis ist letztlich natürlich der, den Sie während des Vortrags kommunizieren, da Sie bei Vorträgen meist mehr verkaufen als über Ihre Website oder den Handel. Entsprechend haben Sie kalkuliert. Wenn Sie es auf die Spitze treiben wollen, bitten Sie Ihre Zuhörer, den Sonderpreis auf den Visitenkarten zu vermerken, damit Ihr Büro »weiß«, dass es diesen »einmaligen« Rabatt gewähren soll. Ein wenig Theater ist das schon, aber wirkungsvoll.

Bücher, die auch über den Buchhandel vertrieben werden, dürfen Sie offiziell nur in der Schweiz mit Rabatt verkaufen. In Deutschland und Österreich steht dem die gesetzliche Buchpreisbindung im Weg. Eine legale Möglichkeit, diese zu umgehen, heißt »Sonderausgabe«. Angenommen, Ihr Buch ist vor einem Dreivierteljahr erschienen, gebunden (Hardcover) und kostet im Handel 29 Euro. Mit dem Verlag verabreden Sie, dass eine broschierte Sonderausgabe (Softcover) gedruckt wird, die Sie für 4,50 Euro einkaufen und für 14,80 Euro an Ihr Vortragspublikum verkaufen. Kaufen jedes Mal etwa 100 Zuhörer die preiswerte Sonderausgabe, haben Sie immerhin bei jedem Vortrag rund 1.000 Euro zusätzlich verdient.

»Verdeckte« Verkaufsveranstaltungen

Einen Schritt weiter gehen Sie mit der »verdeckten Verkaufsveranstaltung«. »Verdeckt« bedeutet hier, dass Sie einen Vortrag halten und die Veranstaltung auch als Vortrag vermarkten, jedoch ausschließlich oder hauptsächlich mit dem Verkauf von Produkten Geld verdienen. Dieses Vorgehen ist dann empfehlenswert, wenn Sie Schwierigkeiten haben, hohe Honorare durchzusetzen, häufig niedrige Honorarangebote von Veranstaltern bekommen oder einen Teil Ihrer Vorträge selbst organisieren wollen, um Ihr Geschäft anzukurbeln. Grundsätzlich gibt es hier zwei Varianten:

- Variante 1: Ein Veranstalter bietet Ihnen wenig bis kein Honorar – Sie kommen trotzdem ins Geschäft, weil der Veranstalter Ihnen ausreichend Unterstützung beim Verkauf von Produkten bieten kann.
- Variante 2: Sie halten Ihren Vortrag als öffentliche Veranstaltung gegen ein minimales Eintrittsgeld, das die Kosten kaum deckt – den Umsatz machen Sie mit dem Verkauf von Produkten.

Bei Variante 1 verbessern Sie Ihre Verhandlungsposition und können mehr Anfragen in lukrative Aufträge ummünzen. Angenommen, ein Veranstalter könnte zwar für 500 Zuhörer garantieren, hat aber kein Budget, um Sabine Renner für ihren Vortrag ein Honorar zu zahlen. Sie lässt sich darauf ein, vereinbart jedoch mit dem Veranstalter, dass dieser sie beim Verkauf ihrer Produkte maximal unterstützt. Der Veranstalter stellt also die Verkaufstische auf, übernimmt die Logistik für das Herbeischaffen der Produkte oder stellt Mitarbeiter ab. Das Schöne für den Veranstalter: Er kann diese Leistungen aus einem anderen Budget bezahlen, nämlich dem für die Organisation der Veranstaltung.

Jetzt rechnen wir mal. Nehmen wir an, Sabine verkauft ihr DVD-Set zum Sonderpreis von 69 Euro statt 169 Euro an 200 der 500 Zuhörer. Drei Prozent zahlen ihre Rechnung nicht, also bleiben 194 Verkäufe. 69 Euro seien der Bruttopreis, inklusive 19 Prozent Umsatzsteuer, und die Produktionskosten des 2er-DVD-Sets veranschlagen wir großzügig mit circa 15 Euro pro Set. Dann verdient Sabine rund 40 Euro pro Set. Multipliziert mit 194 Verkäufen sind das 7.760 Euro. Sabine erhält zwar keinen Cent vom Veranstalter, kommt so aber trotzdem auf ihre gewohnte Einnahme pro Vortrag.

Angesichts solcher Gewinnmöglichkeiten mit Produkten können sich öffentliche Vortragsveranstaltungen lohnen. Dies ist Variante 2. Das

Thema Ihres Vortrags muss dazu natürlich populär genug sein. Bei Gedächtnistrainer Gregor Staub ist das der Fall. Und Gregor Staub ist auch jemand, der es versteht, mit dieser Variante Umsatz zu machen. Es ist schon vorgekommen, dass der Schweizer seinen Vortrag dreimal am Tag gehalten hat: morgens Schüler und Lehrer, nachmittags Hausfrauen und Rentner, abends dann die Berufstätigen. Der Eintritt kostet fünf Euro, die Lokalpresse hat kräftig Werbung gemacht, der Saal ist jedes Mal voll. Während die Eintrittsgelder vielleicht gerade einmal für die Hallenmiete reichen, verdient Gregor Staub an einem solchen Tag viele Tausend Euro mit seinen Gedächtnistrainings-CDs. Der Vortrag ist somit betriebswirtschaftlich betrachtet eine Verkaufsveranstaltung.

Seminare, Beratungstage, Einzelcoachings

In Teil I haben Sie gelesen, dass Sie als Experte und Speaker nicht mehr Trainer, Berater oder Coach sind. Sie haben daraufhin alle Hinweise auf diese Tätigkeiten von Ihrer Website verbannt. Hier im letzten Teil des Buches lernen Sie nun die Ausnahmen kennen. Als Topspeaker können Sie mit Seminaren, Beratung und Coaching trotz allem Geld verdienen. Die Voraussetzung dafür ist, dass Sie für diese Nebengeschäfte in Ihrer Rolle als Experte bleiben. Der Kunde bucht also nicht x-beliebige Seminare, Beratungen oder Coachings, sondern er bucht das Erlebnis, einen bekannten Topexperten hautnah zu erleben und von ihm lernen zu können. Das hat Konsequenzen für das Geschäftsmodell. Sie »verpacken« Seminare, Beratungen und Coachings ganz anders, als es Trainer tun.

Die Prinzipien, die dahinterstehen, sind einfach. Es ist alles nur eine Frage der Ausrichtung und vor allen Dingen der Außenwirkung. Das Stichwort lautet »zwei Welten«. Der Übergang vom Trainer zum Redner ist kein einfacher und lässt sich nicht von heute auf morgen bewerkstelligen. Die Lösung besteht darin, in – wenn man so will – zwei Welten zu leben. Die eine Welt ist die bekannte Welt, in der man das tut, was man schon immer getan hat: Training und Seminare. Gleichzeitig versucht man, den Rednermarkt zu erobern. Das ist die reale Welt. Die andere Welt ist aber die Welt der Außenwirkung, sie umfasst den Internetauftritt, die Printunterlagen und so weiter. Das ist all das, was man nach außen zeigt, und das sollte eine Welt sein, die schon einzig und allein die Experten- und Rednerwelt ist und die sich schon anders darstellt als die Welt eines Trainers. Deswegen darf der Experte nach außen als Topspeaker auftreten und sich auch mal »herablassen«, ein Training zu geben. Aber es ist dann ein hochwertigerer Auftritt als der des »Nur-Trainers«. Und damit durchaus schon die neue Welt, in die die alte Welt langfristig hineinwachsen sollte.

Gleichzeitig wird damit auch die Werbung äußerst fokussiert. Das bedeutet, dass Sie als Speaker nach außen hin einzig und allein als Experte auftreten, der Vorträge hält. Das folgt dem Grundsatz »Spitz statt breit« und sorgt dafür, dass Sie bei Ihren Kunden wie gewünscht wahrgenommen werden. Die Trainings oder Seminare bieten Sie nicht Ihren Kunden (den Veranstaltern) an, sondern – wenn überhaupt – wiederum Ihren Zuhörern, also Menschen, die Sie schon (als Experten) kennen. Man könnte auch sagen »spitz« bei Neukunden und »breit« bei Stammkunden beziehungsweise Publikum. Denjenigen, die Sie schon kennen, denjenigen, die schon wissen, dass Sie einen guten Vortrag halten, denjenigen, die den guten Vortrag von Ihnen sogar schon genossen haben, denen dürfen Sie (müssen Sie auch manchmal) dann Produkte zum Up-Selling anbieten – und das können durchaus Trainings oder Seminare sein.

Vergessen Sie als Speaker jedoch unbedingt die Seminare mit acht Teilnehmern im Dorint Hotel, die Sie vielleicht früher als Trainer durchgeführt haben. Seminare von Topexperten sind groß und exklusiv. Das ist nur scheinbar ein Widerspruch. Aufgrund Ihrer Bekanntheit bekommen Sie schnell große Gruppen für ein Seminar zusammen, zumal wenn Sie während Ihres Vortrags sowie indirekt per Mundpropaganda dafür werben. Der Veranstaltungsort sollte exklusiv, edel und teuer sein. Das passt zu Ihrem Image und erleichtert es Ihnen außerdem, die Teilnahmegebühr möglichst hoch anzusetzen. Doch Vorsicht Falle: Gehen Sie nicht unbedingt ins ferne Ausland, das schraubt nur die Kosten in die Höhe und mindert Ihren Ertrag. Ein Fünf-Sterne-Schlosshotel irgendwo in Deutschland, der Schweiz oder Österreich ist perfekt.

Solche Seminare machen Sie nicht ständig, sondern zwei- bis viermal im Jahr. Es sind ausschließlich Großgruppenseminare. 50 Teilnehmer sind völlig in Ordnung. Sie haben ohnehin nicht vor, auf jeden Teilnehmer einzeln einzugehen. Sie präsentieren das Wissen aus Ihren Vorträgen, jedoch interaktiv und mit der Möglichkeit, Fragen zu stellen. Bei Fragen setzen Sie auf den »Unter-uns-Effekt«: Sie antworten so direkt, wie Sie es auf der Bühne nicht täten. Das macht dieses Format für die Teilnehmer zum besonderen Erlebnis.

Idealerweise haben Sie einen Vertriebspartner (Seminaranbieter) für Ihre Seminare, der auch die Organisation abwickelt. 1.000 Euro Teilnahmegebühr für zwei Tage werden bei Topexperten durchaus gezahlt. Das macht 50.000 Euro Umsatz, von denen ein akzeptabler Teil in Ihre Kasse fließen sollte. Laden Sie immer auch Journalisten zur kostenlosen Teilnahme ein, damit diese über Sie berichten. Den Journalisten sollten Sie auch das Hotel sowie die volle Verpflegung bezahlen und vielleicht noch das eine oder andere »Extra« spendieren. Ansonsten werden die wenigsten ein Interesse haben, an Ihrer Veranstaltung teilzunehmen.

Bei Beratung und Coaching setzen Sie auf eine andere Form von Exklusivität: Sie stehen als Experte zahlungskräftigen Einzelkunden einen Tag lang zur Verfügung. Sie machen also keine Beratungsprojekte und coachen nicht über Monate am Telefon, sondern setzen auch hier einen intensiven Impuls. Nur eben exklusiv für eine einzelne Person statt von der Bühne. Je bekannter Sie sind, desto mehr Anfragen nach persönlicher Beratung und Coaching werden Sie bekommen.

Ihr Office sollte von vornherein klar die Konditionen kommunizieren: Sie haben keinen Stundensatz und sind auch nicht stundenweise buchbar. Sie kommen an einem Tag zum Kunden, und der Kunde darf Sie an diesem Tag beanspruchen, solange er möchte. Das Honorar dafür orientiert sich am Preis Ihres Vortrags. Von mehrtägigen Beratungen oder Coachings ist Topexperten eher abzuraten. Am zweiten Tag ist oft schon ein wenig »die Luft raus«. Bieten Sie auch hier ein Feuerwerk Ihres Könnens – und verabschieden Sie sich dann.

Lizenzen und Provisionen

Mit Lizenzen und Provisionen können Sie als Experte »passives Einkommen« generieren. Sie genießen dann das schöne Gefühl, auch im Urlaub Geld zu verdienen. Ein Lizenzierungsmodell starten Sie am besten, indem Sie zu Ihrem Fachgebiet möglichst früh eine »Akademie« gründen. Aus Ihrem Expertenwissen machen Sie ein Modell oder eine Methode. Ihre Akademie trainiert und zertifiziert dann andere Trainer oder Speaker. Sie können Ihr Modell oder Ihre Methode selbstverständlich auch ausschließlich schriftlich zusammenfassen und mit dem »Handbuch« gleichzeitig die Lizenz verkaufen. So müssen Sie kein Training organisieren.

Mit dem Lizenzierungsmodell geben Sie jüngeren Trainern oder Speakern eine Karrierechance. Diese müssen sich kein eigenes Expertenwissen aufbauen, sondern dürfen Ihres verwenden. Gegenüber dem Kunden schafft das sofort Vertrauen. Sie lassen sich die Verwendung Ihres Know-how mit einer regelmäßigen Gebühr oder Provision vergüten. Ein Vorreiter der Lizenzierung war im 20. Jahrhundert der Amerikaner Dale Carnegie. 1912 begann er, Geschäftsleute in freier Rede zu trainieren. Später wurde er einer der bekanntesten Erfolgsautoren. Er hatte die Idee, seine Methode zu lizenzieren. Heute gibt es weltweit rund 2700 Dale-Carnegie-Trainer.

Auch mit Empfehlungen geben Sie Kollegen eine Chance. Hier können Sie sich die Tatsache zunutze machen, dass Sie als Topexperte im Anschluss an Ihre Vorträge immer wieder einmal gefragt werden, ob Sie nicht ein Unternehmen beraten oder Mitarbeiter einer Organisation trainieren können. Das lehnen Sie zwar ab, jedoch können Sie einen Trainer oder Berater empfehlen. Am besten nennen Sie zwei oder drei Trainer zur Auswahl. Zu diesem Zweck haben Sie immer um die zehn Profile von empfehlenswerten Beratern und Trainern dabei. Mit diesen haben Sie eine Provision vereinbart, sollte es aufgrund Ihrer Empfehlung zu einem Auftrag kommen.

Natürlich bleibt es Ihrem Geschmack überlassen, ob Sie für Empfehlungen wirklich Provisionen nehmen wollen oder das einfach als Teil Ihres Networkings begreifen. Entscheiden Sie selbst. Wichtig ist allein, diese Möglichkeit zu kennen.

Schenken gegen Spendenquittung

Vor allem, wenn Sie Ihren Wohnsitz in Deutschland haben, wird der Fiskus Sie mit zunehmendem Erfolg auch kräftig zur Kasse bitten. Alles, was Ihre Steuerlast mindert, erhöht somit indirekt auch Ihr Einkommen. Eine Möglichkeit, über die Sie gemeinsam mit Ihrem Steuerberater einmal nachdenken können, besteht darin, Ihre Produkte gegen eine Spendenquittung zu verschenken.

Das Modell sieht dann beispielsweise so aus: Sabine Renners DVD-Set kostet über ihre Website und bei Amazon 169 Euro. Sabines Kosten betragen 15 Euro. Einem eingetragenen und als gemeinnützig anerkannten Verein (Rotarier, Charity, Kulturverein, Initiative und so weiter) überlässt sie nun gratis 100 DVD-Sets als Weihnachtsgeschenk für die örtlichen Mitglieder.

Das Geschenk ist natürlich eine ausgezeichnete Werbung für Sabine. Gleichzeitig kann der Verein kostenlos etwas für die Mitgliederbindung tun. Dafür stellt der Verein Sabine eine Spendenquittung über 16.900 Euro aus. Damit kann Sabine ihre Einkommensteuer für das laufende Jahr deutlich mehr reduzieren als um die 1.500 Euro, die sie für die DVDs ausgegeben hat.

Online-Premiumservice

Im Internet herrscht die viel beschriebene »Kostenlos-Kultur«. Doch es gibt Ausnahmen. Jeder kennt Websites, auf denen vieles, aber nicht alles kostenlos ist. So ist die Mitgliedschaft bei Xing kostenlos, doch nur zahlende »Premium-Mitglieder« können anderen Mitgliedern aktiv persönliche Nachrichten schicken. Auf den Websites von bestimmten Fußballbundesliga-Vereinen ist es Premium-Abonnenten vorbehalten, Videos der Spiele des Vereins in voller Länge anzusehen. Und beim kostenlosen Internetfernsehen Zattoo zahlen Sie als Kunde einen Aufpreis für die Bildqualität in »High Definition« (HD). Das alles sind Beispiele für »Premiumcontent« oder »Premiumservice« im Internet.

Bevor Sie für Ihre Website über Online-Premiumservice nachdenken, sollten Sie sicherstellen, dass Ihre Site genügend Besucher hat. Sämtliches Infomaterial für Veranstalter oder für die Presse muss natürlich weiter kostenlos sein. Ihre Website braucht also regelmäßige Besucher aus dem Kreis der *Zuhörer* Ihrer Vorträge. Ist das der Fall, beispielsweise weil Sie in jedem Vortrag anbieten, im Tausch gegen die E-Mail-Adresse Ihre Folien oder andere nützliche Tipps zum Download bereitzustellen, können Sie eventuell weitere Inhalte und Serviceleistungen kostenpflichtig anbieten.

Möglichkeiten gibt es hier viele: von E-Books über einen Premiumnewsletter mit absolutem Insiderwissen bis hin zum Zugang zu einer Wissensdatenbank, die Sie zu diesem Zweck aufbauen. Die Abwicklung ist dank einer Reihe von Dienstleistern für Sie risikolos. PayPal, die Micropayment-Tochter von eBay, und andere Spezialisten, die gegen Provision in Ihrem Auftrag Kreditkarten belasten und Lastschriften einziehen, machen es Ihnen und Ihren Kunden leicht. In den USA gibt es dazu viele Vorbilder, die alle von dem Marketingexperten Siegfried Haider analysiert wurden.

KOMPAKT	■ Cross-Selling, Merchandising und Zusatzgeschäfte ermöglichen es Ihnen, Einkommen abseits Ihrer Auftritte als Redner zu erwirtschaften. Populäre Themen erleichtern die Vermarktung zusätzlicher Produkte. Zusatzgeschäfte lassen sich jedoch mit jedem Expertenthema für jede Zielgruppe machen. Ihre Kreativität ist gefragt.
	■ Die wichtigsten Möglichkeiten für Redner, über Vorträge hinaus Einkommen zu erwirtschaften, sind: Verkäufe am Rande des Vortrags, »verdeckte Verkaufsveranstaltungen«, Lizenzen und Provisionen und Online-Premiumservice.
	■ Auch als Speaker können Sie darüber hinaus Seminare, Beratungstage und Einzelcoachings anbieten. Ihr Kunde bucht hier das Erlebnis, einen Topexperten hautnah zu erleben und von ihm lernen zu können. Sie »verpacken« Seminare, Beratungen und Coachings entsprechend exklusiv. Von Trainern grenzen Sie sich bewusst ab.

Lernen von den Superstars der Speakerszene

Herzlichen Glückwunsch! Wenn Sie alle Kapitel dieses Buchs gelesen haben, verfügen Sie über geballtes Know-how, um sich auf den Weg vom Trainer zum Topspeaker zu machen. Nun heißt es für Sie, die »Mühen der Ebene« nicht zu scheuen und diesen Weg konsequent zu gehen. Alles, was Sie darüber hinaus noch wissen müssen, werden Sie auf Ihrem Weg lernen. Dabei werden Sie auch Fehler machen. Lassen Sie sich davon nicht entmutigen, sondern gehen Sie weiter und lernen Sie aus den Fehlern.

Glücklicherweise sind wir Menschen in der Lage, nicht nur aus Erfahrung, sondern auch aus Beobachtung zu lernen. Das erleichtert vieles. Beobachten Sie deshalb auf Ihrem Weg auch immer wieder andere, die schon weiter sind als Sie. Was macht diese Redner erfolgreich? Wie haben sie ihre Chancen genutzt? Wie Krisen bewältigt? Beschäftigen Sie sich auch mit Rednern, die Ihnen nicht auf Anhieb sympathisch sind oder zu deren Themen Sie weniger Zugang haben. Das schärft Ihren Blick für das dahinterstehende Erfolgsrezept. Lernen können Sie von jedem erfolgreichen Redner.

Von Tony Robbins können Sie lernen, wie man in den größten Hallen unter Tausenden Zuhörern starke positive Emotionen erzeugt. Von Stephen R. Covey können Sie lernen, dass Ideen und Konzepte nicht von Ihnen selbst stammen müssen, um sie erfolgreich zu vermarkten. Von Tom Peters können Sie lernen, wie Sie Ihre eigene Sprache finden und damit unverwechselbar werden. Von dem verstorbenen Jim Rohn können Sie lernen, Niederlagen, Lebenskrisen und schwierige soziale Startbedingungen zum Teil Ihrer Erfolgsgeschichte zu machen.

Dafür steht auch Brian Tracy, der keinen Schulabschluss besitzt und heute internationaler Bestsellerautor, Speaker und Unternehmer ist. Von ihm können Sie lernen, dass es nicht auf gute Noten und viele Zertifikate ankommt, sondern auf Chancenintelligenz. Von Larry Winget können Sie lernen, dass verrückte Ideen und der Mut zum Schrägen und Schrillen Sie oft weiterbringen als angelesenes Wissen. Von Zig Ziglar können Sie lernen, wie man es schafft, im Speakerbusiness 40 Jahre lang ganz oben zu sein. Sie können noch von vielen anderen lernen. Tun Sie es. Und nutzen Sie Ihre Chancen.

Nachwort in eigener Sache

Als Redner kann man gut und gerne in einem Jahr einen Umsatz von einer Million Euro und auch mehr erzielen. Dahinter steht ein Geschäftsmodell, das zwar sozusagen einen hohen Warenverkauf tätigt, aber so gut wie keinen Einkauf hat. Die Kosten für einen Redner sind neben allgemeinen kleinen Bürokosten und einigen Aufwendungen für Marketing & Co. äußerst überschaubar. Kurzum: Es gibt wohl wenige Branchen, in denen man so wenig investieren muss, um so ausgesprochen viel erreichen und verdienen zu können.

Ich selbst war lange Zeit Lebensmitteleinzelhändler und weiß noch, wie viel Waren man in Millionenhöhe vorfinanzieren musste, um dann Geschäfte abzuwickeln, bei denen im Schnitt ein Prozent vom Umsatz hängen blieb. Und das Ganze noch mit langer Arbeitszeit wegen der kundenorientierten Öffnungszeiten. Viel Risiko also und viel Arbeit für sehr wenig Geld. Das Geschäft des Speakers scheint die Umkehrung dieses Zusammenhangs zu sein. Viel Geld für wenig Einsatz, wenig Arbeit – und dazu noch ein äußerst freies Leben in einem erfüllenden Beruf.

Umso mehr erschüttert es mich, dass viele angehenden Redner oder Trainer noch nicht einmal willens sind, zum Start ihrer Karriere einige Tausend Euro in Beratung oder den sonstigen Einkauf von Wissen zu investieren. Und das ist das Einzige, was Trainer als echten Wareneinkauf zu verbuchen haben. Wie will man Millionen verdienen, wenn man selbst nicht bereit ist, wenige Tausende auszugeben? Ein Widerspruch, der mir einmal mehr verdeutlicht, dass nur derjenige es wert ist, viel Geld zu verdienen, der auch bereit ist, zu investieren.

Ihr
Hermann Scherer
hermannscherer.com

P.S.: Weitere Ideen und
wertvolle Tipps finden Sie unter
derwegzumtopspeaker.com

Anhang

Die Unterschiede zwischen Trainer und Speaker im Überblick

	Berater	Trainer / Coach	Redner / Experte
Gruppengröße	klein / keine	klein	hoch
Individualität	niedrig	hoch	niedrig
Vorbereitung	mittel	hoch	niedrig
Performance	niedrig	niedrig	hoch
Fokussiert auf	Prozesse	Teilnehmer	Dramaturgie
Tagessatz in Euro	< 2.500	< 3.000	> 4.000 – 12.000
Dauer	1 Tag	1 Tag	1 Stunde
Auftragsdauer	Monate	Tage	einmalig
Arbeit	sehr viel	viel	wenig
Vorstandsnähe	mittel	niedrig	hoch
Buch	keines	Fachbuch/Ratgeber	Sachbuch
Buchinhalt	–	How to	What do
Liefert	Analysen, Tools	Skills	Attitude / Impuls
Stiftet Nutzen für	Prozesse	Teilnehmer	Veranstalter und Veranstaltung
Empfehlungen	gering	gering	hoch
Sympathie	gering	okay	sehr hoch
Gebucht wegen	eines Problems	eines Themas	des Namens
Austauschbarkeit	mittel	hoch	niedrig
Angebotsseite	150.000 Personen	90.000 Personen	300 Personen
Nachfrage	mittel	okay	enorm hoch
Nachhaltigkeit	mittel	okay	eher gering
Dienstleistung wird	verkauft	verkauft	eingekauft
Verband	BDU	BDVT, ASTD, BDU	GSA, keiner
Kunde kauft	Prozessoptimierung	Weiterentwicklung	gute Stimmung
Referenzen fokussieren	Ergebnisse	Teilnehmer	Veranstaltung
Akquise macht	Berater	Trainer	Veranstalter
Up-Selling durch	Akquise	Akquise	»Abfallprodukt«

	Berater	Trainer / Coach	Redner / Experte
In Krisenzeiten	Krisenverlierer	Krisenverlierer	Krisengewinner
Denkansatz	Ich mache mich unentbehrlich!	Ich arbeite mich hoch!	Treppe wird von oben gekehrt!
Ausbildung	Studium	Trainerausbildung	Dramaturgie-entwicklung
Website	Beratung.de	Training.de	Name.com

Redneragenturen

Name	Ziele / Aktivitäten	Web-Adresse / Link
Agentur für Helden	Referentenvermittlung aus interdisziplinärem Referentenpool, Referentenrecherche, Veranstaltungsservice, Redaktionsservice	www.agentur-fuer-helden.de
referenten agentur schenck	Vermittlung von Referenten und Rednern aus verschiedenen Bereichen für Kongresse, Tagungen, Messen, Seminare und andere Veranstaltungen; Kontakte zu Moderatoren, Sportlern, Schauspielern und prominenten Persönlichkeiten aus dem öffentlichen kulturellen Leben; Veranstaltungsorganisation	www.agentur-schenck.de
brainGuide AG	Expertenportal im Internet; Recherche nach Experten, Unternehmen, Veranstaltungen und Veröffentlichungen; Referentenvermittlung	www.brainguide.com
Celebrity Speakers GmbH	Teil des CSA-Netzwerks; Vermittlung internationaler Topreferenten, Serviceleistungen für Kunden: Beratung, Konzeptbegleitung, Themenfindung, Auswahl des Redners und Eventgestaltung	www.celebrity-speakers.de
Change Communication	Schweizer Netzwerk von Premiumspeakern & Toptrainern, welche die internen und externen Kommunikationsaktivitäten eines Unternehmens mittels Veranstaltungen, Workshops, Referaten etc. ergänzen und verstärken können	www.change-com.ch
CN CUM NOBIS	Bietet seinen Kunden Bedarfsanalysen, Weiterbildungskonzeptionen, ausgesuchte Seminare und Coachings; testet und vermittelt Trainer und Referenten	www.cumnobis.de

Name	Ziele/Aktivitäten	Web-Adresse/Link
Congress Incentive Reisen und Marketing GmbH	Betreibt das Portal www.tagungsplaner.de, eine Veranstaltungsdatenbank mit Such-, Anfrage- und Buchungsoptionen unter anderem für Tagungshotels, Eventlocations und Dienstleister	www.tagungsplaner.de
Econ Referentenagentur	Vermittlung von Gastrednern und Moderatoren für Events im In- und Ausland	www.econ-referenten-agentur.de
European Speakers Bureau	Redneragentur mit Sitz in Brüssel; Vermittlung von Rednern und Veranstaltern für Konferenzen und Unternehmensveranstaltungen. Im Portfolio: europäische Experten aus den Bereichen Wirtschaft, Politik und Motivation	www.european speakers.com
German Speakers Association e.V.	Plattform für professionelle Weiterbilder und interessierte Personen. Fortbildung hauptberuflicher Trainer, Coachs, Berater und Referenten auf internationalem Niveau und Förderung der nationalen und internationalen Networking-Möglichkeiten	www.germanspeakers.org
Menschen mit Meinungen GmbH	Global vernetzte Referenten-Vermittlungsagentur mit Sitz in der Schweiz, vermittelt auch ungewöhnliche Menschen als Bereicherung für Talkrunden	www.menschenmit meinungen.ch
Podium24	Foto-, Veranstaltungs- und Referentenagentur, vermittelt Referenten aus den Bereichen Wirtschaft, Politik, Wissenschaft und Gesellschaft	www.podium24.de
Ramsauer Rednermanagement	Komplettdienstleister für Referenten: Auftragsvermittlung, Honorarverhandlung, Vertragsgestaltung, Einführungstexte zu Vortragsthemen	www.redner.de
Redner & Perspektiven Beutling GbR	Unterstützt Unternehmen bei der Auswahl von Themen und Referenten, bucht und klärt alle organisatorischen Details mit dem Redner, gehört zum CSA-Netzwerk	www.redneragentur.de
rednerforum.com	Vermittlung von Referenten und Tagungshotels, Unterstützung bei der Organisation von Veranstaltungen	www.rednerforum.com
referendum events eK	Internationales Portfolio an Referenten- und Künstlerkontakten für Gastvorträge, Bühnenshows oder Trainings	www.referendum-events.de

Name	Ziele / Aktivitäten	Web-Adresse / Link
referenten: Guillot	Vermittlung von Referenten aus den unterschiedlichsten Bereichen	www.referenten.de
Referentenagentur Wolfgang Bohun	Vermittlung von Rednern aus Politik, Wirtschaft, Gesellschaft und Wissenschaft; prominente Persönlichkeiten für besondere Anlässe als Experten für spezielle Themen	www.gastreferenten.de
Sales Motion GmbH	Veranstaltet selbst Seminare, vermittelt Vorträge und Referenten	www.sales-motion.de
Speaker-Agency GmbH	Vermittlung nationaler und internationaler Referenten und Moderatoren für Kongresse, Managementkonferenzen, Kundenforen, Festakte, Kamingespräche und Mitarbeiterveranstaltungen	www.speaker-agency.com
Speakers.ch	Schweizer Referentenagentur; Vermittlung von Persönlichkeiten und Inhalten für verschiedene Anlässe	www.speakers.ch
Speakers Excellence	Vermittlung von Wissen, das von Topreferenten aus den Bereichen Wirtschaft, Politik, Bildung und Sport präsentiert wird	www.speakers-excellence.de
The London Speaker Bureau (Germany)	Deutsches Büro der britischen Redneragentur; Vermittlung von Gastrednern und Referenten zu den Themen Business, Politik, Motivation und Innovation	www.londonspeakerbureau.de
Wir verbinden.de	Vermittlung von Kontakten, Konzepten und Köpfen, sowohl national als auch international	www.wir-verbinden.de/media-top-10/

Checkliste der Informationen, die Sie bei einem geplanten Buch dem Verlag übermitteln sollten

Adressdaten: Autor(en); Buchtitel; Untertitel; Adresse

- Teilen Sie dem Verlag mit, ob er Ihre Adresse und Telefonnummer bei Verlagsanfragen, die das Buch betreffen, weitergeben darf. Und wenn ja, an welche Interessentengruppen (Leser, Journalisten etc.)?

Fragen zur Person / Persönliche Angaben

- Beschreiben Sie auf einem separaten Blatt kurz Ihren beruflichen und/oder wissenschaftlichen Werdegang (Geburtsdatum; Studium; Abschlüsse; bisherige und jetzige berufliche Tätigkeit(en); Zusatzqualifikationen; Kontakte zu Institutionen).
- Formulieren Sie einen kurzen Text, in dem alle Stationen Ihres beruflichen Werdegangs genannt sind, die im Zusammenhang mit Ihrem Buch wichtig sind. Dieser Text bildet die Grundlage für die Autoreninformation im Buch selbst sowie in allen Werbemitteln.
- Welche bisherigen Veröffentlichungen gibt es von Ihnen?

Exposé zum Buch

- Beschreiben Sie kurz den Inhalt Ihres geplanten Buches (maximal 30 Zeilen). Sofern möglich, fügen Sie eine Grobgliederung und ein Probekapitel bei. Es ist besonders wichtig, zu erfahren, welche speziellen Akzente Sie setzen wollen.
- Verfassen Sie zusätzlich einen Kurztext mit der Kernaussage Ihres Buches, Länge maximal acht Zeilen. Dieser Text wird benötigt, da oft auf knappstem Raum, zum Beispiel in Katalogen oder Sammelanzeigen, etwas über Ihr Buch ausgesagt werden muss.

Charakter des Buches

- Praxisorientierte Darstellung
- Ratgeber
- Arbeitsbuch
- Sonstiges

Zielgruppe(n)

- An welchen Leserkreis wendet sich Ihr Buch?

Werbeaussagen für das Buch

- Formulieren Sie Schlagzeilen, die Ihr Buch in der Werbung mit wenigen Worten charakterisieren können.
- Nennen Sie das wichtigste Kaufmotiv beziehungsweise Verkaufsargument.
- Wie würden Sie Ihr Buch in einem kurzen Text für Buchhändler ankündigen?

- Welchen Text würden Sie sich auf der Rückseite des Buchumschlags vorstellen, um potenzielle Käufer über den Inhalt zu informieren?

Kundennutzen

- Versetzen Sie sich in die Situation eines möglichen Käufers: Worin liegt der spezielle Nutzen Ihres geplanten Buches für den Leser? Warum soll ein Käufer Ihr Buch anderen Büchern vorziehen?

Angaben zum geplanten Buch

- Umfang: Wie viele Seiten mit wie vielen Anschlägen pro Zeile und Zeilen pro Seite?
- Ungefähre Zahl und Art der Abbildungen, Tabellen, Grafiken, Strichzeichnungen und Fotos
- In welcher Form werden die Abbildungen geliefert?
  - als Datenbestand auf CD/DVD (möglichst im tif- beziehungsweise eps-Format)
  - als Druckvorlage mit Laserdrucker
  - als sonstige Aufsichtsvorlage (zum Beispiel Foto, Abbildung aus einem Buch)

Terminplan

- Bis wann können Sie Ihr Manuskript – sofern nicht schon fertig – im Verlag einreichen? (Beachten Sie, dass die Verlage zur internen Kapazitätsplanung eine möglichst realistische Terminangabe benötigen.)

Andere Bücher zu Ihrem Thema

- Gibt es bereits andere Bücher zu dem von Ihnen behandelten Thema? Nennen Sie Autor, Titel, Verlag, Umfang, Ausstattung, Erscheinungsjahr, Preis.
- Wo gibt es Überschneidungen, wo Unterschiede?
- Wie können Sie Ihr Buch inhaltlich und konzeptionell von diesen abgrenzen?

Fragen zu Multiplikatoren, Verbindungen und Kontakten

- Welche Personen und Institutionen könnten zur Verbreitung Ihres Buches beitragen, und in welcher Form?
- Wie sieht Ihr persönliches Netzwerk aus? Nennen Sie gegebenenfalls Anzahl der Seminarteilnehmer, Kunden, Partner und so weiter. Wie kann das Netzwerk zur Verbreitung Ihres Buches beitragen?

Rezensionsmöglichkeiten

- Nennen Sie besonders geeignete Rezensionsmedien und Rezensenten, aber auch Persönlichkeiten, die in der Öffentlichkeit oder in Fachkreisen bekannt sind und für eine Rezension oder ein Vorausurteil infrage kommen.
- Geben Sie an, zu welchen dieser Personen Sie direkten und regelmäßigen Kontakt haben und ob Sie diese für eine Rezension gewinnen können.

Vortragsaktivitäten

- Halten Sie in Verbindung mit Ihrer beruflichen Tätigkeit Vorträge oder Seminare?

- Stehen Sie dem Verlag für PR-Aktivitäten zur Verfügung?

- Planen Sie eigene PR- und Marketing-Aktivitäten? Wenn ja, welche?

Pressekontakte

- Über welche persönlichen Kontakte zu den Redaktionen oder Fachmedien, die für Ihre Publikation besonders relevant sind, verfügen Sie? Nennen Sie die vollständigen aktuellen Adressen und Ansprechpartner.

- Nennen Sie Berufs- oder Standesorganisationen, Vereine und Verbände, die Ihr Buch ihren Mitgliedern empfehlen können.

Eigenabnahme

- Wie viele der Bücher nehmen Sie für Ihre Verkäufe selbst ab?

- Was werden Sie tun, um den Verkauf des Buches zu steigern? Hier einige Beispiele:
  - Autorenrezensionen einstellen unter www.amazon.de, www.booxtra.de, www.buecher. de, www.buch.de, www.bol.de, www.libri.de, www.buchkatalog.de, www.buchhandel.de, www.lion.cc, www.books.ch, www.lesen.ch
  - Banner im Internet schalten
  - Buch als Weihnachtsgeschenk weitergeben
  - Bücher an Radiostationen zur Verlosung senden
  - Büchertische bei Veranstaltungen aufbauen
  - Buchmesse besuchen
  - Buchverkaufsblätter entwickeln und bei Gelegenheit auslegen
  - CD / DVD mit allen Daten und Bildern an Redaktionen senden
  - Buch an Unternehmen als Sonderauflage verkaufen
  - Einzelne Kapitelteile ins Internet stellen, mit Downloadmöglichkeit
  - Entwerfen einer Postkarte, die dem Buch zur Empfehlung beigelegt wird
  - Fachzeitschriften mit Probeexemplaren versorgen
  - Firmenkunden anschreiben
  - Google-Anzeigen (AdWords) für das Buch kaufen
  - Hörbuch und Buch als Bundle in eine Tüte schweißen und günstiger abgeben
  - In Internetshop stellen
  - Infos per Mail versenden
  - Internetseite mit www.buchtitel.de, www.buchtitel.ch, www.buchtitel.at oder www.buchtitel.com aufbauen
  - Leseproben auf außergewöhnlichen Wegen verschicken
  - Lesungen durchführen
  - Mailing texten und versenden
  - Buch Mitarbeitern oder Kunden schenken
  - Passende Handwerkskammern, IHK, Verbände oder Fachverbände ansprechen
  - Plakate drucken lassen

- ○ Postkarte drucken lassen und Mailing beilegen
- ○ PR-Berichte platzieren
- ○ PR-Artikel durch Presseagentur versenden
- ○ Pressekonferenzen durchführen
- ○ Rezensionen schreiben
- ○ Sonderdrucke anfertigen
- ○ Staffelpreise für Unternehmen bei Großabnahme anbieten
- ○ Talkshow besuchen
- ○ Weihnachtsflyer drucken

Internet-Quellen für Videos

- ■ www.lustig.de/videos
- ■ www.vidoo.com
- ■ www.ted.com
- ■ www.youtube.de
- ■ www.myvideo.de
- ■ www.clipfish.de
- ■ www.sevenload.com
- ■ http://de.video.yahoo.com/
- ■ http://video.aol.com/
- ■ http://video.de.msn.com/
- ■ http://video.google.de/
- ■ http://www.dailymotion.com/de

Hinweis

Die Personen und Ereignisse der Beispielgeschichte sind frei erfunden. Ähnlichkeiten mit tatsächlich existierenden Personen und realen Ereignissen sind nicht beabsichtigt und wären rein zufällig.

Der Autor

Hermann Scherer ist Speaker und Business-Expert.

Über 2.000 Vorträge vor rund einer halben Million Menschen, 30 Bücher in zwölf Sprachen, viele Presseveröffentlichungen, Dutzende Hochschulvorlesungen, 3.000 Hotelübernachtungen, 5.000.000 Flugmeilen, erfolgreiche Firmengründungen, eine anhaltende Beratertätigkeit und immer neue Ziele – das ist Hermann Scherer. Er lebt in Zürich und ist in der Welt zu Hause, in der er mit seinen mitreißenden Auftritten Säle füllt. Der Autor, Wissenschaftler und Philosoph »zählt zu den Besten seines Faches« (Süddeutsche Zeitung).

Nach dem Studium der Betriebswirtschaft baute er mehrere eigene Unternehmen auf, etablierte diese in der Branche, eroberte große Marktanteile von den Wettbewerbern und wurde vom Herausforderer der Branchengrößen zum Marktführer. Ein Unternehmen platzierte er nach kurzer Zeit unter den TOP 100 des deutschen Handels. Parallel dazu wurde er internationaler Unternehmensberater und Trainerausbilder. Im Jahr 2000 positionierte er »Unternehmen Erfolg« mit dem einzigartigen Konzept »Von den Besten profitieren« und wurde schnell zum Marktführer.

Die Zusammenarbeit mit weit über 3.000 Marktführern (und solchen, die es werden wollen), nahezu allen DAX-Unternehmen, mittelständischen »Hidden Champions« und namhaften internationalen Unternehmen aus ganz Mitteleuropa haben ihm den Ruf des konsequent praxisorientierten Businessexperten eingebracht.

Mit seinem charmant-dynamischen Vortragsstil, seiner mitreißenden Rhetorik und eindrucksvollen Beispielen versteht er es, selbst komplizierte Prinzipien und Zusammenhänge einfach darzustellen und allgemein verständlich zu machen. Mit dieser Fähigkeit schafft er es, auf informative und unterhaltsame Weise praxisbezogene Inhalte mit motivierenden Elementen zu verknüpfen. Seine Vorträge polarisieren, stellen den »Ist-Zustand« infrage, animieren zum zielgerichteten Querdenken, provozieren und reflektieren.

Kontakt:
Hermann Scherer Deutschland
Zeppelinstraße 3
D-85399 Hallbergmoos
Tel.: +49 (0) 8161.78738.0
Fax: +49 (0) 8161.78738.24
Mobil: +49 (0) 172.868.44.21
Cell US: +1 (0) 212.518.44.76
E-Mail: h.scherer@hermannscherer.com
Internet: www.hermannscherer.com

Stichwort- und Personenverzeichnis

A

Agenturen 245–253
AIDA-Formel 96, 97
Akquise 298–307
Akquisetelefonate 303
Alleinstellung 88
Animationen (Folien) 190, 191
App 132, 144–146, 299
Arbeitsteilung 245
Audio- und Videoprofis 255
Auftritte ohne Honorar 284–285
Auftrittscoachs 253, 254
Außendarstellung 72
Authentizität 90, 91
Autorenberater 258

B

Baumgartner, Paul J. 56
Bestseller 114
Betschart, Martin 31, 225, 237
Birkenbihl, Vera F. 89, 206
Bischoff, Christian 121
Blauer-Ozean-Strategie 12
Blog 107, 108
Buch 72, 112–131, 329
Buchautor 113
Buchexposé (Leitfaden) 329
Buchkonzept 122
Buchmarkt 117
Buchpublikationen 116
Buchung, Gründe für 28–32
Buchungskriterien 36

Buchungsmotive 33
Bürgel, Ilona 202
Bürodienstleister 266
Business-Consultants 251, 252
Business-Mainstream 66

C

Carnegie, Dale 63, 316
CD 132–138
Claim 92, 93
Clinton, Bill 217
Copperfield, David 204
Covey, Stephen R. 55, 56, 58, 63, 319
Cross-Selling 308–318

D

Dienstleister 245
Dienstleister für Speaker 247
Dienstleister / Website 98
Dion, Céline 54
Ditgen, Jan 85
Domainname 101
»Drei-E«: Expertenstatus, Erfolge,
 Ereignisse 22
Drei-Punkt-Strategie 218, 219, 305
Dudenhöffer, Ferdinand 209
DVD 132, 138–141

E

Einkommenssteigerung 275–287
Einstellung 9, 69
Einzigartigkeit 25

Einzigartigkeit (Marke) 54
Elevator-Pitch 92–94
E-Mail-Adressen 297
E-Mail-Marketing 292–299
Emotionen 55, 56, 185
Expertenpositionierung 78, 88, 89
Expertenstatus 66
Expertenwelt 97

F
Facebook 110, 111, 236, 240, 241
Fachartikel 224
Fachbuch 121
Fedrigotti, Antony 200
Fernsehsendung 225
Ferriss, Timothy 125, 246
Filmer 255
Finanz- und Steuerberater 260
Fixpreisstrategie 281
Folien 191
Folienhintergründe 189
Förderer 67
Ford, Henry 172
Först, Regina 105
Förster, Anja 31, 56, 57, 105, 114,
   146, 199, 237, 238, 241
Fotograf 255, 256
Fournier, Dr. Dr. Cay von 125
Frick, Markus 86, 87

G
Gadgets 195, 205
Gálvez, Cristián 56
Gastexperte 223
Geffroy, Edgar K. 175, 242, 243
Geld-zurück-Garantie 283
Geller, Uri 204
Geschäftsmodelle 20
Geschenke (Give-aways) 195–207

Ghostwriting 118, 128, 257, 258
Gimmicks 195, 205, 206
Give-aways 195–207
Godin, Seth 142, 145, 146
Gorus, Oliver 128
Grafiker 256, 257
Grundl, Boris 22, 53, 54, 56, 57,
   68, 93, 114

H
Haider, Siegfried 318
Hamel, Gary 172
Handy, Charles 71
Häusler, Richard 199
Hay, Louise L. 200
Highlander-Prinzip 54, 88
Hill, Napoleon 63
Hirschhausen, Eckart von 55, 56
Hofmann, Markus 100
Höhler, Gertrud 55, 56, 58
Honorar 275–288
Honorarklassen 50
Honorarpyramide 51
Honorarsätze 43–59
Hörbuch 136
Hübner, Sabine 22, 54, 56, 114,
   115
Huith, Torsten 199
Humor 17
Hünnekens, Wolfgang 225

I
Image 90, 91
Impulse geben 11–25
Impulsgeber 21
Innere Einstellung 22
Interviews 208–226
IT-Administratoren 254, 255

J

Jobs, Steve 80, 81, 161, 162, 231

K

Käfer, Michael 114
Kant, Immanuel 85
Karten als Give-away 200, 201
Kenntnisse und Erfahrungen 80
Kerns, Claudia 199
Kerviel, Jérôme 87
Keynote (Apple) 181
Keywords 294, 295
Kieser, Werner 12
Kim, W. Chan 12
Kinshofer, Christa 190
Klägerstrategie 219, 305
Knigge, Moritz Freiherr 54
Knoblauch, Jörg 50, 51, 55, 114, 176
Kobjoll, Klaus 56, 57
Kohl, Helmut 67
Kolumnist 221
Kongressfähigkeit 52
Kontaktverwaltung 235
Konzentration 228
Konzentration (Positionierung) 209
Kreuz, Peter 31, 56, 57, 105, 114,
    118, 146, 176, 199, 237, 238, 241
Kruse, Peter 82
Kulhavy, Gerd 250
Kunden 26–42, 267, 263–274
Kundenanfragen 269
Kundengespräche 285
Kunden, Umgang mit 263–274
Küstenmacher, Werner Tiki 68, 180

L

Lady Gaga (Stefani Germanotta) 62,
    63, 168
Langenscheidt, Florian 54, 56

Layouter 256, 257
Lektor 258
Lifestyle 66
Limbeck, Martin 89, 93
Lizenzen 316
Lizenzierungsmodell 316
Löhr, Jörg 53, 56, 58
Loriot 17

M

Madoff, Bernard 87
Madonna 54, 62
Manuskriptarbeit (Buch) 128
Markenidentität 53
Markenschutz 243
Marktauftritt 70
Markteintritt »von oben« 60
Marktwert 44, 55, 276
Mathieu, Mireille 168
Matschnig, Monika 56, 57, 93, 123,
    216
Mauborgne, Renée 12
Medien 214
Medienarbeit 218, 304
Medienauftritt 72
Medienauswahl 214
Medienbeiträge 221–225
Medienberater 214, 250
Mediendebatte 216
Medienecho 160–162
Medienpräsenz 208–226, 304–306
Medienstrategie 212–214
Medienvertreter 305
Mentor 68
Merchandising 308–318
Merkel, Angela 67
Metatexte 101
Methodenwechsel 177
Meyer-Landrut, Lena 90

Mini-Books als Give-away 198–200
Mitarbeiter 266–269
Mitnehm-Artikel 196
Molcho, Samy 22, 53, 56, 57, 82, 123, 224
Multiplikatoren 299
Münchhausen, Marco von 56, 57

N
Nachhaltigkeit 64
Nebengeschäfte 309–318
Nehberg, Rüdiger 93
Networking 68, 72, 227–244
Networking (Spielregeln) 229
Netzwerken im Internet 228
Newsletter 107, 108
Nordström, Kjell A. 67, 89
Nutzen fürs Publikum 84

O
Office 264, 265
Online-Premiumservice 317, 318
Online- und E-Mail-Marketing 292–299

P
Pater Zoche, Hermann-Josef 89
Persönlichkeitstyp 82
Perspektivenwechsel 28
Peters, Tom 55, 56, 58, 155, 319
Platon 227
Plattner, Hasso 168
Pocher, Oliver 17
Podcast 132, 141–144
Pöhm, Matthias 217
Positionierung 53, 70, 71, 77–94
Positionierung in einem Satz 91
Postadresse 265
PowerPoint 171–173, 180–194

PowerPoint und Vortragskonzept 182, 184
Precht, Richard David 56, 113
Premiumprodukt 25
Pressefotos 109
Presse- und Download-Bereich (auf Website) 108
Probetext (Buch) 123
Produktbeschreibung (auf Website) 106
Profil (Website) 105
Profiredner 45, 52
Profivortrag (Merkmale) 53
Provisionen 316
Public Relations 250, 251, 304
Publikum 83–86

R
Ratgeber 120, 121
Redemanuskript 172
Redneragenturen 248–250, 326
Rednermappe 148–164
Referenzen (Website) 105, 106
Reich-Ranicki, Marcel 78
Requisiten 204–206
Ridderstråle, Jonas 67, 89
Robbins, Tony 55, 56, 212, 319
Rohn, Jim 17, 319
Rounds, Mike 132, 283
Ruhleder, Rolf H. 89, 170

S
Sachbuch 120, 121
Schäfer, Bodo 68, 86, 87, 138
Scheinrabattstrategie 282
SchreibCoach 118
Seitentitel (Website) 101
Seiwert, Lothar J. 68, 113, 256
Selbstsicherheit 277–280

Selbstvermarktung 18

Simonis, Heide 214

Social Media 72, 227, 228, 236–244, 299

Soziales Umfeld 64

Späth, Lothar 168, 225

Speakermarketing 54

Speaker-Netzwerke 229

Speaker und Trainer (Unterschiede) 325

Spears, Britney 62

Sprenger, Reinhard K. 31, 55, 56, 57, 99, 100, 105, 176, 215, 216, 237

Springsteen, Bruce 168

Standardisierung 268, 269

Stärke, äußere 285–287

Stärke, innere 277–280

Startseite 103

Staub, Gregor 133, 134, 138, 202, 313

Steuerlast mindern 317

Stil- und Imageberater 252, 253

Strategieberater 251, 252

Streitgespräche 222

Struktur 184

Studien 178

Substanz 186

Suchmaschinenmarketing 293–295

Suchmaschinenoptimierung 102, 293–295

T

Talkrunden 223

Talkshowgast 221, 222

Telefonakquise 302–304

Testimonials 41, 158–160

Textbüro 257

Texter 258

Themenpositionierung 79

Titelsuche (Buch) 124

Topspeaker (Kennzeichen) 17

Tracy, Brian 56, 320

Trends 86–88

Twitter 241, 242

Typografie (Folien) 188, 189

U

Uhtenwoldt, Deike 72

Unterhaltungsindustrie 62

Uschtrin, Sandra 118, 128, 131

V

Veranstalterorientierung 26–42

Veranstaltungsfibel 295–296

Verdienen 46

Verhandlungen 275–281

Verhandlungsführung 286

Verhandlungsstrategie 280–285

Verhandlungstugenden 279

Verkäufe am Rande des Vortrags 309–313

Verlage 126–128

Verlagssuche (Buch) 126–128, 329

Vermarktung (Buch) 130

Vermittlungschancen 249

Video 132, 141–144, 191, 192, 332

Vorbilder 67

Vortragsausklang 178

Vortragsbausteine 174

Vortragsbotschaft 176

Vortragsdramaturgie 165–179

Vortragseinstieg 174

Vortragskorsett (Regiebuch) 171

Vortragsstil 168–170

W

Waschzettel 219, 220

Webdesigner 254, 255

Website 71, 95–111
Wechsler, Anja 255
Weg zum Topspeaker (Entscheidung
treffen) 63
Weidner, Jens 204
Werner, Götz 87
Westerwelle, Guido 90
Wickert, Ulrich 56
Wikipedia 236, 242, 243
Winget, Larry 170, 320
Wissensgesellschaft 30

X
Xing 228, 236, 238–240

Z
Zaubertricks 204, 205
Zielgruppe 83
Ziglar, Zig 320
Zoll, Jörg Achim 8
Zuckerberg, Mark 236
Zusatzgeschäfte 308–318

HERMANN SCHERER
Speaker und Business-Expert

Nach mehr als

2.000 Seminartagen,
2.000 Vorträgen
vor rund
500.000 Teilnehmern,
25 Millionen Euro Umsatz,

30 Büchern in 12 Ländern, 1.000 Presseveröffentlichungen, dutzenden Hochschulvorlesungen, 3.000 Hotelübernachtungen, 4.000.000 Flugmeilen, vielen Firmengründungen, Rednerpositionierungen und Beratungen gibt Hermann Scherer sein Wissen als Redner in exklusiven Beratungstagen weiter.

Nach 25 Jahren Rednertätigkeit mit teilweise mehreren Vorträgen pro Tag hat Hermann Scherer einen enormen Erfahrungsschatz in diesem Markt gesammelt. Als Gründer der Unternehmen Erfolg GmbH mit über 420 Vortragsveranstaltungen und über 160.000 Teilnehmern pro Jahr kennt er jeden namhaften Referenten über die Grenzen Deutschlands hinaus persönlich.

Innovative Themen und frische Impulse für Beruf und Privatleben

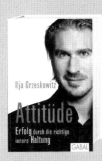

Ilja Grzeskowitz
Attitüde
ISBN 978-3-86936-475-9
€ 24,90 (D) / € 25,60 (A)

Stéphane Etrillard
Mit Diplomatie zum Ziel
ISBN 978-3-86936-473-5
€ 24,90 (D) / € 25,60 (A)

Sylvia Löhken
Leise Menschen – starke Wirkung
ISBN 978-3-86936-327-1
€ 24,90 (D) / € 25,60 (A)

Friederike Müller-Friemauth
No such Future
ISBN 978-3-86936-479-7
€ 29,90 (D) / € 30,80 (A)

Richard de Hoop
Macht Musik
ISBN 978-3-86936-432-2
€ 24,90 (D) / € 25,60 (A)

Frank Breckwoldt
Hochleistung und Menschlichkeit
ISBN 978-3-86936-477-3
€ 24,90 (D) / € 25,60 (A)

Philip Kotler
Good Works!
ISBN 978-3-86936-471-1
€ 34,90 (D) / € 35,90 (A)

Jürgen Frey
Mein Freund, der Kunde
ISBN 978-3-86936-433-9
€ 24,90 (D) / € 25,60 (A)

Alexander Verweyen
Mut zahlt sich aus
ISBN 978-3-86936-472-8
€ 29,90 (D) / € 30,80 (A)

Alle Titel auch als E-Book erhältlich
Weitere Informationen finden Sie unter www.gabal-verlag.de

In seinen individuellen Beratungen geht es um

bessere Positionierung,
mehr Aufmerksamkeit,
mehr Kunden,
mehr Aufträge
und mehr Umsatz als Redner!

In Deutschland teilen sich über 200.000 Trainer, Berater und Coaches den Markt. Mit individueller und intensiver Arbeit erzielen Berater laut BDU einen durchschnittlichen Tagessatz von 1.109 Euro, Coaches laut Coachingreport 1.245 Euro und Trainer 1.470 Euro. Gleichzeitig stehen sehr wenigen Rednern oder Experten pro Jahr weit über 100.000 Veranstaltungen mit einem weit über 4.000 Euro liegenden „Stundensatz" gegenüber. Zielsetzung ist es, diesen Markt mit vielen verkauften Vorträgen mit hohen Honoraren erfolgreich zu erobern.

Sie erhalten in seinen Beratungen keine mittelmäßigen Tipps, keinen Standardvortrag, im Gegenteil, Hermann Scherer teilt seine Erfahrung als einer der erfolgreichsten Redner im deutschsprachigen Raum und spricht auch die Geheimnisse an, die in der Regel keiner aussprechen würde.

Lassen Sie sich berühren, wachrütteln
und begeistern
und lernen Sie Ihre Chancen zu erkennen
und zu nutzen!

Wertvolle Beiträge finden Sie im kostenlosen Newsletter CHANCENBLICK. Bestellen Sie diesen unter *info@hermannscherer.com* mit dem Betreff „*Letter*".

| Hermann Scherer | Tel: +49 (0) 81 61. 7 87 38.0 | info@hermannscherer.com |
| Deutschland | Fax: +49 (0) 81 61. 7 87 38.24 | www.hermannscherer.com |